아르케
북스

258

민속원 아르케북스 258 minsokwon archebooks

러시아와 세계

외교전략, 에너지 안보 그리고 협력의 재편

| 한양대학교 아태지역연구센터 러시아 · 유라시아 연구사업단 |

민 속 원

발간사

러시아 및 중앙아시아 지역 연구의 최고 권위자이신 엄구호 교수님께서 정년을 맞이하셨습니다. 교수님께서는 지난 29년간 한양대학교 국제학대학원 러시아학과에서 연구와 교육에 헌신하신 결과, 후학 양성과 학과 발전에 크게 기여하였을 뿐만 아니라 한국의 러시아 및 중앙아시아 연구의 지평을 넓히는 데 기여하셨습니다. 또한, 교수님께서 구축하신 학문적 유산과 국제적 네트워크는 연구자뿐만 아니라 정책 결정자들에게도 귀중한 방향을 제시해 주셨습니다. 이에 교수님의 정년을 기념하며 교수님의 지도 아래 성장한 제자들이 한마음으로 뜻을 모아『러시아와 세계: 외교전략, 에너지 안보 그리고 협력의 재편』을 발간하게 되었습니다. 이 책의 발간은 그동안 지도 교수님께서 연구하신 주제와 우리 제자들의 학문적 고민을 담아내는 의미 있는 작업이었습니다.

엄구호 교수님께서는 수십 년간 러시아 및 중앙아시아 지역 연구를 선도하시며, 탁월한 식견과 안목을 가지고, 이론과 현실을 아우르는 균형 잡힌 시각으로 학문적 깊이를 더해 오셨습니다. 교수님께서는 특히 한국과 러시아 및 중앙아시아 국가들과의 관계 발전에 있어 학계와 정책을 연결하는 가교 역할을 해오셨으며, 이를 통해 후학들에게 학문의 사회적 역할과 책임에 대해 늘 강조하셨습니다. 또한, 교수님께서는 연구자들에게 연구의 본질이 단순한 지식 축적이 아니라, 현실을 분석하고 미래를 준비하는 데 있다는 점을 몸소 보여 주셨습니다.

이러한 교수님의 가르침을 되새기며, 제자들은 각자의 연구 분야에서 나름의 성과를 내기 위해 노력해 왔습니다. 그리고 이제 교수님께서 연구해 오신 러시아 및 중앙아시아 지역의 변화와 도전 과제를 조망하는 한편, 우리가 연구자로서 앞으로 나아가야 할 방향을 고민하며 이 책을 엮었습니다. 이 책은 러시아의 외교전략, 에너지 안보 그리고 공급망과 지역 협력의 재편이라는 세 가지 주요 주제를 중심으로 현대 국제 질서 속에서 러시아와 세계가 어떠한 변화를 겪고 있는지를 분석하고자 하였습니다.

특히, 오늘날 국제사회는 우크라이나 전쟁 이후 급변하는 러시아의 외교 전략과 에너지 안보 문제를 예의주시하고 있으며, 중앙아시아 국가들의 역할 또한 점점 더 중요해지고 있습니다. 본서는 이러한 변화 속에서 러시아와 중앙아시아의 관계를 심층적으로 분석하고, 한국과의 협력 가능성을 모색하는 데 기여할 것입니다.

이 책은 비록 지도 교수님의 방대한 연구 업적과 가르침을 모두 담아내기에는 부족함이 있지만, 교수님께서 걸어오신 길을 따르며 우리 제자들이 한 걸음 더 나아가기 위한 작은 실천이라고 생각합니다. 교수님께서 우리에게 가르쳐 주신 연구자의 태도와 학문적 열정을 잊지 않고, 앞으로도 더욱 정진하겠습니다.

마지막으로, 다시 한 번 엄구호 교수님의 헌신과 가르침에 깊은 존경과 감사의 마음을 전합니다. 교수님께서 늘 강조하셨던 학문적 성실성과 국제적 시야를 바탕으로, 앞으로도 저희 제자들은 연구자로서의 소명을 다하기 위해 노력하겠습니다. 앞으로도 교수님의 변함없는 학문적 열정과 건승을 기원합니다.

2025년 2월
제자 일동

차례

제2장

우크라이나 전쟁과 러시아의 에너지 안보 130

제3장

공급망과 지역협력의 재편 234

총설

엄구호(한양대 국제학대학원)

소련으로 복귀하려는 러시아

2022년 1월 러시아의 우크라이나 침공 가능성이 제기되었을 때 많은 전문가들은 러시아와 우크라이나 간 전쟁(이하 러우전쟁)이 일어날 가능성은 크지 않으리라 판단했었다. 가장 큰 이유는 물론 러시아가 서구의 제재를 견디기 어려울 것이라는 점이었지만 전쟁이 발발한다면 러시아와 서구 모두가 출구를 찾기 어려운 전쟁이 될 가능성이 컸기 때문이다. 그럼에도 푸틴 대통령은 전쟁을 선택했고 많은 학자들은 합리성에 기초한 주류 국제관계이론으로 푸틴 대통령의 행동을 이해하는 것은 어렵다는 것에 동의하게 되었다. 이에 대한 대안으로 대외전략의 역사 · 문화적 맥락을 강조하는 전략문화론이 제시되었다.

러우 전쟁이 장기화하면서 서방이 보는 푸틴의 대외전략 성격은 재스탈린화와 반현대적 제국주의를 결합이다. 이것이 가능한 이유는 푸틴 대통령이 막강한 독재 권력을 갖고 있기 때문이다. '서구주의자'와 '슬라브주의자' 사이의 논쟁은 러시아 정치 개념의 중심 주제다. 19세기 후반 슬라브주의자들은 선배들과 달리 독재정치를 제한하려는 어떤 시도도 세계에서 러시아의 입지를 약화시키거나 약화시킬 것이라고 주장하면서 이를 옹호했다. 당시 니콜라이 다닐레프스키는 슬라브 국가들의 연합을 구상하면서 "유럽은 우리에게 이질적일 뿐만 아니라 심지어 적대적이다"라고 일갈했다. 푸틴 대통령은 2022년 10월 '발다이 클럽' 회의에서 다닐레프스키를 직접 언급하며 서방에 저항해야 하는 이유로 내세우고 러시아를 유럽 국가들에 반대되는 "국가 문명"으로 정의하였다. '국가문명' 개념은 2023년 외교개념에 기본원칙으로 반영되었다.

2023년 6월 17일 푸틴 대통령은 상트페테르부르크 해안가에 175m나 되는 세 개의 깃발 기념식을 열었다. 330주년이 되는 피터 대제의 3색기, 165주년이 되는 알렉산더 2세의 러시아 제국기, 100주년이 되는 소련 국기였다. 푸틴 대통령은 과거 이념에 관계없이 강했던 러시아, 제국이었던 러시아를 꿈꾸는 것이다.

고난의 90년대를 보내면서 러시아 국민들은 '강한 러시아'로의 복귀를 꿈꾸게 되었다. 1차 대전후 패전국 바이마르 공화국이 베르사이유 조약으로 굴욕감을 갖게 되었고 이것이 히틀러를 통한 강한 독일의 부활을 지지하게 하였다. 소련은 패전한 것은 아니지만 붕괴하였고 이후 국제사회에서 지위 상실은 러시아 국민들로 하여금 소련에 대한 향수를 갖게 하였고 푸틴을 통한 강한 러시아를 꿈꾸는 소위 '바이마르 신드롬'을 겪게 하였다.

러시아 대외정책의 성격이 어느 시점에서 그 성격을 확연히 바꾸게 된 것인 불분명하지만 2010년 전후로 보인다. 푸틴 대통령은 1999년 코소보 사태가 일어나자 "국제법의 기본 원칙이 무너졌다"고 비판하고 2011년 리비아 사태에 대해서는 "서방의 이중잣대와 국제 질서의 위선"이라 비판하며, 그 이후 더 이상 서방을 신뢰하지 않게 되었다고 언급한 바 있다. 이 때를 기점으로 기존의 유럽과의 공존/통합에서 대유라시아 통합으로 전환하였다. 이후 러시아 대외정책의 두 가지 목표는 국제질서의 다극화와 영향권 확대 및 완충지대 설정이 되었다. 러우 전쟁은 국제질서 다극화를 위한 서구와의 체제 대립이며 러시아 안보의 핵심 완충지대인 우크라이나를 서구에 빼앗기지 않겠다는 의지의 발현이다.

러우 전쟁은 사실상 국제적 헤지모니를 두고 대결한 서구 대 러시아의 체제 대립systemic confrontation이다. 우선 미국과 러시아 양측은 우크라이나에 대한 각자의 행태를 자신에 대한 체제적 도전으로 간주하고 있다. 러시아는 미국이 우크라이나를 서구의 궤도에 가두고 러시아와 대결을 위한 완충지대cordon sanitaire로 만들려는 의도를 갖고 있다고 인식한다. 체제적 대립이라는 두 번째 증거는 양측이 각각의 내적 속성을 문제의 뿌리와 원인으로 본다는 것이다. 이것은 과거 냉전 초기에 적용된 분석과 매우 유사해 보인다. 당시 억지정책의 저자 케넌George Kennan은 소련 체제의 내부 성격은 내재적으로 공격적으로 만들고 따라서 미국에게 억지와 대립 대안만을 남겨두었다고 일갈하였다. 오늘날도 우크라이나 위기의 근본 원인은 푸틴 정치체제의 성격이라고 주장하는 학자들이 상당수 있다. 경제와 국내정치 실패를 보상하기 위하여 그리고 성공적 민주적 우크라이나 출현을 방해하기 위하여 러시아는 공격적 대외정책을 추구하고 제국을 재건설하려 한다는 것으로 인식한다. 이러한 견해의 찬성자들은 만약에 현재 러시아 정권이 변하지 않는다면 러시아는 근본적으로 다른 대외정책을 추구하지 않을 것이고 수정주의revisionist 행태를 계속할 것이라고 주장한다. 2014년 이래 러시아의 미국에 대한 접근의 주요 특징의 하나는 푸틴체제에 대한 완전한 혐오(푸틴의 악마화)이다. 우크라이나 사태가 일어나자마자 미국 언론은 러시아와 푸틴 정권을 악으로 묘사하고 심지어 히틀러와 비교하였다.

러우 전쟁 이후 러시아 대외정책은 국제질서 다극화의 사상적 기초를 마련함으로써 기존의 단순한 '지정학적 수정주의'에서 '가치 수정주의'으로의 진화를 보여주며 '국가문명론'을 기반으로 하는 '민족주의적 제국주의'를 강화하고 있으며 서구와의 분리를 시도하는 '고립주의'의 양상을 보인다.

특히 우리가 주목해야 할 점은 러시아의 고립주의 성향이다. 러시아는 이미 유럽과의 단절을 불가피하게 보고 있다. 따라서 경제적으로도 자립 경제 성향을 보일 수밖에 없다. 이를 위해 시베리아 개발을 새로운 러시아 경제성장의 동력으로 삼고 극동 지역으로의 인프라 연결을 확대할 계획이다. 외교적으로는 기존 우호국인 벨라루스, 중앙아, 중국, 몽골, SCO, BRICS와의 관계를 유지하면서 BRICS+와 확장된 SCO를 기반으로 African Union, ASEAN, MERCOSUR와 연계를 강화하려 한다. 중국과는 우호적 관계를 유지하면서 튀르키예, 이란, 인도, 파키스탄, 중동, 아세안, 남북한과 협력을 통해 균형을 추구한다. 이러한 외교 목표를 달성하는 수단으로 에너지 등 지경학 수단을 강조한다.

가변적 다중화하는 국제질서

러우전쟁 이후 국제정치학의 가장 큰 질문의 하나는 신냉전의 도래이다. 이번 전쟁이 미중경쟁의 심화 상황 속에서 발발하였고 러중간 밀착이 수년간 진행되었기 때문에 소위 정치적 서부(미국과 서구)와 정치적 동부(러시아, 중국 등) 간 냉전적 대결 가능성이 논의되어 왔다. 이런 상황에서 러우전쟁이 신냉전의 도화선이 될 수 있다는 주장이 제기된 것이다.

러우전쟁으로 인한 미러관계의 악화와 미중 경쟁의 심화가 신냉전을 결과할 것인가를 판단하기 위해서는 우선 냉전을 개념적으로 정의할 필요가 있을 것이다. 슈머G. Sümer는 냉전의 개념과 전제조건 그리고 판단 기준을 잘 제시하고 있다.[1] 그는 냉전을 "한 쪽의 대외정책의 이익이 다른 쪽의 존재의 문제를 의미하는 두 행위자 사이의 극화된 긴장의 최고 단계"로 정의한다. 그는 또한 진정한 냉전의 전제조건으로서 첫째, 냉전에서 태도와 지각은 작은 움직임도 다른 쪽에 의해 그 존재에 대한 직접적 위협으로 평

---

1 Gültekin Sümer, "The Concept of Cold War in Global Politics," presented at FLASCO- ISA Joint Conference, "Global and Regional Powers in a Changing World", July 23-25, 2014, Buenos Aires.

가되어야 하며 둘째, 국가의 존재에 치명적 위협을 주는 적이 있다는 양쪽 사회 내의 합의가 있어야 하며 셋째, 냉전이 전면전으로 치달을 위험을 주어야 한다. 그리고 판단 기준으로 첫째, 국제 시스템은 국제관계의 모든 주요 행위자를 그것에 종속되도록 할 수 있어야 하고 시스템의 지속가능성을 저해하는 원심력을 막을 수 있어야 한다. 둘째, 냉전은 글로벌 차원의 지정학적 경쟁을 고무하는 국제질서와 연관되어야 한다. 결국 오늘날 글로벌 정치의 역동성이 강대국 냉전 경향에 모두 종속되는가 여부로 판단해 볼 수 있을 것이다.[2]

현재의 미러관계가 과거 냉전의 특징을 보여주는 측면은 분명히 있다. 첫째, 과거 냉전 때와 마찬가지로 양국 지도자들은 서로에 대해 과격한 용어로 공격하는 프레이밍framing을 하고 있다.[3] 둘째, 과거 냉전의 초기 단계에서처럼 각 측은 관계를 나쁘게 만든 복잡한 상호작용에 관심 두지 않고, 갈등은 행동의 결과 또는 심지어 타자의 성격의 결과로 본다. 셋째, 냉전시기 동안처럼 현재 양측 모두 관계로부터 많은 것을 기대하지 않고 관계 전체의 성격을 바꾸는 목적으로 광범한 협력을 추구하는 것이 가능하다고 믿지 않는다. 넷째, 미국은 냉전 스타일의 강경한 제재를 갈등의 해결 수단으로 의존한다.[4]

현재 국제 상황을 구체적으로 말하면 냉전적 구조로 진입하는 초기 단계의 특징을 보

---

2 이와 유사하게 레그볼드(Robert Legvold)도 오늘날의 상황과 관련된 냉전의 다섯 가지 특징을 제시했다. 첫째, 바람직한 정치적, 경제적 질서를 완전히 다르게 표현하는 이데올로기적 분열이 있다. 둘째, 각자의 행동이 어떻게 분열을 조장하는지에 대한 성찰이나 성찰의 여지 없이 갈등에 대한 책임을 상대방에게 지운다. 셋째, 양측은 갈등이 두 국가의 상호작용에서 비롯된 것이 아니라 상대방의 성격에 의해 발생했다고 가정한다. 즉 '문제의 본질은 적의 본질이다.' 넷째, 결과적으로 변화는 상대방이 어떤 식으로든 달라지거나 적어도 외교 정책을 근본적으로 재고할 준비가 되어 있어야만 올 수 있다. 마지막으로 협력이 있지만 그것은 '누적적이거나 변혁적이지 않고 제한적이고 거래적'일 수밖에 없다. Robert Legvold, "Ending the Cold War with Russia," The National Interest, 2 February 2022, https://nationalinterest.org/feature/ending-new-cold-war-russia-199997

3 푸틴은 러시아의 크림 합병을 방어하면서 미국과 유럽은 국제법보다는 'rule of gun'에 의해 움직이고 그들의 '예외주의'는 주권 국가들에게 '만약에 니가 우리와 함께 하지 않는다면 너는 미국의 적이다'라는 원칙에 근거한 연합을 형성하면서 불법적으로 무력을 사용하는 것을 허용한다고 말함. 5월에 나토 부총장 Alexander Vershbow는 러시아는 '파트너라기보다는 적이다'라고 생각되어야 한다고 주장.

4 Robert Legvold, "Managing the New Cold War," Foreign Affairs, (July/August 2014), pp.74-84.

이고 있다고 볼 수 있다. 첫째, 미러 양측은 각 입장을 공고히 하기 위해 노력하고 있다. 미국은 우크라이나를 지원하기 위해 G7, NATO, EU 및 기타 동맹국의 조율 작업을 시작했다. 서구는 아직 글로벌 反러시아 연합을 형성하지 않았지만, 러시아를 지지하는 국가들에 대한 압력을 강화하고 있다. 러시아도 BRICS와 SCO 확대를 위해 노력하고 있다. 그러나 CSTO 및 유라시아 경제연합 동맹국 중 벨라루스를 제외하곤 러우전쟁에 대해 다소 신중하고 모호한 입장을 취하는 것은 러시아의 파워 투사력에 의문을 주고 있다. 둘째, 주요 목표와 대결 영역이 개발되고 있다. 표면적으로 러우전쟁은 냉전 시대의 대리전과 비슷하다. 그러나 지금 상태로 볼 때 현 상황은 훨씬 더 심각할 수 있다. 과거 냉전은 특정 지역에서 서로를 약화시키는 것을 목표로 한 반면 현재 대결은 보다 글로벌 차원으로 확대하려는 야심적 특성을 보이고 있기 때문이다.

그러나 러우전쟁으로 인한 미러관계 악화를 신냉전으로 보기는 어렵다. 첫째, 현재의 경쟁이 글로벌 차원보다는 지역적 차원의 성격이 강하고, 중국이나 러시아의 군사력이 글로벌 투사 능력에는 아직 못 미치며, 갈등의 증폭자가 중국이 아니라 러시아라는 점에서 과거 미소간 냉전과 같은 냉전으로 보기는 어렵다. 둘째, 러시아가 주장하는 다극화가 일견 정당성은 있으나 러시아가 주장하는 대안적 이념이 불명확하며, 정치적으로 의미 있는 방식으로 합리화되지 않았다. 셋째, 지역 강국의 역할이 커졌다. 러시아는 지역 강국의 성격이 강하고 국력이 상대적으로 열세기 때문에, 글로벌 차원에서 미국과의 대립은 불가능하다. 넷째, 양자 대립에 러시아는 여러 강국들을 연루시키기 어렵다. 중국, 인도, 일본, 유럽 모두 국익을 위해 대립에 연루되는 것을 회피할 것이다. 무엇보다도 러우전쟁 이후 국제질서를 신냉전으로 보기 어려운 이유는 질서가 고착되기보다는 여전히 유동적이라는 점이다. 러시아와 중국이 새로운 세계질서 형성 원칙에 동의하는 것처럼 보이지만 행동 차원의 합의를 이룬 것은 아니다. 이는 인도와 이란도 마찬가지다. 그들의 가치관은 서구적 가치관과 상충되지만, 그들 사이의 행동 차원의 단합을 이루지는 못할 것이다. 러우전쟁에 중립적 태도를 보이는 글로벌 사우스Global South[5]도 핵심 가치로 서구적 자유주의와 문명적 민족주의를 혼합하고 있기 때문에 중국과 러시아가 추구하는 가치와는 다르다는 점을 인식해야 한다.

러우전쟁 이후 국제질서가 냉전적 성격이 강해질 것으로 보는 학자도 있다. 사크와Richard Sakwa는 현재 냉전적 성격은 과거의 냉전과 다르지만 '2차 냉전'으로 정의할 수 있다고 본다.[6] 그는 '2차 냉전'에서 투쟁은 더 이상 사회주의와 자본주의 사이, 심지어 민주주의와 전제정 사이가 아니라 세계질서의 모델과 근대성으로 가는 길 사이의 투쟁으로 본다. 과거 냉전과 마찬가지로 유럽이 하나의 갈등 축의 핵심으로 남아 있는 반면, '2차 냉전'에는 동아시아의 역할이 적지 않다. 따라서 한국의 향후 균형 · 실용외교 가능 여부 판단에서 현재 국제상황이 신냉전으로 볼 수 없다고 하더라도 다른 지역보다 냉전적 분위기는 더 클 수 있다는 인식은 매우 중요할 것이다.

러우전쟁 이후 국제질서가 다극화되고 있는가 여부도 중요한 쟁점이다. 미국의 헤지모니가 약화되면서 자유적 국제질서가 약화하고 있는 것은 사실이다. 그러나 인도, 튀르키예 등 지역강국의 역할이 강화되고 있고, 동남아 등 글로벌 사우스의 입장이 불명확하기 때문에 국제질서가 다극화되고 있다기 보다는 여러 하위 국제질서들이 중첩적으로 경쟁하는 다중 질서multi-order화하고 있다고 보인다. 규칙기반 국제질서가 여전히 글로벌 수준의 질서이지만 규칙 결정에 대한 이견이 갈등하는 여러 하위 질서, 예를 들어 보수적 정부간 주의(중국의 일대일로), 비자유적 민족주의(러시아의 신유라시아주의), 급진적 초국가주의(이슬람 샤리아 질서) 등이 미국 주도의 자유적 국제주의에 도전하고 있는 것이다. 다중 질서의 모습과 본질은 아직 결정되지 않았고 여러 하위질서 간 관계가 갈등, 경쟁 또는 협력에 기반할지 여부에 따라 달라질 것이다.

---

5 이 명칭이 부정확한 것은 사실이지만 대체로 개도국을 가리키는 것으로 이해된다.(남반구에 더 많으니까) 이들의 공통점은 서방에 대한 분노와 서방이 지배하는 것으로 인식되는 세계 질서에 도전하려는 욕구이다. 우크라이나 전쟁으로 이들의 입장이 변화한 것이 아니라 시리아 위기와 크림 합병 당시에도 비슷한 태도를 보였었다. 특히 눈에 띄는 국가는 터키, 사우디아라비아, 인도, 이란이다. 이들은 슈퍼 중견국(?)으로 서 서구의 보복을 초래하지 않으면서 러시아와의 경제 관계를 이용할 수 있다. 터키는 중재자적 입장을 보이고 사우디는 미국 뜻에 거슬리면서 OPEC의 감산 결정을 지지한다. 감히 억제되지 않는 중간 세력이라 부를 만하며 미중과 서구 대결의 나머지 국가들이라고 불릴 수 있다. 분명한 것은 서구와 이 나머지간의 사이가 과거보다 벌어질 것이라는 것이다.

6 Richard Sakwa, "East vs. West: A New Cold War?" Transatlantic Policy Quarterly, Vol. 21 No. 4 Winter 2022/23.

러우전쟁에 대한 반응으로 생겨난 현재의 국제질서의 모습은 3분기trifurcation의 구조 즉 러시아와 중국, 긴밀한 대열을 맺을 수밖에 없는 서구 강대국, 대부분의 경우 편을 선택하기를 거부하는 글로벌 사우스의 3분할 구조를 가질 것은 분명해 보인다. 러시아는 중국에 대한 의존성이 커질 것이며 서방은 NATO를 AUKUS 및 QUAD라는 떠오르는 인태 파트너십에 더욱 밀접하게 통합할 방법을 모색할 것이다. 또한 개도국 또는 지역 강국들은 서방과 러시아/중국 사이에서 편을 선택하는 것을 거부하고 강대국 및 그들의 파트너들과의 관계를 유지하려고 노력하게 될 것이다.

글로벌 사우스의 부상은 놀라운 일이었다. 이들이 서구와 긴밀한 관계를 유지하면서 동시에 국가의 경제적 실익과 국민들의 의식에 따라 세계질서의 대안적 경로를 추구하는 이중 트랙의 행태를 보여주었기 때문이다. 이들은 서구와 협력을 지속하면서도 국가의 자율성과 주권, 국가의 국내 정치에 대한 불간섭, 국가 경제 및 국제 관계의 지침 원칙으로서 가치의 보편성 대신 다양성을 강조한다. 따라서 자유적 국제질서와 간혹 충돌하고 있으며 서방이 자유적 국제질서를 지배하면서 그 규칙은 따르지 않는 점을 비판한다. 미국의 IMF에서의 거부권 행사, 인도와 브라질의 유엔 안보리 이사국 진출 실패, EU의 개도국 거버넌스 문제 거론 등은 그러한 예이다. 향후 서구의 이들에 대한 포용성에 따라 국제질서의 안정성이 정해질 것이다. 향후 일부 글로벌 사우스 국가의 상대적 경제력 상승과 일부 서방 국가의 상대적 쇠퇴는 자유국제질서와 글로벌 사우스의 갈등을 강화시킬 가능성이 여전하다.

우크라이나 전쟁 이후 국제질서의 몇 가지 특징은 다음과 같다.

첫째, 지정학적 갈등의 기간이 상당히 지속되고 그 강도도 매우 높을 개연성이 크다. 이번 우크라이나 전쟁의 특성은 지정학적 패권 경쟁과 경제적 패권 경쟁이 겹쳐진 복합적 성격의 전쟁인 것이다. 자유주의와 민족주의 공존이 상당 기간 불가능해 보이므로 이 갈등은 상당 기간 지속될 것이다. 가치전쟁으로 국제질서가 진영화 된다면 과거의 냉전과 달리 경제권 단절이 불가능할 것이기 때문에 단절, 공존, 이합집산이 혼재할 가능성이 커지고 패배는 사실상 경제권의 상실을 의미하기 때문에 더 처절한 싸움이 될 가능성이 클 것이다.

둘째, 지정학적 경쟁이 심화되면서 기존 다자체제의 구조가 약화되고 국제적 문제 합의를 위한 거버넌스 형성은 어려워질 것이다. 세계 여러 지역에서 국가 주권과 정체성 정치가 점점 더 강조되고, 세계 경제가 분열되고 보호무역주의가 대두되면서 그 역할은 약화될 가능성이 높다. 국제적 무정부 상태로 빠져들 가능성은 아직은 적지만 지정학적 경쟁, 국가 주권에 대한 강조 강화, 경제 보호주의의 증가는 수십 년 동안 공들여 구축한 협력 체제를 약화시키고 있다. 향후 기후 변화, 생물 다양성 감소, 국가 실패, 식량 불안, 빈곤 및 세계적 건강 위협과 같은 긴급한 초국가적 문제를 해결하려는 노력은 현재보다 어려워질 것이다.

그러나 지정학만이 질서 있는 세계에 대한 유일한 도전은 아니다. 우선 세계적으로 민주주의는 쇠퇴하고 있는 것으로 보인다. 프리덤 하우스Freedom House에 따르면 현재 전 세계 인구의 약 38%가 "자유롭지 않은" 국가에 살고 있으며 20%만이 "자유" 국가에 살고 있다. 리쇼어링reshoring과 디커플링decoupling이 슬로건이 되고 세계 곳곳에서 보호무역주의가 대두되면서 세계화가 힘을 잃고 있다. 인터넷에는 가짜 뉴스가 난무하고 있다. 정보는 점점 지정학적 대결의 도구로 활용되어 민주적 절차를 훼손하고 여론을 조작하고 있다. 해마다 악화되고 있는 폭풍, 화재, 홍수, 가뭄 및 기타 기후 위기의 징후는 수백만 명의 삶을 방해하고 많은 지역의 안정을 위협하고 있다. 이러한 도전에 직면하여 다자간 시스템은 심각한 압박을 받고 있으며 초국가적 도전에 대처하는 데 있어 합법성과 효율성을 잃을 위험이 있다.

셋째, 러우전쟁이 가져온 지정학의 새로운 특징은 지역 강국의 부상이다. 지역 강국들의 부상은 국제 시스템의 기능을 더욱 복잡하게 하고 있어 글로벌 강국과 지역 강국의 구별을 무의미하게 하고 있다. 강대국들은 지역 차원에서는 과거와 달리 지역 동맹과의 장기적 관계에 기초하여 영향력을 행사하기 어려워졌다. 최근에는 지역강국-지역강국 관계나 글로벌 강국-지역강국의 관계가 글로벌 강국간 관계보다 중요한 경우를 자주 목도하게 된다. 이란 핵문제에 대한 튀르키예와 브라질의 제안은 글로벌 강국-지역강국 관계의 중요성을 보여준다. 슈퍼 파워의 지위를 가진 글로벌 강국이 모든 하위 시스템 역동성을 동화시킬 만큼 강하지 않다면 글로벌 강대국의 전통적 의미를 상실하게 된다. 미국 대외정책의 가장 큰 과제는 글로벌 정치에서의 분권화 즉 지역이 과거보다 큰 자율성을 갖게 된 현재의 상황에 대한 대응 능력을 키우는 것이 되었다.[7]

넷째, 유라시아의 지정학적 동맹의 출현 가능성이 있다. 제재와 정치적 압력을 통해 러시아를 고립시키려는 서방의 시도는 러시아, 중국, 이란, 인도, 중앙아시아와 코커스, 심지어 튀르키예로 구성된 아시아 지정학적 동맹으로 이어질 수 있다. 이들 국가들은 페르시아만 및 남아시아 지역을 연결하여 내륙 유라시아 지역의 지역 상품 공급망을 만들고, 이를 통해 중국과 동아시아에 연결하는 새로운 경제회랑을 형성하고자 한다. 이들의 이러한 경제적 이익의 공유는 정치적 협력 강화의 토대가 되고 있다.

다섯째, 러시아와 중국이 참여하는 BRICS와 SCO가 확장될 가능성이 크다.[8] BRICS는 세계 인구의 40% 이상이 거주하고 있고, 세계 밀 · 쌀의 거의 절반을 생산하며, 세계 GDP의 약 54%(구매력 평가 기준), 수출의 약 23%, 산업생산의 약 34%를 차지한다. 2015년 설립된 '신개발은행New Development Bank'은 다자간 프로젝트 지원을 확대하고 있다. 2022년 6월, 베이징 14차 BRICS 정상회담에서 시진핑 중국 국가주석과 푸틴 러시아 대통령은 BRICS+로 그룹을 확장하는 데 합의했고 아르헨티나, 이란, 사우디아라비아는 이미 BRICS+ 회원 가입을 신청했다. 이는 중국과 러시아가 서구의 우세에 맞서기 위해 광범한 국가 동맹을 확장하여 G7에 맞서고자 하는 것으로 보인다.

SCO도 확장 가능성을 보이고 있다. 러시아와 중국, 그리고 다른 SCO 회원국들은 각각 남아시아와 서아시아를 연결하는 지정학적 위치를 완성하고 강화하기 위해 이란, 인도, 튀르키예와의 협력을 더욱 필요로 할 것이다. 향후 중동 국가들의 가입 가능성이

---

7 Richard Haas, "U.S. Foreign Policy in a Nonpolar World," Foreign Affairs, (May/June 2008), pp.44-57.

8 BRICS 확장과 관련하여 2022년 9월 Lavrov는 알제리, 아르헨티나 및 이란이 모두 지원했으며 사우디아라비아, Türkiye, 이집트 및 아프가니스탄이 관심을 갖고 있는 것으로 이미 알려져 있으며 인도네시아는 공식 가입 신청을 할 것으로 예상된다고 언급. 다른 유망한 회원국으로는 카자흐스탄, 니카라과, 나이지리아, 세네갈, 태국, 아랍에미리트가 있다. https://www.silkroadbriefing.com/news/2022/11/09/the-new-candidate-countries-for-brics-expansion/

커질 것이다.

여섯째, 향후 자유민주진영은 자유민주주의 국제질서를 강요하기는 어려워질 것이며 '규칙기반질서rule-based order'를 현실적인 대안으로 생각하게 될 것이다. 세계화가 원래 의도한 세계 경제의 평등적 발전과 민주주의 확산을 가져오는 데 실패한 것은 사실이며, 여러 국가가 처한 경제적 어려움이 오히려 민주주의 퇴행을 가져오기도 했다. 이런 상황에서 안정적 국제질서의 유지를 위한 최소 조건으로서 '규칙기반질서'의 유지라도 강조하지 않을 수 없는 상황이 되고 있다.

경제전쟁과 공급망 위기를 촉발할 수 있는 러우전쟁

러우전쟁은 세계 경제의 둔화와 인플레를 야기했다. 영향은 크게 세 가지 주요 경로를 통해 나타났다. 첫째, 식품 및 에너지와 같은 필수 상품의 가격 상승은 인플레이션을 더욱 심화시켜 소득 가치를 잠식하고 수요에 부담을 주고 있다. 둘째, 특히 유럽 경제는 교역 감소, 공급망 혼란, 송금 중단, 급증하는 난민 유입으로 어려움을 겪고 있다. 셋째, 사업 신뢰도 감소와 투자 불확실성 증가는 자산 가격에 부담을 주어 재무 상황을 악화시키고 잠재적으로 신흥 시장에서 자본 유출을 촉발하고 있다.

주요 에너지 및 원자재 가격이 안정화되면서 공급망 위기가 완화되고 있는 것으로 보이지만 전쟁 상황에 따라 다시 위기 상황이 올 가능성도 크다. 러시아와 우크라이나가 식량과 주요 광물의 주요 생산국이기 때문이다. 또한 국방비 지출 증가, 에너지 시장 구조 재편, 지불 시스템의 잠재적 파편화, 외환 보유고의 통화 구성 변경에 대한 압력 등 러우전쟁의 장기적 결과도 있을 수 있다.

러시아와 우크라이나의 갈등이 심화되면서 서방 국가와 러시아의 대립도 국가적 차원에서 기업 차원으로 확대됐다. 키이우 경제대학은 러우전쟁에 대한 러시아 내 외국 기업의 반응을 유지Stay, 기다리기Wait, 떠나기Leave, 퇴출Exited 등 4개 기준으로 분석하고 있는데 2023년 9월 4일 기준으로 유지 1,384개 기업, 기다리기 524개 기업, 떠나기 1,226개 기업, 퇴출 273개 기업이다. 국가별로 보면 퇴출 기업중 1/5이 미국 기업으로 가장 높았고, 독일 12.2%, 핀란드 11.9%, 영국 9.3%의 순이었다. 한국, 중국, 일본 등

아시아 기업들은 비중이 매우 낮았다. 떠나기도 미국이 28.3%로 가장 높았고 영국이 그 다음으로 11.7%였다. 퇴출과 떠나기와 유지와 기다리기를 묶어 적극적 행동과 소극적 행동으로 나누어 보면 미국과 유럽 기업들은 대부분 절반 이상이 적극적 행동을 보인 반면 여타 지역 기업들은 소극적 행동을 보인 기업의 비율이 높았다.

자산 매각 기업은 8% 수준으로 아직 크게 높지는 않아 전쟁 이후 제재 수준에 따라 러시아 내 외국 기업의 활동의 양상이 바뀌겠지만, 앞으로 기업들의 해외 투자에서 지정학 리스크에 대해 보다 많은 관심을 기울이고 평가 방식과 대응 관리 전략 개발에 힘써야 함은 분명해 보인다. 또한 ESG 관점이 지정학적 리스크까지 포함하는 것으로 확장되어야 할 것이다. 많은 러시아 내 서구기업들이 러우전쟁 이후 러시아에서 철수하지 않음으로써 소비자의 외면을 받거나 시민단체의 기소를 당하는 사례도 발생하고 있기 때문이다.

공급망의 무기화로 인한 경제안보 문제는 모든 국가의 핵심 의제가 되고 있다. 특히 반도체와 배터리 공급망 문제는 한국 경제에 아킬레스건이 될 가능성이 있다. 미국은 첨단 · 핵심기술에서 우위 유지와 공급망 안정성 확보를 위해 아시아태평양 지역에서는 '인도 · 태평양 경제 프레임워크(IPEF)'라는 경제안보질서의 새로운 판을 제시하였다. 그러나 핵심 광물 공급망 문제는 미국의 新질서에만 의존할 수 없는 것이 현실이다. 우크라이나 위기 이전에도 제조업에 필수적인 금속 가격은 이미 상승세였다. 이 분야에서 러시아의 글로벌 시장 점유율은 매우 높다. 니켈의 점유율은 약 49%, 팔라듐 42%, 알루미늄 26%, 백금 13%, 철강 7%, 구리 4%로 추정된다. 니켈은 한국의 주력 수출품인 주방용품, 휴대전화, 의료 장비에 필수적이고 팔라듐도 많은 전자제품에 들어간다. 짧은 기간의 전쟁보다 장기간의 적대적 평화가 관련 상품의 공급과 비용에 더 큰 위협이 될 것이다. 냉전이 심화되면 주요국의 원자재 무기화는 더 심각해질 가능성이 크다.

곡물과 에너지 경제안보도 여전히 불안하다. 러시아는 세계 최대 밀 생산국이며, 비료에 들어가는 암모니아의 23%, 칼륨의 17%, 요소의 14% 및 인산염의 10%를 공급하는 국가이다. 중국이 이미 국내 사용을 위해 요소와 인산염 생산량의 상당 부분을 통제한 상황에서 러시아 공급망을 잃으면 주요 비료 성분의 추가 부족과 가격 상승으로 이어질 위험이 있다. 우크라이나도 지난 20년 동안 풍족한 수확 덕분에 세계적인 곡창지대로서의 역할을 톡톡히 하였다. 옥수수, 보리, 호밀의 최대 수출국이며 특히 밀은 전 세계 식량 안보에 큰 영향을 미칠 수 있다. 흑해 곡물협정이 파기되면서 글로벌 곡물 가격 예상은 쉽지 않은 과제가 되었다.

유가와 가스 가격이 안정화되면서 에너지 불안이 많이 해소되는 가운데 하마스 사태가 터지면서 향후 유가 전망이 쉽지 않게 되었다. 특히 러우전쟁의 전황에 따라 EU의 가스 엠바고를 추가 제재 수단으로 활용할 가능성이 있어 가스 가격도 매우 불안정해질 가능성이 있다.

반도체, 배터리, 식량, 에너지에 대해서는 정부는 경제안보 차원의 각별한 대비를 해야 할 것이다.

끝나지 않을 전쟁

아이들 싸움이 끝나는 경우는 세 가지다. 한 아이가 일방적으로 우세한 경우, 두 아이 모두 더 싸울 힘이 없을 때, 그리고 선생님이 와서 말리는 경우이다. 러시아와 우크라이나는 초반 예상과 달리 지루한 장기소모전이 이어져 왔다. 서방의 지원을 받아 온 우크라이나는 조금 불리해지고는 있지만 여전히 싸울 힘을 갖고 있고 러시아도 강력한 국가통제를 통해 장기전 능력이 있음을 입증하고 있다. 트럼프 대통령이 선생님 역할을 할 것으로 기대했으나 아직은 그 권위가 먹히지는 않는 것 같다.

트럼프 대통령의 러시아 포용 행동의 의도는 공약대로 빨리 전쟁을 종식함으로써 정권 초기 외교 업적을 과시하고, 러시아와의 갈등을 조기에 해결하여 중국과의 경쟁에 집중하기 위해서일 것이다. 이에 더해 우리가 관심을 가져볼 사항은 두 가지다. 첫 번째는 트럼프 대통령은 러시아를 포용하여 중국과 러시아 사이를 떼어놓는 소위 '역키신저reverse Kissinger' 의도가 있는가이다. 푸틴 대통령은 최근에 트럼프 대통령에게 러시아 희토류 개발 협력을 제안하였다. 희토류 수입의 70% 이상을 여전히 중국에 의존하고 있는 미국에게 러시아가 실제로 희토류를 제공하게 된다면 중국에게는 큰 타격이 아닐 수 없다. 그러나 미국 기업의 러시아 투자환경 불신과 러시아의 대중 경제 의존성, 그리고 여전한 국제정치의 불확실성을 볼 때 '역키신저' 전략이 성공할 가능성은 아직은 없어 보인다. 두 번째는 미국에게 시급한 현안인 중동문제와 북핵문제 해결에 이 지역 영향력이 큰 러시아와 협력할 가능성이 있는가이다. 2월 18일 리야드 미러 평화협상에 키스 켈로그 우크라이나 · 러시아 특사 대신 스티브 윗코프 중동특사가 참석한 것은 트럼프 대통령의 이러한 의도의 단면을 보여준 것이다. 시리아 알-아싸드 정권의 붕괴로 러시아의 영향력이 축소된 것은 사실이지만 러시아는 종전 협상에서 트럼프 대통령의 양보만큼 중동 문제 해결에 미국을 지원할 능력과 가능성을 갖고 있다.

미국과 러시아 간 세 차례 정상회담을 비롯하여 고위급 접촉이 이루어져 왔으나 미국이 제안한 최소한의 30일 휴전도 푸틴 대통령은 거부하고 우크라이나와의 직접 회담을 제안하였다. 5월 16일 튀르키예 이스탄불에서 러시아와 우크라이나 간 휴전 회담이 열려 천명씩의 포로 교환에는 합의했으나 별다른 돌파구 찾지 못했다. 오히려 회담 이후 러시아의 우크라이나 공습은 더욱 심해졌고 결국 트럼프 대통령의 입에서 "푸틴은 완전히 미쳤다"는 말까지 나오게 되었다.

경제학의 '몰입 상승'의 개념은 전쟁에도 적용된다. 전쟁의 이익보다 비용이 훨씬 큰 상황이 되었지만 이미 너무 많이 투자하고 희생했기 때문에 이제는 물러설 수 없다는 논리가 러시아와 우크라이나 모두 전쟁에 몰입하게 한다. 더욱이 불리한 조건으로 전쟁을 중단하는 것은 종전 후 대선을 치러야 하는 젤렌스키 대통령과 국가적 손실의 정치적 책임을 져야 하는 푸틴 대통령 모두에게 정권 상실을 초래할 가능성이 크기 때문에 조금이라도 불리한 종전 조건을 양측 모두 받아들일 수 없는 상황이다.

향후 미국의 지원이 끊겨도 우크라이나는 계속 싸울 것인지, 유럽이 미국 없는 전쟁을 홀로 감당하며 우크라이나 지원을 이어갈 것인지 여부에 따라 종전 시기가 결정될 것이다. 지난 4월 30일 미국과 우크라이나는 그간 탈도 많았던 광물협정을 체결하였다. 이 협정으로 향후 광물 개발 수익을 대가로 미국이 유상으로 우크라이나 무기 지원을 제공할 근거가 마련되었다. 그러나 불확실한 미래 개발 이익으로 얼마나 많은 무기 지원을 할 수 있을 지는 여전히 불확실하다. 따라서 향후 유럽의 지원 의지가 중요해졌다. 유럽 국가들이 미국의 공백을 메우기 위해서는 이제까지 지원액을 대략 두 배로 늘

려야 할 것이지만 현재 유럽의 경제 상황을 볼 때 오래 가능할 것 같지는 않다.

현재 종전 협상의 가장 핵심 쟁점은 우크라이나의 나토 가입, 점령지 반환, 종전 후 우크라이나의 안전 보장 등 세 가지이다. 나토 가입은 금지가 아닌 연기로 협상의 여지가 있고, 점령지 문제도 2022년 이스탄불 합의처럼 종전 후 추후 논의라는 여지가 있다. 현재로 해결 방안 모색이 가장 어려운 것은 우크라이나에 대한 안전 보장 제공 문제다. 미국은 광물협정에서도 끝내 안전 보장을 약속하지 않았다. 유럽은 영국과 프랑스 주도로 우크라이나에 평화유지군 배치를 약속하는 '의지의 연합'을 추진하고 있으나 구체적 규모나 역할에 대해서는 유럽 각국의 의견이 다르다. 제일 큰 문제는 나토 확대 때문에 전쟁을 일으킨 러시아가 유럽군 배치를 수용할 가능성이 없는 것이다.

현재 상황에서 종전 합의는 당분간은 불가능해 보인다. 러시아도 장기전에 대비해야 한다는 분위기다. 이제까지 북한군 파병의 공식적 인정을 거부해 온 푸틴 대통령은 지난 4월 28일 쿠르스크 지역에 참전한 북한군의 존재를 성명을 통해 인정하고 같은 날 북한도 공식 인정한 것은 러우전쟁의 장기화에 대비하는 포석으로 읽힌다. 유럽도 국방비를 GDP의 5%로 늘리라는 트럼프의 요구에 대응하여 우크라이나에 대한 원조를 국방비 지출의 일부로 계산하고 우크라이나에 방위 산업 투자를 확대할 계획이다.

공식 종전 없이 사실상 전선이 고착되는 '동결된 분쟁'이 될 가능성이 점차 커지고 있다.

북한 우선시하는 러시아의 한반도 정책

2000년대 이후 러시아의 대한반도 정책의 기본 원칙은 남북한 등거리 원칙, 한반도 비핵화 지위 지지, 6자회담 등 정치적 대화를 통한 북핵 해결, 한반도 문제 해결에서 러시아의 정당한 참여 보장, 역내 경제협력 제고 등 다섯 가지로 요약할 수 있을 것이다.[9]

---

9 2000년 대외정책 개념: 러시아는 한반도 상황에 큰 관심을 갖는다. 한반도 문제 해결에 러시아의 정당한 참여를 보장하고 남북한과 균형적 관계를 유지하는 데 노력의 초점을 맞출 것이다.
2008년 대외정책 개념: 긴장과 갈등의 근원이 계속 있고 대량파괴 무기 확산 위험이 커지는 아시아를

그러나 우크라이나 사태 이후에 서구와의 관계가 악화되면서 한반도 문제를 지정학적으로 활용하려는 의도가 강해지고 있다.

첫 번째 변화는 러시아는 기존의 한반도 비핵화 추구는 장기 목표화하고, 한반도 안정 특히 김정은 정권 보장을 우선시하는 것이다. 전쟁 이전 러시아는 한반도 비핵화와 북한 정권 보장을 병행하는 입장을 갖고 있었다. 그러나 작년 라브로프 외무장관의 "북한의 비핵화는 종결된 문제"라는 발언에서 읽히듯이 러시아는 북한이 사실상 핵보유국이 되었고, 미국도 북한이 핵을 포기할 유인을 제공할 수 없는 상황이 되었기 때문에 과거 6자회담과 같은 다자 외교의 의미와 가치도 사라졌다고 본다. 이런 상황에서 러시아는 대북 제재를 사실상 무력화하려는 의도가 있는 것으로 보인다. 유엔 안보리 이사국으로서 대놓고 대북 제재를 위반하지는 않겠지만 최소한 대북 추가 제재에는 거부권을 행사할 것이 분명해 보인다. 남북통일에 대해서도 통일은 남북한 민족 간의 선택이며 러시아는 이를 지지한다는 입장이었으나, 지금은 남북한은 국제적으로 인정된 두 국가이며 공존이 현실적이라는 입장이 굳어지는 양상이다.

두 번째 변화는 북러 밀착에 대한 한국의 우려는 무시하고 한국과는 경제 이익, 북한과는 안보 이익을 독자적으로 추구하는 이중적 접근을 갖게 된 것이다. 러시아는 공식적으로는 남북한 등거리 외교를 원칙으로 했으나 핵심 교역 파트너인 한국에 경사傾斜

위한 평화적이고 지속가능한 토양을 만드는 것이 러시아에게 매우 중요하다. 러시아는 한반도 핵문제의 정치적 해결을 추구함에 있어 적극적 참여를 보장하고 북한과 남한의 건설적 관계를 유지하며 남북한 대화를 촉진하고 동북아 안보를 강화하는 데 초점을 맞출 것이다.

2013년 대외정책 개념: 러시아는 상호호혜 협력에 기반하여 북한과 남한과의 우호적이고 근린의 관계를 계속 유지하고 역내 평화, 안정, 안보에 필수적인 지역발전을 가속화하고 남북한 정치대화와 경제협력을 지지하는데 이런 관계의 잠재력을 선용할 것이다, 러시아는 한반도의 비핵 지위에 항상 찬성하며 6자회담 틀을 포함하여 적절한 UN안보리 결의에 근거하여 단계적 진전을 완전히 지지한다.

2016년 대외정책 개념: 북한과 남한과의 전통적 우호관계 유지에 관심있는 러시아는 한반도에서 대립 수준을 낮추고 정치 대화 발전을 통해 긴장 약화와 남북한 협력 발전과 화해에 노력할 것이다. 러시아는 항상 한반도 비핵화 지위를 지지하며 6자회담이 비핵화달성의 수단이라는 것에 기반하여 모든 방법으로 비핵화를 협력할 것이다. 러시아는 동북아의 평화와 안보 유지 메커니즘 형성을 위해 계속 노력할 것이고 역내 경제 협력 확대를 위한 조치를 취할 것이다.

된 외교 행태를 보여 왔었다. 현재는 북한과의 관계는 한국과의 관계와 독립적인 관계임을 분명히 하고 있다. 작년 6월 페스코프 대통령 대변인은 "러시아가 북한과의 관계를 강화하는 것은 정당한 권리이며 이에 대한 우려는 부적절하다"고 분명히 한 바 있다. 전후 경제회복을 위해 한국과의 경제협력이 중요하다는 점을 인식하고는 있지만 경제보다는 안보를 우선하는 정책 기조가 분명한 상황에서 남북한과 개별적으로 관계를 유지하려 하는 것이다.

세 번째 변화는 북한과의 장기 동맹을 유지 하겠다는 의지를 확고히 한 것이다. 푸틴 대통령은 북한을 러시아 신안보전략의 핵심 파트너로 공식화했음은 물론 작년 6월 체결한 '북러 포괄적 전략 동반자 조약'에 따라 필요한 경우 북한에 군사 지원을 제공할 수 있음을 최근 분명히 했다. 또한 우크라이나 평화조약 참여국에 브릭스와 함께 북한을 적시함으로써 동맹의 국제적 인정을 구하기도 하였다.

이러한 변화를 볼 때 러우전쟁이 종전되더라도 북러 밀착이 지속될 가능성은 커 보인다. 북러 밀착이 북한의 군사 지원 필요성 때문에 이루어졌기 때문에 전쟁이 끝나면 북러관계가 이전 수준으로 돌아갈 것이고, 한러관계도 이전과 같이 복원될 것으로 판단하는 것은 성급해 보인다.

전략적 능동성 필요한 한러관계

한러관계가 단기간에 과거 수준으로 돌아갈 수는 없다. 북러간 관계가 혈맹으로 진화한 상황에서 이제껏 대러정책의 기본 모델이었던 경제와 안보의 교환 즉 한러간 경제협력 강화를 통한 북핵에 대한 러시아의 지지 확보가 불가능해 보이기 때문이다. 러시아가 만약 고급 군사기술을 북한에 제공한다면 사실상 한러관계의 복원은 불가능해질 것이다. 이미 러시아가 군사기술을 제공했으리라 하는 몇 가지 일이 있었다. 지난 3월 20일 북한은 최신형 지대공 미사일 시험 발사와 함께 본격 생산이 시작되었음을 발표했다. 북한의 가장 취약점이 방공망 부실임을 감안할 때 러시아가 기술을 제공했을 가능성을 부인하기 어렵다. 또한 3월 27일에는 공중조기경보통제기를 공개했는데 러시아나 중국이 기술을 제공했을 가능성이 제기되었다. 전후 경제회복이 시급한 러시아가 한국과의 경제협력 복원을 시도하겠지만 경제보다는 안보를 우선하는 입장은 변하지 않을 것이다.

북러간 군사 밀착이 더욱 진행된다면 우리 안보의 가장 위협 요인이 아닐 수 없다. 북러 관계 쇠퇴 만큼 한러관계 복원의 공간이 생긴다는 수동적 생각보다는 북러 관계에 제동을 걸기 위해 한러관계 복원이 필요하다는 능동적 생각이 필요한 시점이다. 블라디보스토크-서울 러시아 국적기 직항 재개, 원유 수입 확대, LNG 쇄빙선 인도 문제 해결 등 관계 회복의 신호를 보낼 필요가 있다. 물론 핵고도화 관련 등 첨단 군사무기 기술의 북한 제공은 한러관계의 레드라인임은 확고히 해야 한다.

제1장

국제관계와 러시아 외교전략의 변화

제1장

1990년 공개 외교문서를 중심으로 본 한소수교와 경협자금의 연계과정 연구*

곽성웅

(배재대학교 한국-시베리아센터 연구교수)

Ⅰ. 서론

1990년은 1989년의 북방외교 성과가 본격적인 궤도에 오르기 시작한 시점이자 북방정책의 이정표이자 역사적 사건인 한소수교가 이루어진 시기이다. 1990년 당시 한국은 1989년 헝가리, 폴란드, 유고슬라비아와의 외교 관계 수립으로 북방외교가 한층 탄력을 받으면서 한소 및 한중수교를 실현하기 위한 외교적 보폭을 확대하고 있었다. 여기에 북한과의 관계를 고려하며 소극적으로 대한對韓 관계개선 방안을 검토하던 여러 동구권 사회주의 국가들도 1990년부터는 한국과의 수교를 적극적으로 고려하는 방향으로 선회하기 시작했다.

이렇게 한국의 북방외교가 그 성과를 확대하고 국제무대에서의 외교적 역량을 자랑할 수 있었던 이유는 있었다. 바로 경제 사정이 어려운 동구 사회주의 국가들과의 관계

* 이 글은 2022년 2월 『한국정치외교사논총』 제43집 2호에 게재된 논문의 내용을 수정, 보완하여 작성했습니다.

에서 상당한 유인책으로 활용했던 경제협력 지원방안이 존재했기 때문이다. 한국의 북방정책에서 경협의 활용은 쉽게 부인할 수 없는 사실로, 헝가리와 폴란드의 경협제공 사례를 지켜본 상당수의 동구권 국가들은 수교 협상 초기부터 한국의 경협차관에 대한 기대감을 숨기지 않았다. 이에 한국은 헝가리와 폴란드에만 경협금액을 명시적으로 약속한 뒤 1989년 말부터는 경협 확대를 약속하면서도 보장금액을 확언하지 않는 전략을 구사했다. 이는 북방정책에서 경협자금을 동원하는 방식에 대한 국내의 비판이 점차 고조되자 나온 고육책에서 비롯됐다.

그런데 국내의 비판적 시각에도 아랑곳하지 않고 경협을 최대한 활용한 수교 외교도 존재했다. 바로 1990년의 한소수교다. 총액 30억 달러의 경협자금을 지원한 것으로 알려진 한소수교는 북방정책의 빛나는 이정표이자 1992년 한중수교로 마무리되는 북방외교의 커다란 역사적 사건 중의 하나였다. 그럼에도 최근 국내 학계의 한소수교에 관한 연구는 활발히 이루어지지 않고 있는 편이다. 이 주제에 관한 가장 최근의 연구는 2000년으로 시간적 거리감이 있으며[1], 한소수교를 외교사적 차원에서 간접적으로 다룬 것도 2013년의 연구만이 주목될 뿐이다.[2] 시선을 국외로 돌려도 사정은 마찬가지로, 서구권에서는 한소수교 직후에 나온 고르바초프의 대對한반도 정책 연구와[3] 한국의 북방정책 연구[4] 외에는 한소수교 관련 연구는 찾아보기 힘들다. 다만 러시아쪽에서는 한러 관계 30주년에 즈음한 시기에 나온 일부 논문[5]에서 한소수교 과정 관련 학문적 언급

---

1 양승함, 「한 · 소 수교 과정의 재고찰」, 『사회과학논집』 제31권(2000), 19-33쪽.

2 신종대, 「서울의 환호, 평양의 좌절과 대처: 서울올림픽과 남북관계」, 『東西硏究』 제25권 3호(2013), 71-110쪽.

3 Peggy Falkenheim Meyer, "Gorbachev and Post-Gorbachev Policy toward the Korean Peninsula: The Impact of Changing Russian Perceptions," *Asian Survey*, Vol. 32, No. 8 (Aug. 1992), pp. 757-772.

4 Charles K. Armstrong, "South Korea's 'northern policy'," *The Pacific Review*, Vol. 3, No. 1 (1990), pp. 35-45.

5 Донгон О, и О. П. Еланцева, "К 30-летию установления дипломатических отношений между СССР и Республикой Корея: исторический путь 1970–1980-х годов," *АЗИАТСКО-ТИХООКЕАНСКИЙ РЕГИОН: экономика, политика, право*, № 2, (2000), С. 61-75; Л. В. "Забровская, Влияние

이 나오고 있긴 하나 본격적인 분석이 이루어지고 있지는 않다.

이러한 상황은 아무래도 한국과 소련의 수교 시점이 30여 년이나 흘렀고, 관련 외교문서가 올해에야 공개되는 상황에서 비롯됐을 공산이 크다. 연구자들이 그동안 관련자 증언[6]이나 교차검증할만한 적절한 문서와 사료의 확보에 어려움을 겪었을 것임이 분명하기 때문이다. 그런 와중에 2021년에 1990년도 외교문서가 공개된 것은 의미하는 바가 크다. 본 연구도 당시 해제된 1990년도 외교문서 사료를 기반으로 분석을 진행할 수 있었다. 이런 차원에서 앞으로 나올 관련 후속 연구도 본격적으로 활발히 진행될 수 있으리라 기대된다.

본 연구는 한소수교와 관련하여 경협의 역할에 주목하는 문제 제기에서 비롯됐다. 특히 한국과 소련의 수교 협상이 급진전되는 과정에서 한국의 경협자금 제공이 상당한 영향력을 발휘했을 것이라는 가설을 구체적이고도 논리적으로 제기하고자 노력했다. 이 과정에서 주로 2021년에 공개된 1990년도 외교문서 해제 사료를 분석하는 문헌 연구 방식을 활용했다. 당시에 작성된 정부 문서만큼 수교 협상 과정의 분위기를 잘 드러내고 관련자들의 생각을 보다 면밀히 파악해주는 자료가 없다고 판단했기 때문이다. 본 연구는 이러한 문헌 분석을 통해 작성한 내용을 바탕으로 다음과 같이 구성됐다. 3개의 장으로 이루어진 본론에서는 1990년 북방외교의 기본원칙과 한소수교 과정에서의 경협 논의 전개 및 1990년 9월 한소수교의 합의 과정을 차례로 살펴봤다. 이 과정에서 경협이 북방정책에 미친 효과와 역할을 분석하고 한소수교 과정에서 제시된 경협의 조건을 구체적으로 탐색했다. 그리고 이를 바탕으로 경협이 한국과 소련의 수교 과정에서도 작용했을지 모를 외교적 영향력을 합리적으로 추론했다. 마지막 결론에서도 한

перестройки на характер отношений СССР и КНДР," *Россия и АТР*, №1(91) (2016), С. 46-56.

6 노태우, 『노태우 회고록: 하권(下卷) – 전환기의 大戰略』(서울: 조선뉴스프레스(주), 2011); 노재봉 외, 『노태우 대통령을 말한다: 국내외 인사 175인의 기록』(경기: 동화출판사, 2011); 정태익, 『한국 외교와 외교관 – 이집트 수교와 대러 외교』(면담: 홍완석)(서울: 국립외교원 외교안보연구소 외교사연구센터, 2018); 공로명, 『한국 외교와 외교관 – 대일외교 · 북방정책 · 북핵협상』(면담: 윤덕민, 조양현)(서울: 국립외교원 외교안보연구소 외교사연구센터, 2019).

소수교의 전반적 과정에서 나타난 경협 논의의 경과를 다시 한번 확인하면서 이를 통해 1990년 9월 한소수교 협상이 급진전하게 되는 과정을 추론하면서 연구를 마무리했다.

Ⅱ. 본론

1. 90년도 북방외교의 기본원칙

1990년 한국의 북방정책은 1989년과는 사뭇 다른 외교적 전개를 나타냈다. 특히 동구 사회주의 국가들과의 수교 과정에서 한국은 더 이상 수교 대상국에 경제협력 차관이나 지원금 제공 규모를 명시적으로 약속하지 않았다. 사실 이런 기조는 1989년 말부터 시작됐다. 헝가리(수교일: 1989.02.01., 6억2천5백만 달러)와 폴란드(수교일: 1989.11.01., 5천5백만 달러) 이후에 수교한 유고슬라비아(수교일: 1989.12.27.)부터 한국은 경협 지원의 구체적 금액보다는 앞으로 예상 가능한 민간기업의 시장 진출과 투자 확대 등에 대한 기대감을 활용하는 방향으로 나아갔다. 이런 방향성은 그동안의 수교 과정에서 나타난 경협 지원 연계에 대한 국내의 일부 비판을 감안한 것이었다. 1990년 한국 외무부는 향후의 수교 원칙을 다음과 같이 수립했다[7]: 첫째, (가급적) 영사 관계 등의 중간단계를 거치지 않고 바로 외교 관계를 수립한다. 둘째, 경제협력 지원과 수교를 연계하지 않는다(그림 1 참조).

그러나 수교 외교와 경협을 연계하지 않는다는 위와 같은 방침이 확고부동한 정경분리의 원칙을 의미하는 것은 아니었다. 오히려 지원 규모를 구체적으로 약속하지 않는 태도와 같이 수교와 경협을 직접적으로 연계하지 않도록 노력한다는 것이 외무부의 입장이었다. 외무부는 북방외교의 성과를 더욱 확대하기 위해 수교 상대국의 경협 기대

---

7 「국교수립-불가리아, 1990.3.23. 전3권(V.2 1989-90.1월)」, 67쪽(보고서 "대불가리아 관계개선 추진방안"), 2020-0012, 01, 외교부 동구2과.

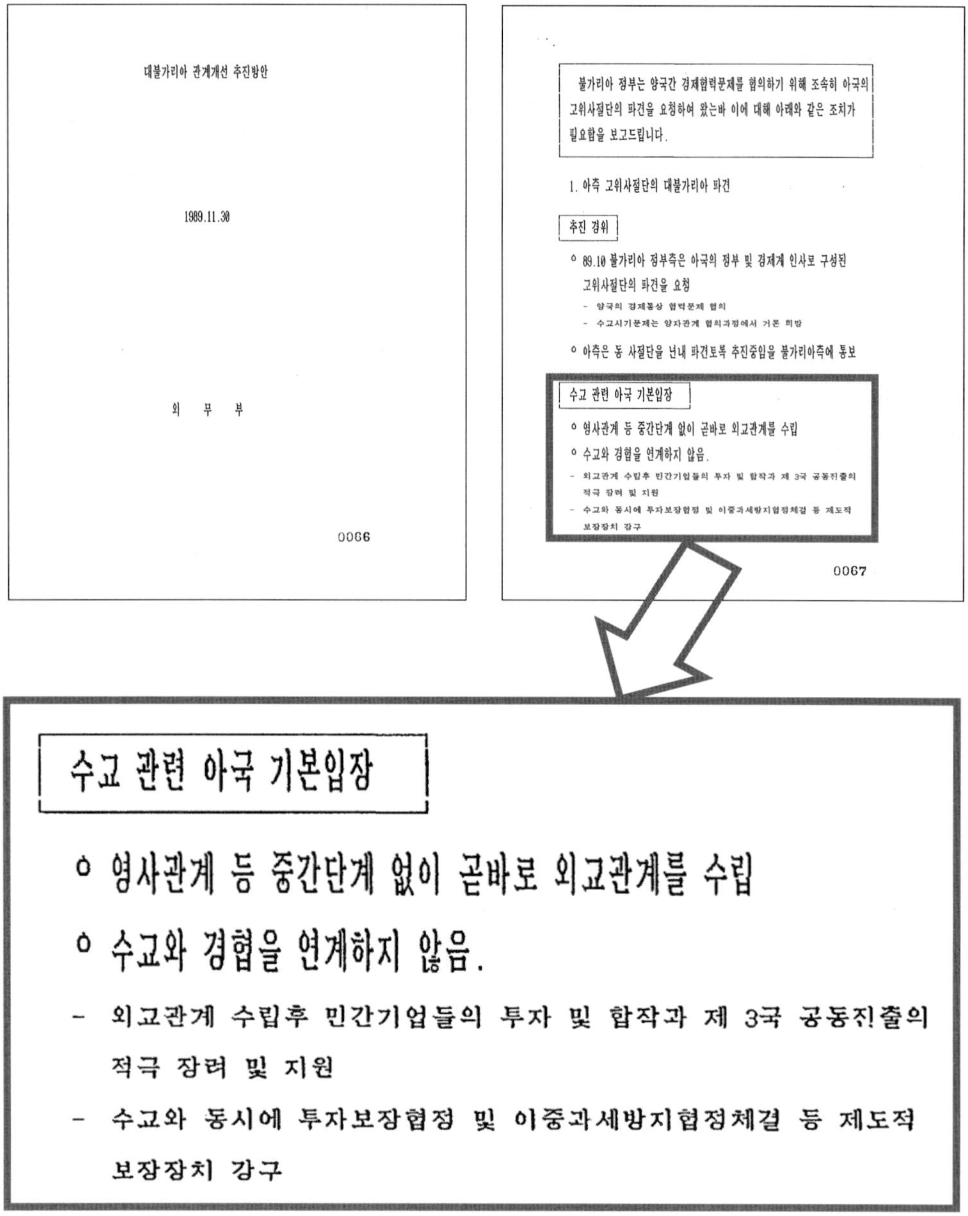

대불가리아 관계개선 추진방안

1989.11.30

외 무 부

0066

불가리아 정부는 양국간 경제협력문제를 협의하기 위해 조속히 아국의 고위사절단의 파견을 요청하여 왔는바 이에 대해 아래와 같은 조치가 필요함을 보고드립니다.

1. 아측 고위사절단의 대불가리아 파견

추진 경위

o 89.10 불가리아 정부측은 아국의 정부 및 경제계 인사로 구성된 고위사절단의 파견을 요청
  - 양국의 경제통상 협력문제 협의
  - 수교시기문제는 양자관계 협의과정에서 거론 희망

o 아측은 동 사절단을 년내 파견토록 추진중임을 불가리아측에 통보

수교 관련 아국 기본입장

o 영사관계 등 중간단계 없이 곧바로 외교관계를 수립

o 수교와 경협을 연계하지 않음.
  - 외교관계 수립후 민간기업들의 투자 및 합작과 제 3국 공동진출의 적극 장려 및 지원
  - 수교와 동시에 투자보장협정 및 이중과세방지협정체결 등 제도적 보장장치 강구

0067

수교 관련 아국 기본입장

o 영사관계 등 중간단계 없이 곧바로 외교관계를 수립

o 수교와 경협을 연계하지 않음.
  - 외교관계 수립후 민간기업들의 투자 및 합작과 제 3국 공동진출의 적극 장려 및 지원
  - 수교와 동시에 투자보장협정 및 이중과세방지협정체결 등 제도적 보장장치 강구

그림 1. 1990년도 한국 북방외교의 수교 기본원칙

※ 출처: 「국교수립-불가리아, 1990.3.23. 전3권(V.2 1989-90.1월)」, pp. 66-67(보고서 "대불가리아 관계개선 추진방안"), 2020-0012, 01, 외교부 동구2과.

감을 여전히 외교적 수단으로 활용하기를 원했다.[8] 그래서 외무부 당국자는 동구권 국가들과의 교섭 과정에서 외교 관계가 수립된 이후 한국 민간기업의 투자나 합작 등의 진출을 적극 장려하는 한편, 가급적 신속히 양국 간 투자보장협정이나 이중과세방지협정 등을 체결하여 한국 민간기업의 진출을 제도적으로 보장하는 노력을 기울이겠다는 약속을 통해 이들을 한국과의 수교로 견인했다(그림 1. 참조).

외무부의 이 같은 북방외교의 기조와 방침은 국내의 거센 비판 속에 나온 고육책이자 타협점이었다고 할 수 있다. 한국 경제의 성장세가 약해지는 가운데 기존에 제공됐던 동구 수교국(헝가리, 폴란드)에 대한 상당한 규모의 대외원조자금 집행에 대한 국내 관련 부처의 부정적 인식이 점차 커진 데 따른 결과이기도 했다. 특히 경제기획원은 북방외교에서 기존에 활용되던 외무부의 수교와 경협(기대감) 연계 정책에 대한 반감이 심했고, 정경분리를 통한 민간의 자율적인 투자 진출과 협력 확대 도모라는 새로운 방향성을 계획하며 외무부를 압박하기도 했다.[9]

1) 1990년도 수교 원칙의 탄생 배경 - 정경분리 논쟁

당시의 북방정책에서 수교와 경협을 연계하는 방침에 대한 정부 부처 간 반대 논리를 주도한 곳은 경제기획원이었다. 경제기획원은 1989년 말 작성하여 1990년 초 회람한 「90년대북방경제정책방향」 보고서를 통해 경협 지원에 대한 경제적 부담과 함께 수교 여부와 상관없이 민간기업들의 발 빠른 미수교 국가의 시장 선점 노력을 지원하자는 입장을 밝혔다(그림 2 참조).[10] 당시 북방경제정책 실무위원회의 참석멤버인 상공부와 재

---

8 「대북방 경제협력 추진체제 정비 강화방안, 1988-90. 전3권(V.2 1989.9-12월)」, 242쪽(보고서 ""90년대 북방경제정책 방향(경제기획원 작성)" 관련 외무부 의견"), 2020-0099, 03, 외교부 동북아2과/동구1과.

9 「대북방 경제협력 추진체제 정비 강화방안, 1988-90. 전3권(V.2 1989.9-12월)」, 220-238쪽(보고서 "90年代北方經濟政策方向"), 2020-0099, 03, 외교부 동북아2과/동구1과.

10 「대북방 경제협력 추진체제 정비 강화방안, 1988-90. 전3권(V.2 1989.9-12월)」, 239-242쪽(보고서 ""90년대 북방경제정책 방향(경제기획원 작성)" 관련 외무부 의견"), 2020-0099, 03, 외교부 동북아2과/동구1과.

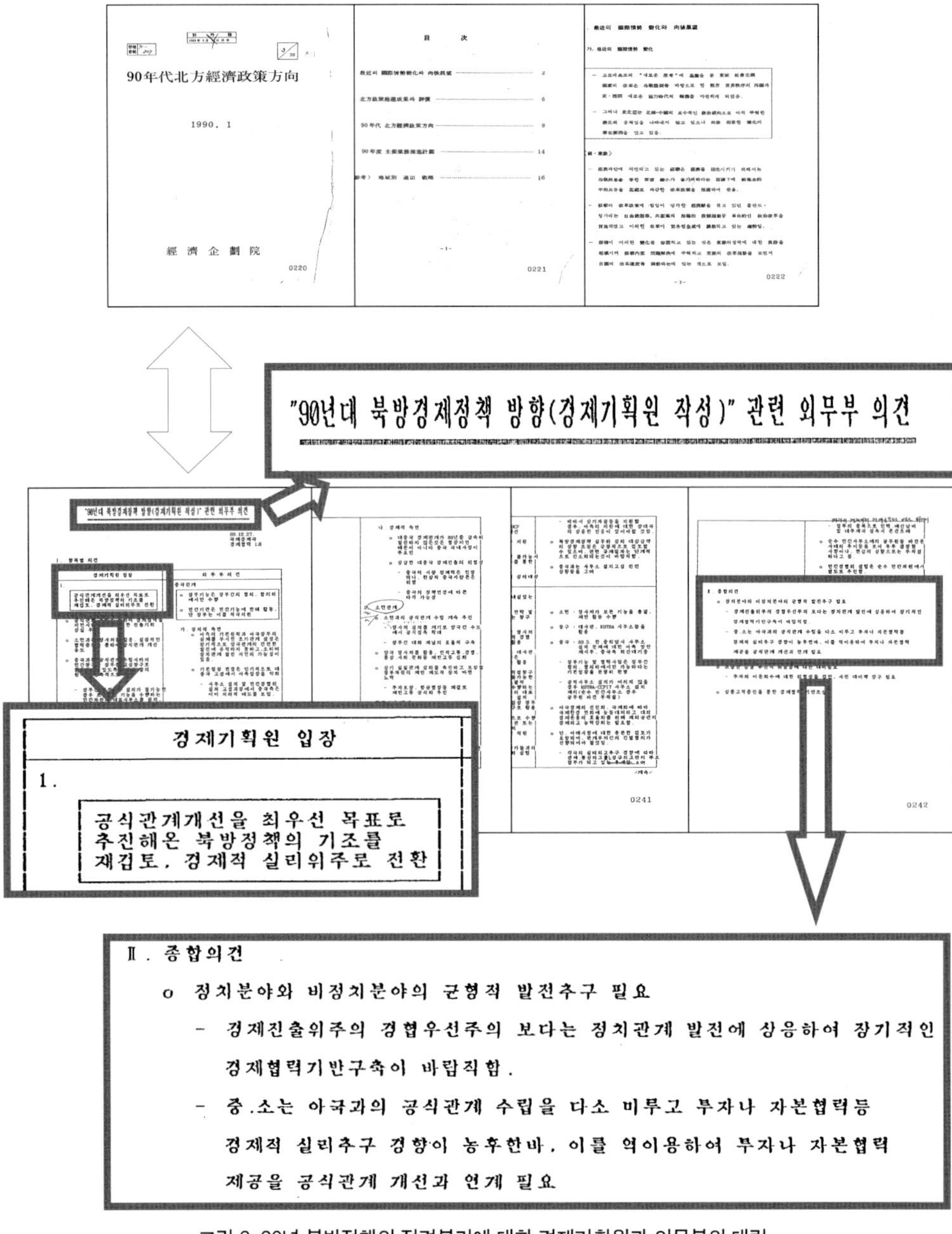

그림 2. 90년 북방정책의 정경분리에 대한 경제기획원과 외무부의 대립

※ 출처: 「대북방 경제협력 추진체제 정비 강화방안, 1988-90. 전3권(V.2 1989.9-12월)」, pp. 239-242(보고서 ""90년대 북방경제정책 방향(경제기획원 작성)" 관련 외무부 의견"), 2020-0099, 03, 외교부 동북아2과/동구1과.

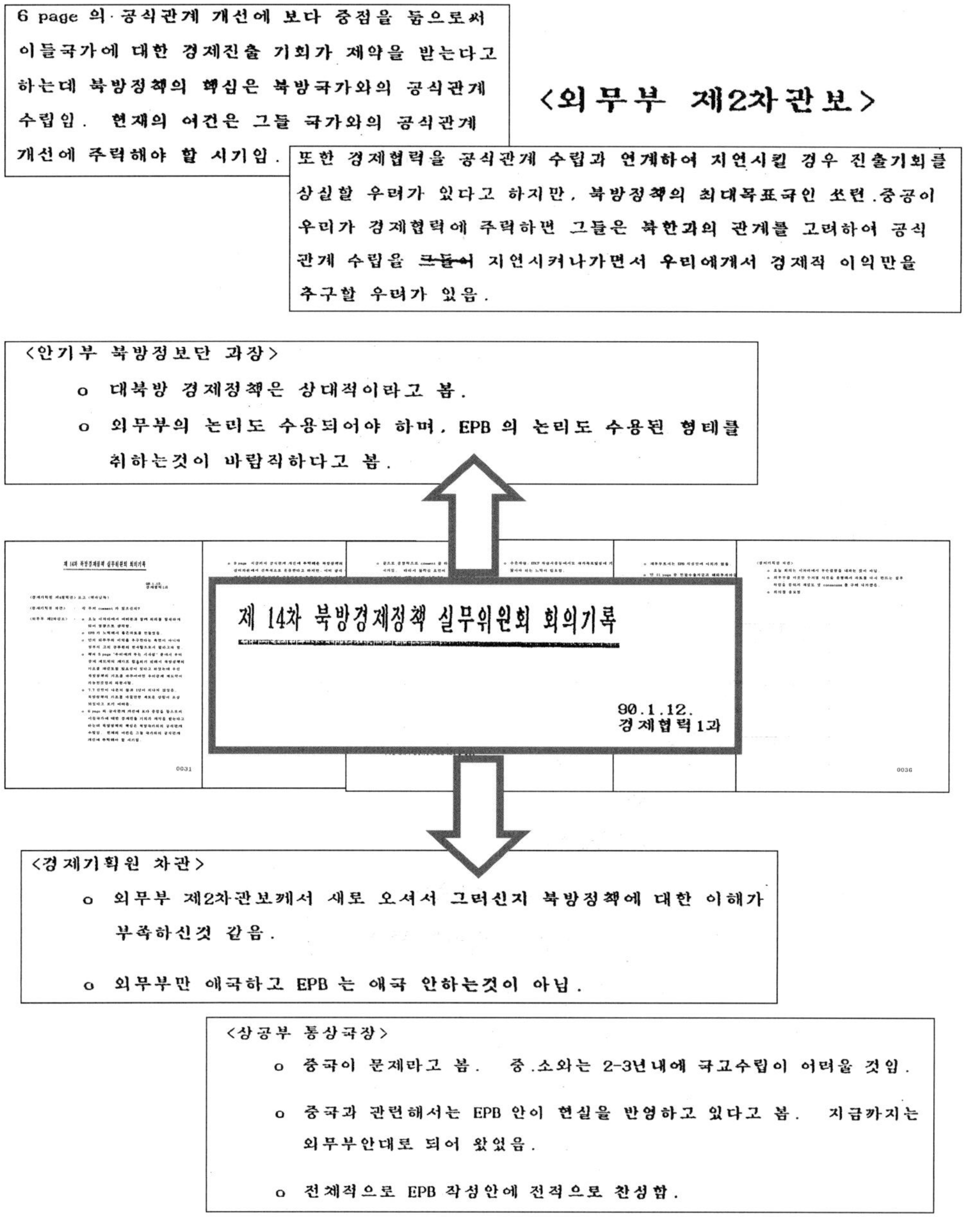

<외무부 제2차관보>

6 page 의 공식관계 개선에 보다 중점을 둠으로써 이들국가에 대한 경제진출 기회가 제약을 받는다고 하는데 북방정책의 핵심은 북방국가와의 공식관계 수립임. 현재의 여건은 그들 국가와의 공식관계 개선에 주력해야 할 시기임.

또한 경제협력을 공식관계 수립과 연계하여 지연시킬 경우 진출기회를 상실할 우려가 있다고 하지만, 북방정책의 최대목표국인 소련.중공이 우리가 경제협력에 주력하면 그들은 북한과의 관계를 고려하여 공식관계 수립을 ~~그들이~~ 지연시켜나가면서 우리에게서 경제적 이익만을 추구할 우려가 있음.

<안기부 북방정보단 과장>

- o 대북방 경제정책은 상대적이라고 봄.
- o 외무부의 논리도 수용되어야 하며, EPB 의 논리도 수용된 형태를 취하는것이 바람직하다고 봄.

제 14차 북방경제정책 실무위원회 회의기록

90.1.12.
경제협력1과

<경제기획원 차관>

- o 외무부 제2차관보께서 새로 오셔서 그러신지 북방정책에 대한 이해가 부족하신것 같음.
- o 외무부만 애국하고 EPB 는 애국 안하는것이 아님.

<상공부 통상국장>

- o 중국이 문제라고 봄. 중.소와는 2-3년내에 국교수립이 어려울 것임.
- o 중국과 관련해서는 EPB 안이 현실을 반영하고 있다고 봄. 지금까지는 외무부안대로 되어 왔었음.
- o 전체적으로 EPB 작성안에 전적으로 찬성함.

그림 3. 1990년 북방정책 관련 국내 부처 간 정경분리 논쟁

※ 출처: 「대북방 경제협력 추진체제 정비 강화방안, 1988-90. 전3권(V.3 1990)」, pp. 31-36(보고서 "제 14차 북방경제정책 실무위원회 회의기록"), 2020-0099, 04, 외교부 동북아2과/동구1과.

무부도 경제기획원의 이런 의견에 동조했다. 외무부만이 민간의 경제협력 의지를 미수교국과의 외교 관계 수립에 활용한다는 그동안의 북방정책 추진방침을 고수했고, 경제기획원의 주장을 시기상조라 비판하며 반발했다. 그러나 사실상 외무부의 입장에 동의하는 안기부도 중립을 표방할 정도로 당시 정부 내 분위기는 정경분리의 원칙이 힘을 받고 있었다.[11] 결국, 북방 미수교국과의 경제정책을 조율하는 북방경제정책 실무위원회에서 외무부는 고립되다시피 했다(그림 3 참조).

이런 분위기 속에서 외무부가 북방국가와의 수교에서 명시적으로 경협 지원 규모를 약속하기란 더 이상 불가능했다. 그래서 외무부는 폴란드 이후부터 수교 상대국의 경협 기대감을 활용하면서도 결코 지원금액을 구체적으로 밝히지 않는 교섭방침으로 변화할 수밖에 없었다.[12] 그럼에도 외무부는 북방외교에서 수교와 경협을 연계한다는 기조까지 포기하진 않았다.

그리고 아직 한국이 소련, 중국과 수교하지 못한 상황에서 경제기획원의 확고한 정경분리 추진도 관철되긴 어려웠다. 특히 소련은 한국에게 있어 다른 동구 사회주의 국가들과는 그 정치 · 경제 · 사회적 의미가 확연히 다른, 북방정책의 핵심 대상국이었다. 그래서 경제기획원의 건의에도 불구하고 한소수교 과정에서 경협자금 지원은 여전히 유용한 외교적 수단이자 유인책으로 활용됐다.[13] 청와대가 경제기획원의 정경분리안을 최종적으로 받아들인 것도 한소수교 이후인 1990년 10월의 일이었다.[14] 그때는 아직

---

11 「대북방 경제협력 추진체제 정비 강화방안, 1988-90. 전3권(V.3 1990)」, 31-36쪽(보고서 "제 14차 북방경제정책 실무위원회 회의기록"), 2020-0099, 04, 외교부 동북아2과/동구1과.

12 당시의 이런 외무부의 교섭 태도를 잘 드러내는 비화가 '금메달 은메달'론이다. 홍순영 당시 차관보가 폴란드와의 수교 협상 시 헝가리보다 더 큰 규모의 경협 지원을 폴란드가 요구하자 '올림픽 금메달하고 은메달은 천지차이다'라는 말로 이를 거절했다는 에피소드를 최병효 전(前) 노르웨이 대사가 밝힌 바 있다. 국립외교원 외교안보연구소 외교사연구센터 편, 『한국외교사 구술회의 02 – 북방정책과 7 · 7선언』(서울: 선인, 2020), 174-175쪽.

13 노태우(2011), 215-217쪽; 노재봉 외(2011), 444쪽; 정태익(2018), 165-166쪽; 공로명(2019), 194-195쪽.

14 「대북방 경제협력 추진체제 정비 강화방안, 1988-90. 전3권(V.3 1990)」, 242-246쪽(보고서 "國際民間經濟協議會 機能改編(案)"), 2020-0099, 04, 외교부 동북아2과/동구1과.

한중수교가 성사되지 못한 시기였지만, 10월 20일 한중 양국 간 무역대표부 설치에 대한 합의가 이루어진 시점이었다. 이는 한중수교가 본궤도에 올랐음을 알리는 유의미한 외교적 사건이었다.

2) 1990년도 수교 원칙의 적용 사례

1990년 외무부는 수교와 경협의 모호한 연계 원칙에 입각하면서도 여전히 경협 기대감을 수교의 견인 수단으로 활용하며 동구권에서 북방외교의 외교적 지평을 확장해 나갔다. 체제 전환을 서두르며 경제 사정이 악화일로를 거듭하던 동구권 국가들도 한국의 이런 수교 원칙을 대부분 수용했다. 체코슬로바키아의 경우, 양국은 1990년 3월 22일 공식적으로 외교 관계를 수립했다. 양국의 비공식 수교 협상이 시작된 것은 같은 해 1월 8일로, 이 당시 한국은 체코슬로바키아의 교섭 제의를 수락했다.[15] 전년도인 1989년 말 체코슬로바키아가 한국에 대한 수교 의지를 표명해 옴에 따라 우선 미 국무부를 플랫폼으로 양국은 워싱턴 채널을 가동하여 수교 협상을 시작했다. 한국은 당시 수교의 기본원칙인 영사 관계와 같은 중간단계 없이 당국자 간 직접 교섭을 통해 곧바로 외교 관계를 수립하는 방향으로 나아갔다. 초기 협상 과정에서 한국과의 경협에 대한 기대감은 체코슬로바키아의 대한국 접근을 상당한 정도로 견인했다. 당시 체코슬로바키아는 헝가리와 폴란드의 사례에 비추어 한국과의 외교 관계 수립으로 확보할 수도 있을지 모를 경제협력 차관의 규모에 깊은 관심을 보였다. 그러나 체코슬로바키아는 동구권 국가들 사이에서도 이미 상당한 공업화와 경제발전을 이룩한 상황이었기에 한국의 대외경제협력기금Economic Development Cooperation Fund(약칭: EDCF) 자금 지원대상국에 포함될 수 없었다.[16] 이후 체코슬로바키아는 이러한 현실을 감안하여 경협차관제공

---

15 「국교수립-체코슬로바키아, 1990.3.22. 전2권(V.2 1989-90)」, 46쪽(외교전문 "한 · 체코 수교"), 2020-0012, 10, 외교부 동구2과.

16 당시 한국의 대외경제협력기금의 자금 지원 기준은 대상국의 국민소득 5천 달러 이하였는데, 체코슬로바키아의 소득통계는 이를 상회하는 것으로 발표되고 있었기에 수혜기준을 충족하지 못했다. 「국교수립-체코슬로바키아, 1990.3.22. 전2권(V.2 1989-90)」, 137쪽(보고서 "대체코 수교교섭 출장 결과 보

보다는 민간기업의 투자 진출 확대에 더 많은 관심을 보이며 당초의 경협 기대감을 낮췄다.

체코뿐만 아니라 1990년 한국과 외교 관계를 수립한 루마니아와 몽골 등도 한국과의 경제협력 확대에 있어 협상 초반 기대감을 나타냈으나, 그렇다고 해서 구체적인 경협 금액을 헝가리나 폴란드처럼 수교의 대가로 (강하게) 요구하지는 않았다. 물론 한국과 일정 기간 동안 '2억5천만달러 경협 지원 약속' 논쟁을 벌인 불가리아 같은 예외적인 사례도 존재했다.[17] 하지만 전체적으로 한국과 북방국가들의 1990년 수교 과정은 소련을 제외하면 대부분 3개월을 넘기지 않을 정도로 신속하고도 수월하게 진행됐다(아래 표 1 참조).

표 1. 북방정책 중 수교 외교의 현황과 성과

수교대상국	체코	불가리아	몽골	루마니아	소련	동독
교섭시작일	89.12.26.	01.05.	03.16.	02.12.	88.12.*	02.06.
수교제의국	한국	불가리아	몽골	루마니아	한국	한국
수교방식	직접적	직접적	직접적	직접적	단계적	미완(未完)
협상채널	워싱턴 (미국무부)	토쿄	토쿄	뉴욕	뉴욕 (성사지역)	워싱턴
경협요구 강도**	下	中	下	下	上	下
수교일	03.22.	03.23.	03.26.	03.30.	09.30.	-
교섭기간	3개월	2.5개월	10일	1.5개월	21개월	-

* 영사처 관련 제의 시점

** 경협요구 강도는 경협 규모를 위한 협상이 있을 경우 '上', 경협의 구체적 규모를 요구할 경우 '中', 경협의 구체적 규모를 요구하지 않을 경우 '下'로 판단함.

고"), 2020-0012, 10, 외교부 동구2과.

17 「한.불가리아 경제협력, 1990」, 46-51쪽(외교전문 "외무장관면담"과 공문 "대주재국 경제협력문제", 보고서 "대불가리아 경제협력 언급내용"), 2020-0099, 07, 외교부 동구2과.

2. 한소수교 과정에서의 경협 논의

1) 한국의 대소 경협자금 제공 과정

앞서도 언급한 바와 같이 소련은 한국에게 있어 특별한 의미를 보유한 북방외교 대상국이었기에 한소수교의 과정은 이전에 언급한 1990년도 수교의 기본원칙에 구애받지 않았다. 양국의 수교 과정에서는 경협의 규모가 구체적으로 명시됐음은 물론이거니와 경협 지원 액수를 합의하기 위한 당국자 간 회의와 회담이 수차례 열릴 정도였다. 이는 경협이 1990년 9월 한국과 소련의 외교 관계 수립에 있어 상당한 비중을 차지하고 있었음을 의미한다.[18] 지금까지 한소수교와 관련한 경협제공의 대략적인 경위는 협상에 관여한 노태우 대통령을 비롯한 여러 정부 관계자의 증언과 회고록, 자서전 등을 통해 간접적으로나마 확인된 바 있다.[19] 그럼에도 관련자들의 증언은 기록보다는 기억에 의존하는 경향이 있기에 일부 내용에서 차이점을 나타내기도 하여 명확한 판단을 내리기 어려운 측면이 있었다. 결국, 경협자금 지원의 구체적 내용을 파악하기 위해서는 당시의 외교문서가 공개되는 시점까지 기다려야만 했다. 그래서 1990년 외교문서가 공개된 2021년은 관련 내용의 일부를 확인할 수 있으리라는 기대감이 있었고, 실제로도 한소수교 과정에서 경협자금 제공에 대한 경위를 담은 당시의 외교문서가 일부 발굴되기도 했다.[20]

---

18 마이어(Meyer)도 1980년대 말부터 소련의 정책결정자들이 북한에 대한 경제적 지원부담을 감소시키는 한편으로 소련의 경제개발(특히 동시베리아 자원개발)의 투자 파트너로 일본을 대신할 수 있는 한국을 택하려 했던 것이 한소수교의 동력으로 작용했고, 한국의 정부관료들은 이런 소련의 열망에 응답하여 양국 수교 이후의 재정지원(다시 말해 경협지원) 의지를 내보였다고 분석했다. Peggy Falkenheim Meyer (Aug. 1992), p. 764.

19 노태우(2011), 215-217쪽; 정태익(2018), 165-166쪽; 공로명(2019), 210-212쪽; 국립외교원 외교안보연구소 외교사연구센터 편(2020), 121-127, 167-176쪽.

20 작성 시기와 보고서의 제목 불분명한 이 문서는 본문을 구성하는 내용 중 일부가 1990년 문서철에 우연히 삽입되어 이번에 공개문서로 분류된 것으로 추정된다. '한 · 소 경협'이라는 하위 제목의 문서는 '1. 한 · 소 경제협력 자금 제공 경위 및 내용'과 '2. 한소 경협자금 지원과 발트공화국 및 걸프사태와의 연계'라는 내용으로 구성되어 있다. 내용으로 보아 1991년 이후 작성된 보고서의 일부로 판단된다. 「한.소련

'한 · 소 경협'이라는 소제목을 가진 해당 문건의 내용에 따르면,[21] 한국과 소련이 정부 차원에서 경제협력 문제를 논의하기 시작한 시점은 1990년 8월의 제1차 한소각료 정부대표단 회의였다. 당시 회의에서 소련은 한국의 경제협력 제의에 화답하여 차기 회의인 1991년 1월 제2차 정부대표단 회의에서 41개 소비재와 22개 경협 프로젝트를 제시하기로 합의했다. 1991년 1월 16~23일의 제2차 회의에서 양국은 총 30억달러에 해당하는 경협자금 지원안에 합의한다. 한국 기업의 소련 시장 개척을 위한 원료 소비재 수출용 전대차관이 15억달러, 자본재 수출용 연불수출자금이 5억달러, 소련의 외채 상환과 국제수지 문제 해결을 지원하는 상업 베이스 은행 차관이 10억달러였다(그림 4 참조).

그러나 문건의 내용은 경협의 시작 시점에 관한 중요한 사실 한 가지를 누락했다. 한국과 소련 양국이 정부 차원의 경협 논의를 시작한 시기가 1990년 8월이 아니라 1990년 6월의 샌프란시스코 한 · 소 정상회담이기 때문이다. 1990년 6월 4일의 한 · 소 정상회담에 앞서 당시 최호중 외무장관은 박동진 주미대사에게 외교 전문을 보내 미국에 체류 중인 이정빈 당시 외무부 제1차관보를 6월 3일 밤이나 6월 4일 오전으로 계획된 청와대 주도의 경협안 제시 사전 협의에 참석시키라고 지시했다(그림 5 참조).[22] 참고로 당시 전문에서 경협 관련 사전협의의 청와대 참석자는 김종인 경제수석과 김종휘 외교안보보좌관 등이라고 명시되어 있다. 이는 앞선 보고서의 누락 이유가 어쩌면 청와대 주도의 비공식 회담이었기에 외교부에서 미처 파악하지 못한 측면에서 비롯된 것일 수도 있고, 일부러 공식 기록에 포함시키지 않은 것일 수도 있다. 그러나 어찌 됐든 샌프란시스코 정상회담에서 경협 논의가 있었던 것은 분명해 보이며, 이와 연관된 증언도 존재한다.[23]

경제협력, 1990」, 180-182쪽(보고서 "한.소 경협"), 2020-0100, 16, 외교부 동구1과.

21 「한.소련 경제협력, 1990」, 180쪽(보고서 "한.소 경협"), 2020-0100, 16, 외교부 동구1과.

22 「한.소련 정상회담. San Francisco, 1990.6.4. 전11권(V.1 기본문서)」, 62쪽(외교전문 "한 · 소 정상회담 준비"), 2020-0021, 04, 외교부 동구1과.

23 노태우(2011), 216쪽; 국립외교원 외교안보연구소 외교사연구센터 편(2020), 124-127, 167-176쪽.

한.소 경협

1. 한.소 경제협력 자금 제공 경위 및 내용

o 한.소 양국간 정부차원의 경제협력문제는 90.8월 모스크바 개최 제 1차 한.소 정부대표단 회의시 논의가 시작되었으며, 동 회의에서 아측은 소측이 협력을 요청해온 41개 소비재와 22개 프로젝트에 대해 협력방안을 제 2차 회의시 제시키로 합의함.

o 양차에 걸친 한.소 정상회담에서 양측은 양국간 경제협력증진이 양국관계 강화에 매우 긴요하다는데 의견을 같이했으며 특히 90.12 모스크바 정상회담에서는 제 2차 정부대표단 회의를 91.1월중 개최하여 양국간 경제협력문제를 타결토록 했음.

o 이에따라 유리 마슬류코프 부수상을 단장으로한 소련 정부대표단이 1.16-1.23간 방한, 아측과 제 2차 한.소 정부대표단 회의를 개최한바, 91년부터 향후 3년간 소련에 대해 총 30억불의 경협 자금을 제공키로 하는등 경제협력 문제를 마무리함.

- 한국 상품의 소련 시장 개척을 위한 원료 및 소비재 수출용 전대차관 15억불, 자본재 수출용 연불수출자금 5억불
- 또한 소련의 외채상환, 국제수지 문제등을 해결하기위한 상업 베이스 은행 차관 10억불임.
- 차관의 상환기간, 이자율등 구체적 조건은 2-3월중 개최될 양국 은행간의 실무회의에서 약정서를 체결, 결정될 사항으로서 현재 언론에 보도되고 있는 바와 같은 구체적 합의사항은 없음.

0180

0181

0182

그림 4. 작성 시기 불명의 한소 경제협력 자금 제공 경위 및 내용에 관한 보고서 일부

※ 출처: 「한.소련 경제협력, 1990」, pp. 180-182(보고서 "한.소 경협"), 2020-0100, 16, 외교부 동구1과.

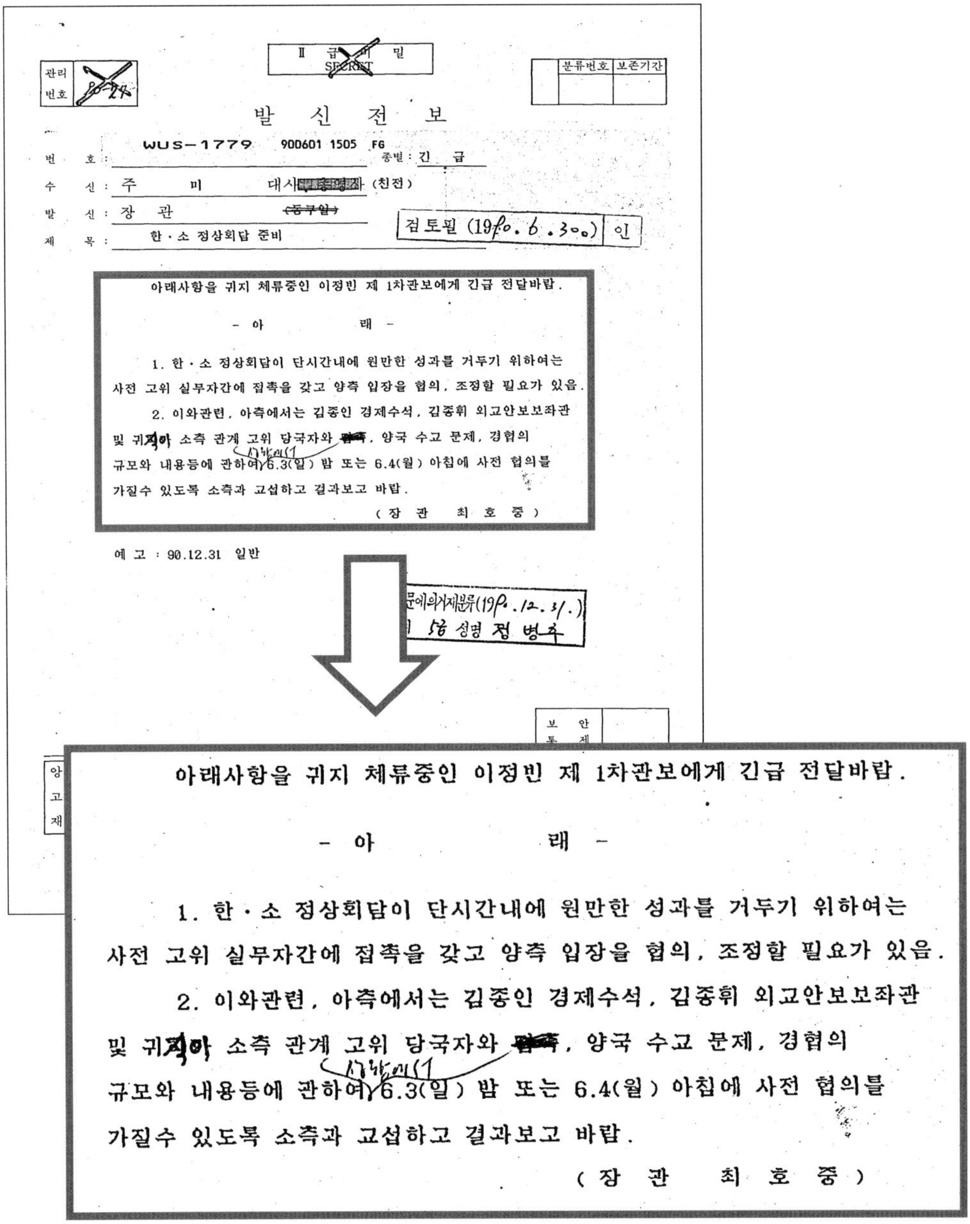

Ⅱ급 비밀 SECRET

관리번호

분류번호 | 보존기간

발 신 전 보

번 호 : WUS-1779 900601 1505 FG 종별 : 긴 급

수 신 : 주 미 대사 (친전)

발 신 : 장 관

제 목 : 한·소 정상회담 준비

검토필 (1990.6.30.) 인

아래사항을 귀지 체류중인 이정빈 제 1차관보에게 긴급 전달바람.

\- 아 래 -

1. 한·소 정상회담이 단시간내에 원만한 성과를 거두기 위하여는 사전 고위 실무자간에 접촉을 갖고 양측 입장을 협의, 조정할 필요가 있음.

2. 이와관련, 아측에서는 김종인 경제수석, 김종휘 외교안보보좌관 및 귀지아 소측 관계 고위 당국자와, 양국 수교 문제, 경협의 규모와 내용등에 관하여 6.3(일) 밤 또는 6.4(월) 아침에 사전 협의를 가질수 있도록 소측과 교섭하고 결과보고 바람.

(장 관 최 호 중)

예 고 : 90.12.31 일반

아래사항을 귀지 체류중인 이정빈 제 1차관보에게 긴급 전달바람.

\- 아 래 -

1. 한·소 정상회담이 단시간내에 원만한 성과를 거두기 위하여는 사전 고위 실무자간에 접촉을 갖고 양측 입장을 협의, 조정할 필요가 있음.

2. 이와관련, 아측에서는 김종인 경제수석, 김종휘 외교안보보좌관 및 귀지아 소측 관계 고위 당국자와, 양국 수교 문제, 경협의 규모와 내용등에 관하여 6.3(일) 밤 또는 6.4(월) 아침에 사전 협의를 가질수 있도록 소측과 교섭하고 결과보고 바람.

(장 관 최 호 중)

그림 5. 1990년 6월 샌프란시스코 한소 정상회담 준비과정의 경협 논의

※ 출처: 「한.소련 정상회담. San Francisco, 1990.6.4. 전11권(V.1 기본문서)」, p. 62(외교전문 "한 · 소 정상회담 준비"), 2020-0021, 04, 외교부 동구1과.

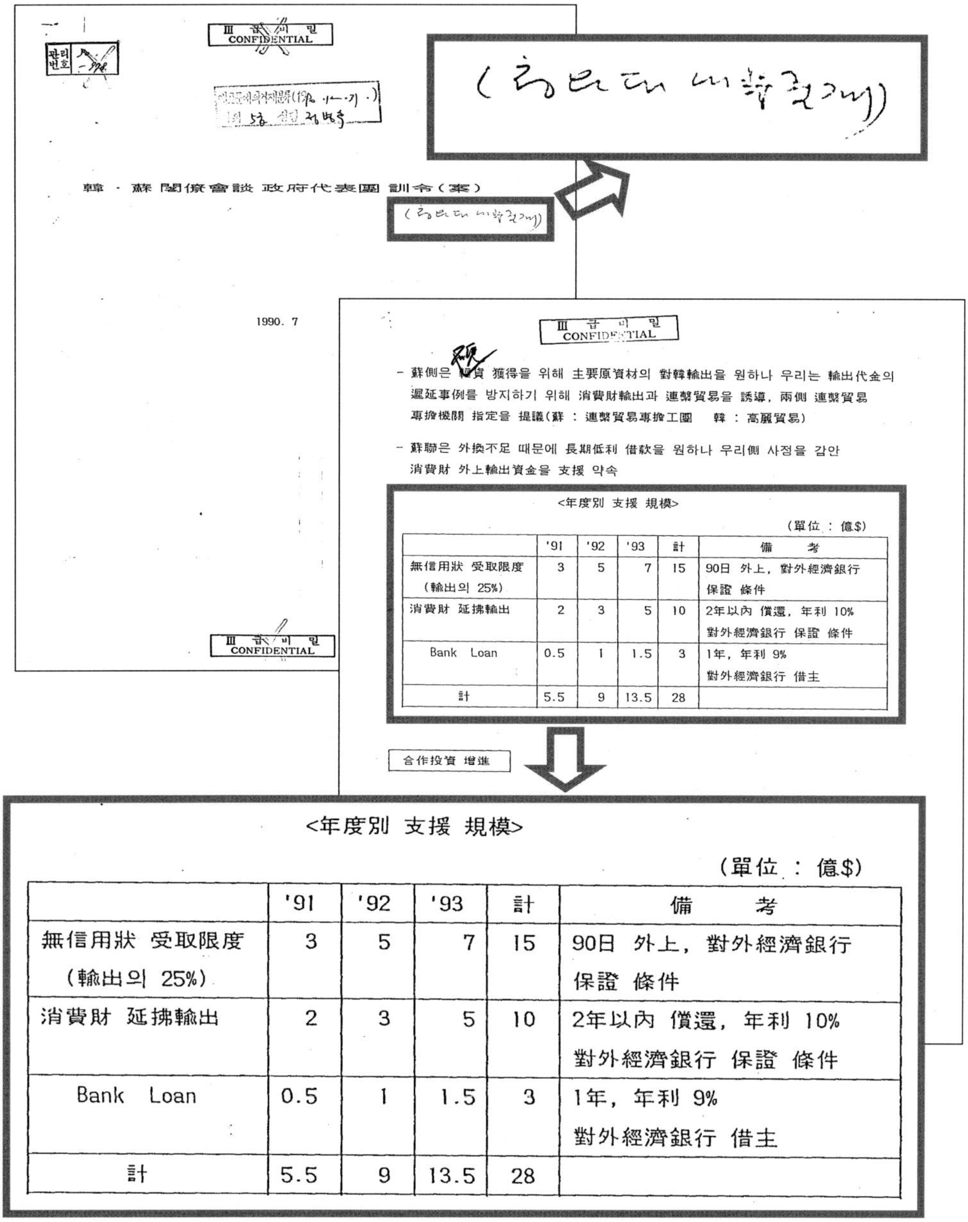
III 급 비밀
CONFIDENTIAL

韓 · 蘇 閣僚會談 政府代表團 訓令(案)

1990. 7

III 급 비밀
CONFIDENTIAL

III 급 비밀
CONFIDENTIAL

- 蘇側은 物資 獲得을 위해 主要原資材의 對韓輸出을 원하나 우리는 輸出代金의 遲延事例를 방지하기 위해 消費財輸出과 連繫貿易을 誘導, 兩側 連繫貿易 專擔機關 指定을 提議(蘇 : 連繫貿易專擔工團 韓 : 高麗貿易)
- 蘇聯은 外換不足 때문에 長期低利 借款을 원하나 우리側 사정을 감안 消費財 外上輸出資金을 支援 약속

<年度別 支援 規模>

(單位 : 億$)

	'91	'92	'93	計	備考
無信用狀 受取限度 (輸出의 25%)	3	5	7	15	90日 外上, 對外經濟銀行 保證 條件
消費財 延拂輸出	2	3	5	10	2年以內 償還, 年利 10% 對外經濟銀行 保證 條件
Bank Loan	0.5	1	1.5	3	1年, 年利 9% 對外經濟銀行 借主
計	5.5	9	13.5	28	

合作投資 增進

그림 6. 제1차 한소각료회담 정부대표단회의 훈령(안) 중 대소 경협자금 제시안

※ 출처: 「국교수립-소련, 1990.9.30. 전15권(V.10 정부대표단 방문, 1990.8.2-7(사전준비))」, pp. 185-205(보고서 "韓 · 蘇 閣僚會談 政府代表團 訓令(案)"), 2020-0015, 02, 외교부 동구1과/특전담당관실.

일례로, 염돈재 전 국정원 차장은 샌프란시스코 정상회담 당시 청와대 비서관으로서 경협 관련 논의에 관한 이야기를 이수정 당시 청와대 공보수석으로부터 전해 들었다고 언급한 바 있다.[24]

2) 제1차 한소 각료 정부대표단 훈령

한국과 소련 양국이 처음 경협 논의를 시작한 시점인 1990년 6월의 샌프란시스코 정상회담에서 한국이 어느 정도 규모의 지원금 액수를 제시했는지는 불분명하다. 본 연구는 현재까지도 이에 관한 정확한 내용을 1990년 외교문서에서 확인하지 못했다. 다만 정상회담 이후인 1990년 8월의 제1차 한소 정부대표단 회의에서 한국이 경협 규모에 있어 어떤 계획을 가지고 임했는지는 확인이 가능했다. 당시 한국 정부는 8월의 정부대표단 회의에 대한 사전준비 차원에서 정부훈령안을 마련했고, 청와대가 이를 검토한 후 재가한 바 있다. 바로 1990년 7월 작성된 것으로 추정되는 「한 · 소 각료회담 정부대표단 훈령(안)」이 그것으로, 이 속에는 한국이 마련한 대소련 경제협력 지원안의 구체적인 내용이 담겨 있다(그림 6 참조).

당시 한국이 계획한 경협 규모는 총 28억달러로, 91년부터 93년까지 무신용장無信用狀 수취한도收取限度 15억과 소비재 연불수출延拂輸出 10억, 뱅크론Bank Loan 3억을 모두 합한 금액이었다. 이는 훗날인 1991년에 1월에 타결되는 경협안의 총액인 30억달러에 조금 못 미치는 규모로, 구체적인 조건도 앞선 경협제공 경위 보고서와는 내용이 다르다(표 2 참조).

---

24 이와 관련하여 노태우 전 대통령은 회고록에서 샌프란시스코 정상회담 전에 한국이 제공할 경협 액수가 정해진 상태이기는 하였으나, 회담에서 실제로 구체적 액수를 제안하지 않고 경협의 원칙만 거론했다고 밝혔다. 노태우(2011), 216쪽.

표 2. 한국의 시기별 대소 경협 지원방안의 변화

구분	1990년 8월			1991년 1월		
	무신용장 수취한도	연불수출[25]	뱅크론	수출용 전대차관[26]	연불수출	은행차관
금액(억달러)	15	10	3	15	5	10
총계(억달러)	28			30		

여기서 한 가지 추정해 볼 만한 사실은 샌프란시스코 정상회담에서 제시된 경협 규모가 28억달러 미만일 가능성이 크다는 점이다. 당시 정상회담은 한국이 소련과 수교의 신속한 진행을 합의하지 못한 실패작이라는 평가를 받았다.[27] 실제로도 당시 정상회담의 회담록을 보면 노태우 대통령은 신속한 한소수교를 요구하나 고르바초프 대통령은 과일은 익어야 제맛이 난다며 단계적인 절차를 통한 수교 합의를 고수했다.[28] 양국이 신속한 수교의 합의에 실패한 이유가 경협 때문만은 아니겠지만, 이때 제시한 금액보다 더 적은 수치로 2개월 후의 제1차 한소 정부대표단 회의에 참가하지는 않았을 것이라는

---

25 수출업자가 수입업자에게 결제 대금의 일부를 현금으로 받고 나머지 대금은 여러 해 동안 나눠 받는 수출 방식으로, 보통 저개발국에 대한 수출금액 규모가 클 경우 수출국 정부나 민간은행의 지불보증을 전제로 연불수출 방식이 활용된다. 네이버 지식백과, "시사상식사전 - 연불수출," https://terms.naver.com/entry.naver?docId=930010&cid=43667&categoryId=43667 (검색일: 2021.11.1.).

26 외국환은행이 국내 거주자에게 수입결제자금의 전대를 조건으로 외국 금융기관으로부터 자금을 도입하는 것을 말한다. 은행 간 거래이기에 일종의 뱅크론(은행차관)이지만, 뱅크론은 차입자금 용도에 대해 차관공여자로부터 아무 조건이 붙지 않는 반면, 전대차관은 차관공여자가 요구하는 특정 물품수입대금으로 사용을 제한하는 타이드론이다. 네이버 지식백과, "두산백과 - 전대차관," https://terms.naver.com/entry.naver?docId=1199702&cid=40942&categoryId=31833 (검색일: 2021.11.1.).

27 대표적으로 염돈재 전 국정원 차장은 당시의 샌프란시스코 정상회담을 실패한 회담이라 평가한다. 국립외교원 외교안보연구소 외교사연구센터 편(2020), 125쪽; 반면에, 최호중 장관은 이 회담이 한소수교의 징검다리가 되었다고 높이 평가하기도 했다. 노재봉 외(2011), 457-458쪽.

28 이에 대해 노태우 대통령은 "나는 잘 기다리는 사람이라 내가 익었다고 할 때는 과일이 맛이 있을 것"이라 고르바초프 대통령을 설득하기도 했다. 노태우(2011), 206쪽; 「한.소련 정상회담. San Francisco, 1990.6.4. 전11권(V.1 기본문서)」, 108쪽(보고서 "노태우 대통령과 고르바쵸프 소련 대통령간 회담요록"), 2020-0021, 04, 외교부 동구1과.

추론이 합리적이기에 샌프란시스코 정상회담의 경협 규모가 28억달러 미만일 것이라는 추측이 가능하다고 할 수 있다.

결론적으로 한소수교 협상 과정에서 시기별로 제시된 경협 규모는 '1990년 6월 총액 28억달러 미만 → 8월 총액 28억달러 → 1991년 1월 총액 30억달러'으로 봐야 할 것이다. 그렇다면 (구체적인 조건은 별개로 한 상태에서) 1990년 8월과 1991년 1월의 금액 차이가 2억달러에 불과하다는 점을 감안할 때, 8월 이후부터는 양국이 경협 규모에 있어 어느 정도의 공감대가 형성되었을 가능성이 크다. 즉, 1990년 8월 이후부터는 경협자금의 규모를 확대시키기보다는 수교의 시기를 놓고 양국의 외교력이 절충점을 모색하는 상황이 전개되었으리라는 추론까지 가능하다. 실제로도 8월 이후 양국의 수교 과정이 급속도로 진행되어 불과 2달도 채 못 된 9월 30일에 합의가 이루어진 점이 이를 방증하고 있다고 생각한다. 이런 추정에 대한 설득력을 갖추기 위해서는 한국과 소련의 급진전된 수교 합의 과정을 분석해 보아야 할 필요가 있다.

3, 1990년 9월 한소수교 합의 과정

1) 뉴욕 한소 외무장관 회담의 배경

1990년 9월 30일 수교 합의를 달성한 한국과 소련의 외무장관 회담은 같은 해 2월부터 준비되기 시작했다. 1990년 2월 15일 최호중 외무장관이 KBS와의 기자회견에서 중국과 소련을 향해 외무장관 회담을 공개적으로 제의하며 이들과의 관계개선을 위한 계기를 마련하려고 노력한 것이 시발점이었다.[29] 최 장관의 외교적 시도는 돌출성이 아니라 신년 초의 대통령 업무 보고에서 미리 건의된 외교시책 중 하나였다(그림 7 참조). 당시 소련측은 최 장관의 회담 제의에 이렇다 할 반응을 보이지 않은 채 6개월간 시일을 보내다가 8월 제1차 양국 정부대표단 회의가 종료된 이후에야 응답했다.[30] 9월 4일 블

---

29 「국교수립-소련, 1990.9.30. 전15권(V.9 1990.2-5월)」, 24쪽(외교전문 "한 · 중, 한 · 소 외상회담 제의"), 2020-0015, 01, 외교부 동구1과/특전담당관실.

라디보스토크에서 셰바르드나제 소련 외무장관은 공로명 주소련 영사처장을 만나 최 장관의 제의를 수락한다고 언급하면서 양국의 9월 뉴욕 외무장관 회담은 확정될 수 있었다.[31]

2) 한소 외무장관 회담과 청와대 훈령

1990년 9월 하순 뉴욕의 유엔총회에서 만난 양국 외무장관은 처음부터 순조롭게 한소수교에 합의한 것은 아니었다. 회담 사전준비 시기인 9월 24일 최호중 장관은 공로명 주소 영사처장과 현홍주 주유엔 대사에게 보론초프 유엔 주재 소련 대사겸 제1외무차관과 접촉하여 1991년 1월 1일이 아닌 1990년 9월 30일 혹은 10월 1일을 정식 수교 일자로 정하도록 제의하게 했다.[32] 당시 최 장관이 언급한 1991년 1월 1일이라는 수교예정시기는 공 처장이 고르바초프 소련 대통령의 고문인 도브리닌과의 9월 21일 면담에서 입수한 정보였다.[33]

---

30 사실 소련은 한국에게 외상회담 수락을 공식적으로 통보하기 전에 북한에 한국과의 수교방침을 통보했다. 9월초 평양을 방문한 셰바르드나제 외상이 이 메시지를 전달했다. 이 과정에서 그는 김일성 주석과 면담하지 못하는 등 상당한 외교적 수모를 겪었고, 이 당시 북한이 내보인 반응에 대해 당시 북한 주재 소련 대사 캅토(A. C. Капто)는 '완전한 분노의 폭발'(настоящий взрыв негодования)이었다고 회고했다. Л. В. Забровская(2016), С. 52-53.

31 「국교수립-소련, 1990.9.30. 전15권(V.13 외무장관 회담, 1990.9.30(기본문서))」, 25-26쪽(외교전문 "쉐외상과의 대화 및 기타보고"), 2020-0015, 05, 외교부 동구1과/특전담당관실; 노태우 전 대통령과 공로명 전 장관도 뉴욕의 유엔 외무장관 회담 제의가 받아들여진 것이 블라디보스토크라고 회고했다. 노태우(2011), 208-209쪽; 공로명(2019), 206-207쪽.

32 「국교수립-소련, 1990.9.30. 전15권(V.13 외무장관 회담, 1990.9.30(기본문서))」, 151쪽(외교전문 "한·쏘 수교문제"), 2020-0015, 05, 외교부 동구1과/특전담당관실.

33 「국교수립-소련, 1990.9.30. 전15권(V.13 외무장관 회담, 1990.9.30(기본문서))」, 101쪽(외교전문 "DOBRYNIN 대통령 고문 면담"), 2020-0015, 05, 외교부 동구1과/특전담당관실; 공 처장은 최 장관에게 다음과 같이 보고했다: "본직이 수교 일자를 타진한 데 대하여 동 고문은 자기를 인용하지말라 하면서 91.1.1을 기하여 수교하기로 정해져 있다 함. 이에 대하여 본직은 외무성측에 의하면 외상 간의 합의에 따라서는 신년까지 기다릴 것 없이 곧바로 될 수도 있는 것 같은 인상을 받았다고 하였던바 지난 2,3일간에 변화가 있었는지는 모르나 1.1에 틀림이 없을 것이라 함."

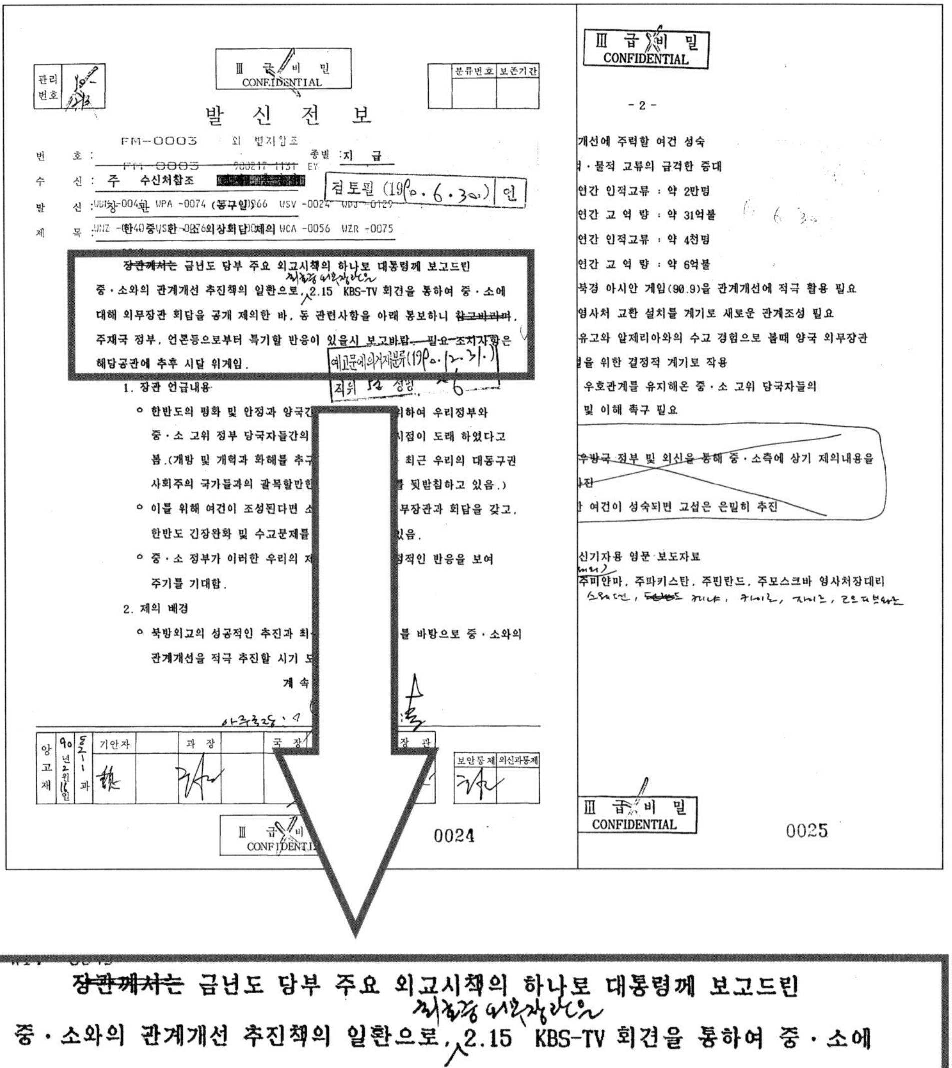

장관께서는 금년도 당부 주요 외교시책의 하나로 대통령께 보고드린 중·소와의 관계개선 추진책의 일환으로, 2.15 KBS-TV 회견을 통하여 중·소에 대해 외무장관 회담을 공개 제의한 바, 동 관련사항을 아래 통보하니 참고바라며, 주재국 정부, 언론등으로부터 특기할 반응이 있을시 보고바람. 필요 조치사항은 해당공관에 추후 시달 위계임.

그림 7. 1990년 2월 최호중 외무부 장관의 한소 외무장관 회담 공개 제의

※ 출처: 「국교수립-소련, 1990.9.30. 전15권(V.9 1990.2-5월)」, p. 24(외교전문 "한·중, 한·소 외상회담 제의"), 2020-0015, 01, 외교부 동구1과/특전담당관실.

한국측의 수교 일정 제의에 대해 소련측은 1991년 1월 1일이라는 자신의 기존 수교 일정을 고수했다.[34] 소련 대통령 위원회의 심의를 거쳐 고르바초프 대통령이 이와 같은 수교 일정안을 결정했기 때문이라는 것이 그 이유였다. 결국, 최 장관은 9월 26일 노태우 대통령에게 보낸 외교 전문에서 2가지 안을 건의했다. 연내 수교라는 기본 입장 아래 노 대통령의 11월 소련 방문 중에 양국 수교를 발효시키거나 그것마저 여의치 않을 경우 소련측의 주장대로 이듬해 1월 1일의 수교방침을 수락하는 방안이었다(그림 8과 9 참조). 여기서 한 가지 흥미로운 사실은 최 장관이 9월 26일까지도 9월 30일 수교계획에 대해 그다지 기대하고 있지 않았다는 점이다. 이는 당시 최 장관 스스로도 소련측 반응에 비추어볼 때 9월 30일 수교가 가능하지 않다고 생각하고 있었음을 엿볼 수 있다.

소련측은 기존 1991년 1월 1일 수교방침을 하루 뒤인 9월 27일에도 여전히 고집할 정도로 강경했다. 최 장관은 9월 27일 유엔 아시아 태평양 외상만찬 행사장에서 셰바르드나제 장관을 만나 재차 연내 수교 방안을 제의했으나 셰바르드나제 장관은 이를 거부했다. 소련의 외무장관 역시 국내 절차를 거쳐 확정된 훈령을 변경하기 어렵다는 사유를 반복했다.[35] 결국, 이번에도 최 장관은 9월 28일자 외교 전문을 통해 노 대통령에게 보고하길, 소련측의 기존 수교방침 변경이 쉽지 않을 것으로 판단되니 9월 30일 외무장관 회담에서 최종적으로 우리측 제안이 관철되지 못할 경우 1991년 1월 1일 수교 방안을 받아들이자는 내용을 건의했다(그림 10 참조).[36]

---

34 「국교수립-소련, 1990.9.30. 전15권(V.13 외무장관 회담, 1990.9.30(기본문서))」, 152쪽(외교전문 "한·쏘 수교문제"), 2020-0015, 05, 외교부 동구1과/특전담당관실.

35 「국교수립-소련, 1990.9.30. 전15권(V.13 외무장관 회담, 1990.9.30(기본문서))」, 155쪽(외교전문 "한·쏘 수교문제"), 2020-0015, 05, 외교부 동구1과/특전담당관실; 이와 관련하여 공로명 전 장관은 당시 한소 수교일자의 전권이 셰바르드나제에게 위임되어 있었다는 러시아 외무부 키리예프 국장의 전언을 회고하기도 했다. 공로명(2019), 207쪽; 그러나 그렇다고 해도 셰바르드나제가 대통령위원회의 결정을 무시하기는 쉽지 않았을 것이고, 도브리닌의 전언과 상반되는 키리예프의 말이 사실이라고 단정짓기도 어렵다.

36 「국교수립-소련, 1990.9.30. 전15권(V.13 외무장관 회담, 1990.9.30(기본문서))」, 156쪽(외교전문 "한·쏘 수교문제"), 2020-0015, 05, 외교부 동구1과/특전담당관실.

번 호 : UNW-2042 일 시 : 00926 2300

수 신 : 대통령각하(친전)

발 신 : 외무부장관

제 목 : 한.쏘 수교문제

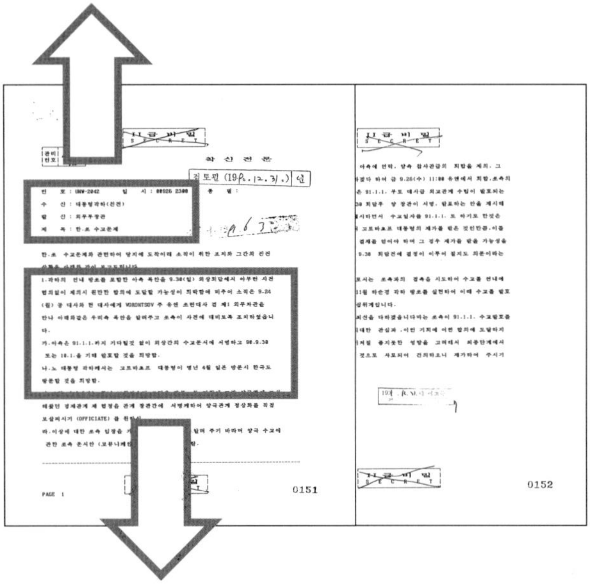

1.각하의 연내 방쏘를 포함한 아측 복안을 9.30(일) 외상회담에서 아무런 사전 협의없이 제의시 원만한 합의에 도달할 가능성이 희박함에 비추어 소직은 9.24 (월) 공 대사와 현 대사에게 VORONTSOV 주 유엔 쏘련대사 겸 제1 외무차관을 만나 아래와같은 우리측 복안을 알려주고 쏘측이 사전에 대비토록 조치하였읍니다.

가.아측은 91.1.1.까지 기다릴것 없이 외상간의 수교문서에 서명하고 90.9.30 또는 10.1.을 기해 발효할 것을 희망함.

그림 8. 1990년 9월 26일 최호중 장관의 한소 외무장관 회담 준비 관련 대통령 보고 전문 (1-2)

※ 출처: 「국교수립-소련, 1990.9.30. 전15권(V.9 1990.2-5월)」, pp. 151-152(외교전문 "한 · 쏘 수교문제"), 2020-0015, 05, 외교부 동구1과/특전담당관실.

2.쏘측은 작 9.25(화) 오후 아측에 연락, 양측 참사관급의 회합을 제의, 그 자리에서 쏘측 문안을 제시하겠다 하여 금 9.26(수) 11:00 유엔에서 회합,쏘측의 문안을 수교받은바, 쏘측은 91.1.1. 부로 대사급 외교관계 수립이 발효되는 내용을 담은 코뮤니케를 9.30 회담후 양 장관이 서명, 발표하는 안을 제시해 왔읍니다.3.쏘측은 이안을 제시하면서 수교일자를 91.1.1. 로 하기로 한것은 대통령 위원회의 심의를 거쳐 고르바쵸프 대통령의 재가를 받은 것인만큼,이를 변경하려면 다시 동대통령의 결재를 얻어야 하며 그 경우 재가를 받을 가능성을 보장할수 없을 뿐만아니라, 9.30 회담전에 결정이 이루어 질지도 의문이라는 우려를 표시하였읍니다.

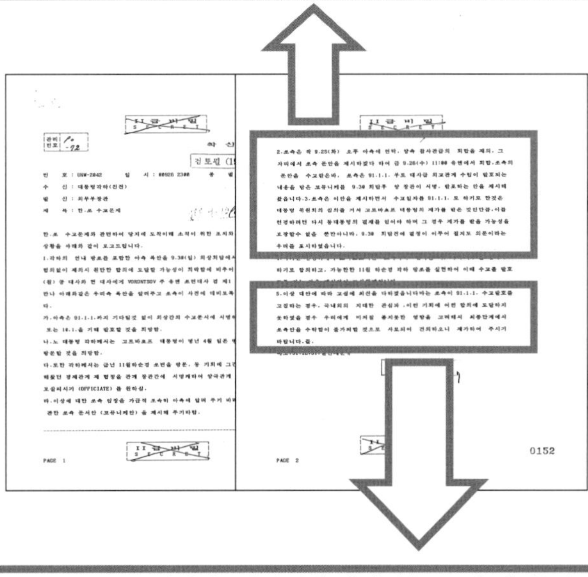

5.이상 대안에 따라 교섭에 최선을 다하겠읍니다마는 쏘측이 91.1.1. 수교발효를 고집하는 경우, 국내외의 지대한 관심과 ,이번 기회에 어떤 합의에 도달하지 못하였을 경우 우리에게 미처질 좋지못한 영향을 고려해서 최종단계에서 쏘측안을 수락함이 불가피할 것으로 사료되어 건의하오니 재가하여 주시기 바랍니다.끝.

그림 9. 1990년 9월 26일 최호중 장관의 한소 외무장관 회담 준비 관련 대통령 보고 전문 (2-2)

※ 출처: 「국교수립-소련, 1990.9.30. 전15권(V.9 1990.2-5월)」, pp. 151-152(외교전문 “한 · 쏘 수교문제”), 2020-0015, 05, 외교부 동구1과/특전담당관실.

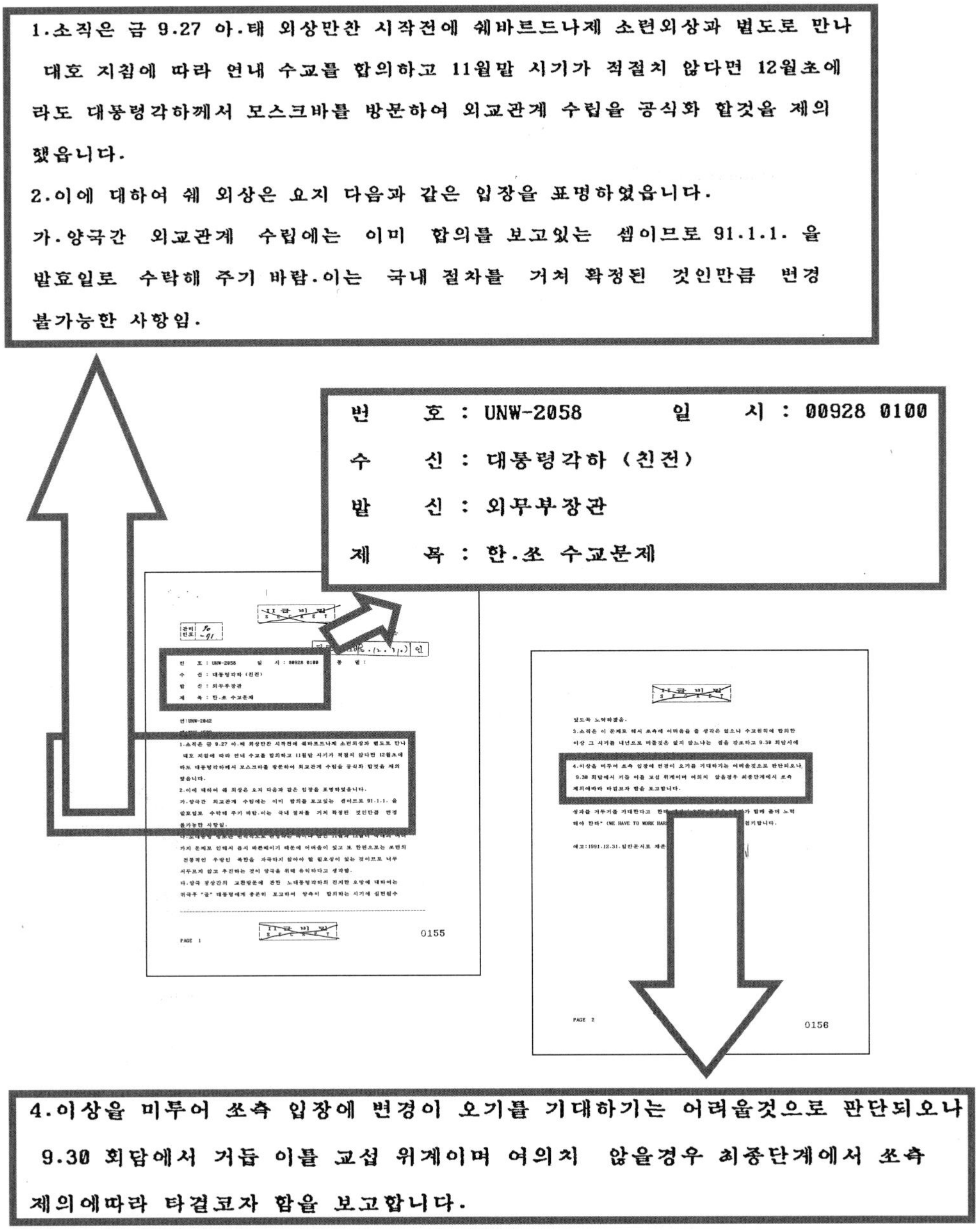

그림 10. 1990년 9월 28일 최호중 장관의 한소 외무장관 회담 관련 대통령 보고 전문

※ 출처: 「국교수립-소련, 1990.9.30. 전15권(V.9 1990.2-5월)」, pp. 155-156(외교전문 "한 · 소 수교문제"), 2020-0015, 05, 외교부 동구1과/특전담당관실.

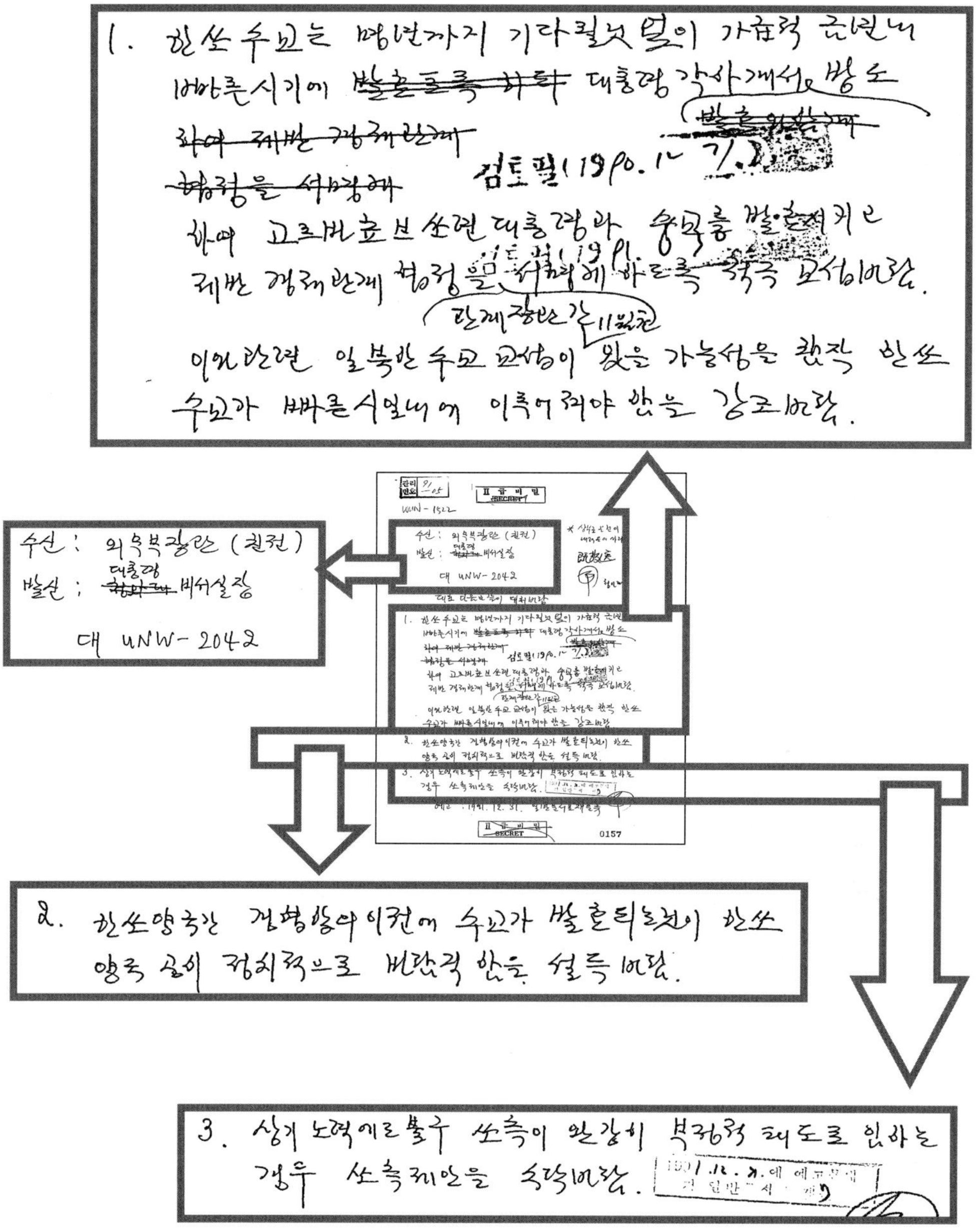

그림 11. 1990년 9월 30일의 한소 외무장관 회담을 위한 청와대 훈령 내용(시기 불명확)

※ 출처: 「국교수립-소련, 1990.9.30. 전15권(V.9 1990.2-5월)」, p. 157(외교전문 “대 UNW-2042”), 2020-0015, 05, 외교부 동구1과/특전담당관실.

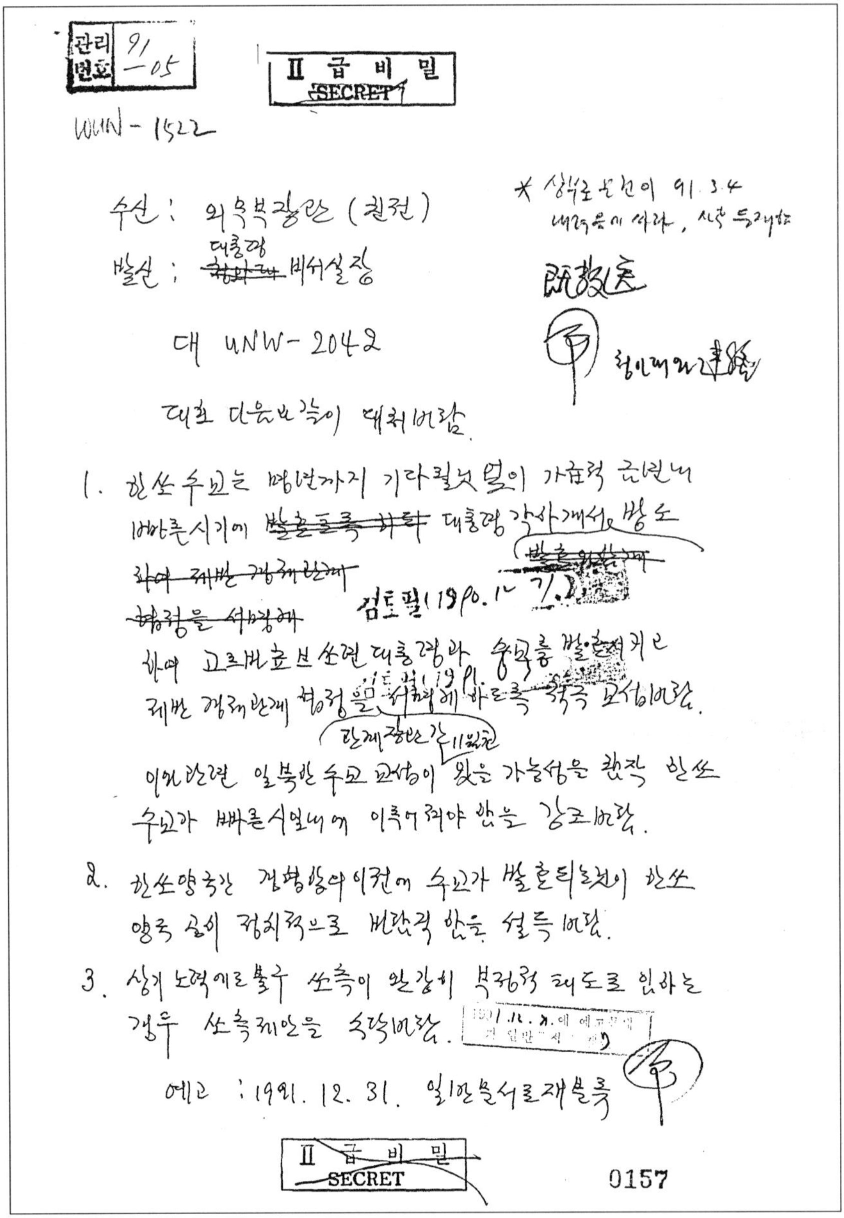

관리번호 91-05

Ⅱ급비밀 SECRET

WUN-1522

수신 : 외무부장관 (권전)

발신 : 대통령 비서실장

대 UNW-2042

대호 다음과 같이 대처바람.

1. 한소 수교는 明年까지 기다릴 것 없이 가급적 금년내 빠른 시기에 대통령 각하께서 방소하여 고르바초프 소련 대통령과 수교를 발표케 하도록 적극 교섭바람.

이와 관련 일북한 수교 교섭이 있을 가능성을 환기 한소 수교가 빠른 시일내에 이루어져야 함을 강조바람.

2. 한소 양국간 경협협의 이전에 수교가 발효되도록 한소 양국 공히 정치적으로 판단할 것을 설득바람.

3. 상기 노력에도 불구 소측이 완강히 부정적 태도로 일관하는 경우 소측제안을 수락바람.

예고 : 1991. 12. 31. 일반문서로 재분류

Ⅱ급비밀 SECRET

0157

그림 12. 1990년 9월 30일의 한소 외무장관 회담을 위한 청와대 훈령 전문

※ 출처: 「국교수립-소련, 1990.9.30. 전15권(V.9 1990.2-5월)」, p. 157(외교전문 "대 UNW-2042"), 2020-0015, 05, 외교부 동구1과/특전담당관실.

당시 청와대의 반응도 수교 시점을 조율하는 과정에서 나타난 최 장관의 이런 판단과 큰 틀에서 다르지 않았다. 9월 28~30일 사이의 시기에 노재봉 비서실장 명의로 최 장관에게 전달된 청와대의 (긴급) 훈령은 2가지 안으로 구성됐다.[37] 첫째, 가급적 연내의 빠른 시기에 노 대통령이 소련을 방문하여 수교가 발효될 수 있도록 노력할 것과, 둘째, 연내 수교 방안의 관철이 불가능할 경우 소련측의 기존 방침을 수락하라는 내용이었다. 이는 청와대 역시 최 장관과 마찬가지로 9월 30일의 수교에 크게 기대하지 않았음을 드러내는 대목이다. 그리고 청와대 훈령 내용 중 또 다른 흥미로운 사실은 연내 수교를 관철시키는 노력의 일환으로 경협을 언급했다는 점이다. 노 실장은 한국과 소련이 경협 타결 이전에 서로 수교에 합의하는 것이 양국 모두에게 정치적으로 문제가 없을 것이라는 내용을 전달하라고 최 장관에게 조언했다.[38] 이는 경협 지원 수단을 활용하여 연내 수교를 견인하라는 훈령으로, 한소수교가 이후 짧은 시간 동안 급진전되는 과정에서 경협 활용의 중요성을 암시적으로나마 확인시켜주는 부분이라 하지 않을 수 없다(그림 11과 12 참조).

3) 수교 합의

이후 한국은 1990년 9월 30일 소련과의 수교에 합의하며 북방정책의 역사적인 전환점을 마련했다. 27일까지 1991년 1월 1일 수교방침을 완강히 고집하던 소련측이 3일 후인 9월 30일 한소 외무장관 회담에서 급작스럽게 한국의 9월 30일 수교안을 수락하면서 얻게 된 뜻밖의 외교적 성과였다. 이와 관련하여 최호중 장관은 10월 1일자 외교 전문에서 본인의 즉시수교에 관한 강력한 제의에 셰바르드나제 장관이 화답하면서 수교가 이루어졌다고 노태우 대통령에게 보고했다.[39] 그에 따르면, 셰바르드나제 장관은 그날(9월 30일)이

---

37 「국교수립-소련, 1990.9.30. 전15권(V.13 외무장관 회담, 1990.9.30(기본문서))」, 157쪽(외교전문 "대 UNW-2042"), 2020-0015, 05, 외교부 동구1과/특전담당관실.

38 「국교수립-소련, 1990.9.30. 전15권(V.13 외무장관 회담, 1990.9.30(기본문서))」, 157쪽(외교전문 "대 UNW-2042"), 2020-0015, 05, 외교부 동구1과/특전담당관실; 이는 노재봉 비서실장이 노태우 대통령의 의중을 전한 것으로 보인다. 노태우 전 대통령은 회고록에서도 한소수교를 돈으로 사는 듯한 모습을 회피하려고 했다고 밝힌 바 있다. 노태우(2011), 216-217쪽.

아동을 위한 세계정상회담이 개최된 날짜라는 역사적 의미를 되새기면서 한국측의 수교안에 동의했다고 한다. 여기에 더해 최 장관은 양측이 한소수교에 관한 공동 코뮤니케에 서명하는 과정에서 러시아어본의 미리 기재되어 있던 수교 일자 '1991.01.01.'을 셰바르드나제 장관이 직접 '1990.09.30.'으로 수정하여 서명했고, 서명일을 공란으로 남겨 둔 한국어본은 최 장관이 직접 날짜를 기입하여 서명했다는 내용까지 덧붙였다(그림 13 참조).

이상과 같은 한국과 소련의 수교 합의 과정은 몇 가지 점에서 의문을 남긴다. 첫째, 9월 27일까지만 해도 연내 수교 불가를 고집하던 소련이 3일 뒤인 9월 30일 태도를 바꿔 한국측 수교안에 응했다는 점이다. 둘째, 최 장관은 9월 27일까지 9월 30일 수교보다는 연말 노 대통령의 소련 방문 시 수교 합의가 진행되는 방안에 더 많은 관심을 기울이고 있었는데, 30일 외무장관 회담에서 갑자기 당일 수교를 강하게 주장했다는 점이다. 셋째, 소련측이 9월 30일 수교 합의의 이유로 내세운 바인 세계 아동을 위한 정상회담일의 기념 취지가 양국 수교 과정의 급진전을 설명하기엔 설득력이 부족해 보인다는 점이다. 오히려 이와 같은 의문들은 1991년 1월 1일로 예정된 한소수교가 1990년 9월 30일로 급히 변경된 또 다른 이유가 존재할 것이라는 합당한 추정을 가능케 한다.

먼저 셰바르드나제 장관이 기존의 수교방침에서 입장을 변화시킨 이유는 3일 동안 본국 정부의 변경된 훈령이 전해진 데 따른 것으로 추정된다. 그렇기 때문에 9월 30일 수교문서 서명 과정에서도 관련 서류의 서명일을 미처 변경하지 못한 사유가 발생한 것일 수 있다. 최호중 장관 역시 노재봉 비서실장의 전문 이후 9월 30일을 제시하라는 또 다른 훈령을 전달받았을 가능성이 크다. 결국, 이런 상황은 양국이 뉴욕의 (공개적인) 수교 협상 채널 외에 또 다른 채널을 동시에 가동하여 9월 30일 수교안을 서로 합의한

---

39 전문 상에 나타난 당시 최 장관의 보다 구체적인 제의 내용은 다음과 같다: "소직은 이미 양국 정상 간에 합의한 관계 정상화를 위한 기본방향에 따라 그간 실무급 협의를 한 결과 91.1.1.자 수교에 의견 접근을 본 바 있는데, 이미 원칙에 합의된 올바른 일을 지연시키거나 주저할 필요가 없으니, 당장 수교하는 것으로 코뮤니케를 수정, 서명하자고 강력히 제의하였습니다." 「국교수립-소련, 1990.9.30. 전15권(V.13 외무장관 회담, 1990.9.30(기본문서))」, 162쪽(외교전문 "한.소 외무장관회담"), 2020-0015, 05, 외교부 동구1과/특전담당관실.

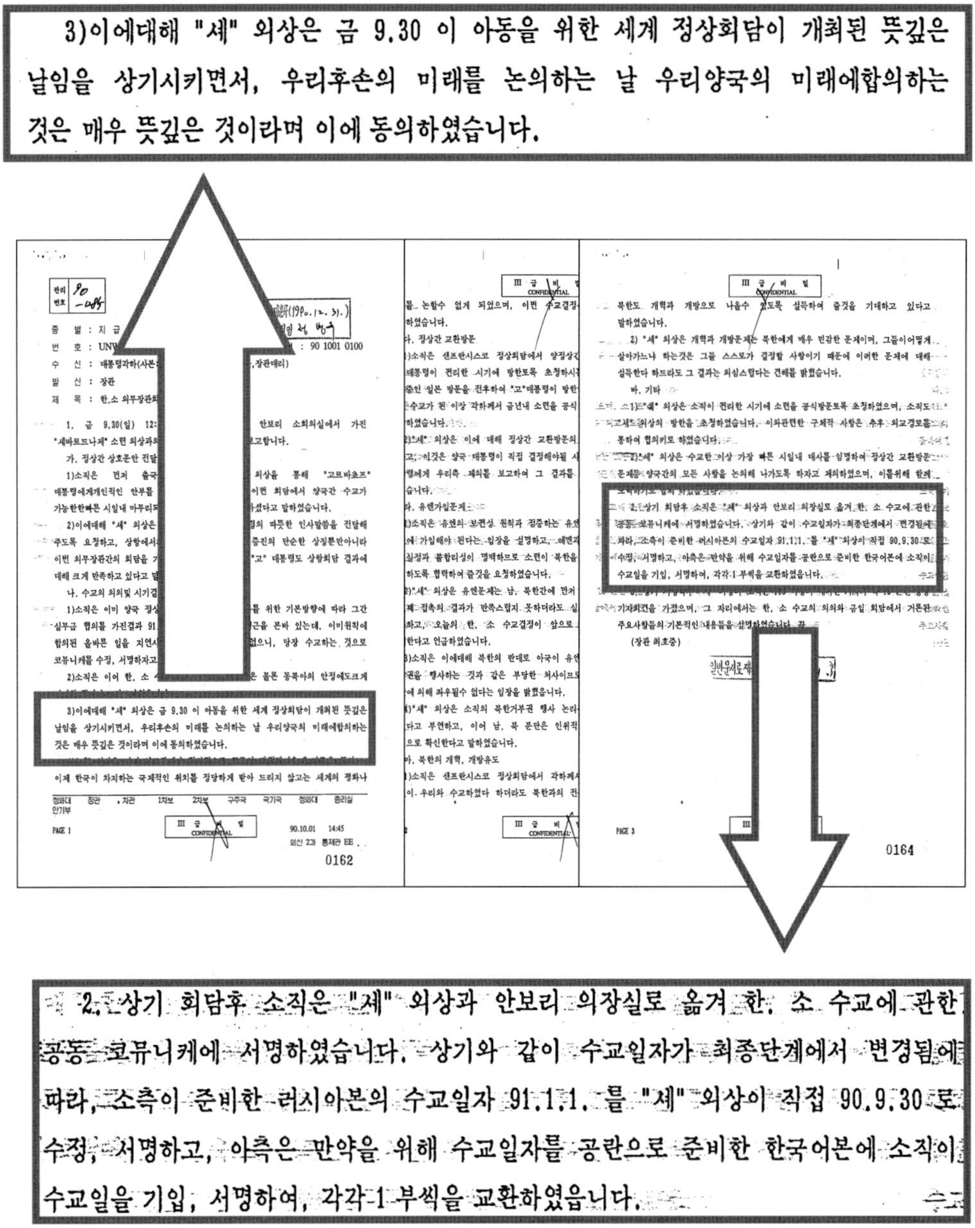

그림 13. 1990년 9월 30일 한소 외무장관 회담 중 한소수교 시점 합의 관련 내용

※ 출처: 「국교수립-소련, 1990.9.30. 전15권(V.9 1990.2-5월)」, p. 162(외교전문 "한.소 외무장관회담"), 2020-0015, 05, 외교부 동구1과/특전담당관실.

뒤, 이를 각자의 뉴욕 협상팀에 전하게 했을 것이다.[40] 그리고 그 과정에서 소련의 유연한 자세를 이끈 가장 강력한 유인책은 세계 아동을 위한 정상회담 날짜의 의미보다는 한국이 내놓은 보다 호의적인 경협 제시안이었음이 유력하다. 이런 추론의 설득력을 더해줄 수 있는 사례가 당시 한국의 변화하는 경협 지원안이다.

아래의 표 3을 자세히 살펴보면, 총액과 세부적인 항목의 지원금액 책정 등 모든 조건이 1990년 8월에 비해 1991년 1월이 더 소련에게 만족스러운 형태로 나타났다. 특히 소비재에 한정되어 사용할 수 있는 연불수출 금액이 절반으로 줄고, 다양한 분야에서 자유롭게 사용 가능한 은행차관 금액이 3배 이상 늘어난 것은 주목해 봐야 한다. 그리고 8월 제시된 경협 지원안의 항목별 융자조건도 아직 정확히 확인하지 못했지만, 소련측에 보다 유리하게 변경되었을 가능성이 높다(표 3 참조).

표 3. 대소 경협 지원안의 변화내용

<table>
<tr><th rowspan="2">구분</th><th colspan="3">1990년 8월</th><th colspan="3">1991년 1월</th></tr>
<tr><th>무신용장
수취한도</th><th>연불수출</th><th>뱅크론</th><th>수출용
전대차관</th><th>연불수출</th><th>은행차관</th></tr>
<tr><td>금액(억달러)</td><td>15</td><td>10</td><td>3</td><td>15</td><td>5
(-50%)</td><td>10
(+3.3배)</td></tr>
<tr><td>조건</td><td>90일 외상,
대외경제은행
보증 조건</td><td>2년이내 상환,
연리 10%,
대외경제은행 보증 조건</td><td>1년,
연리 9%,
대외경제은행 차주(借主)</td><td>(미확인)</td><td>(미확인)</td><td>(미확인)</td></tr>
<tr><td>총계(억달러)</td><td colspan="3">28</td><td colspan="3">30
(+2억달러)</td></tr>
</table>

Ⅲ. 요약 및 결론

1989년 헝가리와의 수교 협상에서부터 한국의 경협자금 지원책은 북방정책의 강력

40 다양한 협상 채널을 동원하여 한소수교에 접근하려는 노력은 수교협상기간 동안 여러 차례 활용되어 오고 있었다. 노태우 전 대통령을 비롯한 많은 이들이 다양한 협상 채널의 존재에 관해 증언하고 있다. 노태우(2011), 199-200쪽; 정태익(2018), 79쪽; 공로명(2019), 197-199쪽.

한 추진동력을 상징하는 외교적 수단이었다. 북한과의 오랜 외교 관계로 인해 한국과의 외교 관계를 주저하던 많은 동구권 사회주의 국가들은 당시의 경제적 어려움을 벗어나기 위한 방편 중 하나로 한국이 제공할 혹은 제공할 수도 있는 경제협력 자금이나 민간기업의 투자 확대를 기대하며 한국과의 수교를 받아들였다. 특히 1990년은 한국이 북방지역에서 상당한 외교적 영토를 개척한 해로, 체코슬로바키아와 불가리아, 몽골, 루마니아, 소련, 동독 등이 한국과 외교 관계를 수립하거나 관계개선을 이룩한 한 해였다.

이 중 소련과의 수교 과정은 경협이라는 요소를 제외하고서는 도저히 설명하기 힘들 정도로 한국의 경협자금 제공이 상당한 유인책으로 작용했다고 평가받는다. 특히 수교협상의 급진전이 의문스럽게 나타났던 1990년 9월 30일 뉴욕의 한소 외무장관 회담 과정은 경협의 역할론을 강하게 제기하며 바라볼 필요가 있다. 1991년 초 수교를 고집하던 소련과 연내 수교를 주장하던 한국의 외교력이 회담 준비과정과 실무접촉에서 팽팽한 맞선 가운데, 2~3일의 짧은 시간 동안 소련이 한국의 요구를 수용하는 방향으로 급선회한 것은 무언가 특별한 외교적 수단이 활용됐다고 추정할만한 여지가 분명히 존재하기 때문이다.

그런 차원에서 본 연구는 한소수교가 1990년 9월에 급진전되어 타결되는 과정에서 경협자금 제공이 상당한 역할을 한 것으로 추정했다. 이번에 공개된 여러 외교문서와 관련 사료들을 분석해 보면 그러한 추론을 설득력있게 제시해 줄 많은 사례가 존재하기 때문이다. 1990년 당시 소련은 경제사정이 악화일로를 걸었고, 그로 인해 같은 해 5월에는 소련에 진출한 서구 기업들의 무역 대금을 결제해주지 못할 정도로 심각한 외화난에 직면했다.[41] 당시 한국 기업도 약 1억달러에 해당하는 무역 대금이 연체되어 상당한 곤란을 겪을 정도였다.[42] 그리고 소련의 경제적 어려움이 한소수교의 진전에 유의미한

---

41 1990년 6월 22일 대한무역진흥공사(KOTRA)가 외무부에 송부한 보고서에 따르면, 당시 한국 포함 서방권 국가들의 소련 무역대금 결제지연금액은 최대 30억달러에 달했다. 이는 소련의 심각한 외환부족사태와 국내의 분업체제 붕괴 및 산업생산성 저하 현상이 지속적으로 나타난 것에 기인한다고 KOTRA 보고서는 분석하고 있다. 「한.소련 경제협력, 1990」, 151-160쪽(현안 REPORT "소련의 대금결제 지연현황 및 주요국의 대응전략"), 2020-0100, 16, 외교부 동구1과.

42 1990년 5월 26일 공로명 주소련 영사처장의 '쏘 무역대금 연체' 외교전문. 「한.소련 경제협력, 1990」,

역할을 했다는 증언도 존재한다.[43] 따라서 9월 30일 한소 외무장관 회담에서 나타난 수교 시점 변경 협상 과정도 같은 맥락에서 바라볼 필요가 있다. 당시의 한소관계에서 경협자금 제공 이외에는 한국이 소련을 즉시수교로 견인할 만한 이렇다 할 외교적 수단은 존재하지 않았다고 해도 과언이 아니기 때문이다.

이와 같은 판단 속에서 본 연구는 1990년 9월 30일 한소수교 성사가 다음과 같은 과정을 거쳐 이루어졌다고 추론한다. 1990년 6월 샌프란시스코 한소 정상회담에서 한국이 비공식적으로 수교와 연계된 경협자금 제공 의지를 소련측에 밝혔고, 그 액수는 총액 기준 28억달러 미만이었을 것이다. 당시 소련측은 한국 정부의 이와 같은 제안을 수락하지 않았고, 이에 8월 모스크바에서 개최된 제1차 한소 정부대표단 회의에서 한국은 2차로 28억달러를 제시했다. 이때 양국은 경협자금의 대략적인 지원 규모에는 동의하면서도 일부 증액과 자금지원을 위한 융자의 구체적 조건 등과 같은 세부내용을 합의하지 못하고 다음 회의의 과제로 넘겼다. 그래서 양국은 경협 지원 총액에 대한 공감대를 형성한 가운데 수교 시기를 저울질했고, 그런 차원에서 소련은 뉴욕 회담 전에 한국과의 수교 일시를 미리 확정할 수도 있었다.

한국 역시 그러한 공감대 속에서 국내외 정세 등을 고려해 1991년 1월 초보다는 연내 수교, 그것도 노태우 대통령의 1990년 말 모스크바 방문 시 수교가 발효되도록 하기 위해 노력했다. 그래야만이 최호중 장관이 9월 한소 외무장관 회담 준비과정에서 연내 수교의 시점을 노 대통령 방문 시기로 결정하자고 소련측에 요청한 상황이 설명 가능하다. 당시 청와대의 훈령도 노 대통령의 방소 계획과 연계된 연내 수교를 지침으로 주었지 수교 시점을 9월 30일로 유도하라고까지 하진 않았다. 한편으로 소련은 9월 30일 외무장관 회담 이전에 개최된 대통령 위원회에서 수교 일시를 1991년 1월 1일로 결정했고 이를 고르바초프 대통령도 재가했다. 그래서 양국 외무장관 회담이 개최되기 직전인 9월 27일까지도 이러한 기존 입장을 고수했다. 그러나 3일 뒤인 9월 30일 셰바르드

126쪽(외교전문 "쏘 무역대금 연체"), 2020-0100, 16, 외교부 동구1과.

43 공로명 전 장관과 위성락 전 차관, 최병효 전 대사의 증언이 그러하다. 국립외교원 외교안보연구소 외교사연구센터 편(2020), 168-176쪽.

나제 장관은 최호중 장관의 강력한 수교 합의 주장을 큰 반발 없이 수락했다. 이러한 상황 전개에는 경협 합의와 같은 특별한 요소가 작용했다. 그래서 아마도 9월 30일 한소 수교는 그 이전에 또 다른 채널이 가동하여 경협 조건에 대한 논의를 타결했고, 그에 따라 양국 정부가 셰바르드나제와 최호중 장관에게 각각 변경된 훈령을 회담 직전에 전달하여 수교 협상이 곧바로, 큰 무리 없이 타결된 것이라 할 수 있다. 이러한 본 연구의 추론을 도식화한 것이 아래의 그림이다(그림 14 참조).

그림 14. 한소수교 과정과 경협지원 협상의 상관관계 추정도

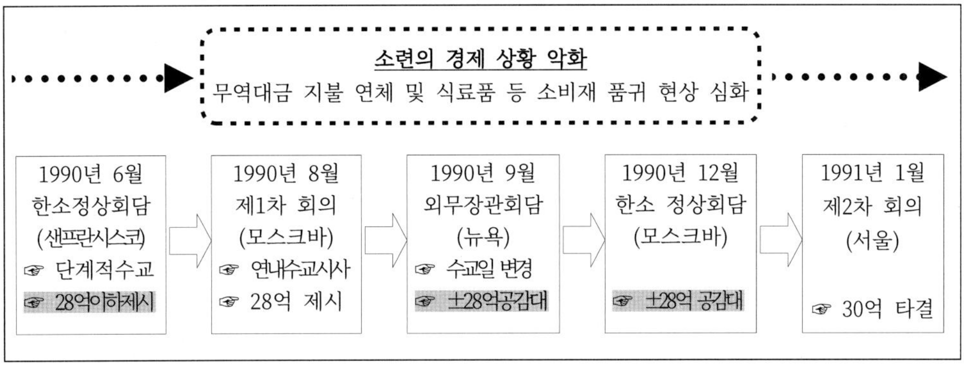

물론 이와 같은 본 연구의 추론은 1990년의 외교문서 사료만을 가지고 내린 결론이기에 분명한 한계점을 가지고 있다. 이런 한계점은 이후 속속 공개되고 공개될 외교문서 해제 사료와 후속 연구를 통해 그 가부가 명확히 판가름될 것이다. 아울러 한국측 사료만을 검토하여 내린 추론이기에 소련측 사료와의 교차검증의 필요성도 존재한다. 결국, 본 연구의 한소수교 급진전과 경협의 상관관계에 관한 추론의 검증은 미완의 성과로 비쳐질 수 있는 부분이 적지 않다. 그런 차원에서 본 연구결과를 토대로 한 후속연구는 향후 공개될 다양한 외교문서를 더욱 정밀하게 분석하여 한소수교와 관련된 여러 역사적 중요성이 높은 사건들을 보다 정교하고 구체적으로 해석할 필요가 있다. 그것이야말로 한국외교사 연구의 저변과 폭을 강화하는 길을 걸어가야 하는 본 연구자와 여타 후속 연구 인력의 필수불가결한 과제일 것이다.

참고 문헌

1. 1차사료 - 1990년 공개 외교문서

· 「국교수립-불가리아, 1990.3.23. 전3권(V.2 1989-90.1월)」, 2020-0012, 01, 외교부 동구2과, - 보고서 "대불가리아 관계 개선 추진방안."

· 「국교수립-소련, 1990.9.30. 전15권(V.9 1990.2-5월)」, 2020-0015, 01, 외교부 동구1과/특전담당관실 - 외교전문 "한・중, 한・소 외상회담 제의."

· 「국교수립-소련, 1990.9.30. 전15권(V.10 정부대표단 방문, 1990.8.2-7(사전준비))」, 2020-0015, 02, 외교부 동구1과/특전담당관실 - 보고서 "韓・蘇 閣僚會談 政府代表團 訓令(案)".

· 「국교수립-소련, 1990.9.30. 전15권(V.13 외무장관 회담, 1990.9.30(기본문서))」, 2020-0015, 05, 외교부 동구1과/특전담당관실 - 외교전문 "쉐외상과의 대화 및 기타보고"; 외교전문 "DOBRYNIN 대통령 고문 면담"; 외교전문 "한・쏘 수교문제"; 외교전문 "한・쏘 수교문제"; 외교전문 "대 UNW-2042"; 외교전문 "한.소 외무장관회담".

· 「국교수립-체코슬로바키아, 1990.3.22. 전2권(V.2 1989-90)」, 2020-0012, 10, 외교부 동구2과, - 외교전문 "한・체코 수교"; 보고서 "대체코 수교교섭 출장 결과 보고."

· 「대북방 경제협력 추진체제 정비 강화방안, 1988-90. 전3권(V.2 1989.9-12월)」, 2020-0099, 03, 외교부 동북아2과/동구1과 - 보고서 "90年代北方經濟政策方向"; 보고서 ""90년대 북방경제정책 방향(경제기획원 작성)" 관련 외무부 의견."

· 「대북방 경제협력 추진체제 정비 강화방안, 1988-90. 전3권(V.3 1990)」, 2020-0099, 04, 외교부 동북아2과/동구1과 - 보고서 "제 14차 북방경제정책 실무위원회 회의기록"; 보고서 "國際民間經濟協議會 機能改編(案)."

· 「한.불가리아 경제협력, 1990」, 2020-0099, 07, 외교부 동구2과 - 외교전문 "외무장관면담"; 공문 "대주재국 경제협력문제"; 보고서 "대불가리아 경제협력 언급내용."

· 「한.소련 경제협력, 1990」, 2020-0100, 16, 외교부 동구1과 - 외교전문 "쏘 무역대금 연체"; 현안 REPORT "소련의 대금결제 지연현황 및 주요국의 대응전략"; 보고서 "한.소 경협."

· 「한.소련 정상회담. San Francisco, 1990.6.4. 전11권(V.1 기본문서)」, 2020-0021, 04, 외교부 동구1과 - 외교전문 "한・소 정상회담 준비"; 보고서 "노태우 대통령과 고르바쵸프 소련 대통령간 회담요록."

2. 연구자료(국/영/노 순)

· 공로명. 『한국 외교와 외교관 – 대일외교・북방정책・북핵협상』(면담: 윤덕민, 조양현). 서울: 국립외교원 외교안보연구소 외교사연구센터, 2019.

· 국립외교원 외교안보연구소 외교사연구센터 편. 『한국외교사 구술회의 02 - 북방정책과 7・7선언』. 서울: 선인, 2020.

· 노재봉 외. 『노태우 대통령을 말한다: 국내외 인사 175인의 기록』. 경기: 동화출판사, 2011.

· 노태우. 『노태우 회고록: 하권(下卷) - 전환기의 大戰略』. 서울: 조선뉴스프레스(주), 2011.

· 신종대. 「서울의 환호, 평양의 좌절과 대처: 서울올림픽과 남북관계」. 『東西硏究』 제25권 3호 (2013), 71-110쪽.

· 양승함. 「한・소 수교 과정의 재고찰」. 『사회과학논집』 제31권 (2000), 19-33쪽.

· 정태익. 『한국 외교와 외교관 – 이집트 수교와 대리 외교』(면담: 홍완석). 서울: 국립외교원 외교안보연구소 외교사연구센터, 2018.

· Armstrong, Charles K. “South Korea’s ‘northern policy’.” *The Pacific Review*. Vol. 3, No. 1 (1990). pp. 35-45.
· Meyer, Peggy Falkenheim. “Gorbachev and Post-Gorbachev Policy toward the Korean Peninsula: The Impact of Changing Russian Perceptions.” *Asian Survey*. Vol. 32, No. 8 (Aug. 1992). pp. 757-772.

· Забровская, Л. В. “Влияние перестройки на характер отношений СССР и КНДР.” *Россия и АТР*. №1(91) (2016). С. 46-56.
· О, Донгон и Еланцева, О. П. “К 30-летию установления дипломатических отношений между СССР и Республикой Корея: исторический путь 1970–1980-х годов.” *АЗИАТСКО-ТИХООКЕАНСКИЙ РЕГИОН: экономика, политика, право*. № 2 (2020). С. 61-75.

3. 인터넷
· 네이버 지식백과, “두산백과 – 전대차관,” https://terms.naver.com/entry.naver?docId=1199702&cid=40942&categoryId=31833 (검색일: 2021.11.1.).
· 네이버 지식백과, “시사상식사전 – 연불수출,” https://terms.naver.com/entry.naver?docId=930010&cid=43667&categoryId=43667 (검색일: 2021.11.1.).

제1장

글로벌 사우스의 부상과 러시아·사우디아라비아의 외교관계*

장하영
(경북대학교 노어노문학과 강사)

Ⅰ. 서론

글로벌 사우스Global South의 부상과 함께 국제질서가 재편되고 있다. 러시아-우크라이나 전쟁과 중동의 가자 분쟁 등 혼란한 국제 정세 속에서 세계 각국은 자국의 안전보장과 국가 이익의 실현을 위해 움직이고 있다. 다극 체제의 국제질서에서 개발도상국의 연합 형태가 나타나고 있으며, 그 대표적인 사례가 브릭스BRICS 가입국의 확대이다. 기존의 브릭스는 중국, 러시아, 인도 등 빠르게 성장하는 개발도상국을 통칭하는 용어였으나, 이들 세력이 확대됨에 따라 연합 블록을 형성하게 되었다.[1] 브릭스 가입국의 확

* 이 글은 장하영,「글로벌 사우스 영향 아래 러시아와 사우디아라비아의 외교관계 분석」,『중소연구』 제48권 제4호, 겨울, 125-158쪽에 게재된 논문을 부분 수정한 것임을 밝힙니다.

1 2024년 기준 브릭스(BRICS) 가입 국가에는 브라질, 러시아, 인도, 중국, 남아프리카 공화국 외에도 2024년 1월 1일 추가로 가입한 이집트, 에티오피아, 이란, 아랍에미리트(UAE)가 있다. 2024년 10월 카잔에서 열린 브릭스 정상회의에서 인도네시아, 베트남, 태국, 말레이시아를 비롯한 13개국이 브릭스의 파트너 국가로 참여했다. 강명구,「브릭스(BRICS) 회원국 확대와 시사점」,『KDB 미래전략연구소』(2024);

대 사례는 글로벌 사우스에 속한 국가들의 경제력과 국력이 증가함을 의미한다. 또한 이들 국가의 복합적인 상호작용은 현 글로벌 질서의 재편과 함께 면밀히 주시할 필요가 있다.

2022년 발발한 러-우 전쟁 이후 서방의 대러 경제제재는 주요국의 공급망 재편을 초래했고, 그로인해 글로벌 질서도 재구성되고 있다. 2024년 브릭스 가입국 확대에 더해 10월에 러시아 카잔에서 열린 브릭스 정상회의를 계기로 인도네시아, 베트남, 태국 등 13개국이 브릭스의 파트너 국가로 참여하게 되었다. 이처럼 과거 저개발국가에 속했던 신흥국들은 글로벌 패권에 대항하여 안보와 이익을 위해 연합하는 형상을 보여주고 있으며 이를 현 국제질서에서는 글로벌 사우스의 부상으로 설명한다. 브릭스에 속한 러시아는 제재 이후 반서방 연대를 구축하는데 주도적인 역할을 하고 있으며, 서구 중심의 국제 사회에 대항하는데 이를 활용하기도 한다. 브릭스의 연대가 더욱 확대된다면, 러시아는 글로벌 사우스 국가들과 연합하여 반서방 체제를 구축하는 핵심 세력으로서의 역할을 할 가능성이 크다.

글로벌 사우스의 부상이라는 현 국제질서에서 러시아의 전략 대상으로서 주목할 만한 지역에는 중동이 있다. 기존의 중동 국가들에게는 전쟁이나 테러 등 안보 위협이 경제 성장의 걸림돌로 작용해왔다. 그러나 중동 지역에는 풍부한 에너지 자원을 바탕으로 경제력을 키우고 사회적으로 안정을 이루고 있는 신흥국들도 존재한다. 그 대표적인 국가가 사우디아라비아라고 볼 수 있다. 사우디아라비아는 세계 최대 산유국으로 막강한 자본력을 지니고 있으며, 정치 · 사회적으로도 여타 중동 국가들에 비해 비교적 안정적이다. 2022년 이후 러시아는 서방으로부터의 고립 탈피를 위해 중동 지역을 새로운 전략 대상으로 인식하고 있다. 러시아는 과거와 다르게 전략적으로 사우디아라비아와의 관계 개선을 시도하고 있으며, 두 나라는 세계 에너지 시장 가격을 조절하기 위

"BRICS welcomes Malaysia, Indonesia, Vietnam and Thailand," British Council, November 1, 2024, https://opportunities-insight.britishcouncil.org/short-articles/news/brics-welcomes-malaysia-indonesia-vietnam-and-thailand (검색일 2024.12.11).

해 카르텔을 형성하여 석유 감산에 대한 합의를 수십 차례 진행하기도 했다.

이러한 배경에서 본 연구는 러시아와 사우디아라비아의 양국 관계 분석에 주안점을 두었다. 러시아는 글로벌 사우스 국가들을 연합하고 주도하고자 하는 핵심 세력이며, 사우디아라비아는 글로벌 사우스 국가에 속하는 국가로 세계 에너지 시장에 영향력을 행사하고 있다. 이와 관련한 기존 연구에는 주요 중동 국가들이 브릭스에 가입한 배경과 의미를 설명한 연구 및 지정학적 환경 변화로 인한 걸프 주요국의 안보 탈미 현상을 분석한 연구가 있다.[2] 이 연구들은 글로벌 사우스의 확대 측면에서 역내 질서 변동에 따른 중동 국가들의 새로운 외교전략에 중점을 두어 시의성을 지니고 있다. 그러나 글로벌 사우스의 영향 확대를 주도하는 핵심 세력들의 복잡한 이해관계 속에서 그에 해당하는 주요국들에 대한 양자관계를 분석하는 연구는 극히 드물다. 본 연구는 글로벌 사우스의 부상이라는 영향 아래 관련국들의 양자관계 분석을 시도하고 있다.

또 다른 기존 연구를 보면 러시아와 사우디아라비아의 양자관계에 초점을 맞춘 연구도 존재한다. 그러나 대부분의 연구는 오펙 플러스 내 석유 감산과 관련한 오일 질서 형성에 대한 내용으로 양자관계에 대한 연구 범위가 에너지 분야에 한정되어 있다.[3] 그리고 이 연구들은 전 세계 에너지 안보에 중점을 두고 있어 러시아와 사우디아라비아의 양자관계 연구로 보기엔 부적합하다는 판단이다. 그 외에도 러-우 전쟁에 대한 사우디아라비아의 입장과 외교정책을 분석한 기존 연구가 존재하지만, 주로 사우디아라비아 측에서 논리를 전개하고 있어 양자 관계의 연구라고 평가하기에는 한계가 존재한다.[4] 본 연구는 양자 관계의 측면에서 러시아와 사우디아라비아의 외교전략 및 이해관계를

---

2 이주성, 이수진, 「중동 주요국의 BRICS 가입 배경과 의미: 안보 다각화 및 경제 안보적 함의를 중심으로」, 『중동연구』 제42권 3호(2024); 이수진, 이주성, 「지정학적 환경 변화와 걸프 주요국의 안보 탈미화」, 『한국중동학회논총』 제43권 2호(2022).

3 관련 연구로는 송상현, 「OPEC플러스(+) 감산합의 이행 분석과 석유 시장 전망」, 『한국중동학회논총』 제41권 2호(2020); Michael Bradshawa, Thijs Van de Graaf, Richard Connolly, "Preparing for the new oil order? Saudi Arabia and Russia," *Energy Strategy Reviews*, Vol. 26(2019) 등이 있다.

4 Jens Heibach, Luíza Cerioli, "Saudi Arabia's ambivalent stance on the Russia-Ukraine war: Balancing regime stability and equal sovereignty," *Contemporary Security Policy*(2024).

분석하여 보다 심도 있고 다층적인 연구 시각을 제공하고자 한다.

한편, 글로벌 사우스의 영향력 확대 속에서 변화하는 국제질서와 러시아와 사우디아라비아의 협력 사례는 국제관계 이론의 신고전적 현실주의로 설명할 수 있다. 신고전적 현실주의에서는 국제체제의 특성이 이를 구성하는 국가들의 행위에 영향을 미치고, 이러한 행위들이 일정하게 상호작용한다고 본다.[5] 신고전적 현실주의 이론 중에서 스웰러Randall L. Schweller의'이익균형론balance of interest theory'은 국가가 이익interest에 따라 균형 혹은 편승을 추구할 수 있다고 설명한다. 신고전적 현실주의에 의하면, 브릭스의 확장으로 글로벌 사우스 국가들이 서로 이해관계에 맞춰 상호작용하며 일정한 영향을 주고받고 있다고 볼 수 있다. 그중에서도 본 연구가 주목하는 대상인 러시아와 사우디아라비아는 국가 이익에 따라 편승하거나 협력하는 모습을 보이고 있다.

이러한 이론적 고찰을 토대로 본 연구는 글로벌 사우스의 부상이라는 영향 하에 러시아와 사우디아라비아의 외교전략과 양국 관계의 변화에 대해 심층적인 분석을 진행하고자 한다. 연구의 제 2장에서 글로벌 사우스의 영향력 확대가 의미하는 바에 대해 살펴보고, 제 3장에서는 변화하는 국제질서 속 러시아와 사우디아라비아의 외교전략을 분석한다. 제 4장에서는 러시아와 사우디아라비아의 외교관계를 협력 사안과 한계점을 들어 종합적으로 평가한다. 제 5장 결론에서는 연구 요약과 함께 향후 국제질서에서 러시아와 사우디아라비아의 관계가 어떠한 방향으로 전개될지 전망하며 마무리하고자 한다.

II. 글로벌 사우스의 부상

글로벌 사우스Global South는 선진국들이 속한 글로벌 노스Global North에 대항하는

5 박재영, 『국제정치 패러다임』(경기: 법문사, 2010), 159-160쪽.

개념으로, 지구의 남반구나 저위도 북반구에 위치한 아시아, 중동, 아프리카 등 개발도상국들이 이에 해당된다.[6] '사우스'가 일반적인 개발도상국을 총칭한다면 '글로벌 사우스'는 신흥시장국가로서 글로벌 차원의 영향력을 미치는 주요 개발도상국들을 의미한다.[7] 글로벌 사우스는 전략적 자율성과 국가 이익을 중심으로 한 실용외교를 추진하며 다극 체제의 질서를 요구한다. 한편, 강대국인 중국과 러시아는 글로벌 사우스의 범위에 속한다고 보기 어렵지만, 전략적 이익과 서구에 대항하는 질서 형성을 위해 글로벌 사우스 국가들을 연합하고 주도하는 역할을 하고 있다.[8]

글로벌 사우스에 속한 국가들은 트럼프 집권 1기부터 발발한 미 · 중 갈등, 코로나 팬데믹과 2022년 러-우 전쟁으로 인한 공급망 재편 등 새롭게 형성되는 국제질서 속에서 자국의 이익을 우선으로 하여 대외 전략을 추진하게 되었다. 그중에서도 2022년 러-우 전쟁은 코로나19로 침체된 세계 경제에 에너지 수급의 불안과 함께 원자재 가격 급등 및 높은 인플레이션을 초래했다. 많은 국가들은 안보 위협에 노출되었다고 인식하여 방위비를 증액하거나 방위산업 육성에 집중했다. 그 밖에도 다자안보협의체 내에서 국가 간 군사협력 사례가 자주 발생했다. 예를 들면, 상하이협력기구SCO내에서 중국과 러시아는 군사합동훈련을 해오고 있으며, 북대서양조약기국NATO에서도 냉전 이래 최대 규모의 군사훈련을 실시하고 있다.

한편, 글로벌 사우스의 부상은 브릭스로 대표되는 국가들이 경제 발전을 크게 이루면서 이들의 영향력이 확대됨에 따라 주목받게 되었다. 2024년 1월 1일 이집트, 이란, 에티오피아, 아랍에미리트UAE가 브릭스에 추가로 가입했다. 당초 아르헨티나와 사우디아라비아도 브릭스에 가입 의사를 표명했으나 이를 번복하여 무산되거나 가입 절차를 완료하지 않은 상태이다. 또 2024년 10월 러시아 카잔에서 열린 브릭스 정상회의에

---

6 박찬홍, 『국제질서 변화와 글로벌 사우스(Global South)의 부상』(서울: 국회도서관, 2024), 2쪽.

7 원동욱, 「글로벌 사우스의 부상과 중국의 대응: 담론과 실천을 중심으로」, 『중소연구』 제47권 4호(2024), 85쪽.

8 원동욱(2024), 85-87쪽.

는 인도네시아, 베트남, 말레이시아 등 아세안ASEAN 국가를 중심으로 13개국이 파트너 국으로 참여했다. 브릭스 확대가 지니는 의미는 회원국마다 이해관계에 따라 해석 방식이 다르다고 볼 수 있다.[9] 그 중에서도 중국과 러시아는 브릭스를 서구 중심의 국제 질서에 대항하는 체제를 구축하는 의미로 인식한다. 국제정치 이론에서 현실주의자들은 국제체제를 세력균형balance of power 패턴의 반복으로 이해하는데,[10] 세력균형론의 관점에서 브릭스 국가들은 경제 성장을 이루면서 선진국 중심의 국제사회를 견제하고 경쟁을 통해 적절한 균형을 이루고자 한다고 볼 수 있다.

브릭스에 아랍에미리트와 사우디아라비아 등 중동 주요국들이 관심을 보였다는 점은 눈여겨볼만하다. 바이든 행정부 등장 이후 미국과 중동국가들은 외교관계를 재설정하게 된다. 바이든 정부는 중동 국가들 내에서 행해지는 인권 탄압을 문제로 삼았고, 이를 계기로 사우디와 UAE에 대해 무기 판매를 잠정적으로 중단한 바 있다.[11] 이로써 사우디, UAE와 같은 주요 중동 국가들은 대외 정책에서 미국에 대한 의존도를 낮추고 안보협력의 파트너를 다각화할 것을 과제로 삼게 되었다. 이러한 의미에서 중동 국가들의 브릭스에 대한 관심은 경제협력 이상으로 자국의 안보 이익을 위해 자행되었다고 보아도 무방하다. 이는 국가들이 '안보의 추구struggle for security' 차원에서 세력균형을 이루고자 한다는 현실주의 이론으로 중동 주요국들의 브릭스 협력을 이해할 수 있다.

한편 글로벌 사우스에 속한 국가들은 대체로 미국과 유럽 중심의 일극 체제를 부정하고, 자국의 실리 추구를 우선으로 외교전략을 설정한다.[12] 글로벌 사우스에 속한 많은 국가들이 러-우 전쟁에 대해 중립적인 입장을 보였다. 이는 어느 쪽에도 편중되지 않는

---

9 중국과 러시아는 미국과 '장기 대결'에 대비하기 위해 브릭스를 미국 주도의 '일극 질서'를 대체하는 반서방 연대체로 진화시키고자 했으며, 미국 등과 직접 맞설 뜻이 없는 인도 · 브라질 등은 협력 확대를 '경제적 차원'으로 한정하기를 주장하며, 회원국을 늘리는 데 신중한 태도를 보였다. 정의길, "브릭스 6개국 추가 가입, 11개국 체제…14년 만에 중대 전기," 한겨레, 2024년 7월 24일, https://www.hani.co.kr/arti/international/international_general/1105745.html (검색일: 2024.08.02).

10 박재영(2010), 192쪽.

11 이주성, 이수진(2024), 39-40쪽.

12 원동욱(2024), 92-96쪽.

균형 전략으로 자신들의 이익을 극대화하는 것으로 이해할 수 있다. 이는 앞서 언급한 스웰러의 '이익균형론'으로 설명이 가능하다. 글로벌 사우스에 속한 국가들은 이념이나 어떠한 가치보다도 자국의 이익에 따라 편승을 추구하기도 하고 서로 영향을 주고받는다. 사우디아라비아도 러-우 전쟁에 대해 중립적인 입장을 취한 국가이다. 러시아와 사우디아라비아의 관계는 이익에 따라 서로 협력하거나, 편승, 견제하는 관계라고 볼 수 있다. 거시적인 관점에서 글로벌 사우스 국가들은 서구 중심의 질서를 재편하여 체제의 다극화를 추구하고 있다.

Ⅲ. 러시아와 사우디아라비아의 외교전략

1. 러시아의 외교전략

러시아에게는 다극체제의 국제질서에서 강대국으로서의 영향력을 강화하는 것이 대외정책의 기본 방향이라고 할 수 있다. 지역적으로는 소위 '근외지역Near Abroad'이라고 불리는 구소련 지역에 대한 경제 · 안보적 협력이 우선적으로 중요하며, 이러한 협력 · 발전을 지리적으로 점차 확장시키는 것이 전략적 목표이다. 러시아는 미국 중심의 국제질서를 다극 체제로 전환시키려는 대외정책을 표방하고 있으며, 이러한 인식은 2013년 '대외정책 개념'에서 공식화되었다.[13] 러시아가 강대국으로서의 입지를 공고히 하고 각종 대외위협으로부터 자국을 보호하여 각 분야에서 나라를 발전시키고자 한 것은 국가 건설의 기본적인 방향이기도 했다.

러시아의 글로벌 사우스 외교가 두드러진 계기는 2014년 크림 반도 병합 사건이었다. 2014년 3월 16일 크림 자치공화국에서 주민투표를 통해 찬성표 96.8%로 크림 자치

---

13 윤영민, 「러시아의 대 ASEAN 전략 양자관계의 발전과 러시아의 대외정책에서 ASEAN의 위치」, 『슬라브학보』 제39권 1호(2024), 171-174쪽.

공화국의 분리 독립이 실현되었다.[14] 푸틴 대통령은 3월 18일 크림반도 병합 조약서에 서명하여 기존에 우크라이나 영토였던 크림반도는 러시아에 귀속되었다. 이는 러시아의 외교가 공격적인 성향을 띠게 되며 서구와의 갈등이 본격화된 신호탄이었다고 볼 수 있다. 러시아는 서방과 경쟁할 수 있는 강력한 국가임을 보여주기도 했으며 제재로 인한 수입대체화 산업 육성 및 우호국 중심의 공급망 편성은 러시아의 경제적 자립과 글로벌 사우스 국가들과의 경제적 협력 확대로 이어지기도 했다.

2022년 러-우 전쟁으로 러시아는 서방과의 갈등이 고조되었고 서방의 제재 및 고립화 시도에도 러시아는 대외정책 개념을 본격화하며 글로벌 사우스 국가들과의 연대를 중요시하는 정책을 펼쳐갔다. 2023년 3월 3일에는 개정된 '러시아연방 대외정책 개념'이 제정되었다. 여기에는 서구 중심의 국제질서에 대항하기 위해 지역적 차원의 다자안보 협력이 중요시되었다. 그 중에서도 브릭스BRICS, 상하이협력기구SCO, 독립국가연합CIS 등의 국가 간 협의체에 러시아가 적극적으로 참여하는 메커니즘을 강화시킬 것이 강조되고 있다.[15] 러시아 외교정책의 우선순위는 공평한 국제질서를 구축하는 것이며, 이를 위해 글로벌 사우스와 연계하고 협력하는 것을 중시하고 있다.

러-우 전쟁으로 러시아에 대한 서방의 경제제재가 한층 강화되었다. 러시아는 이를 대체할 국가들과 협력을 강화함으로써 대외적으로도 '강한 러시아'로서의 국가 건설을 실현하고자 노력하고 있다. 상하이협력기구SCO는 중국과 러시아가 주도한 안보협의체였지만, 2017년 인도에 이어 2023년 이란도 SCO의 정식회원국이 되었다. CIS 국가뿐 아니라 중국, 인도, 이란 등 급속히 성장하는 국가들은 러시아에게 안보, 경제, 문화 등 다양한 측면에서 중요한 협력 파트너이다. 여기에 세계적인 영향력을 행사하는 120여개의 신흥국으로 구성된 글로벌 사우스는 러시아에게 무궁무진한 협력의 가능성을

14 정인환, "크림반도 주민투표…러 합병 찬성 97%," 한겨레, 2014년 3월 17일, https://www.hani.co.kr/arti/international/europe/628658.html (검색일: 2024.10.11).

15 The Ministry of Foreign Affairs of the Russian Federation, "The Concept of the Foreign Policy of the Russian Federation," 31 March, 2023, https://mid.ru/en/foreign_policy/fundamental_documents/1860586/ (검색일: 2024.08.16).

제공하는 대상이다. 러-우 전쟁이 장기화되고 있는 시점에서 러시아는 주요 국가들과의 협력에서 소외되는 상황을 타개하기 위해 글로벌 사우스 외교전략을 활용하고 있다고 볼 수 있다. 그런 의미에서 러-우 전쟁에 대해 중립적인 입장을 취하며 실용외교를 추구하는 글로벌 사우스 국가들은 러시아에게 더할 나위 없이 반가운 존재다.

러시아는 2023 대외정책 개념에서 글로벌 사우스 국가를 구체적으로 지정하지 않았다. 엄구호(2024)는 러시아가 지리적으로 남반구, 경제적으로 개도국을 글로벌 사우스라고 보기보다 대러 제재에 동참하지 않고 정치적으로 러시아에 적대적이지 않은 국가들을 글로벌 사우스에 포함하려고 한다고 강조했다.[16] 2024년 10월 카잔에서 실시한 브릭스 정상회의는 글로벌 사우스를 연합하는 러시아의 역할이 얼마나 중요한지 보여준 사례이다. 러-우 전쟁이 진행되는 와중에 실시되었음에도 불구하고 러시아 카잔에서 개최한 브릭스 정상회의에는 참여를 희망하는 국가들이 늘어났다. 이는 러시아가 국제사회에서 고립되지 않고 오히려 협력을 희망하는 국가들도 증가하고 있음을 의미한다. 브릭스 정상회의에서 합의된'카잔 선언'은 다자주의와 안보협력 강화, 경제 · 금융협력 확대, 인적교류 등 구체적인 내용을 포함하고 있다.[17] 그 중에서도 러시아가 제안한 탈달러화 및 자국 통화 사용 확대 시스템은 신흥국의 투자 촉진과 서구 중심의 질서에 대항하는 메커니즘을 구축할 것이라 전망한다.

한편, 경제력 상위 글로벌 사우스 국가들에는 튀르키예, 사우디아라비아, 이집트, 이란 등 중동의 주요 국가들이 포함되어 있다. 중동 국가들은 과거와 달리 러시아에게도 새로운 협력의 파트너로 부상했다. 예전에는 러시아도 에너지 자원이 풍부했기에 중동 국가들이 전략적으로 우선시되는 지역은 아니었다. 역사상 제정러시아 시기 유라시아 지역에서는 중앙아시아와 아프가니스탄이 러시아에게 있어 중요한 전략적 고려 대상이었다. 그리고 냉전 시기에 소련은 중동에서 시리아, 이라크 등 일부 국가를 제외하고 미국에게 주도권을 빼앗긴 상태였다.[18] 그러다 2014년 크림 병합 이후 서방과 갈등을

16 엄구호(2024), 7-8쪽.

17 엄구호(2024), 8쪽.

겪게 된 러시아는 중동 지역을 새로운 대외전략 공간으로 삼기 시작했다. 또 2015년 시리아 전쟁에 개입하여 아사드 정부를 승리로 이끌며 중동 지역에서 확실한 존재감을 보여주었다.[19] 러시아는 2023년 '대외정책 개념'에 명시된 바와 같이 중동을 포함한 이슬람 세계를 전략적 주요 대상 지역으로 고려하고 있다. 러시아는 전통적인 친미 국가인 중동의 이스라엘, UAE, 사우디아라비아 등 국가들과의 관계 개선을 적극적으로 모색하며 이 국가들이 브릭스에 가입하는 것도 적극 지지했다. 그중에서 사우디아라비아와 러시아의 석유공조는 세계 유가 형성에 큰 영향을 미치고 있으며 양국의 외교관계도 과거에 비해 협력적인 양상을 띠고 있다.

2. 사우디아라비아의 외교전략

사우디아라비아는 글로벌 사우스 국가 중에서 GDP 규모가 상위 6위에 해당할 정도로 강력한 경제력을 지니고 있다.[20] 그리고 사우디는 기본적으로 분쟁 지역의 안정을 도모하기 위해 역내 행위자로서 중요한 역할을 하고자 하는 대외정책 방향을 설정하고 있다. 현재 사우디에게 필요한 국가적 과제는 에너지 의존형 경제 구조를 탈피하고 제조업 육성을 통한 산업의 다각화를 이루는 것이다. 이는 사우디 정부 프로그램인 '비전 2030'에 잘 드러나 있다. 주요 내용은 민간 부문과 외국인 직접투자를 확대함으로써 경제뿐 아니라 사회 전반에 걸친 개혁을 추진하는 것이다. 정부는 대규모 자금 조달을 위

---

18 2003년 이라크 후세인(Saddam Hussein) 정부가 붕괴하고, 2011년 리비아 역시 실패 국가 국면을 맞으면서 당시 러시아 우호 국가는 시리아만이 남게 되었다. 인남식, 「미국과 러시아의 대(對)중동정책 변화 고찰: 오바마와 푸틴정부의 지정학적 중동 전략을 중심으로」, 『한국과 국제정치』 제32권 1호(2016), 175-176쪽.

19 그러나 2024년 12월 아사드 정권의 붕괴로 시리아에 대한 러시아의 영향력이 불확실해지고 있다. 제레미 보웬, "알아사드의 갑작스런 몰락으로 중대 전환점 맞은 시리아 … 앞으로의 운명은?," BBC News Korea, 2024년 12월 10일, https://www.bbc.com/korean/articles/cy0n80xewpjo (검색일: 2024.12.19).

20 박찬홍(2024), 4쪽.

해 사우디 국영석유기업인 아람코 주식 매각을 실시한바 있다.[21] 사우디의 경제 다각화를 이루고자 하는 국가적 과제는 1970년대부터 시작되었지만 낮은 생산성으로 인해 지속적인 한계에 부딪쳐왔다. 2014년 이후 저유가와 세계 석유시장의 구조 변화로 인해 국내의 경제·사회적 위기에 직면한 사우디아라비아는 2016년 4월 25일 '비전 2030'을 발표하여 다양한 개혁 조치를 취하고 있다.[22]

이러한 개혁의 청사진은 국가적 위기를 극복하고 왕권 승계를 달성해야 했던 무함마드 빈 살만 알 사우드 왕세자의 리더십 하에 수립되었다. 사우디에서는 형제 상속 원칙이 무너지며 3세대 왕위 계승이 가능해졌고, 2017년 왕세자가 된 무함마드 빈 살만 총리가 권력의 중심에 서게 되었다. 그는 '비전 2030'의 수립을 주도하여 발표했고, 내정, 국방, 외교 등 다방면에 걸쳐 국왕의 실무적인 일을 수행하고 있다.[23]'비전 2030'정책은 종교, 사회, 문화 등 제 분야에서의 개혁을 시도하고 있으며, 이에 따라 사우디의 대외정책 방향도 변화해왔다고 볼 수 있다.

먼저, 사우디 대외정책은 미국에 대한 안보 의존도를 낮추는 것을 목표로 삼기 시작했다. 사우디아라비아는 전통적인 미국의 우방 국가로 미국과 강한 안보 동맹을 맺어왔다. 그러나 변화하는 국제질서 속에서 사우디는 대미 안보 의존도를 낮추고 강대국들과 독자적인 외교관계를 맺으며 자국의 실리를 추구하게 되었다. 대미 의존도를 낮추게 된 배경은 더 이상 미국이 영원한 우방국가로 남아있을 수 없다는 인식에서 비롯되었다. 하나의 예로 2019년 예멘의 후티 반군이 사우디아라비아의 아람코ARAMCO 유전 시설을 피습하여 리야드 외곽 지역이 공격받은 일이 발생했다. 이후 UAE도 후티 반

---

21 민서연, "17조원 상당 사우디 아람코 주식, 단 몇 시간 만에 '완판'," Chosen Biz, 2024년 6월 3일, https://biz.chosun.com/international/international_economy/2024/06/03/Q2LDSMNKNFDW5M4AIIEVCCBBWI/ (검색일: 2024.12.20).

22 송상현, 「사우디아라비아 '비전 2030' 추진 배경과 과제」, 『서울대학교 아시아지역리뷰 '다양성+Asia'』 제2권 1호(2019).

23 강원구, 「존재론적 안보 관점에서 분석한 사우디아라비아의 소프트 파워 전략」, 『중동문제연구』 제23권 1호(2024), 5-7쪽.

군의 공격 대상이 되었는데, 미국의 트럼프 시기와 달리 바이든 행정부는 이에 소극적으로 대응하여 아랍 국가들의 불만을 사게 되었다.[24] 또한 바이든 대통령은 사우디의 언론인 카슈끄지 암살 사건을 계기로 사우디에게 판매하기로 했던 무기 수출을 중단하여 제재를 가한 바 있다.[25] 그 외에도 바이든 행정부는 러시아의 우크라이나 침공을 저지하기 위해 사우디아라비아에 원유 증산을 압박했으나 사우디가 이를 거부했다. 이러한 사건들은 미국과 사우디의 이해관계가 상충하면 외교적 갈등으로도 번질 수 있음을 보여주고 있으며, 사우디가 미국과의 관계를 재고하는 계기가 되었다.

사우디가 브릭스 가입을 추진했던 배경도 대미 안보 의존도 축소 및 전통적인 미국과의 관계에서 자율성을 추구하는 대외 전략의 일환이었다고 볼 수 있다. 김강석(2024)은 사우디아라비아가 브릭스 가입을 추진함으로써 글로벌 사우스 국가들과 더욱 연계하고, 가자 전쟁과 같은 중동 지역의 안보 긴장 완화를 위한 안정자로서의 역할을 강화하고자 했다고 평가했다.[26] 2023년 10월 이스라엘-하마스 무력 충돌 이후 11월에 빈 살만 왕세자는 브릭스 화상회의에서 이스라엘의 군사 활동을 규탄했다.[27] 이처럼 사우디는 대외적으로 브릭스와의 협력을 통해 글로벌 사우스 국가들과의 연대를 강화하고 중동 지역의 안보 질서 형성에 앞장서는 면모를 보였다. 사우디가 역내 안보의 주요 행위자로서 역할을 다하고자 한 또 다른 예는 2023년 시리아와의 관계 회복에서도 엿볼 수 있다. 사우디와 시리아의 관계 정상화는 미국의 반대를 무릅쓰고 추진한 것으로 사우디가 미국과의 관계에서 자율성을 추구하는 독자적인 외교행보를 보여주는 사례라고 볼 수 있다.[28]

---

24 이수진, 이주성(2022), 46-49쪽.

25 바이든 대통령이 카슈끄지 암살 사건의 배후로 사우디아라비아의 무함마드 빈 살만 왕세자를 지목하고, 예멘 내전 장기화 등을 명목으로 트럼프 대통령 재임 시절 판매하기로 했던 무기 수출을 중단, 재검토했다. 이수진, 이주성(2022), 46-49쪽.

26 김강석, 「역할인식과 사우디아라비아의 외교 분석: 브릭스 전략을 중심으로」, 『중동연구』 제43권 2호(2024), 42-44쪽.

27 김강석(2024), 43쪽.

28 Yoel Guzansky, Ilan Zalayat, "The "New" Saudi Arabia: Hedging and Detente in Saudi Foreign

사우디는 중국, 러시아 등 글로벌 강대국들과 독자적인 외교관계를 수립하여 양자 협력을 통한 자국의 실리를 추구하게 되었다. 중국은 사우디 원유의 최대 수입국으로 양국의 경제협력 발전은 에너지 분야를 넘어 무역, 투자 등 다방면으로 확대되고 있다. 예를 들어, 2023년 가을 중국은행이 리야드에 진출한 사례는 중동 지역에서 중국의 위안화 영향력의 확대를 이루기 위한 하나의 발판이었다.[29] 이는 중동 지역에서 탈달러화를 구축하기 위한 시작점으로 볼 수 있으며, 미국 중심의 헤게모니를 견제하는 중국과 사우디의 경제협력 가속화로 향후 '페트로 위안화'의 실현 가능성을 전망할 수 있다.

또한 사우디는 러시아와의 관계에서도 자율적이고 독자적인 외교관계를 수립할 것을 중요시하고 있다. 사우디는 러-우 전쟁에 대해 '긍정적 중립'의 입장을 표명했으며, 이를 통해 러시아와의 관계가 악화되는 것을 막고자 했다. 이는 사우디가 중동 지역에서 러시아의 영향력이 점차 확대되는 것을 인식한데서 비롯되었다. 사우디와 UAE는 시리아와 관계를 회복했고, 튀르키예와 같은 권위주의 국가들도 러시아와 원만한 관계를 형성하게 되었다. 많은 중동 국가들이 대미 안보 의존도를 줄이고 안보 다각화를 꾀하기 위해 러시아를 협력의 파트너로 받아들이기 시작했다. 사우디아라비아도 걸프 왕정 국가로서 러시아와의 관계 개선에 적극적인 모습을 보이게 되었다.

이렇게 사우디아라비아는 미국, 중국, 러시아 등 글로벌 강대국들과 자율적이고 균형적인 외교를 추구하게 되었다. 현재 사우디에게 안보 다각화와 경제 변혁의 달성은 체제 안정을 위해 필수적인 요소이다.[30] 그러므로 사우디가 러-우 전쟁에 대해 정치적 중립 상태를 유지한 것은 러시아와의 관계 개선 및 경제 다각화를 통한 왕권 유지, 그리고 외교 · 안보적으로 역내 강국으로서 역할을 수행하기 위한 하나의 전략적인 고려라고 볼 수 있다.

Policy," *Strategic Assessment*, Vol. 26, No. 3(2023), pp. 89-92.

29 "중국 · 사우디 경제 협력 박차…중국은행 리야드 진출," 한국무역협회, 2023년 9월 7일, https://www.kita.net/board/totalTradeNews/totalTradeNewsDetail.do?no=%2077922&siteId=1 (검색일: 2024.09.03).

30 Jens Heibach, Luíza Cerioli(2024), pp. 7-11.

사우디의 이러한 외교적 행보는 브릭스 가입 추진으로 상징되는 글로벌 사우스 전략의 관점에서도 이해할 수 있다. 사우디는 미국으로부터 자율성을 추구하여 글로벌 강대국인 중국, 러시아와 독자적인 외교를 수립하는 한편 미국과의 관계에서도 기존의 안보 협력을 유지하고자 한다.[31] 미국은 사우디아라비아의 최대 무기 수출국이며 양국은 전통적인 군사 동맹을 견지하는 입장이다. 사우디가 브릭스 가입을 보류한 것도 미국과의 안보 협력을 훼손하지 않겠다는 대외전략으로 이해할 수 있다. 한편, 2024년 11월 사우디는 미국과 추진 중이던 상호방위조약을 포기하고 보다 낮은 수준의 군사협력 협정을 추진하고 있다고 발표한 바 있다.[32] 이 군사 협정에는 지역 안보 위협에 대처하기 위한 합동 군사 훈련이 포함되어 있지만, 미국이 사우디를 외국의 공격으로부터 의무적으로 보호해야하는 법적 구속력을 가지는 것은 아니다. 이러한 전략을 취한 배경에는 사우디가 이스라엘과 국교 수립을 할 수 없다는 입장이 있었다.[33] 이처럼 사우디는 글로벌 사우스 전략에서 아직까지는 미국을 우선하여 고려해야 하는 상황이지만, 중동 지역의 안보를 위해서는 대미 의존도를 낮추어서라도 사우디의 외교적 주체성을 확보하고 역내 안정자로서 중요한 역할을 수행해야 한다는 입장이다. 이러한 사우디의 대외 전략에는 미국과의 복잡한 이해관계 속에서 역내 주요 행위자로서 역할과 주체성 및 자율성에 대한 우선적인 고려가 포함되어 있다.

---

31 김강석(2024), 40-42쪽.

32 김예슬, "사우디, 미국과 상호방위조약 포기…'낮은 수준 군사협력 추진'," 뉴스1, 2024년 12월 2일, https://www.news1.kr/world/middleeast-africa/5617860 (검색일: 2024.12.22).

33 사우디는 팔레스타인을 독립국으로 인정하지 않는 이스라엘과 관계 정상화를 할 수 없다는 입장이다. 이휘경, "'사우디, 美와 상호방위조약 포기…낮은 수준으로 대체'," 한경, 2024년 11월 30일, https://www.hankyung.com/article/2024113054545 (검색일: 2024.12.12).

IV. 러시아와 사우디아라비아의 외교관계

1. 양국 외교관계의 발전

2023년 12월 푸틴 대통령은 아랍에미리트와 사우디아라비아를 연이어 방문해 중동 국가들과의 협력 강화에 나섰다.[34] 이러한 푸틴 대통령의 외교는 러-우 전쟁 와중에도 적극적인 행보를 보였다. 더욱이 가자 전쟁으로 중동 지역의 안보 위기가 최고조에 달했을 때, 러시아가 중동 국가들과 평화적 해결을 위해 노력하겠다는 의사를 보인 것은 중동에서의 러시아 입지 강화에 대한 의지를 보여준 것이라고 볼 수 있다. 2023년 회담에서 푸틴 대통령과 빈 살만 왕세자는 "양국 관계가 전례 없는 수준에 이르렀다"며 우호적인 양국 관계에 대해 자평했고, 20여 건의 양자 경제협력 안건에 대해 논의하기도 했다. 사우디 입장에서도 대미 의존도를 낮추며 강대국들과 자주적인 외교를 추구한다는 관점에서 러시아와의 관계 강화는 필수적인 대외전략이다.

전통적으로 사우디가 친미 국가였던 것에 반해, 소련 시절 러시아와 사우디는 외교가 단절되어 있었을 만큼 우호적인 관계가 아니었다. 게다가 1979년부터 1989년까지 행해진 소련과 아프가니스탄 전쟁에서 사우디는 미국의 우방 국가였으므로, 냉전이 끝날 때까지 러시아와 사우디아라비아는 비우호적인 관계를 유지했다. 1990년 소련과 사우디아라비아는 국교를 회복했으나 계속되는 중동에서의 전쟁에 대해 이해관계가 상충했고 유가를 둘러싼 석유 경쟁도 계속되었다. 오늘날 러시아와 사우디의 관계 개선 배경으로는 다극적 국제질서의 변화와 글로벌 사우스에 속한 국가들의 부상, 그리고 기존 바이든 행정부의 중동에 대한 소극적인 안보 대응을 들 수 있다. 이는 변화하는 국제질서와 강대국의 외교 전략이 주요국들의 관계 변화에도 영향을 미친다는 것을 의미한다.

---

34 송현지, "푸틴, UAE · 사우디 잇따라 방문…중동정세 논의," 조세일보, 2024년 12월 7일, https://m.joseilbo.com/news/view.htm?newsid=504752#_enliple (검색일: 2024.08.24).

앞서 언급한 신고전적 현실주의에서 스웰러의 이익균형론은 국가 행위의 동인이 이익interest이라고 설명한다. 국가는 현상 유지가 주는 이익과 현상 타파가 주는 이익을 비교하여 현상 유지 국가가 되거나 현상 타파 국가가 되어 균형화를 추구하기도 하고 편승을 추구하기도 한다.[35] 스웰러에 따르면 국가들은 종종 위협이 되는 국가에 가담함으로써 이익을 극대화한다. 이러한 관점에서 사우디아라비아는 러시아가 우크라이나와 전쟁 중인데도 러시아에 가담함으로써 초래할 수 있는 위험이나 불이익을 감수하면서라도 러시아에 편승 혹은 다른 강대국들과의 균형적인 관계를 추구했다고 볼 수 있다. 러시아와 사우디의 관계 개선은 사우디아라비아가 국가 이익의 측면에서 더 나은 대외 전략을 추구했기 때문이며, 이러한 이해관계는 러시아의 이익 측면에서도 맞아떨어졌기에 가능했다고 해석할 수 있다.

러-우 전쟁에 대해 사우디가'긍정적인 중립'입장을 보인 것은 사우디가 국가 이익을 위해 움직인 균형 외교의 사례라고 볼 수 있다. 2022년 11월과 2023년 2월 유엔 총회에서 제출한 러-우 전쟁 반대 결의안에 사우디아라비아는 찬성표를 던진 국가였으나, 러시아가 외교적으로 고립되는 것을 막기 위해 러시아와의 관계 강화에 나섰다. 2022년 7월 푸틴 대통령과 빈 살만 왕세자는 전화 회담을 통해 양국의 우호적 관계 구축과 협력 확대를 약속했다. 이는 바이든 대통령의 사우디 방문 직후 실시되었다는 점에서 사우디의 균형 외교를 보여주는 대목이다. 2023년 5월 사우디의 빈 파르한 외무부 장관은 아랍 연맹 정상회담에서 우크라이나 문제에 대한 사우디의 '긍정적 중립'입장을 공식적으로 발표했다.[36] 사우디에게는 이러한 이익과 균형에 기반한 외교전략과 경제 다각화의 과업을 이루어 왕권의 안정을 지속시키는 것이 국가의 중대한 목표이다. 이를 위해 러시아와의 관계 개선은 사우디가 전략적으로 선택한 방안이었다.

또한 사우디와 러시아는 가자지구 전쟁에 대해 일치된 견해를 보였다. 2023년 10월부터 가자지구에서 이스라엘과 하마스 전쟁이 계속되어 중동 지역의 안보 위기가 고조

---

35 박재영(2010), 165-168쪽.

36 Jens Heibach, Luíza Cerioli(2024), p. 2.

되었다. 사우디는 가자지구 위기와 관련하여 러시아가 이를 중재하고 완화하기를 기대했다. 2023년 11월 사우디의 빈 파르한 이슬람 장관은 러시아와 국제 파트너들이 협력하여 가자위기를 종식시키기를 희망한다고 밝힌 바 있다.[37] 중동 지역에서 사우디는 새로운 메커니즘을 구축하여 안정을 도모하고자 했으며 러시아도 같은 입장에서 중동의 주요 행위자로서 역할을 수행하길 기대했다. 이처럼 러시아와 사우디는 가자 전쟁 종식과 함께 중동 지역의 안정에 기여하는 국가가 되길 희망했으며 안보 부문에서도 상호 협력의 파트너가 되고자 했다. 이렇게 중동 지역에서 러시아와 사우디의 외교적 지향점이 일치하면서 양국의 외교관계 수준은 한층 향상되었다.

그 밖에도 러시아와 사우디는 양자 관계 구축과 상호 이익 극대화에 다자협력체를 활용하고 있다. 양국의 글로벌 안보 질서에 대한 이해관계는 사우디와 러시아의 다자협력체 참여에서도 나타나고 있다. 한 예로 사우디가 2023년 브릭스 회원국 가입에 관심을 보였던 사례는 대미 안보의존도를 줄이고 이익에 기반한 균형외교를 추구했기 때문에 발생했다고 볼 수 있다. 러시아 입장에서도 브릭스 연대를 주도하며 가입국 확대를 독려하기에 이에 글로벌 사우스 국가들이 적극적인 참여 의사를 보인 것은 반가운 입장이다. 사우디아라비아는 브릭스뿐 아니라 상하이협력기구SCO의 파트너로서 다극체제 질서 속에서 안보 이익을 챙기기 위한 노력을 하고 있다. 2023년 사우디아라비아는 중국과 러시아가 주도하는 경제 · 안보 협력체인 상하이협력기구SCO의 대화 파트너로서의 지위를 갖게 되었다. 그 직전에 중국은 사우디아라비아의 최대 석유 회사인 사우디 아람코에 거액의 투자 계획을 발표했다.[38] 사우디는 SCO에 가입함으로써 경제적인 이익도 챙기며 강대국들과의 균형 외교를 통해 안보적 이익을 얻고자 했다.

---

37 Layla Ali, "Russia – Saudi Relations: Two Years Post Ukraine Crisis," *Gulf Research Center* (2024), p. 4.

38 齐倩, "沙特阿拉伯内阁：批准承认沙特在上合组织的的对话伙伴地位," Guancha, 2023년 3월 29일, https://www.guancha.cn/internation/2023_03_29_686108.shtml?s=zwyxgtjdt (검색일: 2024. 09.08).

2. 석유 공조와 경제협력

1) 석유 공조

러시아와 사우디아라비아는 주요 산유국 연대체인 석유수출국기구플러스OPEC+ 내에서 유가 방어를 위해 석유 감산 합의를 진행해왔다. 미국의 셰일 오일 공급으로 2014년 하반기부터 공급 과잉으로 인한 저유가 상황이 계속되었다. 2016년부터 오펙OPEC은 원유 공급을 조절함으로써 유가 인상을 유도하기로 했고, 이에 러시아를 포함한 비오펙 산유국들이 동참하면서 오펙 플러스OPEC+가 출범했다.[39] 러시아와 사우디는 오펙 플러스 내에서 유가 하락을 저지하기 위해 2017년부터 석유 감산 합의를 진행시켜 왔다.[40] 오펙 플러스 출범에 주도적인 역할을 한 국가도 러시아와 사우디였다. 미국의 셰일 혁명으로 인한 중동 지역의 지경학적 중요성 감소와 미국의 아시아 중시Pivot to Asia 등을 배경으로 러시아와 사우디는 산유국으로서 석유 생산량 조절에 합의해왔다. 세계 최대 산유국인 러시아와 사우디아라비아는 오펙 플러스의 연합체에서 공동의장을 맡고 있다.

그러나 러시아와 사우디아라비아의 석유 생산량에 대한 이해관계가 항상 일치하는 것은 아니었다. 2020년 3월에는 코로나 19 위기로 원유 수요가 줄어들자 오펙 플러스의 산유국들 간 의견 차이로 석유 감산에 대한 합의가 결렬되었다.[41] 사우디아라비아는 유가 회복을 통해 국내 산업 다각화를 위한 자금 확보가 필요했기에 석유 감산을 주장했고, 러시아는 오펙 플러스의 석유 감산이 오히려 미국의 원유 생산량 증대를 가져온다는 이유로 석유 감산을 반대했다.[42] 협상 결렬 후 사우디의 석유 증산과 석유 판매가

---

39 송상현(2020), 50-51쪽.

40 사우디아라비아는 '비전 2030' 전략의 일환으로 미래형 신도시인 네옴 시티 건설 프로젝트를 추진하고 있다. Neom, https://www.neom.com/en-us. (검색일: 2025.01.10).

41 신석주, "감산 합의 불발, 국제유가 폭락…30달러까지 떨어질까?," 에너지신문, 2020년 3월 9일, https://www.energy-news.co.kr/news/articleView.html?idxno=69282 (검색일: 2024.10.22).

42 송상현(2020), 63쪽.

격 인하로 국제유가가 크게 하락했고 러시아와의 재협상을 통해 석유 감산 합의를 이끌었다. 이처럼 러시아와 사우디가 석유 감산에 합의하지 못해 유가 전쟁으로 이어지는 일은 양측에게 이득이 되지 않았다.

2016년부터 유가 하락을 막기 위해 오펙과 비오펙 산유국들의 석유 감산 합의가 진행되고 있다. 오펙 플러스의 감산 계획은 당초 2025년까지였으나 원유 수요 하락 전망으로 이를 2026년 말까지 완료하는 것으로 변경되었다.[43] 2020년 코로나 19로 인한 원유 수요 급감 속에서 한 차례 유가 전쟁을 치른 러시아와 사우디는 4월 12일 일일 250만 배럴씩 감산함으로써 일일 생산량을 850만 배럴로 유지하기로 합의했다.[44] 이후에도 꾸준한 감산 합의로 유가는 점차 상승세를 보였고, 러-우 전쟁 발발 직후에는 유가가 최고조에 달했다.

오펙 플러스의 석유감산 합의는 실제 원유 가격에도 영향을 미쳤다고 볼 수 있다. 원유 가격은 2020년 3월부터 크게 떨어져 그해 4월에는 배럴당 20.39달러두바이산로 최저치를 기록했다. 이는 점차 회복세를 보여 2021년 평균 원유 가격은 배럴당 약 69달러 수준이었다. 2022년도에 원유 가격은 고공행진을 하여 3월부터 7월까지 원유가격은 배럴당 100달러 이상을 기록했다. 이후에도 오펙 플러스에 의한 석유 감산 협정은 계속되었고, 2024년 7월에는 러시아와 사우디의 감산 공조 효과로 국제 유가가 배럴당 90달러를 초과했다.[45]

이렇듯 러시아와 사우디아라비아는 자원 무기화의 특권을 활용하여 석유 감산 공조를 진행할 수 있는 산유국이다. 이를 소위 러시아와 사우디아라비아의'에너지 동맹 관계'라고도 할 수 있다. 이렇게 양국이 주도한 오펙 플러스 합의는 실제 유가 형성에도 영향을 미쳤다고 본다. 라일라(Layla, 2024)는 러시아와 사우디아라비아의 양자관계가 실

---

43 홍찬영, "원유 수요 하락 전망에…오펙플러스, 감산 조치 2026년까지 연장," The Public, 2024년 12월 6일, https://www.thepublic.kr/news/articleView.html?idxno=243595 (검색일: 2024.12.23).

44 송상현(2020), 67쪽.

45 정의길, "사우디-러 '감산 공조'에 유가 90달러 넘어…10개월 만," 한겨레, 2023년 9월 6일, https://www.hani.co.kr/arti/international/international_general/1107338.html (검색일: 2024.08.08).

용주의에 의거한다고 평가했고, 양국의 긴밀한 협력으로 사우디는 경제적 이익과 지역의 안보를 추구한다고 설명했다.[46] 러시아와 사우디는 서로 이해관계가 달랐던 과거와 달리, 저유가 기조에서 석유 공조를 통해 이익을 추구함으로써 공통의 이해관계를 가지게 되었고, 이는 양국 관계의 개선 및 협력 요인으로도 작용할 수 있었다고 판단된다.

2) 경제협력

러시아와 사우디는 정상 외교를 통한 양자 경제협력을 추진하고 있다. 2023년 12월 푸틴은 사우디아라비아의 리야드를 방문하여 지역 안보에 대한 의견 교환 외에도, 무역, 경제, 투자 분야에서 양자 협력을 논의했다.[47] 양국 정상은 상호 우호 관계 발전에도 동의했다.

사우디아라비아는 경제 다각화를 통한 경제 발전을 목표로 하고 있다. 2016년 4월 빈 살만 왕세자는 사우디 비전 2030을 발표했다. 이 계획은 금융, 사회, 경제의 면에서 개혁을 도입해 사우디의 석유 수출 의존도를 낮추고 생산 부문을 활성화 할 것을 목표로 했다. 이를 위해 기후 변화에 대비, 국제적인 비즈니스 환경, 기술 및 금융에 대한 민간 투자를 활성화시켜 국가 경제의 혁신을 이끌어내고자 했다. 경제 다각화 실현을 위해 사우디는 국제 석유 시장에서의 수익 창출을 통해 인프라와 일자리 개발을 위한 투자를 충당할만한 수익성을 유지해야 했다.[48]

사우디아라비아의 국내총생산GDP은 2021년 8,740억 달러에서 2022년 11억 달러, 2024년 13억 달러가 증가했다.[49] 이에 큰 도움을 준 것이 오펙 플러스 내 석유 감산 합의로 유가하락을 방어할 수 있었던 것이라고 평가할 수 있다. 실질적으로 러시아와 사우디의 석유 공조 및 외교관계 개선이 사우디 경제 성장에도 보탬이 될 수 있었던 것으로

---

46 Layla Ali(2024), p. 2.

47 Layla Ali(2024), p. 4.

48 Layla Ali(2024), p. 8.

49 Diana Galeeva, “Economic factors driving Saudi-Russian relations,” Arab News, 3 April, 2024, https://www.arabnews.com/node/2487426 (검색일: 2024.08.23).

파악할 수 있다. 특히 양국 무역액은 농업 부문을 중심으로 빠르게 증가했다. 러시아산 농산물이 사우디 시장에 진출하며 2022년 사우디에서 러시아산 농산물 수출은 49% 증가했고, 농업 부문의 양국 무역액은 연간 10억 달러에 도달했다.[50] 2023년 농업 무역은 양자 무역의 총 60% 이상을 차지했고 2024년에는 거의 90%에 달했다.[51] 그 외에도 러시아는 사우디아라비아에 의료 및 전기 장비, 화장품, 플라스틱 등의 품목을 수출했다. 한편, 사우디아라비아는 러시아에 주로 화학제품을 공급했고 이는 사우디의 대러시아 수출량에서 85.57%에 달했다.[52] 양국은 2030년까지 무역액을 70억 달러로 늘릴 계획을 가지고 있다.[53]

사우디가 브릭스 가입에 관심을 보인 것도 경제적 이익을 우선적으로 고려했기 때문인 것으로 보인다. 빈 파르한 외무장관은 브릭스가 경제협력 확대에'유익하고 중요한 채널'이라고 언급한 바 있다. 2024년 2월 푸틴은 연방 의회에서 브릭스에 새롭게 가입한 국가들은 2028년 세계 GDP의 약 37%까지 창출할 것이며 이는 G7을 능가하게 될 것이라고 연설함으로써 브릭스 연대를 통한 경제 성장을 긍정적으로 전망했다. 사우디 입장에서는 브릭스 국가와 협력하면 경제적 이득을 가져오고 경제 다각화를 실현시킬 수 있을 것이라 판단하여 이를 추진했던 것으로 보인다. 실제로 러시아와의 석유 공조와 무역액 증가 등의 요인들이 사우디 경제에 실질적인 이득을 가져왔다고 평가할 수 있다.

러시아 입장에서도 사우디와의 경제협력은 대러 제재로 인한 위기 극복의 활로가 될

---

50 Diana Galeeva, (2024.04.03.)

51 Dmitry Patrushev, "Russia-Saudi Arabia agricultural trade reaches $1 bln per year," The Russian Government, 25 July, 2024, http://government.ru/en/news/52234/ (검색일: 2024.09.01).

52 Татьяна Шмелева, "Как развиваются торгово-экономические связи РФ и стран Аравийского полуострова," RGRU, 23 January, 2024, https://rg.ru/2024/01/23/kak-razvivaiutsia-torgovo-ekonomicheskie-sviazi-rf-i-stran-aravijskogo-poluostrova.html (검색일: 2024.08.14).

53 Андрей Карташов, "Новак ожидает роста товарооборота России и Саудовской Аравии к 2030 году до $7 млрд," TASS, 11 October, 2023, https://tass.ru/ekonomika/18972115 (검색일: 2024.07.11).

수 있다. 러시아는 제재로 서방 국가들의 투자가 막힌 상황에서 최대 공급처인 중국과 경제 · 안보 면에서 밀착하고 있는 상황이지만, 중국에 대한 과도한 의존도를 줄이기 위해 에너지 수출 경로를 다변화해야 하는 과제를 가지고 있다. 그런 상황에서 브릭스에 연대하는 신흥국들과의 협력 확대는 러시아 경제 성장에 이득으로 작용할 뿐 아니라 안보적으로도 자신들의 입지를 공고히 할 좋은 기회이다. 그 중에서도 거대한 에너지 자원과 자본을 소유한 중동 국가들과의 협력으로 러시아로서는 중동에서의 미국과의 경쟁에서 우위를 점할 수 있는 기회가 온 것이다. 이러한 관점에서 사우디와 러시아의 경제협력 확대는 서로의 안보 강화 및 강대국으로서의 위상 확보에 기여할 수 있다.

3. 양국 관계 발전의 한계

신흥국들의 성장으로 글로벌 사우스의 영향력이 확대되고 있는 시점에서 러시아와 사우디아라비아의 양국 관계는 기존의 석유 공조 차원을 넘어 양자 무역 확대와 외교관계 개선으로 이어지고 있다. 글로벌 사우스의 부상을 서방 중심의 체재에 대항하는 국가들의 힘의 확대로 이해한다면, 러시아와 사우디의 관계 발전 요인에 글로벌 사우스의 부상이 그 배경으로 작용했다고 볼 수 있다. 러시아와 사우디는 글로벌 사우스의 영향 아래 전략적 이익을 고려하여 상호 협력하고자 하는 모습을 보였으며 이를 통해 양국은 이익균형에 의한 외교를 추구하고 있다고 볼 수 있다.

그러나 이익에 근거한 양국 협력의 확대에 한계점이 존재하는 것은 분명하다. 이는 지역 강대국인 러시아와 사우디의 글로벌 사우스 전략이 상이하기 때문인 것으로도 이해할 수 있다. 러시아는 글로벌 사우스 전략을 서방 중심의 일극 체제에 대항하는 연합세력의 확대로 이해하는 반면, 사우디아라비아는 경제 다각화와 더불어 중동지역에서의 영향력 강화를 위한 전략으로 인식하는 경향이 있다. 이러한 측면에서 사우디는 미국 중심의 헤게모니에서 벗어나고자 하는 한편 강대국들 간의 균형감을 유지하는 속에 자국의 실리를 우선으로 한 독자적인 외교관계 수립을 중시하고 있다. 이러한 글로벌 사우스 전략에 대한 상이한 이해 차이는 러시아와 사우디의 협력 관계가 일정 기간이

지남에 따라 한계를 보일 수 있다는 점을 예상하게 한다.

사우디아라비아가 브릭스 가입을 보류한 사례도 아직까지 미국을 비롯한 강대국들 간의 복잡한 이해관계를 인식하고 있는 것으로 판단된다. 사우디는 미국과의 군사적 관계에서 오랜 우방국이었는데 중동에 대한 미국의 대외전략 수정은 사우디에게 미국이 영원한 동맹국으로만 남을 수 없다는 점을 일깨웠다. 그러나 글로벌 사우스의 연대가 미국에게 위협 요인이 된다면 미국에게 군사협력 관계를 의존하는 사우디로서 브릭스 가입은 위험한 선택이 될 수 있어 신중한 태도를 보이고 있다. 또 다른 예로 러-우 전쟁에 대한 사우디의 입장은 뚜렷하게 어느 한쪽을 지지하고 있다고 보기 어려웠다. 사우디는 러시아의 우크라이나 영토 합병을 규탄하는 유엔 결의안에 찬성을 한 국가였으나, 러시아의 외교적 고립을 막고 경제협력 확대를 추진하기도 했다. 러-우 전쟁과 같은 주요 사안에 대해 애매한 입장을 보이는 사우디는 자국의 이익을 우선으로 한 균형 외교를 추구하고 있다고 볼 수 있다.

전통적으로 러시아와 사우디아라비아는 에너지 자원을 둘러싼 경쟁 관계에 놓인 국가였다. 양국의 석유 공조로 인한 에너지 카르텔 형성은 저유가 기조 속에서 유가 방어를 위해 이루어진 것으로 이는 향후 유가 전망에 따라 다시 협력에서 경쟁으로 이어질 가능성도 있다. 예를 들어, 셰일 오일 확대, 신재생에너지 기술 개발, 기후 변화, 에너지 수요 감소 등의 요인들은 에너지를 무기로 한 양국의 공생관계를 무의미하게 만들 수도 있다. 그 외에도 양국의 석유 생산량 조절에 대한 이해관계가 늘 일치하는 것은 아니므로 양국의 이해관계 충돌은 협력의 저해 요인으로도 작용할 수 있다. 실제로 오펙 플러스 내에서 사우디의 주도하에 석유 감산을 진행하고자 했으나 러시아의 반대로 결렬되어 양국의 유가 전쟁으로 이어졌던 사례는 이를 설명하기에 충분하다. 국제 사회에 영원한 적도 동맹도 없는 것처럼, 러시아와 사우디의 관계도 영원히 우호적이라고 보기엔 상당한 제약이 따른다.

Ⅴ. 결론

본 연구에서는 글로벌 사우스의 부상에 따른 국제질서 재편을 재고하고, 그러한 배경에서 브릭스의 핵심 세력인 러시아와 글로벌 사우스 국가 중 경제력 상위 국가인 사우디아라비아의 관계 발전을 분석했다. 양국 관계의 전략적 이해관계를 심층적으로 이해하기 위해 러시아와 사우디아라비아의 대외정책을 각각 검토하여 양국관계의 발전과 협력 사안에 대해 검토하고 양국 협력에 대한 한계도 살펴보았다. 러시아와 사우디아라비아는 다극 체제의 국제질서 속에서 각자가 실질적인 국익을 추구하고 있다고 볼 수 있다. 그리고 이러한 추세는 2022년 발생한 러-우 전쟁으로 각 지역의 안보 위기가 고조됨에 따라 더해졌다. 러시아의 대외전략에는 역내 안보의 주요 행위자로서의 역할이 강조된다. 그리고 사우디아라비아도 경제 다각화를 통한 국가 성장 및 자주적인 외교로 역내 안보 질서에 중요한 영향력을 행사하는 국가가 되고자 한다. 사우디는 러-우 전쟁에 대해 중립적인 입장을 보이며 러시아와 경제협력을 확대하길 희망했으며, 가자지구 전쟁과 관련하여 러시아와 안보협력의 파트너로서 문제를 해결할 수 있길 기대했다. 이는 각각 자국의 실익을 우선시하는 실용주의적인 외교라고 평가할 수 있다.

러시아와 사우디아라비아의 협력 중 대표적인 예는 오펙 플러스 내에서 석유 감산에 대한 합의를 진행한 것으로 볼 수 있다. 양국은 세계 제일의 산유국으로서 석유 감산 협정을 통해 유가 하락을 막고 시장 에너지 가격에 영향을 줄 수 있는 국가이다. 또한 2022년 러-우 전쟁 이후 서방의 제재로 활로가 막힌 러시아는 우호국 중심의 공급망을 재편했고, 중동 국가들과 경제협력도 확대하고자 했다. 그 중 하나의 전략적 대상국이 사우디아라비아였다. 러시아와 사우디는 실질적인 교역 규모를 확대시켰고, 사우디의 경제다각화를 위한 민간투자에 러시아도 참여를 늘릴 계획이다. 이렇듯 러시아와 사우디는 각자의 경제적 실익을 위해, 그리고 새로운 글로벌 안보 질서에 주요 행위자로서 기능하기 위해 과거와는 다른 협력적 양상을 보이고 있다.

본 연구의 한계는 연구 대상 국가가 러시아와 사우디아라비아에 한정되어 있어 복잡한 이해관계 속에서 많은 변수에 의해 움직이는 글로벌 안보질서를 거시적으로 논하기에 부족했다는 점이다. 또 양국의 대외정책을 글로벌 사우스 전략과 연계하여 분석하고 있으나, 글로벌 사우스에 대한 개념이 과거에 비해 모호해졌다는 측면이 있어 개념과 정의, 그리고 현 국제 상황에 반영된 글로벌 사우스와 관련한 질서를 이해하는 것이 선행되어야 할 필요성이 있다. 그럼에도 불구하고 기존의 러시아와 사우디아라비아의 관계 연구는 주로 '오일 질서'와 관련한 에너지 측면에 초점이 맞추어져 있어, 본 연구는 오늘날의 양국 관계를 에너지 분야에 한정된 것이 아니라 보다 다양한 측면에서 논의할 수 있었다는 점에서 연구에 기여했다고 평가한다.

향후 러시아와 사우디아라비아의 관계 발전 가능성을 구체적으로 논하기에는 지금까지 양질의 연구가 부족한 실정이며 수많은 국제사회의 변수들로 인해 양국 관계의 전망을 긍정적으로 논하기에도 여러 한계가 존재한다. 그럼에도 불구하고 본 연구의 의미는 글로벌 사우스의 부상과 함께 떠오르는 국가인 사우디아라비아, 그리고 현재의 글로벌 안보 질서 형성에 큰 역할을 하고 있는 러시아, 이 두 국가의 협력 발전을 보다 다면적으로 검토함으로써 연구의 지평을 넓힌 점에 있다.

러시아와 사우디아라비아의 관계 발전은 스웰러의 이익균형론에 근거하여 상호 이익을 추구하며 협력하는 동반자의 관계라고 진단할 수 있다. 그러나 양국의 글로벌 사우스에 대한 전략적 이해관계가 반드시 일치한다고 볼 수는 없으므로 양자 협력 관계의 발전에는 분명한 한계가 존재한다. 향후 많은 신흥국들이 국력을 키우며 주요 강대국들이 서로 견제하며 균형을 이루는 속에서 러시아와 사우디는 전략적 이익을 고려한 외교 정책을 펼칠 것으로 예상한다. 양국은 국제사회에 중요한 영향력을 발휘할 수 있는 국가로 계속해서 발전할 것이며, 다극체제의 국제질서에서 이익에 따라 상호 협력하거나 견제할 수도 있는 관계가 될 것으로 전망한다. 본 연구에서 주목한 러시아와 사우디아라비아의 대외전략 및 양국의 협력관계에 대한 후속 연구가 향후에도 다양한 방면에서 발전할 수 있기를 기대한다.

참고문헌

강명구. 「브릭스(BRICS) 회원국 확대와 시사점」. 『KDB 미래전략연구소』(2024).

강원구. 「존재론적 안보 관점에서 분석한 사우디아라비아의 소프트 파워 전략」. 『중동문제연구』 제23권 1호(2024).

김강석. 「역할인식과 사우디아라비아의 외교 분석: 브릭스 전략을 중심으로」. 『중동연구』 제43권 2호(2024).

박찬홍. 『국제질서 변화와 글로벌 사우스(Global South)의 부상』. 서울: 국회도서관, 2024.

송상현. 「사우디아라비아 '비전 2030' 추진 배경과 과제」. 『서울대학교 아시아지역리뷰 '다양성+Asia'』 제2권 1호(2019).

______. 「OPEC 플러스(+) 감산합의 이행 분석과 석유 시장 전망」. 『한국중동학회논총』 제41권 2호(2020).

박재영. 『국제정치 패러다임』. 경기: 법문사, 2010.

원동욱. 「글로벌 사우스의 부상과 중국의 대응: 담론과 실천을 중심으로」. 『중소연구』 제47권 4호(2024).

윤영민. 「러시아의 대 ASEAN 전략 양자관계의 발전과 러시아의 대외정책에서 ASEAN의 위치」. 『슬라브학보』 제39권 1호 (2024).

이수진, 이주성. 「지정학적 환경 변화와 걸프 주요국의 안보 탈미화」. 『한국중동학회논총』 제43권 2호(2022).

이주성, 이수진. 「중동 주요국의 BRICS 가입 배경과 의미: 안보 다각화 및 경제 안보적 함의를 중심으로」. 『중동연구』 제42권 3호(2024).

인남식. 「미국과 러시아의 대(對)중동정책 변화 고찰:오바마와 푸틴정부의 지정학적 중동 전략을 중심으로」. 『한국과 국제정치』 제32권 1호(2016).

Jens Heibach, Luíza Cerioli. "Saudi Arabia's ambivalent stance on the Russia-Ukraine war: Balancing regime stability and equal sovereignty." *Contemporary Security Policy* (2024).

Layla Ali. "Russia – Saudi Relations: Two Years Post Ukraine Crisis." *Gulf Research Center* (2024).

Michael Bradshawa, Thijs Van de Graaf, Richard Connolly. "Preparing for the new oil order? Saudi Arabia and Russia." *Energy Strategy Reviews.* Vol. 26 (2019).

Yoel Guzansky, Ilan Zalayat. "The "New" Saudi Arabia: Hedging and Detente in Saudi Foreign Policy." *Strategic Assessment.* Vol. 26, No. 3 (2023).

"중국 · 사우디 경제 협력 박차...중국은행 리야드 진출." 한국무역협회. 2023년 9월 7일. https://www.kita.net/board/totalTradeNews/totalTradeNewsDetail.do?no=%2077922&siteId=1 (검색일: 2024.09.03).

김예슬. "사우디, 미국과 상호방위조약 포기...'낮은 수준 군사협력 추진'." 뉴스1. 2024년 12월 2일. https://www.news1.kr/world/middleeast-africa/5617860 (검색일: 2024.12.22).

민서연. "17조원 상당 사우디 아람코 주식, 단 몇 시간 만에 '완판'." Chosen Biz. 2024년 6월 3일. https://biz.chosun.com/international/international_economy/2024/06/03/Q2LDSMNKNFDW5M4AIIEVCCBBWI/ (검색일: 2024.12.20).

송현지. "푸틴, UAE · 사우디 잇따라 방문...중동정세 논의." 조세일보. 2024년 12월 7일. https://m.joseilbo.com/news/view.htm?newsid=504752#_enliple (검색일: 2024.08.24).

신석주. "감산 합의 불발, 국제유가 폭락...30달러까지 떨어질까?" 에너지신문. 2020년 3월 9일.

https://www.energy-news.co.kr/news/articleView.html?idxno=69282 (검색일: 2024.10.22).
이휘경. "'사우디, 美와 상호방위조약 포기…낮은 수준으로 대체'." 한경. 2024년 11월 30일. https://www.hankyung.com/article/2024113054545 (검색일: 2024.12.12).
정의길. "브릭스 6개국 추가 가입, 11개국 체제…14년 만에 중대 전기." 한겨례. 2024년 7월 24일. https://www.hani.co.kr/arti/international/international_general/1105745.html (검색일: 2024.08.02).
______. "사우디-러 '감산 공조'에 유가 90달러 넘어…10개월 만." 한겨레. 2023년 9월 6일. https://www.hani.co.kr/arti/international/international_general/1107338.html (검색일: 2024.08.08).
정인환. "크림반도 주민투표…러 합병 찬성 97%." 한겨레. 2014년 3월 17일. https://www.hani.co.kr/arti/international/europe/628658.html (검색일: 2024.10.11).
제레미 보웬. "알아사드의 갑작스런 몰락으로 중대 전환점 맞은 시리아 … 앞으로의 운명은?." BBC News Korea. 2024년 12월 10일. https://www.bbc.com/korean/articles/cy0n80xewpjo (검색일: 2024.12.19).
홍찬영. "원유 수요 하락 전망에…오펙플러스, 감산 조치 2026년까지 연장." The Public. 2024년 12월 6일. https://www.thepublic.kr/news/articleView.html?idxno=243595 (검색일: 2024.12.23).
"BRICS welcomes Malaysia, Indonesia, Vietnam and Thailand." British Council. 1 November, 2024. https://opportunities-insight.britishcouncil.org/short-articles/news/brics-welcomes-malaysia-indonesia-vietnam-and-thailand (검색일 2024.12.11).
Diana Galeeva. "Economic factors driving Saudi-Russian relations." Arab News. 3 April , 2024. https://www.arabnews.com/node/2487426 (검색일: 2024.08.23).
Dmitry Patrushev. "Russia-Saudi Arabia agricultural trade reaches $1 bln per year." The Russian Government. 25 July, 2024. http://government.ru/en/news/52234/ (검색일: 2024.09.01).
Neom. https://www.neom.com/en-us. (검색일: 2025.01.10).
"The Concept of the Foreign Policy of the Russian Federation." The Ministry of Foreign Affairs of the Russian Federation. 31 March, 2023. https://mid.ru/en/foreign_policy/fundamental_documents/1860586/ (검색일: 2024.08.16).
Андрей Карташов. "Новак ожидает роста товарооборота России и Саудовской Аравии к 2030 году до $7 млрд." TASS. 11 October, 2023. https://tass.ru/ekonomika/18972115 (검색일: ㄴ2024.07.11).
Татьяна Шмелева. "Как развиваются торгово-экономические связи РФ и стран Аравийского полуострова." RGRU. 23 January, 2024. https://rg.ru/2024/01/23/kak-razvivaiutsia-torgovo-ekonomicheskie-sviazi-rf-i-stran-aravijskogo-poluostrova.html (검색일: 2024.08.14).
齐倩. "沙特阿拉伯内阁：批准承认沙特在上合组织的的对话伙伴地位." Guancha. 2023년 3월 29일. https://www.guancha.cn/internation/2023_03_29_686108.shtml?s=zwyxgtjdt (검색일: 2024.09.08).

제1장

우크라이나 전쟁과 러시아인의 집단감정 연구*

이주연
(동북아역사재단 연구위원)

Ⅰ. 서론

2022년 2월 24일 러시아가 특수군사작전을 개시한 이래로 우크라이나 전쟁은 아직 진행 중이다. 소련의 붕괴 이후 러시아는 체첸전쟁, 조지아 전쟁, 크림병합, 시리아 내전 개입 등 국내외에서 고강도 분쟁을 실행 및 종결했지만, 우크라이나 전쟁은 규모와 영향 측면에서 비교할 수 없을 정도의 의미가 있다. 왜냐하면, 우크라이나 전쟁이 우크라이나의 내전, 지역갈등 차원을 넘어서 세계 질서 주도권을 위한 패권경쟁의 성격까지 나타나고 있기 때문이다.[1] 이처럼 우크라이나 전쟁이 가지고 있는 함의가 크기 때문에 우크라이나 전쟁에 관한 연구는 국내외에 다양하게 이루어지고 있다.

우선 우크라이나 전쟁의 원인을 나토의 확장으로 설명한 연구로 미어샤이머

---

* 이 글은 『한국 시베리아연구』 28권 4호(2024)의 글을 일부 수정 및 보완한 것임을 밝힌다.

1 제성훈, 「러시아-우크라이나 전쟁의 의미와 한반도: 세계질서, 안보딜레마, 정체성」, 『슬라브학보』 제39권 4호(2023), 681-692쪽.

Mearsheimer는 우크라이나가 나토 가입 추진이 러시아에 심각한 안보위협을 안겨주었고, 심지어 만약 나토가 우크라이나까지 확장하지 않으려 했다면, 우크라이나 전쟁이 발발하지 않았을 것이라고 주장했다.[2] 마찬가지로 이문영은 푸틴 대통령을 비롯하여 러시아 국민은 나토의 확장에 부정적인 인식이 있음을 주장[3]했고, 장세호는 나토의 확장이 러시아의 지정학적 이익을 침해하는 인식을 형성했을 것이라고 분석했다.[4] 또한, 이신욱은 나토의 확대는 유라시아 지역에 세력불균형을 발생시키고 이에 따라 갈등이 심화한 것이라고 설명했다.[5]

나토 요인을 비교적 다른 관점으로 분석한 연구로 황원준은 나토의 확장이 유럽에서 러시아의 영향력을 하락시키므로 이에 러시아가 2008년 조지아 전쟁, 2014년 크림병합 등을 통해 적극적으로 대처하는 모습을 보였지만, 나토 회원국은 연루 두려움으로 소극적으로 대처했다고 설명한다. 그리고 연구자는 이와 같은 나토의 주저함은 러시아에 자신감을 높여 우크라이나 침공을 감행할 수 있게 했다고 분석했다.[6] 결국, 기존 연구들은 일정 차이가 있지만, 공통으로 나토가 유라시아 지역에서 러시아의 영향력을 축소한다는 점에 동의하면서 우크라이나 전쟁의 주요 요인을 나토로 설명하고 있다.

그렇다면 우크라이나 전쟁의 원인을 나토에 따른 러시아의 안보 위협으로만 설명하는 것이 가능한 것인가? 일반적으로 외교정책 특히 전쟁의 경우 국민의 여론은 중요하다. 왜냐하면, 외교 수립 · 실행이 가져오는 결과가 국익에 부합될 가능성이 있고, 전쟁의 경우 많은 인명 피해가 뒤따를 가능성이 있기 때문이다. 즉, 만약 나토가 러시아의

---

2 John Mearsheimer, "The Causes and Consequences of the Ukraine War," *Horizons: Journal of International Relations and Sustainable Development*, No.21(2022), pp. 12-27.

3 이문영, 「러시아-우크라이나 전쟁과 나토: 쟁점과 여론」, 『슬라브학보』 제37권 3호(2022), 89-93쪽.

4 장세호, 「2021-2022년 우크라이나 사태: 러시아의 목표 · 전략과 향후 전망 변수」, 『국제지역연구』 제26권 1호(2022), 8-9쪽.

5 이신욱, 「2022년 러시아-우크라이나 전쟁에 대한 고찰: 세력균형 문제를 중심으로」, 『국제정치연구』 제25집 4호(2022), 113-123쪽.

6 황원준, 「동맹의 복합 딜레마: 나토와 러시아 · 우크라이나 전쟁」, 『국제지역연구』 제32권 1호(2023), 117-130쪽.

실질적인 위협이라고 가정했을 때, 해결 방법으로 10만 명 이상의 군인 동원을 러시아 국민이 수용 가능한 것인가? 다시 말해 국가 안보의 위협에 대응하기 위한 군사적 행동의 인과적 관계가 명확하지 않을 수 있다는 것이다.

흥미로운 점은 전쟁 직후 우크라이나 전쟁에 관한 러시아의 인식 조사 결과를 살펴보면, 우크라이나에 대한 러시아 군사 활동을 지지하는 비율이 81%였다. 그리고 군사 행동에서 러시아가 느끼는 지배적인 감정은 러시아의 자부심Pride for of Russia이 51%로 가장 높았고, 뒤이어 두려움Fear이 31%, 충격Shock이 12%였다.[7] 즉, 해당 조사에서 추론할 수 있는 것은 러시아의 안보 위협을 해소하기 위한 군사 활동의 필요성을 인정하는 것을 넘어 군사 행동을 통해 애국심이 고취되는 현상이 나타난 것이다.

본 연구는 기존의 연구자들이 설명한 것과 같이 나토의 확장에 따른 러시아의 안보 위협 강화를 인정하면서 이를 해결하기 위한 방식으로 전쟁을 불사한 원인 중 하나로 러시아 국민의 지지 여론 즉, 러시아의 집단감정으로 설명할 것이다. 본 연구는 이와 같은 러시아의 집단감정을 단순히 러시아 고유의 정치문화적 특징으로 규정하지 않고 보편적 관점에서 집단감정의 형성을 분석한다는 점에서 연구의 특이성이 있다.

본 연구는 연구의 목표를 달성하기 위해 우선 2장에서 국제 관계에서 집단감정의 메커니즘을 설명하고, 3장에서 러시아 사례에 집단감정 메커니즘을 적용해 볼 것이다. 그리고 4장에서는 연구 내용을 간략하게 요약하고, 연구의 한계점을 지적할 것이다.

Ⅱ. 집단감정에 관한 논의

본 연구는 은용수가 주장한 외교정책 수립에 있어 집단감정Collective Emotion의 영향력을 중심으로 논리를 전개한다. 그렇다면 집단감정은 무엇인가? 이에 은용수는 집단

---

7 "The conflict with Ukraine," LEVADA-CENTER, https://www.levada.ru/en/2022/04/11/the-conflict-with-ukraine/ (검색일: 2024.03.15.)

감정을 개인들의 감정의 총합으로 판단하지 않고 개별적 감정이 '희석'되는 과정으로 집단의 한 구성원으로 인식하는 '탈개인화'로 설명했다. 여기서 탈개인화란 개인의 정체성Personal Identity보다 사회적 정체성Social Identity을 우선시하는 경향으로 개인이 소속되어 있는 집단, 사회적 범주에 의해 구성되는 것으로 분석했다.[8]

그렇다면 외교정책에 집단의 의견이 반영되어 작용하는 것인가? 연구자는 우선 개인의 감정의 범주를 넘어 사회집단적 수준으로 확산할 경우 정책결정자를 포함한 개개인들의 행동 판단에 영향을 끼칠 수 있음을 가정했다.[9] 이와 관련하여 학문적 논쟁의 여지가 있지만, 집단의 의견 즉, 여론이 외교정책 결정 과정에 영향력이 있음을 선행연구에서 찾아볼 수 있다.

이와 관련하여 남궁곤은 "*외교정책 결정이나 실행 과정에서 여론은 극히 제한된 영향력만 미친다.*"라는 알몬드Almond의 주장과 관련하여 1960년부터 1974년까지 여론의 향방과 공공 정책 결과를 조사한 결과 미국 내 222개의 정책 사례 중 67%가 일반 대중들이 선호했던 정책 방향과 일치했고, 이중 외교정책 사례는 92%가 일치했다고 설명했다. 또한 페이지와 샤피로의 연구를 소개하며 1935년부터 1979년 357개의 사례에서 여론과 정책의 일치율이 국내 정책은 70%, 외교정책은 62% 수준이었고, 20% 이상의 여론 변화가 있는 경우 정책 변화가 90% 일치함을 주장했다. 다시 말해 알몬드의 주장과 다르게 여론은 외교정책에 영향을 주는 것이고 선후 관계에서 여론의 변화가 외교정책의 변화를 이끄는 것이다.[10]

앞서 설명한 것과 같이 집단감정이 외교정책에 영향을 미친다면, 집단감정은 어떻게 유발되는가? 이와 관련하여 은용수가 정리한 내용을 풀어 보자면, 개인감정이 탈개인화하여 집단화 할 수 있는 용이한 조건으로는 사회적 폐쇄성과 집단구성의 단일성[11], 국

---

8 은용수, 「국제관계학에서의 감정 (예비)이론화: 집단감정은 어떻게 유발되는가?」, 『한국정치학회보』 52집 2호(2018), 131-132쪽.

9 은용수(2018), 130쪽.

10 남궁곤, 「외교정책과 여론: 'Almond-Lippmann Consensus'와 그 비판적 검토」, 『한국과 국제정치』 15권 1호(1999), 54-57쪽.

가정체성 상징 신호의 노출 빈도 등이 있다. 따라서 자국 우위 정체성의 활성화 정도, 타국의 폄하 혹은 직접적 관련성 정도, 자국과 타국의 구별 정도에 따라 집단 감정의 강도가 정해진다. 그리고 매개적 요인으로 집단감정 주창자에 따라 집단감정의 강도가 변할 수 있다.[12] 이를 바탕으로 구성된 집단감정 형성의 이론적 가정은 아래와 같다.[13]

> 첫째, "사회적 폐쇄성과 집단구성의 단일성이 높다면 사회집단적 정체성을 바탕으로 상황을 인식할 가능성이 크다. 그리고 '우위(주인) 정체성'Superior or Master Identity을 재현하는 상징물(국기, 국가, 국교)과 정체성을 유발하는 프로젝트(기념일, 기념관, 의무교육) 등이 일상적, 반복적, 장기적으로 노출될 경우 발생 가능성이 높다."
> 둘째, "자국과 다른 정체성의 국가가 자국의 '우위 정체성'을 부정, 폄하할 경우 타국에 부정적 집단감정 발생 가능성이 크다."
> 셋째, "자국의 '우위 정체성'을 부정 혹은 폄하하는 타국이 자국과 다른 '우위 정체성'을 가지고 있다면, 그 타국에 대한 부정적 집단감정의 강도는 클 것이다."
> 마지막으로 "우위 정체성을 집단적으로 인지하게 되는 경로는 방송, 신문, SNS 등이 있고 여기에서 정치적 영향력이 높은 행위자인 '집답감정 주창자'Collective Emotion Entrepreneur는 집단감정을 촉발하거나 조정할 수 있다. 다시 말해 집단감정 주창자는 자신의 정치적 행위를 정당화하는 수단으로써 집단감정을 이용할 수 있다."

위와 같은 가정이 집단감정의 형성의 조건이라면, 그렇다면 러시아에서 발생할 수 있는 집단감정은 무엇이 있을 수 있는가? 본 연구는 앞서 언급한 것과 마찬가지로 국민의 여론이 외교정책에 반영될 수 있다고 전제하는바 우크라이나 전쟁과 같은 공세적 외

---

11 가령 인종, 종교, 언어, 정당 등이 단일할 경우이다.
12 은용수(2018), 136쪽.
13 아래와 같은 가정은 집단감정의 핵심 가정이므로 이론의 설계자인 은용수의 글을 인용했음을 알린다. 은용수(2018), 135쪽.

교정책의 원인을 반서구 · 애국주의 집단감정으로 가정한다. 왜냐하면 레바다 센터 조사에서도 나타나듯이 2008년 조지아 전쟁, 2014년 크림반도 병합, 2022년 우크라이나 침공 이후 미국과 EU에 대한 부정적인 정서가 급증했기 때문이다.[14] 그리고 반서구 감정과 더불어 자국에 대한 자긍심과 자국을 지켜내야 한다는 애국주의가 확산하는 경향이 있기 때문이다. 또한 해당 시기 반대로 푸틴의 지지율은 급상승하는 모습을 보이기 때문이다. 다시 말해 러시아가 고강도 분쟁을 불사할 때 러시아 국민의 반서방 정서는 상승하고, 이를 확대하는 역할을 푸틴이 하는 것으로 예상된다.

이에 본 연구는 그림 1과 같은 러시아 집단감정 메커니즘을 상상으로 그려보며, 해당 메커니즘으로 러시아의 집단감정이 형성되는 것인지 파악할 것이다. 즉, 집단감정의 형성은 전환에 용이한 조건이 전제된 상황에서 세 가지 인과적 요인이 작용하고, 집단감정 주창자로 인해 집단감정이 표출이 가능하여 외교정책에 반영될 가능성이 있다.

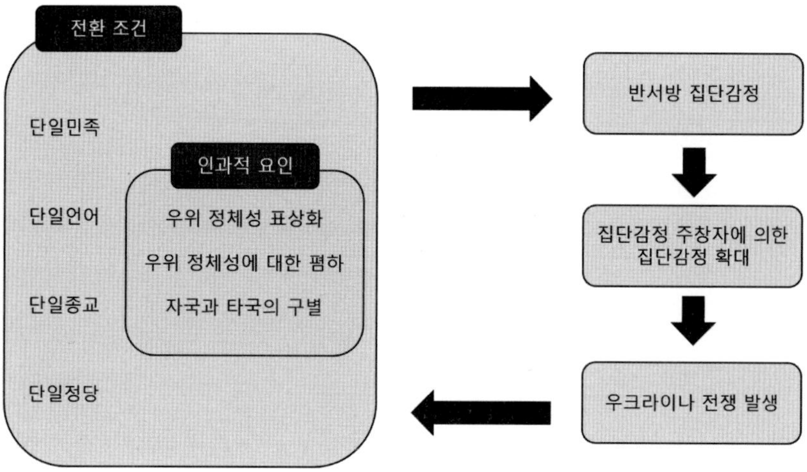

그림1. 러시아 반서방 집단감정 형성 메커니즘 예상도

---

14 "Attitude to the US," LEVADA-CENTER, https://www.levada.ru/en/ratings/attitudes-towards-countries/ (검색일: 2024.08.22.)

따라서 본 연구는 우선 러시아 사회가 폐쇄적인 집단으로 전환의 용이한 조건을 충족했는지 판단한다. 그리고 자국 우위 정체성의 표상적 활성화, 타국의 폄하 그리고 타국과의 구별 정도를 분석하여 집단감정이 발생 가능한지 확인한다. 마지막으로 형성된 집단감정을 이끌 수 있는 지도력 있는 정치행위자가 있는지 분석하며 러시아의 집단감정 메커니즘을 설명할 것이다.

Ⅲ. 러시아 감정의 집단화

1. 집단화의 조건

1) 높은 명목 민족(Titular Ethnic) 비중

러시아 주요 민족은 루스끼예Русские이다. 러시아 전체 인구는 1억 4,275만 명으로 타타르(4%), 우크라이나(2%) 등 140여 개의 소수민족을 포함하여 다양한 민족이 러시아에 거주하고 있지만, 전체 인구 중 82%가 루스끼예로 구성되어 있다.[15] 따라서 러시아를 다민족 국가로 분류하는 것이 적절하지 않을 수 있다. 왜냐면 이스라엘, 베트남 그리고 스페인 등 국가는 러시아와 비슷한 비중의 명목 민족으로 구성되어 있어 단일 민족 국가로 분류되고 있기 때문이다. 따라서 러시아도 인구 80% 이상이 루스끼예로 구성되어 있는바 단일 민족 국가로 분류하는 것이 더욱 적절하다.[16]

물론 러시아를 단일 민족 국가로 분류하는 것이 어려운 것도 사실이다. 왜냐면, 소련 해체 이후 옐친 시기 경제 위기와 중앙정부의 약화로 지방 정부가 중앙정부의 권위에 도전하면서 '다민족 국가'를 넘어 마치 '다국가 국가'의 모습을 보이기도 했기 때문이다.

---

15 https://www.mofa.go.kr/www/wpge/m_21617/contents.do (검색일: 2024.04.25.)

16 Oxana Shevel, "Russian Nation-building from Yel'tsin to Medvedev: Ethnic, Civic or Purposefully Ambiguous?" *Europe-Asia Studies*, Vol. 63, No.2(2011), p. 186.

그러나 푸틴 집권 이후 중앙집권화를 성공적으로 이룩했고, 2012년 푸틴이 재집권에 성공하면서 다민족 사회에서 통합된 국민을 형성하기 시작했다.[17]

특히 2012년 12월 19일 푸틴은 "새로운 민족 관계 전략New Ethnic Relations Strategy"을 승인[18]하면서 다양한 민족집단을 하나의 정체성으로 묶어내려 시도했다. 이와 관련하여 러시아 민족 지배와 비러시아 민족의 지위 약화를 초래할 것이라는 비판도 있었지만, 바체슬라프 미하일로프Vyacheslav Mikhailov는 해당 정책이 국가 전체의 단일 정체성을 강화하면서 민족 다양성 발전, 시민 통합과 민족 간 화합을 이루는 것이 목적임을 설명했다.[19]

결과적으로 러시아가 다민족 구성으로 이루어지고 있는 것은 사실이지만, 인구의 80%가 러시아 민족으로 구성되어 있다. 또한, 러시아 정부가 다민족 국가를 인정하지만, 러시아 민족을 중심으로 한 러시아 국민정체성을 형성하는 정책을 수립 · 실행하고 있으므로 단일 민족 국가에 가깝다고 평가할 수 있다.

2) 러시아어의 보편화

민족과 마찬가지로 러시아어의 사용이 보편화 되어있다. 소련 붕괴 이후에도 러시아는 '제 민족 언어법О языках народов РФ'을 통해 소수민족어의 평등을 인정했다. 그러나 러시아연방 내 공화국의 언어 독립 의지가 높아짐에 따라 2005년 러시아연방국어법Закон "О государственном языке РФ"을 통해 공공 영역에서 러시아어의 사용을 법제화했고, 러시아어와 다른 기타 언어로 이루어진 텍스트는 내용과 기술 측면의 일치를 의무

---

17 Helge Blakkisrud, "Russkii as the New Rossiiskii? Nation-Building in Russia After 1991," *Nationalities Papers*, Vol.51, No.1(2022), pp. 64-79.

18 "Russian President Approves New Ethnic-Relations Strategy," RFERL, https://www.rferl.org/a/russia-putin-approves-ethnic-strategy/24803562.html (검색일: 2024.07.23.)

19 "Rumblings In The Republics: New Russian Nationalities Policy Sparks Outcry", RFERL, https://www.rferl.org/a/new-russian-nationalities-policy-sparks-outcry/24786140.html (검색일: 2024.07.23.)

화했다. 즉, 다중언어 국가에서 다단일 언어 사용을 장려한 것이다.[20]

특히 푸틴은 러시아어의 지위를 향상하고, 소수 언어보다 러시아어를 중요시하는 모습을 보였다. 가령 2017년 요쉬카르-올라Йошкар-Ола 지역에서 개최된 '민족 간 관계 위원회Council on Interethnic Relations'에서 러시아어가 국가 언어이며 민족 간 소통의 언어임을 강조했다. 이후 러시아 지방에서 소수 언어 수업이 폐지됨에 따라 소수 언어의 지위와 교육의 역할이 낮아지고, 러시아어의 중요성이 높아지게 되었다.[21]

현재 러시아에서 비러시아인으로 모국어를 제1 언어인 국민의 비중은 점차 줄어들고 있다. 가령 러시아에서 진행된 2021년 인구 조사 결과에 따르면 10년간 러시아 소수 언어 사용자가 대부분 감소하는 추세이다. 몇 가지 예를 들어보자면, 추바시어를 사용자는 2010년 100만 명 이상이었지만, 2021년 70만 명 수준으로 감소했고, 타타르어 사용자 수는 100만 명 이상 감소했으며, 카렐리아어, 나나이어 등 소수 언어의 사용자도 감소했다.[22]

결국 러시아어도 민족과 마찬가지로 소수 언어를 보장하는 법이 있지만, 실질적으로 러시아어 사용 비중이 압도적으로 높고, 오히려 소수 언어를 러시아어가 대체하는 형국이다. 따라서 러시아를 단일언어 국가로 분류하는 것이 논리적으로 문제가 된다고 판단하기 어렵다.

3) 러시아 정교의 강세

러시아 내 러시아 정교회 신도가 많고, 러시아 정교가 러시아인들에게 미치는 영향력이 높다. 우선 러시아의 양심의 자유 및 종교단체에 대한 러시아 연방법Федеральный

---

20 남혜현, 「현대 러시아 언어정책에 나타난 언어이념」, 『노어노문학』 제28권 3호(2016), 17-19쪽.

21 Alex Krouglov, "Language planning and policies in Russia through a historical perspective," *Current Issues in Language Planning*, Vol.23 No.4(2022), pp. 423-424.

22 Leyla Latypova, "Languages in Russia Disappearing Faster than Data Suggests, Activists Warn," The Moscow Times, Mar. 2023, https://www.themoscowtimes.com/2023/03/13/languages-in-russia-disappearing-faster-than-data-suggests-activists-warn-a80432 (검색일: 2024.07.24.)

Закон О Свободе Совести И О Религиозных Объединениях 부록 4-1에 러시아는 비교회 국가로 기독교, 이슬람교, 불교, 유대교 등 종교들을 존중하지만, 러시아 역사, 러시아 정신과 문화에 정교회의 특별한 역할을 인정한다고 명시되어 있다.[23] 즉, 러시아 정부는 러시아 정교를 국교로 인정하지 않지만, 러시아 정교회가 러시아 전반에 미치는 영향력이 크다는 것을 공인한 것이다.

한편, 러시아 정교회와 관련된 통계치를 살펴보면, 2019년 기준 러시아 내 30,896개 종교기관이 등록되었고 이중 러시아 정교회가 60%를 차지하고 있다. 그리고 동년 신앙에 관한 설문조사 결과를 살펴보면, 정교회를 믿는다고 응답한 비중이 67%로, 무교가 12% 그리고 이슬람이 5%로 정교회가 가장 높았다.[24] 통계치에서 추정할 수 있듯이 러시아 국민의 과반은 러시아 정교를 믿고 있고, 등록된 종교의 과반이 러시아 정교임으로 러시아 정교가 러시아와 국민에게 의미하는 바가 크다고 판단할 수 있다.

이와 관련하여 황성우는 러시아가 988년 키예프 루시 시기 공식적으로 기독교를 수용해 국교로 선언한 역사가 있고, 러시아인들은 러시아가 동과 서 기독교 세계의 정통 국가라는 것에 자부심이 있다고 주장했다. 또한, 연구자는 소비에트 시기 종교를 공식적으로 인정하지 않았음에도 불구하고, 정교의 삶, 문화, 전통이 여전히 남아있는 것을 보아 러시아 정교가 러시아인 정신문화에 지대한 영향력이 있다고 설명했다.[25]

그렇다면, 러시아 정교가 러시아인들의 정신세계에 미치는 영향력은 실존하는 것인가? 이와 관련한 답은 퓨 리서치Pew Research 보고서를 통해 추정해 볼 수 있다. 1917년 볼셰비키 혁명 이후 소련은 무신론을 강제하기 위해 사제를 투옥했고, 교회를 다른 용도로 전환했다. 심지어 종교적 신념을 가진 사람들은 직장 생활이 어려웠고, 대학 입학

---

23 “Федеральный закон "О свободе совести и о религиозных объединениях" от 26.09.1997 N 125-ФЗ (последняя редакция)” https://www.consultant.ru/document/cons_doc_LAW_16218/ (검색일: 2024. 03. 12)

24 “[러시아 이슈 테트리스 2022-1호] 종교”, https://www.mofa.go.kr/www/brd/m_20834/view.do?seq=17 (검색일: 2024.05.21.)

25 황성우, 「타자의 수용: 러시아 정교와 민간신앙의 혼종」, 『러시아연구』 제36권 4호(2020), 82쪽.

도 불가했다.[26] 그러나 러시아인들에게 러시아 정교 정체성은 사라지지 않고, 내재해 있었다. 왜냐면 표 1에서 살펴볼 수 있듯이 소비에트 붕괴 이후 1991년 설문조사 응답자의 31%가 정교회를 믿고, 61%가 무신론이라고 응답한 것과 비교하여, 2008년에는 응답자의 73%가 정교회를 믿고, 18%만이 무신론이라고 응답했기 때문이다. 심지어 성별과 연령별 증감도 큰 차이를 보이지 않았으므로 사회의 전반적인 변화로 추정할 수 있다.

표 1. 러시아의 종교 정체성 변화

(단위%)

	정교회 신자 정체성			무신론		
	1991	2008	증감	1991	2008	증감
전체	31	72	+41	61	18	-43
남성	17	63	+46	76	24	-52
여성	43	81	+38	48	12	-36
16-49세	26	69	+43	66	18	-48
50세 이상	40	79	+39	52	18	-34

※ 출처: Pew Research Center

물론 소비에트 붕괴 이후 사회 변화로 인해 러시아 정교회 신도가 증가한 것인지, 혹은 어떠한 다른 요인에 의해 신도가 증가한 것인지 정확히 판단할 수 없다. 그러나 적어도 러시아인들은 73년 소비에트 시기 동안 무신론을 강요받았음에도 불구하고, 소련 붕괴 이후 여전히 러시아 정교회 신자가 있었고 점차 증가세를 보인 것을 보았을 때, 러

26 Alan Cooperman, Phillip Connor, Erin O'Connell, "Russians Return to Religion, But Not to Church," *Pew Research Center*(2014), p. 2.

시아 정교회 정체성이 사라지지 않고 내재했으며, 러시아 정교가 러시아인들에게 미치는 정신적 의미가 상당한 것으로 판단할 수 있다.

4) 패권적 정당 체제

푸틴 집권 이후 러시아 두마 선거결과를 살펴보면, 2003년 통합러시아당이 차지한 의석은 223석(49.5%)으로 근소한 차이로 과반을 차지하지 못했다. 그러나 2007년(315석, 64.3%), 2011년(315석, 52.89%), 2016년(343석, 76.22%), 2021(324석, 72%)년에 치러진 선거에서 모두 의석수 과반을 통합러시아당이 차지하는 결과를 보였다.[27] 물론 2011년에 의석 비중이 상대적으로 하락한 것은 사실이지만, 2016년과 2021년은 통합러시아당이 압도적으로 총선에서 승리했다.

가장 최근에 치러진 2021년 러시아 '국가두마' 선거결과를 구체적으로 살펴보면 다음과 같다. 통합러시아당은 450개의 의석 중 324석(비례대표 126석, 지역구 198석)을 차지하며 2016년과 같이 압도적인 승리를 거두었고, 이것은 단독개헌이 가능한 수준이다. 물론 총선 투표율이 38%에 불과하기 때문에 통합러시아 득표율이 약 30% 정도에 불과하다는 점[28]과 '새로운 사람들New People'당이 13석을 획득하여 원내교섭단체 구성 권한을 획득한 결과를 얻어냈다는 점에서 통합러시아당의 영향력 약진으로 해석할 여지가 있다. 그러나 새로운 사람들 정당이 야당의 역할을 하지 못한다는 주장이 합리적이다.[29] 즉, 새로운 사람들 정당은 푸틴 정부가 반체제 야권을 억제하기 위한 관제 교란정

---

27 "RUSSIAN FEDERATION Gossoudarstvennaya Duma (State Duma)," http://archive.ipu.org/parline-e/reports/2263_arc.htm, (검색일: 2024.08.05.)

28 장세호, 「2021년 러시아 총선 평가와 향후 정세 전망」, 『INSS 전략보고』 No.142(국가안보전략연구원, 2021), 1-12쪽.

29 가령 알렉세이 나발니의 경우 푸틴 체제를 강력하게 비판했지만, 새로운 사람들당 대표 알렉세이 네차예프가 푸틴을 반대하지 않았고, 2021년에 푸틴이 설립한 전러시아인민전선(All-Russia People's Front) 지도부에 참여하고 있었기 때문이다. Vadim Shtepa, "How New Are the 'New People' in Russia's Parliament?" *Eurasia Daily Monitor* Vol. 18, No. 152, https://jamestown.org/program/how-new-are-the-new-people-in-russias-parliament/ (검색일: 2023. 05. 27)

당에 불과하고, 오히려 러시아 국민이 통합러시아당에 가질 반감을 줄이기 위한 선거 전략일 가능성이 있다.[30]

표 2. 2021년 두마 선거결과

정당	총합(450석)	비율(%)
통합 러시아	324	72
러시아 공산당	57	12.67
정의 러시아	27	6
러시아 자유민주당	21	4.67
새로운 사람들	13	2.89
로디나	1	0.23
성장당	1	0.23
시민연단	1	0.23

물론 기존부터 교섭단체 권한을 가진 야당인 '러시아 공산당', '정의 러시아', '러시아 자유민주당'이 있으므로 완전히 야당이 없는 것은 아니다. 그러나 러시아에서 야당이 실질적인 역할 수행에 야당의 시스템적, 자체적 한계가 있다. 우선 정치 시스템적 측면에서 푸틴 정부의 직 · 간접적인 선거 공정성 훼손, 관제야당 창당 · 관리, 야당 세력의 물리적 제거와 통제 등을 통해 도전적인 야당의 형성을 근본적으로 무너뜨리고 있다.[31]

한편, 야당의 자체적인 한계점을 살펴보자면, 공산당은 소련공산당의 후계 정당으로 두 번째로 많은 의석수를 차지하고 있다. 그러나 국민의 광범위한 지지를 받을 수 있는

---

30 연담린, 「러시아 엘리트 정치 동학의 변화 연구: 2021년 국가두마 선거를 중심으로」, 『국제지역연구』 32권 2호(2023), 89-91쪽.

31 유진숙, 「러시아 정당체제 형성과 변화」, 김학준 · 장덕준 외 편, 『현대 러시아의 해부』(동북아역사재단, 2014), 229-232쪽.

당 지도자가 없고, 여전히 소련 체제와의 연관성을 통해 지지자를 결집하므로 세력 확산이 어렵다. 정의 러시아당은 반통합러시아당 세력을 관리하기 위해 크렘린이 창당한 정당으로 통합러시아당의 러시아 정부 및 대기업 사이의 유착관계를 비판한 것은 사실이지만, 2008년 대통령 선거 시기 후보자를 내세우지 않고, 통합러시아당의 메드베데프 후보를 지지했다. 더불어 민족주의 계열인 러시아 자유민주당은 권위주의 통치 방식을 옹호하면서 크렘린에 우호적인 표결을 행사하기도 했다.[32]

러시아 패권적 정당 체제에 관해 정희석의 의견을 빌려보면, 러시아는 헌법상 대통령이 입법부보다 우월적인 지위가 인정되고, 최종 결정권이 대통령에게 있으므로 사실상 입법부의 역할이 협소하다. 특히 러시아 헌법 107조에 따라 입법부가 법률안을 통과시킬 경우 대통령은 거부권을 행사할 수 있고, 이를 의회가 부결하기 위해서 의원의 2/3의 동의가 필요하다. 그러나 통합러시아당이 압도적인 의석수를 차지하고 있으므로 이마저 어려운 상황이다. 또한, 러시아 헌법 제93조에 따라 의회가 대통령을 탄핵할 수 있는 법적 근거가 있지만, 마찬가지로 여대야소 국면에서 이루어지는 것이 불가능한 상황이다.[33]

결국, 푸틴 행정부의 우월적인 정치적 지배력과 여당에 도전하기 어려운 러시아의 패권적 정당 체제를 생각했을 때, 러시아는 단일정치이념의 속성이 다분한 것으로 결론 내릴 수 있다.

2. 집단화 과정에서 인과적 요인

1) 자국 우위 정체성의 표상화: 러시아 정교 정체성과 승전기념일

각국이 가지고 있는 우위 정체성의 표상화는 다르다. 그렇다면 러시아의 우위 정체

---

32 토머스 레밍턴, 『러시아정치의 이해』(한울: 2014), 339-349쪽.

33 정희석, 「러시아 푸틴 대통령의 권위주의 통치와 삼권분립」, 『국제정치연구』 제23집 3호(2020), 135-138쪽.

성을 대표하는 우위 정체성은 무엇인가? 본 연구는 러시아 우위 정체성을 대표할 수 있는 것을 러시아 정교 정체성과 대조국전쟁Вели́кая Оте́чественная война́ 승리의 기억으로 간주한다.[34] 이처럼 러시아 우위 정체성을 대표하는 요인을 두 가지로 설정한 이유는 러시아 국민은 러시아 역사 속에서 가장 자부심을 느끼게 한 사건을 대조국전쟁의 승리로 생각하고 있고, 러시아 특수성의 근간이 러시아 정교회 수용에 있다고 판단되기 때문이다. 또한, 러시아 정교 정체성 형성과 2차 세계 대전 승리의 기억에 대한 노출은 러시아인의 반서방 · 애국주의적 집단화 감정으로 발전할 가능성이 클 것으로 예상되기 때문이다. 따라서 본 절에서는 러시아 정교와 승리의 기억이 반서방 · 애국주의 집단감정 형성에 영향을 미치는지 살펴볼 것이다.

소련 해체 이후 불안정한 사회 속에서 러시아 내 마약과 관련된 범죄율, 살인강도 등 범죄가 증가하면서 사회 안정을 위해 교회와 종교의 필요성이 증가하기 시작했다. 그리고 러시아 정교회는 학교에서 종교교육을 통한 도덕교육에 관심을 가지기 시작했고, 러시아 정부도 도덕교육에서 러시아 정교회의 가치를 인정하기 시작했다. 1998년 8월 러시아 교육부와 모스크바 교구청은 젊은 세대의 흡연, 알코올 중독, 마약, 폭력 등의 문제를 공동으로 해결하기 위한 '러시아 교육 발전에 있어 정신성을 확대시키기 위한 공동 프로그램' 운영 협정을 체결했다. 2000년대에 진입하며 정교 교육은 더욱 구체화되기 시작했다. 가령 2002년 10월 '정교문화Православной культура' 과목이 러시아 학교школа에 도입되었다.[35] 이처럼 러시아 정부가 정교문화 과목 도입을 통해 러시아 학생들은 러시아 정교회 역사, 교리, 문화적 가치 등을 배우면서 소련 해체 이후 국민 정체성 강화와 도덕적 가치를 함양이라는 목적을 달성하려 했다.

2012년부터 "러시아 연방 교육에 관한 법령" 87조[36]에 의해 종교교육이 공립 국가 학

---

34 이와 관련하여 은용수는 우위정체성 형성이 자국의 역사경험과 집단기억에 기반한다고 설명했다. 은용수(2018), 139쪽.

35 박태성, 「러시아 학교에서의 정교교육」, 『슬라브연구』 제25권 1호(2009), 53-57쪽.

36 "Федеральный закон от 29 декабря 2012 г. N 273-ФЗ Об образовании в Российской Федерации," https://www.rg.ru/documents/2012/12/30/obrazovanie-dok.html (검색일: 2024.07.21.)

교 커리큘럼에 통합이 가능하게 되었고, "종교 문화와 세속 윤리의 기초Fundamentals of Religious Cultures and Secular Ethics(FRCSE)"가 4학년을 대상으로 하는 필수과목으로 지정되었다. 물론 FRCSE 교육이 오로지 정교회 문화만을 가르치는 것은 아니다. 왜냐면 정교회 이외에도 이슬람, 불교, 유대인, 세계 종교, 세속 윤리 등 6가지 모듈 중 한 가지를 선택하여 수업을 들을 수 있기 때문이다. 그러나 높은 러시아 정교회 신도 비중, 지방의 가부장적 문화, 러시아 정교회 사제들의 적극적인 교육 참여, 러시아 정교와 러시아 문화적 가치 및 전통의 밀접성 등의 원인으로 '정교회 문화의 기초Fundamentals of Orthodox Culture(FOC)'를 선택하는 학부모가 증가하고 있다.[37]

결과적으로 2000년대 정교 문화 교육이 시작한 이래로 러시아 국민은 러시아 정교 정체성 형성이 시작되고, 교육이라는 방법으로 러시아 정교 정체성을 수용하기 때문에 러시아 국민에게 미치는 우위 정체성 표상화 노출 빈도가 높은 것으로 판단할 수 있다.

한편, 러시아 정교회의 표상화는 러시아 반서방 · 애국주의 집단감정에 직접적인 영향력을 행사하기도 한다. 왜냐면 FOC가 종교와 도덕의 교육을 넘어 러시아 정교회가 민족과 종교적 개념을 융합한 러시아 정체성을 형성하고, 더 나아가 정치 권위에 정당성 부여와 조국에 대한 무조건적인 애국심과 사랑을 내재하게 만들고 있기 때문이다.[38] 즉, 정교회 교육으로 인해 러시아 정교 우위 정체성이 반복적으로 강화되고, 이것은 러시아 국민의 애국주의 정체성으로 발전시키고 있다. 특히 키릴 모스크바 및 전 러시아 총대주교가 노골적으로 친푸틴 정부 성향을 보여주며 우크라이나 전쟁을 지지하기도 한다는 점[39]에서 러시아 정교회의 집단감정 형성 역할을 추정할 수 있다.

---

37 Svetlana Sheypak, "Orthodox education in Russian schools: an ideological choice," *British Journal of Religious Education*, Vol.42, No.2(2020), pp. 170-175.

38 Tobias Köllner, "Patriotism, Orthodox religion and education: empirical findings from contemporary Russia," *Religion, State&Society*, Vol.44, No.4(2016), p. 381.

39 Janine di Giovanni, "The Real Reason the Russian Orthodox Church's Leader Supports Putin's War," Foreign Policy, Apr. 2022, https://foreignpolicy.com/2022/04/26/ukraine-war-russian-orthodox-church-support-patriarch-kirill-homophobia/ (검색일: 2024.08.11.)

기실 러시아 정교회는 학교 교육 이외에도 애국심을 고취하고 있는 사례를 찾아볼 수 있다. 가령 러시아 정교회는 아동과 청소년을 대상으로 하는 애국 교육을 포함하여 보육원과 감옥 등에서도 애국 교육을 받을 수 있도록 지원했다. 또한, 애국 교육이 군대와 결합하기도 했는데 러시아 정교회는 국방부, 내무부, 국경수비대 등과 공식적인 협력 관계를 맺었고, 신자의 희생정신을 강조하며 평신도의 군사 애국심을 고취하기도 했다.[40] 즉, 러시아 정교 정체성의 표상화는 학교 교육과 사회 전반에 만연해 있으며, 군사 부문과 밀접한 관계를 맺기 시작하면서 반서방 · 애국주의 집단감정 형성에 자극을 줄 수 있다.

2017년 레바다 센터의 설문조사에 따르면 응답자들은 러시아의 역사 속에서 자부심을 느끼게 만드는 사건 중 대조국전쟁의 승리를 압도적으로 선택했다.[41] 이처럼 러시아에서 대조국전쟁 승리의 의미는 크다. 왜냐면 독일 나치와 약 4년간의 치열한 전쟁으로 소련은 약 860만 명의 군인과 약 1,700만 명의 민간인이 사망했고, 이것은 2차 세계 대전 사망자의 40%에 해당하기 때문이다. 따라서 러시아인은 큰 희생을 통해 나치로부터 세계를 구했다는 자부심이 있는 것이다.[42]

대조국전쟁의 승리 기억으로 만들어지는 우위 정체성은 다양하게 표상화되고 있다. 우선 '무명용사의 무덤'에 '제1초소' 설치이다. 본래 제1초소는 레닌 묘 앞에 위병초소로 레닌에게 경의를 표하기 위한 상징적인 장소였다. 그러나 옐친 정부는 레닌 묘에 있는 제1초소를 없애고, 대신 1997년 12월 12일 알렌산드로프 공원의 무명용사 비 옆에 제1초소를 설치했다. 이와 같은 결정은 옐친 정부가 새로운 국가정체성 확립과 국민 통합을 공산주의 이념이 아닌, 대조국전쟁 승리의 기억으로 대체하려는 목적을 내포하고 있다.[43]

---

40 Gaziza Shakhanova, Petr Kratochvíl, "The Patriotic Turn in Russia: Political Convergence of the Russian Orthodox Church and the State?", *Politics and Religion*, Vol. 15(2022), pp. 126-132.

41 "Гордость и стыд," LEVADA-CENTER, https://www.levada.ru/2017/03/01/gordost-i-styd/ (검색일: 2024.08.11.)

42 유철종, "[특파원 시선] 크렘린, '대조국 전쟁' 승리 이끈 애국심 기대하나," 연합뉴스, 2020년 5월, https://www.yna.co.kr/view/AKR20200528201100080 (검색일: 2024.08.15.)

둘째, 승전기념일 행사의 공식화이다. 대조국전쟁의 승리 기억으로 만들어지는 우위 정체성의 표상화에서 승전기념일은 무엇보다 중요하다. 러시아 승전일은 5월 9일로 유럽의 승전일과 다른데 이것은 나치 독일의 항복이 1945년 5월 8일 오후 11시 1분에 발효되었고, 시차 차이로 소련은 5월 9일을 승전일로 결정했다.[44]

승전일은 1945년 직후 국경일로 지정되었지만, 1947년 12월에 국경일 지정을 철회했다. 이후 1965년 승전일이 공공기념일로 지정되었고, 동년 승전기념일에 군사 퍼레이드가 개최되었다. 이때부터 승전기념일이 기념일로 승리의 기억을 되살리는 기능을 했지만, 군사 퍼레이드가 매년 개최되지 않았다. 소련 시기 군사 퍼레이드는 승리 20주년, 40주년, 45주년 등을 기념하여 때때로 개최되었고, 1995년에 50주년 승전기념일 군사 퍼레이드 이후 5월 19일 승전기념일이 연방법으로 국경일이 되었고, 군사 퍼레이드가 매년 열리는 행사가 되었다.[45]

결국 대조국전쟁 승리의 기억은 매년 개최되는 군사 퍼레이드를 통해 재기억된다는 점에서 표상화의 빈도가 매우 높다. 따라서 승전기념일 행사의 반복적인 노출은 러시아 국민이 반서방 · 애국주의 집단감정을 형성하게 만드는 요인으로 작용할 것이다.

2) 자국의 우위정체성에 대한 타국의 폄하: 루소포비아

타국의 폄하 행위의 원인은 다양하겠지만, 근본적 원인 중 하나를 혐오의 정서에서 기원한다고 생각할 수 있다. 심리학 관점에서 혐오란 "*기분 나쁜 대상이 입에 닿을지도 모르는 순간에 경험하는 극도의 불쾌감*"으로 대상과 거리를 두게 만드는 감정이라는

---

43 송준서, 「기억의 정치학: 러시아 국가통합 도구로서 전쟁의 기억」, 『중소연구』 제36권 1호(2012), 176-177쪽.

44 Emily Ranken, "Tradition, militarisation and national identity: the significance of Victory Day in Russia," Medium, May. 2024, https://medium.com/@Russiandemocraticsociety/tradition-militarisation-and-national-identity-the-significance-of-victory-day-in-russia-b19ec3c81270 (검색일: 2024.05.12.)

45 기계형, 「상트페테르부르크와 모스크바 '두 도시' 이야기: '대조국전쟁' 기념비를 둘러싼 전쟁의 기억과 추모 사이에서'」, 『도시연구: 역사 · 사회 · 문화』 제16호(2016), 53-54쪽.

점에서 공포와 분노와 닮아있다. 그리고 혐오의 종류는 크게 두 가지로 나누어볼 수 있다. 가령 상한 음식이나 분비물을 섭취할 수 있는 상황에서 느끼는 '핵심적 혐오'와 상대방의 신념과 행동으로부터 느끼는 '도덕적 혐오'이다.[46]

한편, 혐오의 감정은 미움의 감정이 기저에 있고, 미움의 감정은 증오와 관련 있다. 그리고 혐오 감정에 의한 타인에 대한 증오는 '반응적 증오'와 '성격에 의한 증오'로 나누어 볼 수 있다. 두 감정은 몇 가지 차이가 있다. 우선 반응적 감정의 경우 증오의 대상을 공격하려는 파괴적인 특징이 있고, 자신이 지향하는 대상이 공격당할 때 나타나며, 특정 행위에 반응하여 발생한다는 점에서 일시적이라고 볼 수 있다. 그러나 성격에 의한 증오는 어린 시절부터 경험으로 누적되어 만들어지는 내재적인 감정으로 증오를 표출할 이유가 없어도 발견되기도 한다. 즉, 반응적 증오가 특정 상황에 의해 발생한다면, 성격에 의한 증오는 잠재된 적의가 상황에 의해 발현된다. 또한 일반적으로 반응적 감정이 특정 개인에게 작용하지만, 성격에 의한 증오는 공통 생활 경험에서부터 만들어지기므로 특정한 집단에 감정이 발현될 수 있다.[47]

이와 같은 관점에서 본 연구는 서방이 러시아에 대해 도덕적 혐오를 느끼고, 증오의 감정을 표출했을 때, 러시아는 반응적 증오의 감정을 느끼고, 이와 같은 반응적 증오의 감정이 지금까지 누적되어 성격에 의한 증오까지 확장된다고 가정한다.[48] 그리고 이 같은 서방과 러시아 사이 혐오와 증오의 관계는 서방의 루소포비아와 이에 대한 러시아의 반응으로 설명할 수 있다.

포비아Phobia는 어떤 것에 대한 극단적이고, 비합리적인 두려움과 혐오감을 의미한

---

46 박준성, 「혐오에 대한 심리학적 접근」, 박인찬 · 하홍규 (편), 『혐오이론 I: 학제적 접근』(한울 아카데미, 2022), 101-103쪽.

47 권오용, 「혐오와 비판이론: 편견을 통한 사회적 증오 행위의 정당화와 그에 대한 대응」, 박인찬 · 하홍규 (편), 『혐오이론 II: 학제적 접근』(한울 아케데미, 2023), 193-195쪽.

48 이와 같은 가정은 마치 서방이 러시아를 공격하고, 러시아가 항상 피해자라는 전제가 형성될 수 있다. 그러나 본 연구는 러시아와 서방 사이 선악을 구별하는 연구가 아니다. 따라서 필자가 서방을 비판하고, 러시아를 지지하는 것이 아님을 밝힌다. 다만 본 연구가 러시아의 집단감정 형성 메커니즘을 분석하는 것이라는 점에서 다소 러시아를 옹호하는 논리처럼 보일 수 있음을 인정한다.

다. 즉, 루소포비아는 러시아에 대한 부정적인 고정관념으로 생각할 수 있다. 루소포비아는 나폴레옹 시기 프랑스가 러시아에 대해 유럽을 정복할 수 있는 위협의 대상으로 인식한 것에서 기원한다. 그리고 나폴레옹이 러시아에 패배한 이후 러시아가 동쪽으로 영토를 확장하자 영국은 공포감이 형성되었다. 이후 루소포비아는 2차 세계 대전 이후 어느 때보다 명확해졌다. 특히 냉전 시기 이데올로기 갈등이 첨예한 상황에서 공산주의와 소련은 자유주의 진영에서 증오의 대상으로 표현되었다. 그리고 이와 같은 부정적인 감정은 소련 붕괴 이후에도 러시아에 대해 여전히 남아있다. 심지어 이와 같은 반러시아 감정은 서방의 통합과 정치적 안정을 위한 도구로 이용되기도 한다.[49] 결국 루소포비아는 단순히 러시아를 두려워하거나, 혐오하는 감정과 현상을 넘어 지정학적 갈등과 연결되어 살펴볼 필요가 있다. 즉, 러시아의 지정학적 영향력 확장의 저지하기 위해 서방에서 인위적으로 만든 반러시아적이고, 부정적인 이미지일 수 있는 것이다.[50]

루소포비아로 인한 서방의 반러시아적 인식은 다양한 곳에서 찾아볼 수 있다. 우선 미국 엘리트들의 루소포비아이다. 소비에트 해체 이후 이데올로기 갈등이 종식되었지만, 미국의 주요 외교정책 결정자들은 여전히 루소포비아 인식이 있다. 이와 관련해 로버츠Roberts는 2009년 오바마와 메드베데프 정권 아래 러시아와 미국 사이 관계가 재설정Reset되었음에도 불구하고, 미국의 주요 외교 정책결정자들에게 루소포비아 담론이 여전히 남아있다고 분석했다. 가령 연구자는 당시 조 바이든 부통령은 푸틴과 러시아를 신뢰할 수 없으므로 우크라이나를 방어해야 한다는 인식이 있었다고 설명했다. 또한 힐러리 클린턴과 존 케리 국무장관을 비롯한 외교 · 안보 전문가들이 푸틴과 러시아에 대한 불신감을 내포하고 있다고 주장했다.[51]

---

49 Jason Wahlang, “Russophobia and the West: A Study on Europe Antirussian Sentiments,” *International Journal of Russian Studies*, No.10/2(2021), pp. 115-121.

50 Е. В. Крыжко, П. И. Пашковский, “Генезис и особенности англосаксонской русофобии: геополитическое измерение,” *РЕГИОНОЛОГИЯ*, Том.31, No.1(2023). p. 41.

51 K. Roberts, “Russophobia in the Obama Era Foreign Policy Discourse(2009-2017),” *Vestnik RUDN. International Relations*, Vol.20, No.3(2020), pp. 481-490.

둘째, 러시아 지도자에 대한 공포 및 혐오증이다. 러시아에 대한 루소포비아 인식은 개인에게도 나타나는데 특히 러시아 통치자들에 대한 폭력적인 이미지로 구현된다. 가령 이반 뇌제, 표트르 대제, 니콜라이 1세, 스탈린 그리고 푸틴까지 잔인한 독재자의 이미지를 끊임없이 형성하는 것이다. 특히 푸틴을 절대 악으로 규정하기 위해 서방은 KGB, 스파이, 라스푸틴, 스탈린, 반유대주의 등 부정적인 수식어를 푸틴에게 붙이고, 히틀러의 콧수염을 합성한 사진이 잡지에 게재되기도 했다.[52] 즉, 푸틴을 악마화하고, 이를 바탕으로 푸틴의 러시아를 악의 제국이라는 공포감을 형성하게 만드는 것이다.

그림 2. 푸틴에 대한 혐오증

※ 출처:https://platformraam.nl/debat/western-policies-are-influenced-by-russophobia

---

52 기 메탕, 『루소포비아: 러시아 혐오의 국제정치와 서구의 위선』(가을의 아침, 2022), 438-452쪽.

셋째, 미국의 미디어 산업에서 그려지는 반러시아 이미지이다. 가령 소련 시대 영화 록키4에서 주인공 록키는 소련 권투선수를 상대로 승리하며 소련의 악당이 미국의 영웅에게 패배하는 결말을 보여준다. 그리고 로키와 불윙클과 친구들의 모험The Adventures of Rocky and Bullwinkle and Friends 만화영화에서는 러시아 억양을 쓰는 악당 2명이 끊임없이 등장한다. 또한, 007시리즈에서 아나톨 고골 장군과 같은 러시아 악당이 등장한다. 소련 해체 이후에도 미디어 산업에서 러시아는 여전히 적으로 간주되고 있다. 예를 들어 2001년부터 2013년까지 57개의 베스트셀러 게임에서 러시아는 흔한 적으로 등장하고, 영화 이스턴 프라미스Eastern Promises와 더 이퀄라이저The Equalizer에서 주요 악당은 러시아 마피아이다.[53] 결국 미국의 미디어 산업은 자연스럽게 러시아를 적으로 표현한다는 점에서 러시아는 자국의 우위정체성이 훼손되고 있다고 인식할 수 있다.

3) 타국과의 차별도: 서방과 다른 러시아의 역사 발전경로

자국의 우위정체성과 타국의 정체성 차별은 무엇을 발생하는가? 이와 관련하여 머서Mercer는 만약 사람들이 집단 내에 소속되어 있는 정체성을 형성되면, 자신의 집단을 위해 협력, 이익공유와 이를 위한 희생도 가능하지만, 외부 집단의 경우 차별화하여 집단 간 경쟁, 이해 충돌, 상대적 이익 추구 등이 발생한다고 주장한다.[54] 이와 같은 주장을 국제 관계에 적용해 본다면, 일반적으로 국가는 자국의 이익을 우선시하지만, 만약 자국과 타국 사이 국가정체성의 차이가 있다면, 더욱 상대적으로 더 큰 이득을 추구할 것이다. 마찬가지로 국민정체성이 다른 국민 사이에서는 협력과 이익공유보다는 상대적으로 큰 이득이 자신에게 중요하다고 생각할 것이다. 따라서 러시아의 우위정체성이 서방과 비교하여 차별성이 있는지를 찾아볼 필요가 있다.

---

53 Declan Cronin, "Meet the New Villain, Same as the Old Villain: The New Cold War in American TV, Film, and Video Games," *Of Life and History*, Vol.2, Article 5(2019).

54 Jonathan Mercer, "Anarchy and identity," *International Organization*, Vol.49, No.2(1995), pp. 244-245.

우선 러시아가 역사적으로 서방과 다른 발전경로를 거쳤다는 점을 강조할 필요가 있다. 특히 역사가 중요한 점은 집단정체성의 형성이 집단기억에서 발전하고, 집단기억은 선별적인 역사 사건에서부터 만들어지기 때문이다.[55] 즉, 역사적인 사건과 그에 따른 집단기억은 집단정체성 형성의 초석이므로 만약, 러시아의 역사 발전과 사건이 서방과 큰 차이를 보일 경우 서방과 다른 정체성을 형성하고 있다고 간주할 수 있다.

학자마다 관점은 다르겠지만, 러시아 역사는 크게 키예프 시대(862~1240), 모스크바 공국 시대(1263~1547), 모스크바 왕국 시대(1547~1721), 제정 러시아 시대(1721~1917), 소비에트 시대(1917-191) 그리고 현대 러시아 시대(1992~)로 나누어 볼 수 있다.[56] 그리고 해당 시기별로 러시아가 서방과 다른 역사 발전경로를 걸어온 사례를 찾아볼 수 있다.

첫째, 키예프 시대의 988년 키예프 루시가 콘스탄티노플로부터 기독교를 수용했다. 여기서 중요한 점은 기독교 수용이 로마가 아닌 비잔티움으로부터 이루어졌다는 것이다. 물론 동·서구 교회 분열이 1054년에 일어났지만, 비잔티움으로부터 기독교를 수용했다는 것은 서방의 로마 가톨릭 문화와 러시아와 다른 문명권으로 분류되는 사건이다. 즉, 이와 같은 역사의 경험으로 러시아인들과 폴란드인들 사이 적대적 감정이 발생했고, 러시아가 서구에 의구심을 가지게 만든 것이다.[57]

둘째, 몽골의 침입 이후 약 200년간의 "몽골의 멍에Mongol yoke"이다. 몽골의 장기적인 지배는 당시 러시아의 인구, 경제활동 그리고 정치권력이 북동쪽으로 이동하게 만들었다. 그리고 외부 국가 즉, 비잔티움과 서구와의 관계가 사실상 단절되었다. 이것은 당시 유럽 지역이 르네상스와 종교개혁으로 정신적·문화적 발전을 이루었지만, 모스크바 공국 시대에 러시아는 오히려 문화가 후퇴한 것이다.[58] 즉, 몽골의 장기적 지배는 러시아가 서방의 일원이 아니게 만든 대표적 사건이고, 서방의 가치와 다른 러시아 고

55 민병언, 「감정의 국제정치이론을 위한 시론: 동아시아에 대한 적용 가능성의 탐색」, 『한국정치연구』 제23집 3호(2014), 232쪽.

56 기연수, 『러시아의 정체성: 푸틴과 표트르 대제 그리고 러시아인의 의식구조』(살림, 2009), 23쪽.

57 니콜라스 V. 랴자놉스키, 마크 D. 스타인버그, 『러시아의 역사』(까치, 2011), 62-63쪽.

58 니콜라스 V. 랴자놉스키, 마크 D. 스타인버그(2011), 113-115쪽.

유의 정체성을 형성하게 만든 계기이다.[59]

셋째, 이반 3세 제위 시기 모스크바 대주교 조시마에 의해 주장된 '제3로마사상'이다. 1453년 콘스탄티노플의 몰락하자 모스크바 공국은 정교회 위상 회복과 국내 민족국가 통합을 위해 모스크바가 로마, 콘스탄티노플에 이어 모스크바가 세 번째 로마라고 주장했다. 특히 이반 3세가 비잔틴 황녀 소피와 결혼함으로써 정교회의 정통성을 계승하려 했고, 1589년 총대주교제도를 수립하여 러시아 정교회가 콘스탄티노플로부터 독립하게 되었다.[60] 즉, 제3로마사상을 통해 모스크바 공국은 가톨릭 문화권이 아니고, 정교회 문화권으로 완전히 굳어지게 만든 것이다. 특히 러시아 정교회의 독립은 러시아 정교회 정체성을 확립하게 만든 사건으로 평가할 수 있다.

넷째, 1654년 페레야슬라브 조약으로 인해 모스크바국의 영향력이 우크라이나까지 확대되었다. 당시 우크라이나는 폴란드의 영향력 아래에 놓여있었다. 문제는 종교에 있어서 폴란드는 우니아트 교회(미사, 행사, 관습 등은 동방정교회 의식이지만 로마가톨릭 교황의 수위권을 인정)를 권장했지만, 당시 우크라이나인들은 대부분 정교회를 지지했다. 결국 폴란드의 종교탄압에서 벗어나기 위해 우크라이나는 모스크바국에 도움을 요청했고, 페레야슬라브 조약을 통해 우크라이나의 카자크인들과 영토가 모스크바국에 흡수되었다. 이에 대한 반발로 폴란드-리투아니아와 모스크바국은 '13년 전쟁'이 발생했고, 전쟁의 결과 드네프르강 우측 우크라이나가 모스크바에 양도되고, 서쪽은 폴란드 지배하에 남아있게 되었다.[61] 즉, 가톨릭과 정교회 문제로 모스크바와 폴란드 사이 전쟁이 발생했고, 결국 드네프르강을 기준으로 새로운 국경이 만들어졌다는 점에서 러시아는 종교 정체성 측면에서 유럽의 일원으로 바라보기 어려워진 것이다.

다섯째, 예카테리나 대제 시기 귀족 지위 상승과 농노제의 강화이다. 1772년 푸가초

---

59 김용환, 「'몽골-타타르의 멍에'에 관한 사학사적 고찰 : 문화적 영향을 중심으로」, 『슬라브연구』 제37권 4호(2021), 102쪽.

60 김은실, 「러시아 정교이념의 정치적 수용: '성루시', '제3로마'사상, '메시아니즘'을 중심으로」, 『정치사상연구』 제5집(2001), 210-213쪽.

61 니콜라스 V. 랴자놉스키, 마크 D. 스타인버그(2011), 268-271쪽.

프를 중심으로 한 봉기의 영향으로 비교적 자유주의적인 예카테리나 초반 통치 방식이 보수주의로 변하게 했다. 특히 예카테리나는 1789년 프랑스 혁명에 관해 우려와 적대감을 가졌고, 1798년 루이 16세가 처형당한 이후 프랑스와 관계를 완전히 단절하는 모습을 보였다.[62] 결국 유럽은 프랑스 혁명으로 봉건제가 폐지되고, 자유와 평등사상이 확산한 것과 다르게, 러시아 사회는 농민에 대한 압제가 강화되었다는 점에서 서방과 러시아 사이 정체성의 길이 또다시 갈라지게 했다.

마지막으로 1917년 볼셰비키 혁명의 성공과 양극체제 형성이다. 볼셰비키 혁명의 성공으로 사회주의 이념을 중심으로 한 공산주의 국가 소비에트 사회주의 공화국 연방 건설되었다. 특히 2차 세계대전 이후 동유럽에서 소련의 영향력이 확대됨에 따라 공산주의와 반공산주의 블록으로 나누어지는 '냉전'이 시작되었다. 물론 스탈린 사후 비교적 '철의 장막' 완화되어 소련과 외부 세계의 완전한 단절은 약화했다. 그러나 군사적으로 1949년 자유주의 진영은 북대서양 조약기구NATO가 설립되었고, 이에 대응하여 공산주의 진영이 1955년 바르샤바 조약 기구를 창설함에 따라 미소 관계는 첨예한 갈등 상황이 이어졌다.[63] 소련의 탄생은 외부와의 자유주의 진영과의 단절을 의미하기도 하지만, 러시아 사회에서 자유주의 정체성의 미성숙을 의미하기도 한다. 즉, 러시아와 서방 사이 자유와 인권 등에 대한 가치관의 차별성이 크게 나타나게 되었고, 이것은 러시아와 서방 집단 간의 차별성을 만드는 요인으로 작용한다.

역사 발전경로를 살펴보았을 때 분명히 러시아는 서방과는 다른 경로를 걸어왔다. 따라서 분명히 러시아는 서방과는 다른 정체성을 형성하고 있으므로 타국과 차별성이 클 것으로 예상할 수 있다. 그렇다면 정말로 러시아인들은 서방과 다르다고 판단하는가? 이에 관한 답은 레바다 센터 설문조사를 통해 어느 정도 해소할 수 있다.

2014년 레바다 센터의 설문조사에 따르면, 민주주의 필요성에 관해 설문 응답자의 62%가 필요하다고 응답했다. 그러나 '어떤 종류의 민주주의가 필요한가?'에 관한 질문

---

62 니콜라스 V. 랴자놉스키, 마크 D. 스타인버그(2011), 380-386쪽.

63 니콜라스 V. 랴자놉스키, 마크 D. 스타인버그(2011), 806-851쪽.

에 13%만이 '서방의 민주주의'라고 응답했다. 반면, 55%의 응답자가 '러시아 국가 전통과 특수성에 부합한 민주주의'를 그리고 16%가 '소련식 민주주의'로 응답했다. 또한, '서구식 민주주의가 필요한가?'에 관한 질문에는 '필요하다'라는 응답이 5%에 불과했고, '러시아에 맞추어 변화가 필요하다'라는 응답이 39%, '러시아에 적합하지 않고, 파괴적이라는 응답'이 45%였다. 한편, 서방과의 관계와 관련하여 64%의 응답자가 '서방을 불신하고 있다'라고 응답했다. 그리고 자신의 '정체성이 서구적이지 않다'라는 응답이 43%, '서구적 가치를 지닌 정체성이 중요하지 않다'라는 응답이 37%였다.[64] 즉, 러시아인들은 스스로 자신이 서방의 정체성과 다르고, 서방의 가치관을 수용하는 것이 불필요하다고 판단하고 있는 것이다.

결국 러시아는 서방과 다른 우위 정체성을 가지고 있으므로 서방이 러시아를 비난, 폄하에 크게 반응할 것이다. 즉, 루소포비아로 만들어진 반서방 집단감정의 강도가 크게 형성되고, 이에 반응하여 애국주의 집단감정은 더욱 강해지는 효과가 나타날 것으로 보인다.

4) 매개적 요인: 푸틴

러시아 정치체제는 전통적인 권위주의 체제보다는 하이브리드hybrid 정치체제에 가깝다. 그러나 하이브리드 정치체제가 일인 혹은 집단에 의해 통치되지만, 현대 러시아의 정치는 푸틴의 개인적 권위와 역할이 강조되는 특징이 있다. 따라서 장덕준의 의견을 빌려보자면 러시아의 정치체제를 푸틴주의가 가미된 '러시아적 하이브리드' 체제로 설명할 수 있다. 여기서 주목해야 할 점은 러시아적 하이브리드 정치체제 형성 조건 중 가장 중요한 것은 푸틴주의 즉, 푸틴 요인이라는 것이다.[65]

---

64 "Does Russia need democracy?," LEVADE-CENTER, https://www.levada.ru/en/2014/11/05/does-russia-need-democracy/ (검색일: 2024.08.01.)

65 장덕준, 「푸틴시기 러시아의 정치체제: '푸틴주의'의 특성을 중심으로」, 『중소연구』 제42권 3호(2018), 244-253쪽.

푸틴의 통치체제의 특징은 다양하지만, 무엇보다 눈에 띄는 것은 러시아 국민의 압도적인 지지를 받아 정치체제가 유지되고 있다는 것이다. 레바다 센터의 통계자료를 참고하자면, 푸틴의 지지율은 대통령 당선 이후 최소 60%대를 유지했고, 2014년 크림 병합과 2022년 우크라이나 침공 이후 지지율은 80%대로 러시아 국민의 압도적인 지지를 얻고 있다.[66] 또한, 2023년 레바다 설문조사에 따르면, '2024년 푸틴의 재선'에 관한 질문에 68%가 찬성을 하는 모습을 보였다. 그리고 푸틴의 재선을 찬성 응답자 중 29%는 찬성의 원인을 '푸틴의 올바른 정책'으로, 20%는 '푸틴이 러시아의 필요한 리더'로, 17%는 '국민을 위하기 때문'으로 응답했다.[67]

앞선 통계 내용으로 추정컨대 푸틴은 러시아 국민에게 압도적인 지지를 받고 있으므로 푸틴이 국민에게 미칠 수 있는 정치적 영향력은 매우 클 것으로 예측할 수 있다. 즉, 푸틴은 앞서 제시한 집단감정 형성의 인과적 요인을 증폭시킬 수 있는 매개적 요인으로 작용할 가능성이 크다. 따라서 본 절에서는 매개적 요인으로 푸틴의 개인적 특징을 정책과 수사를 통해 살펴보고, 푸틴이 어떤 방식으로 러시아 우위정체성을 강화했는지 추정해 볼 것이다.

우선 푸틴의 러시아 정교회의 정치화이다. 푸틴은 전통주의 중 특히 러시아 전통적인 가족의 가치를 강조한다. 그리고 이와 같은 푸틴의 가치관은 법안을 통해 나타나기도 한다. 가령 푸틴은 2013년부터 '비전통적인 성관계'를 지지하는 내용을 어린이들에게 유포할 때 처벌이 가능한 성소수자 선전 금지법을 채택했다. 그리고 2022년 12월 확대된 성소수자 선전 금지법 개정을 통해 보호 대상을 성인에게까지 확대했다.[68]

---

66 "Putin's Approval Rating," LEVADA-CENTER, https://www.levada.ru/en/ratings/ (검색일: 2024.07.20.)

67 "Attitude to Vladimir Putin," LEVADA-CENTER, https://www.levada.ru/en/2023/10/20/attitude-to-vladimir-putin/ (검색일: 2024.07.20.)

68 "[이슈트렌드] 러시아 하원, 성소수자 선전 금지법 개정안 채택... 국내외에서 우려 표명," https://www.kiep.go.kr/aif/issueDetail.es?brdctsNo=339505&mid=a10200000000&search_option=&search_keyword=&search_year=&search_month=&search_tagkeyword=&systemcode=04&search_region=04010100&search_area=&currentPage=5&pageCnt=10 (검색일: 2024.07.15.)

결국 푸틴은 러시아 정교회를 통해 국가정체성을 형성하고, 이를 통해 러시아 고유한 역사, 문화를 강조하여 푸틴의 정치체제를 강화하고 있다.[69] 즉, 푸틴 정부 아래 러시아 정교회 정체성은 서방의 가치가 국내로 유입하는 것을 차단하고, 러시아 정교회 정체성이 러시아의 핵심 가치로 규정하여, 정부와 종교기관의 상호 협력 관계를 바탕으로 러시아적 하이브리드 체제의 정당성을 확보하고 있다.[70]

둘째, 승리의 역사와 애국주의의 강조이다. 푸틴은 역사적 배경, 특성, 인종, 국적, 종교, 이념 등이 유사한 개인 혹은 집단 사이 공유 정체성을 형성하는 정체성 정치를 거침없이 구사하는 특징이 있다. 특히 푸틴은 승전기념일 군사 퍼레이드를 통해 러시아의 군사력을 대외에 보여주면서 러시아 국가정체성 강화, 반서방 정체성 확립, 애국심 고취 등을 이루어내려는 목적의식이 뚜렷한 것이다.[71]

심지어 푸틴 정부는 러시아의 승리 역사를 법적으로 보호하고 있다. 가령 2020년 러시아 헌법에 러시아 연방 조국 수호자들의 기억을 존중하고, 역사적 진실을 보호하며 조국 수호에서 영웅적 행위의 중요성을 폄하하는 것을 금지하는 조항을 추가했다. 또한, 2021년 5월 두 가지 법안을 통과시켜 참전 용사들에 대한 모욕과 허위 정보 유포, 2차 세계 대전에 대한 허위 사실 유포 등의 처벌을 강화했다.[72]

한편, 푸틴은 러시아 국민의 애국심을 강화하기 위해 적극적인 애국주의 교육을 수

---

69 Allen Maggard, "Mandate of Heaven: Russian Orthodoxy and the Politics of National Identity," CSIS, May 2015, https://www.csis.org/blogs/post-soviet-post/mandate-heaven-russian-orthodoxy-and-politics-national-identity (검색일: 2024.05.19.)

70 Madison Urban, Andrew Liflyandchick, Gabrielle Kennedy, "Religion and Foreign Subversion: The Russian Orthodox Church," IRREGULAR, May 2024, https://irregularwarfarecenter.org/publications/insights/religion-and-foreign-subversion-the-russian-orthodox-church/ (검색일: 2024.6.25.)

71 Zeffry Alkatiri, Reynaldo De Archellie, "National patriotic day parade: the politics of historical memory and reconstruction of the russian identity during putin era," *Cogent Arts&Humanities*, Vol.8, No.1(2021), pp. 10-12.

72 Nicolay Koposov, ""The Only Possible Ideology": Nationalizing History in Putin's Russia," *Journal of Genocide Research*, Vol.24, No.2(2021), p. 215.

립 · 실행했다. 애국주의 교육의 특징으로 우선 반서방적이고, 군국주의 수사를 사용하며 조국을 위한 자기희생의 필요를 강조한다. 그리고 교육의 우선순위가 청소년이고, 군사와 연결된 애국주의를 형성한다. 또한, 애국주의 담론은 서방을 확실하게 타자화하여 서방으로부터 발생하는 외부 위협에 방어의 필요성을 부각하고 있다.[73]

셋째, 반서방 인식과 대외정책이다. 푸틴 집권 초창기부터 푸틴 정부가 반서방 기조가 나타난 것은 아니다. 가령 미국의 9 · 11테러로 혼란스러운 시국 대통령 중 가장 먼저 부시에게 전화를 걸어 위로를 전한 것은 푸틴이었다. 그리고 푸틴은 테러와의 전쟁에 적극적으로 협력을 약속했다. 그러나 이라크 전쟁, 구소련 지역에서 색깔혁명, 아랍의 봄, 나토의 동진 등의 원인으로 푸틴은 서방을 협력 대상이 아닌 적대적 대상으로 표현하기 시작했다. 특히 2012년 푸틴 3기가 시작되고 러시아 내 반서방 담론을 노골적으로 강화했는데 서방으로부터 자국 방어 필요성 논리를 중심으로 러시아의 공세적 외교정책의 정당성을 부여했다.

그렇다면 푸틴은 어떤 공격으로부터 무엇을 방어하고 있는 것인가? 우선 푸틴이 지켜내고자 하는 것은 국제사회에서 러시아의 강대국 지위이다. 즉, 푸틴은 다극화된 세계질서를 추구하면서 특히 구소련 공간에서 러시아의 우월적인 영향력을 확보하려 한다. 이런 푸틴의 대외인식과 전략을 저해하는 요인으로는 유라시아 지역으로의 나토와 민주주의의 확대이다.[74] 한편 나토와 민주주의 확대는 국내 정권 안정에서 부정적인 영향을 미친다. 특히 앞서 언급한 것과 마찬가지로 러시아 정치체제가 권위주의 속성이 다분한 상황에서 구소련 지역에 만연해 있는 권위주의 국가들의 붕괴는 러시아적 하이브리드 체제의 붕괴로 이어질 수 있다.

결국 푸틴 입장에서 구소련 지역은 러시아의 이익과 자국의 정치체제 안정을 위한 공

---

73 Petr Kratochvil, Gaziza Shakhanova, "The Patriotic Turn and Re-Building Russia's Historical Memory: Resisting the West, Leading the Post-Soviet East," *Problems of Post-Communism*, Vol.68, No.5 (2021), pp. 445-446.

74 Andrew Doris, Thomas Graham, "What Putin Fights For," *Survival*, Vol.64, No.4(2022), pp. 78-83.

간이다. 문제는 2003년 조지아의 장미혁명, 2004년 우크라이나의 오렌지혁명, 2005년 키르기스 공화국의 튤립혁명 등의 색깔혁명이 확산한 경험이 있고, 특히 2014년 유로마이단으로 반러시아 성향이 짙은 정권이 수립되면서 푸틴의 민주주의 확산에 관한 위협인식은 더욱 커졌다. 또한 만약 반러시아 성향의 국가가 나토에 가입한다면, 러시아는 군사적으로 고립될 가능성도 높아진다.

매개적 요인으로 푸틴 요인을 거칠게 요약하자면 다음과 같다. 우선 푸틴은 러시아 국민과 엘리트들에게 전폭적인 지지를 받고 있고, 정치적 영향력이 매우 높다. 그리고 푸틴은 자국의 국내외 정치적 안정을 위해 러시아 정교회와 승리의 역사를 바탕으로 러시아 국가정체성을 강화하고 있고, 애국심을 고취하고 있다. 특히 푸틴은 이와 같은 국가정체성 형성과 애국주의 고취를 위해 반서방 인식과 담론을 거침없이 사용하여 대외정책을 수립 · 실행하고 있고, 이를 러시아 국민이 긍정적으로 평가하고 있다. 따라서 러시아인의 반서방 · 애국주의 집단감정을 형성하기에 푸틴 요인 크게 작용한다고 평가할 수 있다.

IV. 결론

본 연구는 러시아의 외교정책 결정에서 러시아 국민의 집단감정이 큰 역할을 했을 것이라는 가정 아래 러시아인의 반서방 · 애국주의 집단감정의 결정 메커니즘은 은용수의 4가지 가설에 적용하여 분석했다. 분석 결과의 시사점을 정리하자면 다음과 같다. 첫째, "러시아의 사회적 폐쇄성이 높고, 우위 정체성 재현이 반복적인가?"에 관한 가정에 맞추어볼 때 러시아는 민족구성, 언어, 종교, 정치이념 측면에서 러시아는 정량적으로 다민족, 다중언어, 다종교 사회 그리고 다당제로 볼 수 있지만, 정성적으로 4가지 집단화 조건이 본질적으로 폐쇄적인 조건을 충족하고 있다. 즉, 러시아인들의 개인감정이 집단감정으로 전환하기에 수월한 조건으로 간주할 수 있다. 또한 러시아인들의 우위정체성은 러시아 정교회 정체성과 승전일의 기억으로 꼽아볼 수 있는데 이것은 의무

교육, 사회교육 그리고 승전기념일 행사 등을 통해 러시아 사회에서 우위정체성 표상화 정도가 높은 것을 알 수 있었다.

둘째, "타국의 우위정체성 폄하 여부"와 관련하여 타국이 러시아 우위정체성에 관한 폄하는 심한 편으로 루소포비아 현상이 만연해 있었다. 따라서 러시아인은 자국의 우위정체성을 폄하는 감정을 느낄 수 있다. 즉, 서방의 반러시아 감정은 러시아인들의 우위정체성을 훼손하는 결과를 가져오고, 이에 대응하여 러시아인은 반서방 · 애국주의 감정을 가지게 되는 것이다.

셋째, "타국과 다른 우위 정체성이 있는가?"와 대하여 러시아 역사 발전에서 주요 사건들을 살펴본 결과 러시아 역사는 서방과 다른 역사적 발전경로를 걸었다. 즉, 러시아는 고유의 역사 가치관이 있었을 것이므로 서방과는 다른 집단으로 인식하고 있었다. 따라서 타국의 폄하에 러시아 집단이 느끼는 부정적인 집단감정은 크다.

마지막으로 "집단감정 주창자의 역할이 큰가?"에 관해 요약하자면, 반서방 · 애국주의를 고취하는 푸틴 요인이었다. 푸틴은 매개적 요인으로 작용하기에 국민의 전폭적인 신뢰를 얻고 있었다. 또한 푸틴의 정체성 정치와 정책은 러시아인들의 반서방 · 애국주의 집단감정을 더욱 강화하는 효과를 가져왔다.

그렇다면 우크라이나 전쟁에 러시아 집단감정이 큰 역할을 했다면, 우크라이나 전쟁 종결에 러시아 집단감정도 영향을 미칠 것인가? 우크라이나 전쟁의 전망은 다양한 관점으로 분석되고 있다. 다만, 본 연구는 집단감정 형성 요인에 관한 연구이므로 집단감정 관점에서 전쟁을 전망해 보자면, 전쟁이 빠르게 종식되기는 어려울 것으로 보인다. 왜냐면 전쟁이 격화됨에 따라 서방은 러시아를 더욱 적으로 간주하고 있고, 러시아인들은 그들에 맞서서 자국을 지켜내야 한다는 반서방 · 애국주의 집단감정이 더욱 공고화될 가능성이 있기 때문이다. 더욱이 러시아가 '2023년 러시아연방 대외정책 개념'을 통해 국제사회가 미국을 비롯한 서방 중심 사회이고, 이와 같은 국제사회 기조를 유지하기 위해 러시아를 고립하고 있다고 적시하며 자국 생존권의 중요성을 강조했다. 즉, 우크라이나 전쟁 이후 인과적 및 매개적 요인이 더욱 반서방 · 애국주의 집단감정을 굳어지게 만들고 있는 것이다.

본 연구는 국내에서 생소한 집단감정이라는 관점을 통해 러시아의 반서방 · 애국주의 집단감정 형성 메커니즘과 우크라이나 전쟁의 영향을 살펴보았다. 문제는 본 연구가 가지는 한계점이 있다. 우선 집단감정이 우크라이나 전쟁에 영향을 미친 것은 예측되지만, 우크라이나 전쟁이 다시 집단감정에 미치는 영향을 구체적으로 살펴보지 못했다는 것이다. 둘째 국민의 집단감정이 외교정책 결정자에게 미치는 실질적 정도를 측정하기 어렵고, 집단감정이 외교정책 결정자의 외교 인식 사이의 상호 작용의 강도도 알기 어렵다. 따라서 향후 연구에서 집단감정을 수치화할 수 있는 방법론을 적용하여 실질적인 변화를 측정하는 것이 중요할 것으로 판단된다.

참고문헌

권오용.「혐오와 비판이론: 편견을 통한 사회적 증오 행위의 정당화와 그에 대한 대응」. 박인찬 · 하홍규 (편).『혐오이론 II: 학제적 접근』한울 아카데미, 2023.

기 메탕,『루소포비아: 러시아 혐오의 국제정치와 서구의 위선』. 가을의 아침, 2022.

기계형.「상트페테르부르크와 모스크바 '두 도시' 이야기: '대조국전쟁' 기념비를 둘러싼 전쟁의 기억과 추모 사이에서'」.『도시연구: 역사 · 사회 · 문화』제16호(2016), 53-54쪽.

기연수.『러시아의 정체성: 푸틴과 표트르 대제 그리고 러시아인의 의식구조』살림, 2009.

김용환.「'몽골-타타르의 멍에'에 관한 사학사적 고찰 : 문화적 영향을 중심으로」.『슬라브연구』제37권 4호(2021), 102쪽.

김은실.「러시아 정교이념의 정치적 수용: '성루시', '제3로마'사상, '메시아니즘'을 중심으로」.『정치사상연구』제5집(2001), 210-213쪽.

남궁곤.「외교정책과 여론: 'Almond-Lippmann Consensus'와 그 비판적 검토」.『한국과 국제정치』15권 1호(1999), 54-57쪽.

남혜현.「현대 러시아 언어정책에 나타난 언어이념」.『노어노문학』제28권 3호(2016), 17-19쪽.

니콜라스 V. 랴자놉스키, 마크 D. 스타인버그.『러시아의 역사』까치, 2011.

민병언.「감정의 국제정치이론을 위한 시론: 동아시아에 대한 적용 가능성의 탐색」.『한국정치연구』제23집 3호(2014), 232쪽.

박준성.「혐오에 대한 심리학적 접근」. 박인찬 · 하홍규 (편).『혐오이론 I: 학제적 접근』. 한울 아케데미, 2022.

박태성.「러시아 학교에서의 정교교육」.『슬라브연구』제25권 1호(2009), 53-57쪽.

송준서.「기억의 정치학: 러시아 국가통합 도구로서 전쟁의 기억」.『중소연구』제36권 1호(2012), 176-177쪽.

연담린.「러시아 엘리트 정치 동학의 변화 연구: 2021년 국가두마 선거를 중심으로」.『국제 · 지역연구』32권 2호(2023), 89-91쪽.

유진숙.「러시아 정당체제 형성과 변화」. 김학준 · 장덕준 외 편.『현대 러시아의 해부』동북아역사재단, 2014.

은용수.「국제관계학에서의 감정 (예비)이론화: 집단감정은 어떻게 유발되는가?」.『한국정치학회보』52집 2호(2018), 131-132쪽.

이문영.「러시아-우크라이나 전쟁과 나토: 쟁점과 여론」.『슬라브학보』제37권 3호(2022), 89-93쪽.

이신욱.「2022년 러시아-우크라이나 전쟁에 대한 고찰: 세력균형 문제를 중심으로」.『국제정치연구』제25집 4호(2022), 113-123쪽.

장덕준.「푸틴시기 러시아의 정치체제: '푸틴주의'의 특성을 중심으로」.『중소연구』제42권 3호(2018), 244-253쪽.

장세호.「2021-2022년 우크라이나 사태: 러시아의 목표 · 전략과 향후 전망 변수」.『국제지역연구』제26권 1호(2022), 8-9쪽.

______.「2021년 러시아 총선 평가와 향후 정세 전망」.『INSS 전략보고』No.142 (2021), 1-12쪽.

정희석.「러시아 푸틴 대통령의 권위주의 통치와 삼권분립」.『국제정치연구』제23집 3호(2020), 135-138쪽.

제성훈.「러시아-우크라이나 전쟁의 의미와 한반도: 세계질서, 안보딜레마, 정체성」.『슬라브학보』제39권 4호(2023), 681-692쪽.

토머스 레밍턴. 『러시아정치의 이해』 한울, 2014.

황성우. 「타자의 수용: 러시아 정교와 민간신앙의 혼종」. 러시아연구 제36권 4호(2020), 82쪽.

황원준. 「동맹의 복합 딜레마: 나토와 러시아 · 우크라이나 전쟁」. 『국제지역연구』 제32권 1호(2023), 117-130쪽.

Alkatiri Zeffry, Archellie Reynaldo De. "National patriotic day parade: the politics of historical memory and reconstruction of the russian identity during putin era." *Cogent Arts&Humanities.* Vol.8, No.1 (2021). pp. 10-12.

Blakkisrud Helge. "Russkii as the New Rossiiskii? Nation-Building in Russia After 1991." *Nationalities Papers.* Vol.51, No. 1 (2023). pp. 64-79.

Cooperman Alan, Connor Phillip, O'Connell Erin. "Russians Return to Religion, But Not to Church." *Pew Research Center,* 2014. pp. 2.

Cronin Declan. "Meet the New Villain, Same as the Old Villain: The New Cold War in American TV, Film, and Video Games." *Of Life and History* Vol.2, Article 5 (2019).

Doris Andrew, Graham Thomas. "What Putin Fights For." *Survival.* Vol.64, No.4 (2022). pp. 78-83.

Köllner Tobias. "Patriotism, Orthodox religion and education: empirical findings from contemporary Russia." *Religion, State&Society.* Vol.44, No.4 (2016). pp. 381.

Koposov Nicolay. ""The Only Possible Ideology": Nationalizing History in Putin's Russia."*Journal of Genocide Research.* Vol.24, No.2 (2021). pp. 215.

Kratochvil Petr, Shakhanova Gaziza. "The Patriotic Turn and Re-Building Russia's Historical Memory: Resisting the West, Leading the Post-Soviet East." *Problems of Post-Communism.* Vol.68, No.5 (2021). pp. 445-446.

Krouglov Alex. "Language planning and policies in Russia through a historical perspective." *Current Issues in Language Planning.* Vol.23, No.4 (2022). pp. 423-424.

Mearsheimer John. "The Causes and Consequences of the Ukraine War." *Horizons: Journal of International Relations and Sustainable Development.* No.21 (2022). pp. 12-27.

Mercer Jonathan. "Anarchy and identity." *International Organization.* Vol.49, No.2 (1995). pp. 244-245.

Roberts K. "Russophobia in the Obama Era Foreign Policy Discourse(2009-2017)." *Vestnik RUDN. International Relations.* Vol.20, No.3 (2020). pp. 481-490.

Shakhanova Gaziza Kratochvíl Petr. "The Patriotic Turn in Russia: Political Convergence of the Russian Orthodox Church and the State?" *Politics and Religion.* Vol. 15 (2022). pp. 126-132.

Shevel Oxana. "Russian Nation-building from Yel'tsin to Medvedev: Ethnic, Civic or Purposefully Ambiguous?" *Europe-Asia Studies.* Vol. 63, No.2 (2011). pp.186.

Sheypak Svetlana. "Orthodox education in Russian schools: an ideological choice." *British Journal of Religious Education.* Vol.42, No.2 (2020). pp. 170-175.

Wahlang Jason. "Russophobia and the West: A Study on Europe Antirussian Sentiments." *International Journal of Russian Studies.* No.10/2 (2021). pp. 115-121.

Крыжко Е. В. Пашковский П. И. "Генезис и особенности англосаксонской русофобии: геополитическое измерени е." *РЕГИОНОЛОГИЯ.* Том.31, No.1 (2023). pp. 41.

"[러시아 이슈 테트리스 2022-1호] 종교", https://www.mofa.go.kr/www/brd/m_20834/view.do?seq=17 (검색일: 2024.05.21.)

"[이슈트렌드] 러시아 하원, 성소수자 선전 금지법 개정안 채택... 국내외에서 우려 표명," https://www.kiep.go.kr/aif/issueDetail.es?brdctsNo=339505&mid=a10200000000&search_option=&search_keyword=&search_year=&search_month=&search_tagkeyword=&systemcode=04&search_region=04010100&search_area=&currentPage=5&pageCnt=10 (검색일: 2024.07.15.)

유철종, "[특파원 시선] 크렘린, '대조국 전쟁' 승리 이끈 애국심 기대하나," 연합뉴스, 2020년 5월, https://www.yna.co.kr/view/AKR20200528201100080 (검색일: 2024.08.15.)

"Rumblings In The Republics: New Russian Nationalities Policy Sparks Outcry", RFERL, https://www.rferl.org/a/new-russian-nationalities-policy-sparks-outcry/24786140.html (검색일: 2027.07.23.)

"Russian President Approves New Ethnic-Relations Strategy," RFERL, https://www.rferl.org/a/russia-putin-approves-ethnic-strategy/24803562.html (검색일: 2024.07.23.)

"Федеральный закон "О свободе совести и о религиозных объединениях" от 26.09.1997 N 125-ФЗ (последняя редакция)" https://www.consultant.ru/document/cons_doc_LAW_16218/ (검색일: 2024. 03. 12)

"Федеральный закон от 29 декабря 2012 г. N 273-ФЗ "Об образовании в Российской Федерации," https://www.rg.ru/documents/2012/12/30/obrazovanie-dok.html (검색일: 2024.07.21.)

Allen Maggard, "Mandate of Heaven: Russian Orthodoxy and the Politics of National Identity," CSIS, May 2015, https://www.csis.org/blogs/post-soviet-post/mandate-heaven-russian-orthodoxy-and-politics-national-identity (검색일: 2024.05.19.)

Emily Ranken, "Tradition, militarisation and national identity: the significance of Victory Day in Russia," Medium, May. 2024, https://medium.com/@Russiandemocraticsociety/tradition-militarisation-and-national-identity-the-significance-of-victory-day-in-russia-b19ec3c81270 (검색일: 2024.05.12.)

http://archive.ipu.org/parline-e/reports/2263_arc.htm, (검색일: 2024.08.05.)

Janine di Giovanni, "The Real Reason the Russian Orthodox Church's Leader Supports Putin's War," Foreign Policy, Apr. 2022, https://foreignpolicy.com/2022/04/26/ukraine-war-russian-orthodox-church-support-patriarch-kirill-homophobia/ (검색일: 2024.08.11.)

LEVADA-CENTER, "Attitude to Vladimir Putin" https://www.levada.ru/en/2023/10/20/attitude-to-vladimir-putin/ (검색일: 2024.07.20.)

LEVADA-CENTER, "Does Russia need democracy?" https://www.levada.ru/en/2014/11/05/does-russia-need-democracy/ (검색일: 2024.08.01.)

LEVADA-CENTER, "Putin's Approval Rating" https://www.levada.ru/en/ratings/ (검색일: 2024.07.20.)

LEVADA-CENTER, "Гордость и стыд," https://www.levada.ru/2017/03/01/gordost-i-styd/ (검색일: 2024.08.11.)

LEVADA-CENTER, https://www.levada.ru/en/2022/04/11/the-conflict-with-ukraine/ (검색일: 2024.03.15.)

Leyla Latypova, "Languages in Russia Disappearing Faster than Data Suggests, Activists Warn," The Moscow Times, Mar. 2023, https://www.themoscowtimes.com/2023/03/13/languages-in-russia-disappearing-faster-than-data-suggests-activists-warn-a80432 (검색일: 2024.07.24.)

Madison Urban, Andrew Liflyandchick, Gabrielle Kennedy, "Religion and Foreign Subversion: The Russian Orthodox Church," IRREGULAR, May 2024, https://irregularwarfarecenter.org/publications/insights/religion-and-foreign-subversion-the-russian-orthodox-church/ (검색일: 2024.6.25.)

Vadim Shtepa, "How New Are the 'New People' in Russia's Parliament?" *Eurasia Daily Monitor* Vol. 18 No. 152, https://jamestown.org/program/how-new-are-the-new-people-in-russias-parliament/ (검색일: 2023. 05. 27)

제2장

우크라이나 전쟁과 러시아의 에너지 안보

제2장

에너지로 본 우크라이나 전쟁과 국제질서의 변화*: 공공재론적 패권안정론을 중심으로

정선미

(한국외대 국제지역연구센터 HK연구교수)

Ⅰ. 서론

2022년 2월 24일, 블라디미르 푸틴 러시아 대통령은 대국민 담화를 통해 우크라이나 돈바스 지역에 대한 특별군사작전을 선언하고 우크라이나를 침공했다. 푸틴은 침공 사흘 전인 2월 21일 대국민 TV 연설을 통해 루한스크와 도네츠크의 독립 결정의 이유를 극우민족주의와 신나치 세력의 확산으로부터 보호하고, 러시아 안보에 직접적인 위협이 되는 나토 병력 및 시설의 우크라이나 배치를 차단하기 위함이라고 밝혔다.[1]

그러나 우크라이나 전쟁이 7개월을 넘어가는 현재 확인된 우크라이나 민간인 사상자만 5,000명이 넘으며, 피란민 규모도 60만 명에 달하는 등 민간인 피해가 눈덩이처럼 불어나면서 러시아가 밝힌 우크라이나 보호라는 명분이 무색해졌다.[2] 게다가 러시아

---

* 본 논문은 러시아연구 제32권 2호(2022)의 글을 일부 수정 및 보완한 것임.

1 "Обращение Президента Российской Федерации," Kremlin, 2022년 2월, http://kremlin.ru/events/president/news/67828 (검색일: 2022.08.03.).

인접국인 핀란드와 스웨덴의 나토 가입에 대해 푸틴이 러시아 안보를 직접적으로 위협하는 시설과 무기를 배치하지 않는 한 이를 막기 위한 조치를 취하지 않겠다는 견해를 밝히면서 러시아가 내세운 나토 동진 저지라는 명분 역시 유명무실해졌다.[3]

반면 푸틴이 공식적인 침공 이유로 밝히지는 않았지만, 그동안 러시아와 중국이 지속적으로 불만을 제기해왔던 미국 중심의 일극질서가 우크라이나 전쟁을 기점으로 변화의 움직임을 보이고 있다. 러시아를 유엔 인권이사회에서 제명하는 사안에 대해 인도와 브라질, 이집트, 사우디아라비아, 아랍에미리트, 인도네시아 등 '중견국'들이 기권하면서 서방의 러시아 규탄 분위기에 동조하지 않는 모습을 보였다.[4] 특히 쿼드QUAD (Quadrilateral Security Dialogue) 회원국이자 서방의 주요 동맹국 중 하나인 인도는 서방이 대러제재를 단행하는 사이 루피-루블화 결제시스템을 구축하고 러시아산 에너지 수입을 늘리는 한편[5], 러시아가 주관하는 보스토크Vostok 2022 훈련에 참여하는 등 러시아와의 협력을 강화하고 있다.[6] 게다가 일본은 미국과의 동맹국임에도 불구하고 금년 8월 러시아와 '사할린-2' LNG 구매 계약을 새로이 체결했으며,[7] 베트남과 인도네시아, 튀르키예 등 신흥국에서 러시아와 방위산업뿐만 아니라 에너지 부문에서도 교역을 확대하고

---

2 *Ibid.*

3 Elena Teslova, "Putin says Finland, Sweden's entry to NATO no threat to Russia, but will draw a response," Anadolu Agency, 2022년 5월, https://www.aa.com.tr/en/world/putin-says-finland-swedens-entry-to-nato-no-threat-to-russia-but-will-draw-a-response/2589464(검색일: 2022. 08.25.).

4 "Calculating the Costs of the Russia-Ukraine War After 6 Months," The New York Times, 2022년 8월, https://www.nytimes.com/2022/08/24/world/europe/russia-ukraine-war-toll.html(검색일: 2022.08.26.).

5 Shruti Menon, "Ukraine crisis: Russian oil turns to Asia," BBC, 2022년 9월, https://www.bbc.com/news/world-asia-india-60783874(검색일: 2022.09.18.).

6 Rajeswari Pillai Rajagopalan, "India Sending Troops to Russian Vostok 2022 Exercise," The Diplomat, 2022년 8월, https://thediplomat.com/2022/08/india-sending-troops-to-russian-vostok-2022-exercise/(검색일: 2022.09.05.).

7 "Japan's JERA signs new LNG deal with Russia's Sakhalin-2," Reuters, 2022년 8월, https://www.reuters.com/business/energy/jera-signs-deal-with-new-operator-russias-sakhalin-2-keep-lng-contract-2022-08-26/(검색일: 2022.09.21.).

있다.[8] 이러한 움직임과 함께 우크라이나 전쟁에서 목도된 유엔과 나토의 무력함과 동시에 에너지 안보라는 유럽 내 이익과 미국이 주도하는 자유주의적 국제질서라는 가치가 상충하면서 미국 패권체제의 지속성에 대한 의문이 곳곳에서 제기되고 있다.

냉전 종식과 함께 형성된 미국 중심의 패권 질서가 지속되는 가운데 중국의 급속한 성장으로 '중국 위협론'이 대두되면서 미국 패권의 지속성에 관한 학계의 연구들이 그동안 활발하게 진행됐다. 특히 2020년 초 발생한 코로나19 팬대믹pandemic 사태로 세계 정치경제가 지대한 영향을 받으면서 코로나19가 국제질서에 미치는 영향에 관한 연구들이 국내외에서 다수 수행되었다. 김상배는 코로나19를 신흥안보의 사례로 바고 복합지정학 개념을 사용하여 코로나19가 복잡한 상호작용을 통해 창발해 나가면서 미중 패권경쟁을 가속화시키고 복합화시킨다고 보았다.[9] 이상만은 코로나19의 창궐로 부각된 신자유주의 세계질서의 문제점들로 탈세계화와 탈지역화 추이가 나타나면서 포스트 냉전시기 신자유주의적 패러다임을 재성찰해야 한다고 주장했다.[10] 칼라 노렐Carla Norrlöf은 코로나19가 자유주의적 국제질서에 근간이 되는 공공재에 영향을 주면서 미국 패권에 영향을 미치고 있으며, 미국은 자국의 패권이 유지되는 통화monetary를 이용하여 패권을 유지할 수 있다고 주장했다.[11]

이처럼 코로나19라는 세계사적인 사건으로 미국중심의 국제질서가 흔들리고 있다

---

8 "Indonesia considering buying Russian oil as fuel prices soar, FT reports," Reuters, 2022년 9월, https://www.reuters.com/business/energy/indonesia-considering-buying-russian-oil-fuel-prices-soar-ft-2022-09-12/(검색일: 2022.09.20.), "Putin: 25% of Russian gas supplies to Turkey will be paid for in roubles," Reuters, 2022년, 9월, https://www.reuters.com/world/putin-25-russian-gas-supplies-turkey-will-be-paid-roubles-2022-09-16/(검색일: 2022.09.20.), "Vietnam PM says respects Russia relations, hopes to boost cooperation," Reuters, 2022년 9월, https://www.reuters.com/world/asia-pacific/vietnam-pm-says-respects-russia-relations-hopes-boost-cooperation-2022-09-07/(검색일: 2022.09.12.).

9 김상배, 「코로나19와 신흥안보의 복합지정학 : 팬데믹의 창발과 세계정치의 변환」, 『한국정치학회보』 제54권 제4호(2020), 53-81쪽.

10 이상만, 「코로나19의 정치경제와 위기의 신자유주의」, 『아시아연구』 제23권 제2호(2020), 1-46쪽.

11 C. Norrlöf, "Is COVID-19 the end of US hegemony? Public bads, leadership failures and monetary hegemony," *International Affairs*, №96/5(2020), pp. 1281-1303.

는 주장이 제기되는 가운데 발생한 우크라이나 전쟁은 미국 단일 패권체제의 위기로 작용할 수 있다. 특히나 과거 패권질서의 변화에 전쟁이 크게 기여했다는 점에서 더욱 그러하다. 16세기 패권국이었던 스페인은 네덜란드와의 전쟁으로 네덜란드에게 패권을 빼앗겼으며, 네덜란드는 17세기 후반 영국과의 전쟁으로 영국에게 패권을 넘겨줬다. 20세기 유럽에서 발발한 제1차 세계대전은 미국이 제조업 강국으로 성장하면서 영국의 패권국 위치를 넘겨받는 계기가 되었다. 이같은 과거 경험을 비추어 볼 때, 우크라이나 전쟁은 세계질서 변화의 중요한 기점으로 작용할 가능성이 있다. 더욱이 셰일혁명, 코로나19 등 일련의 사건으로 인해 에너지 환경이 복잡하게 변화하는 과정에서 러시아가 우크라이나 전쟁을 계기로 에너지를 무기화하면서 이같은 상황은 더욱 빠르게 변화하고 있다.

이처럼 미국 중심의 패권질서가 여러 부문에서 변환을 겪고 있는 세계 정치경제의 복합적인 양상을 염두에 둘 때, 우크라이나 전쟁이 아직 진행되고 있음에도 우크라이나 전쟁의 세계정치를 보는 이론적 분석틀을 시급히 마련할 필요가 있다. 이러한 상황인식을 바탕으로 본 연구는 가장 대표적인 국제체계 수준에서의 이론인 패권안정이론의 공공재이론에 천착하여 미국이 제공하던 안정적인 에너지 공급 시스템을 공공재로 보고, 이것이 우크라이나 전쟁을 전후로 중국과 러시아로부터 어떠한 도전을 받고 있는지를 분석함으로써 미 · 중 · 러 패권경쟁의 양상을 분석하는 것을 목적으로 한다.

본 논문은 국제정치학계에서 활발하게 연구되고 있는 세계체제수준에서의 미국패권에 관한 연구로, 가장 최근에 발생한 세계사적인 사건인 우크라이나 전쟁을 다루고 있다는 점에서 초기적이지만 연구의 범위를 새롭게 넓히고 있다는 데 의의가 있다. 또한 패권질서의 변화가 한국에 미치는 영향이 지대하다는 점에서 본 연구는 한국이 패권경쟁 속에서 전략적이고 효과적인 정책을 모색하는 데 도움이 될 것이다.

이 글은 크게 네 부분으로 구성되었다. 제2장은 공공재이론과 패권안정론을 이론적으로 검토하고 연구의 분석틀을 제시하였다. 3장에서는 미국이 세계 에너지 안보에 직접적으로 영향을 미치는 에너지 공급 시스템을 어떻게 안정적으로 제공하였는지를 살펴본다. 제4장은 이미 축적되고 있던 여러 변화들이 우크라이나 전쟁을 전후로 어떻게 발현되고 있는지를 공공재이론을 바탕으로 분석한다. 마지막 제5장에서는 주요 논점을 요약하고 그 시사점을 논의한다.

Ⅱ. 패권안정론에 관한 이론적 논의와 분석틀

패권안정론은 오늘날 국제정치경제에서 가장 주목받는 이론 중 하나이다. 패권안정론은 1960년대 후반부터 나타난 국제경제질서와 국제정치의 혼란을 배경으로 대두되었다. 1969년 미국 닉슨 대통령의 '닉슨 독트린' 발표 이후 약 10년간 지속된 미국과 소련의 데탕트Détente와 1971년 미국의 금본위제 폐지, 1973년과 1978년 두 차례의 중동발 오일쇼크 등 일련의 사건들은 국제체제에 혼란을 가져왔다. 이는 제2차 세계대전 이후 미국의 압도적인 경제력 하에 안정적으로 유지되던 세계질서와는 반대되는 것이었다. 이러한 맥락에서 패권국가의 존재와 국제체제의 안정성간의 상관관계가 주요 연구문제로 등장하면서 1970년대부터 미국 학자들을 중심으로 패권안정론에 대한 연구가 본격적으로 시작되었다.

패권안정론은 마셜 플랜의 이론적 바탕을 제공한 미국의 경제학자 찰스 킨들버거Charles P. Kindleberger의 저서 '대공황의 세계 1929~1939'를 효시로 한다. 그는 이 책에서 1930년대 발생한 대공황의 원인을 자유무역과 기축통화 공급과 같은 국제공공재international public goods를 관리하는 리더십의 부재로 보고, 자유주의적 국제질서를 유지하기 위한 방안으로 국제공공재 제공과 관리를 위한 패권세력의 장기적인 지원과 리더십을 제시했다.[12]

이같은 킨들버거의 주장은 로버트 코헤인Robert O. Keohane이 패권국의 존재와 국제레짐international regime과의 상관관계를 설명하면서 구체화 되었다. 그는 패권안정론

---

12 C. P. Kindleberger, *The world in depression, 1929-1939* (Univ of California Press, 1986).

Hegemonic stability theory이라는 용어를 공식적으로 사용하였는데, 패권을 물적 자원에서의 우위preponderance로 보고, 패권국가의 4가지 요건으로 천연자원, 자본, 시장의 통제와 고부가가치 상품생산 경쟁력의 우위를 제시하였다.[13] 코헤인은 다른 국가들로부터 자발적인 지지를 받는 패권국가의 존재가 자유주의적 국제경제질서의 안정과 유지에 필요하다고 주장하면서 패권안정론의 이론화에 기여한다.[14]

킨들버거에서 코헤인으로 이어지는 주류 패권안정론은 경제학의 공공재 이론public goods theory에 그 기반을 두고 있다(Mancur Olson 1965; 김 욱 2000).[15] 공공재이론을 창시한 폴 사무엘슨Paul Samuelson에 따르면 공공재는 시장가격을 지불하는 소비자에게만 판매되는 사유재와 달리, 혜택의 비배제성non-excludability of benefits과 소비의 비경쟁성non-rivalry of consumption이라는 독특한 두 가지 특성을 지닌다.[16] 즉, 공공재는 공공재 제공에 기여하지 않은 구성원도 공공재를 소비할 수 있으며, 한 구성원의 소비가 다른 구성원의 소비를 감소시키지 않는다. 이같은 공공재의 특성은 이성적이고 합리적인 개인이 공공재 소비에 대가를 지불하도록 하는 강제나 장치가 없다면 대가를 지불하지 않고 편익만 취하고자 하는 무임승차자free-rider로 전락할 가능성이 크다는 문제점이 존재한다.[17] 이처럼 모든 구성원이 비용을 지불하지 않고 무임승차 하려는 동기를 지닐 경우 공공재를 형성할 수 있는 비용이 충당되기 어려우며, 또한 적절하게 공급되지 못하는 집단행동의 딜레마collective action dilemma가 발생하게 된다. 이같은 문제점을 해결하기 위해 집단 구성원에게만 즉각적이고 가시적인 혜택을 부여하거나, 집단행동에

---

13 Robert Keohane, *The Theory of Hegemonic Stability and Changes in International Economic Regimes, 1967-1977* (Boulder: West View Press, 1978).

14 *Ibid.*

15 M. Olson, *Logic of Collective Action* (Cambridge: Harvard University Press, 1965); 김욱, 「공공재 이론의 관점에서 본 패권안정이론 : 한계와 대안을 중심으로」, 『국제정치논총』 제40권 제4호(2000), 27-44쪽.

16 P. A. Samuelson, "The Pure Theory of Public Expenditure," *The Review of Economics and Statistics*, №36/4(1954), pp. 387-389.

17 M. Olson, *Logic of Collective Action* (Cambridge: Harvard University Press, 1965).

참여하지 않을 경우 불이익을 가하는 선택적 유인selective incentive을 제공할 수 있다.[18] 그러나 이러한 방법은 소집단에서 효과적이며, 집단이 커질수록 선택적 유인 제공에 엄청난 비용을 동반한다는 한계점이 있다.

이같은 문제를 극복하고 공공재가 효율적으로 제공될 수 있는 가장 유력한 조건은 지배적 수혜자dominant beneficiary가 존재하는 것이다.[19] 지배적 수혜자는 공공재 제공으로부터 기대하는 편익이 높기 때문에 구성원들의 의사와 상관없이 공공재를 제공하려는 주체이다. 따라서 지배적 수혜자가 존재할 경우 공공재는 집단행동의 딜레마를 극복하고 제공될 수 있다.[20] 로버트 길핀Robert Gilpin은 패권국일수록 우월한 경제적 효율성을 지니고 있으므로 자유주의적이고 안정적인 세계경제질서에서 가장 큰 이익을 얻을 수 있다고 보았다.[21] 그는 이러한 점에서 패권국이 안정적인 체제 질서를 창출함으로써 국제체제에 평화, 안보, 경제적 번영 등의 공공재를 제공한다고 보았다.[22] 샘 라파엘Raphael, S과 더그 스톡스Stokes, D는 2차 세계대전 이후 미국의 이익을 보호하기 위한 대중동 외교정책이 글로벌 에너지의 안정적인 공급에 영향을 미쳤다고 주장했다.[23]

공공재론적 패권안정론은 탄생 배경이 1960년대 미국의 경제 불황을 계기로 발생했다는 점에서 미국 패권을 정당화하기 위한 이론이라는 비판을 받으며 이념적 편향성에 대한 의혹이 제기되어 왔다. 또한 공공재라는 개념의 모호성과 착취적 패권국가exploitative hegemon의 강제승차force ride 문제 등으로 비판을 받아온 것도 사실이다. 그럼에도 불구하고 이 이론은 경제학의 공공재라는 개념에 이론적 기반을 두고 있다는 점에서 다른 국제정치경제학의 이론에 비해 단단한 이론적 기반과 정교함을 갖추고 있으

---

18 *Ibid.*

19 *Ibid.*

20 백창재, 「패권과 국제정치경제 질서 – 패권안정론의 비판적 평가」, 『국제지역연구』 제12권 제1호(2003), 1-20쪽.

21 R. G. Gilpin, *The political economy of international relations* (Princeton University Press, 2016).

22 R. G. Gilpin, *War and Change in the International System* (Cambridge, 1981).

23 D. Stokes, S. Raphael, *Global energy security and American hegemony* (JHU Press, 2010).

며, 복잡한 세계정치와 경제를 체계적으로 조명할 수 있는 통찰력을 지니고 있다.

앞서 살펴본 바와 같이 1960년대 국제정치의 변동과 함께 발생한 중동의 에너지 무기화는 국제정치경제학이 분과학문으로 편입되는 계기로 작용했을 만큼 세계 정치경제에 큰 충격을 안겨주었다. 오늘날 우크라이나 전쟁은 이와 유사하게 셰일 혁명, 코로나19 등 일련의 세계사적인 사건과 연계되어 미군의 중동 철수와 OPEC+의 감산 결정, 에너지 수요 급증과 러시아의 에너지 무기화, 루블화 및 위안화 에너지 대금 결제 확대 등 에너지와 관련된 다양한 부문에 직접적인 변화를 가져오고 있다.

따라서 본 연구는 에너지가 세계 모든 국가의 사활적인 이익이 담긴 자원이라는 점에서 안정적인 에너지 공급 시스템을 패권국가가 제공하는 공공재로 설정하였다. 또한 이를 구성하는 하부 단위로 초기 패권안정론자들이 제시한 해상 안보, 국제통화 시스템, 안정적인 자원공급을 차용하여 1) 안정적인 국제통화 시스템 구축, 2) 에너지 교역로 보호, 3) 안정적인 에너지 공급 보장으로 정의하였다. 이를 바탕으로 에너지 공급 시스템이 어떻게 변화하고 있는지를 분석함으로써 냉전 이후 지속해온 미국 중심의 국제체제 변화 여부를 분석하는 것을 목표로 한다.

Ⅲ. 미국 패권과 세계 에너지 공급 시스템

산업혁명 이후 에너지의 안정적인 확보는 국가 산업의 발전과 국방 안보에 필수적인 요소가 되었다. 1차 산업혁명 당시 석탄은 증기기관 기반의 기계화 사용을 지속케 하는 산업혁명의 핵심 요소였다. 그러나 19세기 독일에서 가솔린 기관과 디젤 기관 등 외연기관에 비해 열효율이 좋고 소형화가 가능한 내연기관이 발명되고, 20세기 초 미국에서 헨리 포드가 컨베이어 시스템을 최초로 도입함에 따라 자동차의 대중화가 시작되고, 대량생산과 대량소비의 시대를 열게 되면서 석유 중요성이 대두되기 시작했다. 이와 함께 미국에서 존 록펠러가 펜실베니아주에서 석유의 대량생산과 정제를 시작함에 따라 석유 가격이 급속도로 하락하면서 운송이 쉽고 효율성이 높은 석유가 내연기관의 주요 에너지원으로 사용되기 시작하였다.

석유가 군수품의 연료로 사용되었던 양차 세계대전은 석유가 전략자원으로 인식되는 계기가 되었다. 제1차 세계대전 당시 미국으로부터 안정적으로 석유를 공급받던 영국은 함정의 속력 향상과 병력의 효율적인 사용을 위해 해군 전함의 연료를 석탄에서 석유로 바꿈으로써 석유 부족으로 군수품 운용에 어려움을 겪던 독일을 상대로 선전하게 된다. 이후 제2차 세계대전에서 석유를 연료로 하는 전투기, 탱크, 전함 등이 주요 군수품이 되면서 석유는 전쟁의 승패를 가르는 가장 주요한 전략물자로 자리매김하게 된다. 이처럼 석유가 국가의 생존과 번영에 필수적인 자원이 되면서 에너지의 안정적인 공급은 패권국가가 제공하는 '공공재'로서의 가치를 지니게 되었다. 본 장에서는 미국이 그동안 패권국으로서 어떻게 에너지를 안정적으로 공급해왔는지를 살펴본다.

1. 달러화 기축통화 체제 구축: 페트로 달러

국제통화제도international monetary system는 국제유동성의 적정공급, 국제수지의 조정, 국제대차의 결제 등 국제무역 활동을 지원하는 제도로, 킨들버거가 자신의 저서에서 주장했듯이 안정적인 국제통화제도는 자유주의적 국제질서를 유지하는데 필요하다. 또한, 안정적인 에너지 교역을 위해서도 국제통화제도의 안정성은 매우 중요하다.

초기 국제통화체제인 금본위제gold standard는 당시 패권국이었던 영국이 19세기 초이를 채택하면서 파운드화를 중심으로 유지되었다. 그러나 제1차 세계대전 직후의 인플레이션과 1930년대 발생한 대공황으로 세계 각국에서 금태환을 중단하면서 금본위제도는 붕괴하게 된다. 이에 대공황과 연이은 세계대전으로 혼란을 겪으면서 국제통화협력의 필요성을 인식한 세계 각국은 2차 세계대전이 끝나기 직전인 1944년 미국 달러를 기축통화로 사용하는 브레튼우즈 체제를 구축한다.

브레튼우즈 체제는 기축통화로서 달러에 대한 신뢰를 구축하기 위해 달러의 가치를 금 1온스 당 35달러로 고정하고, 각국 중앙은행이 기축통화를 매매를 통해 일정량 보유하는 금환본위제gold exchange standard를 근간으로 한다. 그러나 브레튼우즈 체제 설립

이후 미국은 베트남 전쟁으로 인한 국제수지 적자, 금 가격의 상승, 인플레이션으로 등으로 인해 달러 가치가 하락하고, 막대한 부채와 재정적자가 발생하면서 달러의 금태환성이 위기를 맞게 된다. 결국 미국의 닉슨 대통령은 1971년 8월, 달러의 금태환 정지를 선언하게 된다.

미국의 금태환 정지로 기축통화가 내재한 신뢰도와 유동성의 문제인 '트리핀 딜레마Triffin's Dilemma'가 다시 주목받게 된다. 기축통화국은 무역수지 적자를 통한 끊임없는 기축통화 유출을 통해 원활한 국제교역을 지원한다. 그러나 기축통화국의 국제수지 적자는 기축통화에 대한 신뢰도를 위협하기 때문에 준비자산으로서의 기축통화 역할이 감소한다. 반면, 기축통화국이 기축통화에 대한 신뢰도를 지키기 위해 무역수지 적자를 줄이게 되면 유동성 부족으로 인해 국제교역의 축소라는 모순에 빠지게 된다. 미국은 이 문제를 해결하기 위한 달러의 환류recycling 방법 중 하나를 석유에서 찾았다.

20세기에 들어 산업화와 자동차의 상용화 등으로 석유가 경제성장에 필수적인 전략자원으로 부상하면서 석유에 대한 세계의 수요가 급증했다. 그러나 중동의 산유국들이 석유가 중동지역에 집중적으로 매장되어 있다는 점을 악용하여 두 차례 석유 파동을 일으키며 석유를 자신들의 정치적 입장을 관철시키는 무기로 사용하게 된다. 이 과정에서 미국은 석유가 지닌 세계 경제적인 파급력에 착안하여 1974년 중동의 패권국인 사우디아라비아와 모든 석유 결제를 미국 달러만 사용하도록 하는 비밀협정을 체결하였다. 이듬해 OPEC의 모든 회원국이 미국 달러로만 석유를 결제하는 안에 동의하게 되며 '페트로 달러petro-dollar' 체제가 구축되었다.

꾸준히 증가하는 석유 소비는 달러화 기축통화 체제 구축을 더욱 공고화하였다. 미국 달러가 석유 거래 통화로 채택되면서 석유 소비가 증가할수록 달러의 거래통화vehicle currency량도 증가하였다. 이뿐만 아니라 중동의 산유국들이 내부 개발 수요를 초과하는 잉여 달러로 해외에 투자하거나 군수 및 건설물품 등의 구입에 사용하고, 미국 재무부의 채권을 구매하면서 중동 산유국들이 석유 수입을 통해 획득한 막대한 달러가 해외로 환류recycling되자 미국은 트리핀의 딜레마에 빠지지 않고 기축통화로서의 달러화의 지위를 유지하게 된다.[24] 이에 따라 미국은 공고한 달러화 기축통화 체제를 구축함으로써 안정적인 국제통화 시스템을 제공하게 된다.

2. 안전한 에너지 교역로 제공

국제통화시스템의 안정성을 유지하는 것과 더불어 안전한 에너지 무역로의 제공은 에너지의 안정적인 공급을 위해 필요하다. 세계 최대 에너지 수입국이었던 미국은 1944년 브레튼우즈Bretton Woods 회의에서 미국이 막강한 해군력을 이용하여 전 세계의 모든 해상 무역로를 보호할 것을 약속했다. 이는 세계 원유 수송의 60% 이상이 해상으로 운송된다는 점에서 세계 각국의 안정적인 에너지 공급과도 직결되었다.[25] 해상 운송로의 안전을 위해서는 해상 요충지로 해적, 테러리스트의 공격 등 위험요소가 상존하는 주요 조임목들을 관리하는 것이 필수적이다. 특히 중동의 입구이자 세계 원유 수송량의 약 20%가 통과하는 호르무즈 해협은 폭이 30~40㎞에 불과해 해적과 테러리스트 등 외부의 공격으로부터 취약하다. 이에 미국은 걸프만 해역과 중동지역에 미군을 주둔시키며 지역의 안정과 해상 수송로의 안전 확보를 위해 막대한 비용을 지출했다.

미국 비영리 에너지 연구단체인 SAFE(Securing America's Future Energy)의 보고서에 따르면 미국이 세계 석유 공급망을 보호하기 위해 지출하는 비용은 국방성DoD(Department of Defense) 예산의 약 16%에 해당하는 810억 달러에 달하는 것으로 추정된다.[26] 이 비용은 미국의 15년에 걸친 이라크 전쟁비용을 포함하지 않는, 매우 보수적으로 산정된 금액으로 실제로 미국이 석유 공급망 보호에 지불하는 비용은 이보다 더 클

---

24 Steven Emerson, *The American House of Saud: The Secret Petrodollar Connection* (New York: Franklin Watts, Inc, 1985); David E. Spiro, *The Hidden Hand of American Hegemony: Petrodollar Recycling and International Market* (Ithaca: Cornell University Press, 1999).

25 "World oil transit chokepoints," eia, 2017년 7월, https://www.eia.gov/international/analysis/special-topics/World_Oil_Transit_Chokepoints(검색일: 2022.09.05.).

26 "The Military Cost of Defending the Global Oil Supply," SAFE, 2018년 9월, http://secureenergy.org/wp-content/uploads/2020/03/Military-Cost-of-Defending-the-Global-Oil-Supply.-Sep.-18.-2018.pdf(검색일: 2022.09.20.).

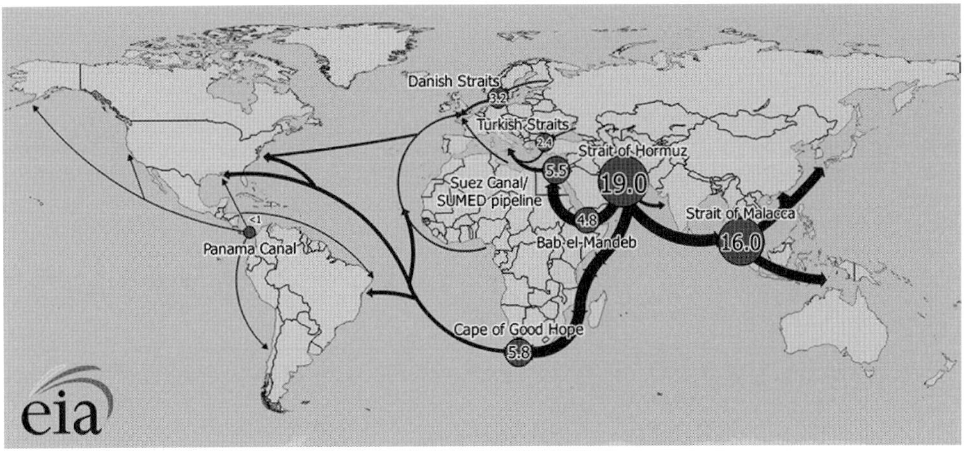

〈그림 1〉 세계 주요 에너지 해상운송로의 조임목(출처: eia)

것으로 예상된다.

이처럼 미국이 석유 수송로의 안정을 위해 막대한 비용을 투자하고 있는 상황은 미국 내 불만을 불러일으키기 충분했다. 이같은 미국의 불만은 2018년 OPEC이 원유가격을 지속적으로 인상하자, 도널드 트럼프 미국 대통령이 중동지역의 안전을 위해 미국이 희생하고 있음을 강조하며 유가를 낮출 것을 촉구한 데서 표출되기도 했다.[27] 게다가 미국에서 셰일 에너지 생산이 폭발적으로 증가하자, 미군이 시리아에서 철수하면서 미국이 브레튼우즈 회의에서 약속한 해상 무역로의 안정이 위태로워지기 시작했다.[28]

---

27 Tom Di Christopher, "US spends $81 billion a year to protect global oil supplies, report estimates," CNBC, 2018년 9월, https://www.cnbc.com/2018/09/21/us-spends-81-billion-a-year-to-protect-oil-supplies-report-estimates.html(검색일: 2022.09.06.).

28 Alex Johnson, Saphora Smith, Shannon Pettypiece, "Trump says he may leave some U.S. forces in Syria to protect oil, but not Kurds," NBC news, 2019년 10월, https://www.nbcnews.com/news/world/pentagon-considering-leaving-some-u-s-forces-northeast-syria-esper-n1069291(검색일: 2022.09.06.).

3. 안정적인 에너지 공급 보장

미국은 해상운송로의 안전을 확보하는 동시에 1970년대 중동지역의 갈등 해결에 적극적으로 가담하면서 안정적인 에너지 공급을 꾀했다. 당시 중동지역은 이스라엘과 이집트, 이란과 이라크 간 전쟁이 지속되는 세계의 화약고였다. 원유 수요가 증가하는 상황에서 세계 원유 생산량의 절반을 차지하고 있던 중동에서 발생한 몇 차례 전쟁은 세계 에너지 수급에 직접적으로 영향을 미쳤다.

1973년 제4차 중동전쟁이 미국의 지원을 받은 이스라엘의 승리로 끝나자 페르시안만 연안 6개국이 원유 공시 가격을 70% 올리기로 합의하고 석유를 무기화하기로 하고, 이스라엘을 지원하는 미국과 서방 국가들의 경제에 타격을 입히기 위해 이들 국가에 대한 석유수출을 전면 금지하면서 전 세계는 에너지 대란을 겪게 된다.[29] 이에 따라 중동국가 간 전쟁은 지역의 불안정을 초래했을 뿐만 아니라 세계 에너지 공급에 지대한 영향을 미친다는 점에서 전 세계의 사활적 문제로 부상했다.

이러한 문제의식을 바탕으로 미국은 석유 파동과 같은 사태를 관리하고, 에너지 공급량을 안정적으로 확보하기 위해 중동지역의 안정을 도모하기 위한 다양한 노력을 기울였다. 먼저 중동국가들과 이스라엘을 협상장으로 불러내기 위해서 당시 미국 국무장관이었던 헨리 키신저가 시나이협정을 중재하며 이집트의 신뢰를 얻었다. 이같은 신뢰를 바탕으로 1977년 이집트의 사다트 대통령이 아랍 지도자로서는 최초로 이스라엘을 방문했으며,[30] 1978년 9월 지미 카터 미국 대통령은 평화회담의 추가 협상을 위해 미국에 위치한 캠프 데이비드 대통령 별장으로 므나헴 베긴 이스라엘 총리와 안와르 엘 사다트 이집트 대통령을 초대해 캠프 데이비드 협정 합의를 이끌었다.[31] 그 결과 이듬해

---

29 Rasoul Sorkhabi, "The First Oil Shock," GEOExPro, https://www.geoexpro.com/articles/2015/06/the-first-oil-shock(검색일: 2022.09.15.).

30 "Kissinger sees trip as a historic event," The New York Times, 1977년 11월, https://www.nytimes.com/1977/11/20/archives/kissinger-sees-trip-as-a-historic-event-he-expects-israeli-and.html (검색일: 2022.09.28.).

이스라엘과 이집트는 양국 간 관계 정상화를 통해 외교관계를 수립하고 평화협정에 서명하게 되면서 중동은 마침내 안정을 찾게 된다.

1979년 이란에서 이슬람 혁명이 발생하고, 소련이 아프가니스탄 침공을 단행하자, 당시 최대 석유 수입국이었던 미국의 지미 카터 대통령은 1980년 연두교서State of the Union Address에서 걸프 지역에서 자국의 이익을 지키기 위해 필요하다면 군사적 조치까지 취하겠다는 카터 독트린을 선언하면서 중동의 안정적 원유 공급을 미국이 사활적 이익으로 보고 있음을 천명하였다.[32] 이는 곧 중동지역의 안정적인 세계 원유 공급으로 이어졌다.

이와 더불어 미국의 셰일 혁명으로 세계 에너지 공급량이 증가하면서 미국은 안정적인 세계 에너지 공급에 일조하게 된다. 셰일 가스는 모래와 진흙이 쌓여 굳으면서 만들어진 퇴적암인 셰일층에 존재하는 대표적인 비전통 에너지이다. 셰일 가스는 1800년대에 이미 발견되었으나, 셰일층의 공극이 아주 미세하고 투수율Permeability이 작아서 유체가 투과되기 어렵고, 단위 부피당 부존하는 밀도가 낮아 전통적인 수직시추법Vertical Drilling으로는 채굴의 경제성이 낮아 그동안 개발이 보류되었다. 그러나 2000년대에 들어 미국에서 수평시추법Horizontal Drilling과 수압파쇄법Hydraulic Fracturing이 접목된 채굴기술의 개발로 셰일 가스 생산의 경제성이 갖춰지고, 오바마 행정부가 셰일 산업을 적극적으로 지원하면서 셰일 에너지가 미국에서 본격적으로 생산되기 시작한다.

셰일 가스의 개발은 가히 '셰일 혁명'으로 불릴 만큼 미국의 에너지 자립뿐만 아니라 세계 에너지 시장에 변화를 가져왔다. 1953년부터 줄곧 에너지 순수입국이었던 미국은 셰일 에너지 개발로 2019년 석유 순수출국으로 변모했으며, 2018년 하루 1531만 배

---

31 "Camp David Accords Egyptian-Israeli history." Britannica, 2022년 9월, https://www.britannica.com/event/Camp-David-Accords(검색일: 2022.09.29.).

32 "Jimmy Carter State of the Union Address 1980," Jimmy Carter Library, 1980년 1월, https://www.jimmycarterlibrary.gov/assets/documents/speeches/su80jec.phtml(검색일: 2022.09.25.).

럴의 셰일 오일을 생산하며 사우디아라비아(1,228만 배럴)와 러시아(1,143만 배럴)를 제치고 세계 최대 석유 생산국이 되었다. 또한 미국은 같은 해 세계 천연가스 생산 증가분의 58%에 달하는 88.6bcm을 생산하며 전 세계 천연가스 생산량 증가를 주도했다.[33] 이는 곧 에너지 가격 하락을 가져오며 에너지 수입국들의 안정적인 에너지 공급효과를 가져오게 된다.

IV. 러중의 도전과 세계 에너지 공급 시스템의 변화

앞서 살펴본 바와 같이 세계 각국은 미국이 구축한 달러화 기축통화 체제와 해상 교역로의 안전, 중동지역의 역내 안정 및 셰일 혁명을 통한 에너지 생산량 증대 등을 통해 에너지를 안정적으로 교역할 수 있었다. 즉, 에너지를 안정적으로 교역할 수 있는 국제공공재를 미국이 제공했던 것이다. 그러나 우크라이나 전쟁 전후로 발생한 세계사적인 사건들과 러 · 중의 패권도전 시도들이 겹치면서 미국이 구축했던 에너지 공급 시스템이 흔들리기 시작했다. 이번 장은 이러한 미국이 구축한 에너지 공급 시스템에 어떠한 변화들이 나타나고 있는지에 대해서 후술한다.

1. 러 · 중 주도의 국제통화질서 변동

미국의 달러는 브레튼우즈 체제 설립부터 현재까지 명실상부 기축통화의 자리를 유지하고 있다. 그러나 중국의 위안화 국제화와 함께 우크라이나 전쟁으로 러시아가 가스 대금에 대한 루블화 지급을 강제하면서 국제통화질서가 다변화 하려는 움직임을 보이고 있다.

---

33 British Petroleum, *bp Statistical Review of World Energy* (London: British Petroleum Co., 2020).

중국은 1978년 개혁개방을 채택한 이후 시장경제 도입과 산업화 추진을 통해 연평균 10%의 높은 경제성장률을 보이며 압축적인 경제성장을 달성했다. 개혁개방 이후 중국의 값싼 노동력과 임대료는 매력적인 투자 요인으로 작용하여 막대한 해외자본이 중국으로 유입되었으며 이를 바탕으로 중국은 적극적인 산업화 정책을 추진했다. 이와 더불어 2001년 중국의 WTO 가입으로 관세와 무역장벽이 낮아지며 가격 경쟁력을 바탕으로 중국의 공산품이 전 세계로 퍼져나가며 중국은 명실상부 '세계의 공장'이 되었다. 그 결과 개혁개방 이후 40년 동안 중국의 1인당 GDP는 개혁개방 이후 39.5배가 늘었으며, 국내총생산은 56.6배, 공업생산액은 173배, 무역액은 199배가 증가하는 등 중국은 미국에 이은 세계 제2의 경제대국으로 성장하였다.[34]

중국은 높아진 자국의 경제력을 반영하여 중국의 국제적 위상을 높이고 경쟁력을 향상시키며, 나아가 국제 경제에서 중국의 영향력을 확대하고자 2009년 양회兩會(전국인민대표회의와 전국인민정치협상회의)에서 위안화 국제화 추진을 공식적으로 선언했다.[35] 이후 중국은 2016년 미국 · 일본 주도의 아시아개발은행ADB(Asian Development Bank)에 맞서 아시아인프라투자은행AIIB(Asian Infrastructure Investment Bank)을 설립하고 일대일로 프로젝트에서 위안화 결제를 우선하는 등 위안화의 국제화를 위해 노력했다. 그 결과 위안화는 2016년 IMF 특별인출권SDR(Special Drawing Right)에 포함되면서 위안화의 위상이 높아졌다.[36] 또한, 2018년에는 상하이 국제에너지거래소Shanghai International Energy Exchange의 원유 선물거래를 개시했으며,[37] 2019년 위안화는 블룸버그-바클레

---

34 하종대, "개혁개방 40년 中, '세계 最大 아닌 最高'로," 신동아, 2018년 8월, https://shindonga.donga.com/3/all/13/1433644/1(검색일: 2022.08.28.).

35 B. J. Cohen, "The Yuan Tomorrow? Evaluating China's Currency Internationalisation Strategy," *New Political Economy*, №17/3(2012), pp. 361-371.

36 "IMF Adds Chinese Renminbi to Special Drawing Rights Basket," IMF, 2016년 9월 https://www.imf.org/en/News/Articles/2016/09/29/AM16-NA093016IMF-Adds-Chinese-Renminbi-to-Special-Drawing-Rights-Basket(검색일: 2022.09.29.).

37 "China launches crude oil futures trading," Xinhua, 2018년 3월, http://www.xinhuanet.com/english/2018-03/26/c_137065815.htm(검색일: 2022.09.27.).

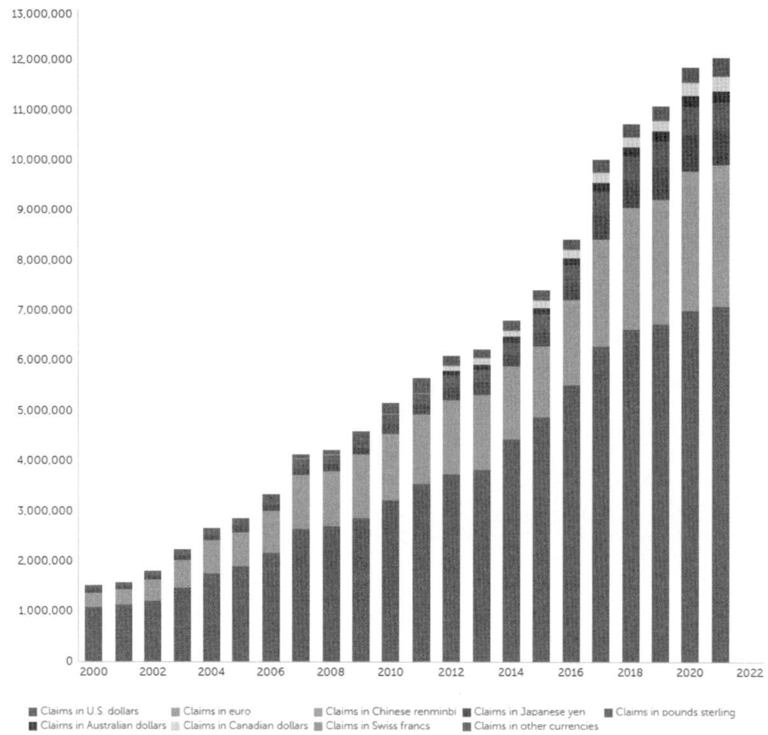

〈그림 2〉 글로벌 외환보유액 추이 변화(2000-2022)(출처: IMF)

이스Bloomberg Barclays 글로벌 채권지수에 편입됐다.[38]

중국의 적극적인 위안화 국제화 추진 결과 2016년 글로벌 외환보유액에서 65% 이상을 차지하던 달러의 비중은 2022년 59%로 감소하였다.[39] 반면 2017년 1%에 불과했던 위안화의 비중은 2022년 3%까지 증가하면서 중국 위안화는 달러화, 유로화, 엔화, 파

---

38 "Bloomberg Confirms China Inclusion in the Bloomberg Barclays Global Aggregate Indices," Bloomberg, 2019년 1월, https://www.bloomberg.com/company/press/bloomberg-confirms-china-inclusion-bloomberg-barclays-global-aggregate-indices/(검색일: 2022.09.23.).

39 "Currency Composition of Official Foreign Exchange Reserves (COFER)," IMF, 2022, https://data.imf.org/?sk=E6A5F467-C14B-4AA8-9F6D-5A09EC4E62A4(검색일: 2022.08.18.).

운드화에 이어 세계 5대 화폐로 등극하였다.[40] 이어 2022년 1월 스위프트 통계에서 중국의 위안화가 일본 엔화를 제치고 국제 결제 통화 순위 4위를 차지하면서 글로벌 통화로서 위안화의 위상이 높아지고 있다.[41]

이와 함께 에너지 결제에서 위안화와 루블화 사용이 증가하면서 미국의 페트로 달러 체제를 위협하고 있다. 중국은 이란, 러시아, 베네수엘라 등 미국이 일부 은행을 SWIFT에서 배제한 국가들과 원유 구매 대금 일부를 위안화로 결제하면서 원유 결제에서 위안화 사용을 시작했다. 또한 미국이 셰일 혁명으로 에너지 순수출국이 된 사이 중국은 중동 산유국들의 최대 에너지 교역국이 되었으며, 사우디와 중동국가들에 대한 투자를 확대해 나갔다. 그 결과 2020년 중국은 사우디 원유 수출량의 24%를 차지하고, 중동 원유 수출량 중 28%를 수입하는 등 중동지역의 최대 에너지 수입국이 되었으며,[42] 2015년부터 2021년간 중국의 누적 사우디 투자액이 434억 7,000만 달러에 달하면서 중동지역에서 중국의 영향력이 커졌다.[43] 중국은 최대 원유 수입국이자 경제 협력국인 지위를 활용하여 사우디 등 중동 국가들의 위안화 석유 대금 결제를 압박하고 있다. 이에 사우디가 올해 3월, 중국과의 석유 거래에서 달러 대신 위안화로 결제하는 방안을 검토하고 있다고 밝히면서[44] 페트로 달러의 지위가 위협받고 있다.

이와 더불어 우크라이나 전쟁으로 에너지 결제에서 루블화 사용도 늘어나고 있다. 푸틴 러시아 대통령은 우크라이나 전쟁을 기점으로 자국에 비우호적인 국가들에 대해

---

40 *Ibid.*

41 SWIFT, RMB Tracker Monthly reporting and statistics on renminbi, 2022.

42 British Petroleum. *bp Statistical Review of World Energy*, London: British Petroleum Co., 2021.

43 Naser Al-Tamimi, "Saudi Arabia's once marginal relationship with China has grown into a comprehensive strategic partnership," MERICS, 2022년 8월, https://merics.org/en/saudi-arabias-once-marginal-relationship-china-has-grown-comprehensive-strategic-partnership (검색일: 2022.08.27.).

44 Stephen Kalin, Summer Sai, "Saudi Arabia Considers Accepting Yuan Instead of Dollars for Chinese Oil Sales," The Wall Street Journal, 2022년 3월, https://www.wsj.com/articles/saudi-arabia-considers-accepting-yuan-instead-of-dollars-for-chinese-oil-sales-11647351541(검색일: 2022.09.27.).

러시아산 천연가스 판매 대금을 루블화로 결제하도록 강제했는데, 이에 헝가리, 독일, 프랑스, 이탈리아 등 유럽 국가의 에너지 기업들이 가즈프롬뱅크Gazprombank에 계좌를 개설하고, 이를 통해 유로화를 루블화로 환전하여 러시아 에너지 기업에 대금을 지급하는 방식으로 루블화 대금 결제 강행에 따르면서 에너지 결제에서 루블화가 사용되고 있다.[45] 또한 세계 2위의 인구대국인 인도가 우크라이나 전쟁으로 러시아가 스위프트에서 축출되자, 인도 화폐 루피와 러시아 화폐 루블 간 결제시스템을 도입하면서 러시아의 루블화 가치는 8년 만에 최고치를 기록하고 있다. 이와 더불어 최근 튀르키예가 러시아로부터 공급받는 가스 공급량의 25%를 루블화로 지불한다는 소식이 보도되고,[46] 세계 4위의 인구대국인 인도네시아가 러시아와의 에너지 협력을 논의하고 있다는 뉴스[47]가 나옴에 따라 우크라이나 전쟁을 기점으로 에너지 결제에서 루블화 사용이 앞으로 더 늘어날 것으로 전망된다.

2. 셰일혁명과 에너지 교역로의 변화

2018년 발생한 미국의 셰일혁명과 주요 에너지 소비처로서 아시아 지역이 부상함에 따라 주요 에너지 교역로가 변하고 있다. 미국의 셰일 에너지 개발 이전 세계 석유의 주요 공급처인 중동은 미국의 사활적 이익이 걸린 지정학적 요충지였다. 이는 지미 카터 미국 대통령이 1980년 연두교서에서 미국의 대중동 정책의 근간이 되는 카터 독트린을

---

45 "Ten More European Gas Buyers Open Ruble Accounts for Payments," Bloomberg, 2022년 3월, https://www.bloomberg.com/news/articles/2022-05-12/ten-more-european-gas-buyers-open-ruble-accounts-for-payments#xj4y7vzkg(검색일: 2022.09.17.).

46 "Putin: 25% of Russian gas supplies to Turkey will be paid for in roubles", Reuters, 2022년 9월, https://www.reuters.com/world/putin-25-russian-gas-supplies-turkey-will-be-paid-roubles-2022-09-16/(검색일: 2022.09.20.).

47 "Indonesia considering buying Russian oil as fuel prices soar, FT reports", Reuters, 2022년 9월, https://www.reuters.com/business/energy/indonesia-considering-buying-russian-oil-fuel-prices-soar-ft-2022-09-12/(검색일: 2022.09.20.).

천명한 것에서 극명하게 보여진다.

카터 독트린 이후 미국은 중동 내 정세 불안정 시기마다 군사력을 증강 배치했다. 이는 브레튼우즈 회의에서 미국이 약속한 것과 같이 해상 무역로를 보호하기 위한 것이기도 했다. 1980년 시작된 이란-이라크 전쟁 시기 미국은 원유 수송로 확보를 위해 페르시아만에 해군을 투입했다. 이어 1988년 이란이 미국 전함을 대상으로 수중 어뢰 공격을 단행하자 미국은 이란 해군의 공격에 대비해 호르무즈 해협에 항공모함 2척과 구축함을 상시 배치했다. 1991년에는 이라크의 대량살상무기 보유를 명분으로 50만 명 이상의 미군을 사우디에 배치하였으며, 쿠웨이트에 미군 기지를 설치하였다.[48] 이후 냉전이 미국의 승리로 끝나게 되면서 중동은 본격적으로 미국의 영향력 하에 놓이게 되었다.

그러나 2000년대 미국의 셰일 에너지 생산이 본격화 되고 이라크 주둔 미군 철수를 공약으로 내세운 오바마 후보가 미국 대통령으로 당선됨에 따라 미국의 중동 지역 배치 인원이 급격히 축소되었다. 중동에 배치된 미군의 수는 2007년 32만 명으로 최고치를 기록하였으나 2010년 이후 연간 만 명씩 배치 인원을 대폭적으로 축소했다.[49] 결국 오바마 정부는 2011년 12월 15일 공식적으로 종전을 선언하며 이라크에서 철수했다.[50]

2017년 취임한 트럼프 미국 대통령은 셰일 혁명으로 미국에서의 중동 중요성이 낮아지자, '미국 우선주의America First'를 내세워 오바마 정부의 중동 정책 기조를 이어갔다. 그는 2019년 시리아 주둔 미군의 조기 철수 계획을 발표하고,[51] 2020년 탈레반과 미국

---

48 "Desert Storm: A Look Back," U.S. Department of Defense, 2019년 1월, https://www.defense.gov/News/Feature-Stories/story/article/1728715/desert-storm-a-look-back/(검색일: 2022.09.27.).

49 Timothy Kane, "The decline of American engagement: Patterns in US troop deployments," Hoover Institution, 2016년 1월, https://www.hoover.org/research/decline-american-engagement-patterns-us-troop-deployments(검색일: 2022.09.16.).

50 "Barack Obama declares Iraq war a success," The Guardian, 2011년 12월, https://www.theguardian.com/world/2011/dec/14/barack-obama-iraq-war-success(검색일: 2022.09.20.).

51 Julian E. Barnes, Eric Schmitt, "Trump Orders Withdrawal of U.S. Troops From Northern Syria," The New York Times, 2019년 10월, https://www.nytimes.com/2019/10/13/us/politics/mark-

의 '도하합의'가 타결되면서 미군의 단계별 아프간 철수 계획을 밝혔다.[52] 바이든 대통령 역시 취임 몇 달 후인 2021년 4월 아프간 완전 철군을 선언하면서 미국의 중동 발 빼기가 계속되고 있다.[53]

반면 중국과 러시아는 경제력과 군사력을 앞세워 미국의 중동 정책 변화로 인한 힘의 공백을 메우고 있다. 러시아는 시리아 내전이 발발한 2011년부터 시리아 문제에 적극 개입하고 있으며 미국의 시리아 철수로 인한 튀르키예와 시리아 쿠르드족 문제에 중재자로 나서며 중동에서의 영향력을 확대하고 있으며, 튀르키예에 러시아제 S-400 미사일 방어시스템을 구축하고 천연가스 파이프라인을 건설하는 등 협력을 강화하고 있다.[54] 러시아는 또한 대표적인 친미 국가인 이집트와는 수호이(su)-35 구매 계약을 체결하기도 했다.[55]

러시아와 중국은 특히 대표적인 중동의 '시아파 맹주'이자 반미국가인 이란을 거점으로 이라크, 시리아, 예멘으로 급속히 세를 확장하면서 미국 주도의 해양 교역로에 맞서고 있다. 2019년 11월 미국은 호르무즈 안보 위협 세력으로 이란을 지목하며 호주, 영국, 사우디, 바레인, 아랍에미리트UAE, 알바니아 등 6개국이 참여한 호르무즈 호위연합을 발족하였다.[56] 이에 대응하여 이란은 중국과 러시아와 2019년 12월 인도양과 오만

---

esper-syria-kurds-turkey.html(검색일: 2022.09.18.).

52 "US general says Afghanistan collapse rooted in Trump-Taliban deal," Al Jazeera, 2021년 9월, https://www.aljazeera.com/news/2021/9/30/us-generals-say-afghanistan-collapse-rooted-in-trump-taliban-deal(검색일: 2022.09.17.).

53 *Ibid.*

54 Selim Sazak, "Why did Turkey buy Russian — not Western — missile defense systems?," The Washington Post, 2019년 7월, https://www.washingtonpost.com/politics/2019/07/17/why-did-turkey-buy-russian-s-s/(검색일: 2022.09.26.).

55 Paul Iddon, "These Middle East States Are Ordering A Lot Of Advanced Fighter Jets," Forbes, 2022년 9월, https://www.forbes.com/sites/pauliddon/2022/09/27/these-middle-east-states-are-ordering-a-lot-of-advanced-fighter-jets/?sh=3a891d1ff927(검색일: 2022.09.28.).

56 Farzin Nadimi, "The IRGC States Its Case for Escalation Against the United States, Britain, and Saudi Arabia," TWI, 2019년 11월, https://www.washingtoninstitute.org/policy-analysis/irgc-states-its-case-escalation-against-united-states-britain-and-saudi-arabia(검색일: 2022.09.12.).

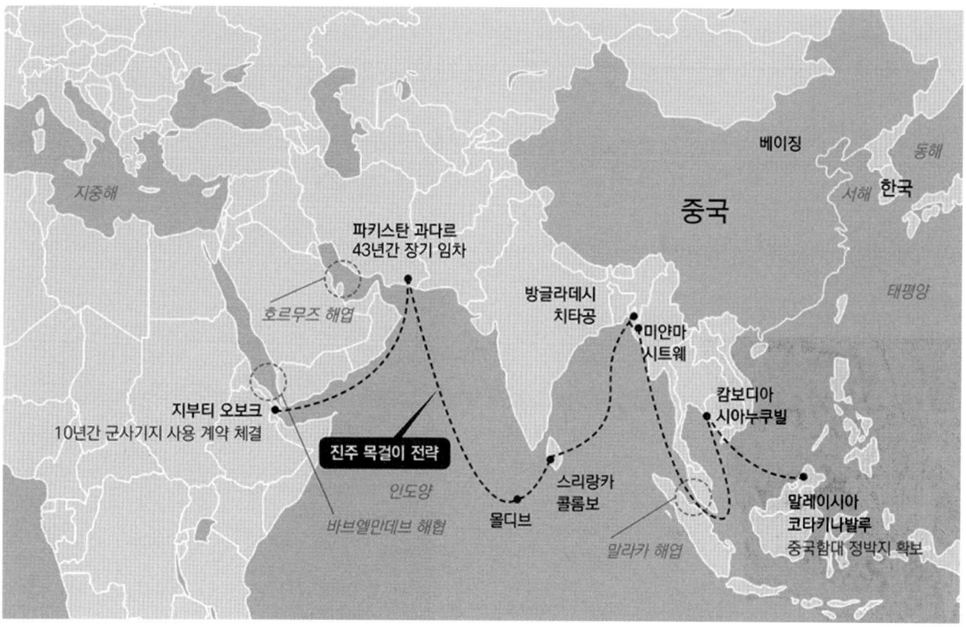

〈그림 3〉 중국의 진주 목걸이 전략(출처: 산업통상자원부)

만에서 연합 해상 기동훈련인 '해양 안보 벨트' 훈련을 진행하며 중동 지역의 지정학적 역학 구도가 복잡해지고 있다.[57]

한편 중국을 필두로 아시아 지역이 주요 에너지 소비처로 부상함에 따라 해상 교역로가 재편되고 있다. 지난 반세기 동안 세계 1차 에너지 소비의 대부분은 북미와 유럽이 차지했다. 그러나 중국을 포함한 동북아 국가들과 인도가 급격한 산업화와 경제성장을 이룩하면서 아시아 태평양 지역은 2000년 이후부터 현재까지 세계 최대 1차 에너지 소비지역으로 부상했다. 그 결과 아태지역으로 수입되는 에너지의 대다수가 '호르무즈

57 "China, Russia and Iran hold joint naval drills in Gulf of Oman," CNN, 2019년 12월, https://edition.cnn.com/2019/12/27/asia/china-russia-iran-military-drills-intl-hnk/index.html (검색일: 2022.09.13.).

해협 → 인도양 → 말라카 해협 → 남중국해'를 거친다는 점에서 전통적인 원유 수송해협(수에즈, 보스포루스, 케이프 등)과 더불어 이같은 해상 운송로의 안정이 국제공공재로서 지니는 중요성이 커졌다.

세계 최대 에너지 수입국인 중국이 안전한 에너지 교역로의 확보를 최우선 과제로 삼고 정책을 추진하고 있다. 중국은 이를 위해 2010년부터 '진주 목걸이 전략'이라고 불리는 중국 남부부터 동남아, 인도, 페르시아만, 아프리카 동부까지 인도양 전체 주요 지역에 해군기지 및 주요 무역항 네트워크를 구축하는 전략을 추진하고 있다. 미국은 중국의 진주 목걸이 전략에 대응하여 미국, 인도, 일본, 호주가 참여하는 4자 안보 대화를 재결성 하면서 중국의 '진주 목걸이 전략'에 대응하고 있으나, 최근 쿼드의 핵심 국가 중 하나인 인도가 러시아가 주최하는 다국적 군사훈련에 중국과 함께 참가하면서 미국의 아태지역 전략의 효용성에 의문이 제기되고 있다. 즉, 미국의 셰일 혁명으로 인한 중동 거리두기가 계속되는 가운데 아태지역으로의 에너지 교역로 안정을 중국이 담당하는 모양새를 보이면서, 미국이 그동안 담당하던 안전한 에너지 교역로 제공이라는 역할에 변화가 감지되고 있는 것이다.

3. 미국과 중동의 불협화음과 에너지대란

우크라이나 전쟁 전후로 발생한 에너지와 관련된 일련의 사건들로 세계는 그야말로 에너지 대란을 겪고 있다. 미국의 셰일 혁명으로 세계 에너지 공급이 증가한 상황에서 발생한 코로나19 팬데믹으로 세계 에너지 시장에서는 공급이 수요를 웃도는 현상이 나타났다. 그동안 전통적인 산유국들은 OPEC+를 통해서 이같은 세계적인 에너지 소비 급감 사태에 대응하여 감산 합의를 진행해왔다. 그러나 OPEC+ 회원국이 아닌 미국은 석유 감산의 의무는 지지 않고, 유가 상승으로 인한 이익만을 취해왔다. 이러한 미국의 행태에 불만을 가진 산유국들은 전대미문의 소비급감 사태에서도 쉽게 감산에 합의하지 않았다.[58] 그 결과 2020년 3월 OPEC+의 감산 합의가 러시아의 거부로 결렬되었을 뿐만 아니라 사우디가 오히려 증산을 선언하면서 '유가전쟁'이 촉발되게 된다. 그러나 이로 인해 WTI 기준 유가가 배럴당 21.51달러까지 하락하자 OPEC+에 참여하는 산유국들은 4월 12일 긴급 화상회의를 열어 원유 감산에 합의하게 된다(뉴데일리경제 20/04/24).[59]

산유국의 '유가전쟁'과 코로나 사태로 인한 에너지 소비 감소로 국제유가가 사상 처음으로 마이너스를 기록하는 등 하락세를 이어가면서, 생산 비용이 높은 미국의 셰일 산업은 위기를 맞이하게 된다. 셰일 유정은 시추 과정이 자본집약적인데다가, 시추 첫 해에 유정의 전체 생산량의 60%를 생산하고 이후 생산량이 기하급수적으로 감소하는 등 유정의 수명이 짧다.[60] 따라서 셰일 업체는 이미 가동 중인 셰일 유정의 생산량 감소를 상쇄하기 위해서 더 많은 셰일 유정을 지속적으로 시추해야 하는데, 이를 위해서는 유가가 배럴당 40~50달러 이상으로 유지되어야 채산성을 가지고 사업을 지속할 수 있다.[61]

그러나 2020년 국제 유가가 셰일 기업의 손익분기점인 40달러 이하로 떨어지면서 세계 유가 하락을 주도했던 미국의 셰일 산업이 위기에 처하게 된다. 게다가 청정에너지와 기후변화대응을 공약으로 내걸었던 조 바이든Joe Biden 후보가 제46대 미국 대통령으로 당선되면서 취임 첫날부터 미국과 캐나다 원유 수송관인 '키스톤XL 파이프라인'

---

58 Jennifer Hiller, "OPEC oil has advantage over U.S. shale during pandemic recovery," Reuters, 2021년 3월, https://www.reuters.com/article/us-ceraweek-shale-opec-idUSKBN2AV0F5(검색일: 2022.09.20.). 양대 산유국인 사우디와 러시아는 미국의 셰일 혁명으로 인해 2016년 WTI 기준 유가가 27달러대까지 폭락하자 OPEC+를 주도하며 감산에 합의하였다. 그러나 사우디와 러시아가 감산으로 유가를 유지하는 사이 미국은 반대로 증산과 수출 증대를 통해 시장 점유율을 확대하였다. 석유 수입국과 구매처가 장기계약을 통해 거래방식과 유종 등을 확정하기 때문에 지속적인 시장 점유율 확보가 석유 생산국에게 매우 중요한 만큼 미국이 러시아와 사우디의 감산의 이득을 누리고 시장 점유율을 확대하자 미국에 대한 산유국들의 불만이 증가하였다.

59 성재용, "[국제유가] 산유국 감산 소식… WTI, 이틀 만에 16달러 복귀," 뉴데일리경제, 2022년 4월, http://biz.newdaily.co.kr/site/data/html/2020/04/24/2020042400024.html (검색일: 2022.09.20.).

60 Guo, K., Zhang, B., Wachtmeister, H., Aleklett, K., & Höök, M. "Characteristic production decline patterns for shale gas wells in Barnett," *International Journal of Sustainable Future for Human Security*, №5/1(2017), pp. 12-21.

61 Paul Takahashi, "How Rebounding Oil Is Making U.S. Shale More Viable," The Washington Post, 2022년 2월, https://www.washingtonpost.com/business/energy/how-rebounding-oil-is-making-us-shale-more-viable/2022/02/19/541b22e2-9152-11ec-8ddd-52136988d263_story.html (검색일: 2022.09.10.)

건설 허가를 취소하고,[62] 연방정부 토지와 알래스카 해안 지역의 개발을 중단하는 등의 조치를 취하게 되자 셰일 산업의 어려움이 심화되었다.[63] 그 결과 2020년부터 2021년까지 60개 이상의 석유회사들이 파산하였으며, 그 부채규모는 552억 달러에 달했다.[64] 파산을 면한 석유회사들 또한 어려운 대외여건으로 인해 현금 흐름의 50% 미만을 새로운 시추에 투자하게 되면서 미국의 셰일 에너지 생산량은 당분간 큰 폭으로 증가하지 못할 것으로 전망된다.[65]이처럼 유가 하락을 주도했던 미국 셰일 산업의 부침은 세계 에너지 공급량을 축소시키는 효과를 가져왔다.

이와 더불어 중동 지역의 대표적 친미 혈맹국으로 꼽히던 사우디와 미국의 관계 악화는 세계 에너지 공급 불안 요인으로 작용하고 있다. 앞서 살펴본 바와 같이 사우디와 미국은 1974년 비밀협약을 통해 사우디는 모든 석유 거래를 달러로만 결제함으로써 미국의 달러 패권을 유지해주는 대신, 미국은 그 대가로 사우디에 경제 및 군사 지원을 제공함으로써 사우디 왕가의 안전을 보장하기로 약속했다.

그러나 2018년 사우디의 반정부 언론인 자말 카슈끄지 암살의 배후로 차기 국왕인 빈 살만 왕세자가 지목되고, 이를 비판하던 바이든 후보가 미국 대통령으로 당선되면서 양국 간 불협화음이 커지고 있다. 바이든 대통령은 후보시절 사우디 왕실의 인권 침해 문제를 지속적으로 제기했을 뿐만 아니라 사우디를 국제적 '왕따'로 만들겠다고 주

---

62 Nicholas Kusnetz, "Biden Cancels Keystone XL, Halts Drilling in Arctic Refuge on Day One, Signaling a Larger Shift Away From Fossil Fuels," Inside Climate News, 2021년 1월, https://insideclimatenews.org/news/21012021/biden-cancels-keystone-xl-and-halts-arctic-drilling-fossil-fuels/(검색일: 2022.09.12.).

63 Callie Patteson, "Biden administration, energy industry point fingers over soaring US gas prices," New York Post, 2022년 3월, https://nypost.com/2022/03/09/white-house-energy-industry-point-fingers-over-high-gas-prices/(검색일: 2022.09.12.).

64 "Oil Patch Bankruptcy Monitor," Haynes Boones, 2022, https://www.haynesboone.com/-/media/project/haynesboone/haynesboone/pdfs/energy_bankruptcy_reports/oil_patch_bankruptcy_monitor.pdf?rev=e57d3129b7504ea190df5d33dbacae44&hash=F461E4FE13446BE821B8AE9080C349E6(검색일: 2022.08.12.)

65 Ben Cahill, "What to Expect from Shale This Year," CSIS, 2022년 1월, https://www.csis.org/analysis/what-expect-shale-year(검색일: 2022.09.17.).

장했다. 이와 함께 바이든 정부는 출범 직후 아프가니스탄에서 철군했을 뿐만 아니라, 사우디 주도의 예멘 내전에 대한 미국 지원 중단이라는 명목으로 사우디에 대한 일부 무기 판매를 중단하고,[66] 이란의 지원을 받는 예멘의 후티 반군을 테러 명단에서 제외하면서[67] 사우디 왕실의 안보 불안은 더욱 심화되었다.

그러는 와중에 백신 보급 확대와 각국의 확장적 거시정책이 효과를 보면서 코로나19로 급감했던 세계 에너지 수요가 이전 수준을 회복함에 따라 세계 에너지 가격이 빠르게 상승하기 시작했다. 게다가 우크라이나 전쟁이 발발하면서 공급이 불안정해지자 세계 에너지 가격은 10년 만에 최고치를 기록했다. 바이든 행정부는 에너지 가격을 안정시키기 위해 중동 산유국에 증산을 요청했으나, 영국 일간지 가디언에 따르면 사우디와 아랍에미리트연합UAE이 바이든의 석유 증산 요청 전화를 거절했다고 밝혔다.[68]

이에 바이든 대통령은 지난 7월 직접 사우디를 방문하였으나, 사우디 외무장관은 양국 간 원유 증산 관련 합의는 없었다고 밝히는 등 동상이몽인 형국을 보였다. 또한 빈 살만 왕세자는 걸프협력회의GCC 정상회담에서 유가 상승의 원인을 서방 주도의 친환경 정책 탓으로 돌리며 사우디는 이미 최대 생산 능력치인 일간 1,300만 배럴까지 증산 계획을 발표했으며, 이를 넘어서는 추가 생산은 불가능하다고 밝혔다. 게다가 지난 10월, OPEC+가 하루 200만 배럴 감산에 합의하면서,[69] 다시금 미국 주도의 에너지 공급 안정

---

66 Natasha Turak, "Biden's pause on Gulf weapons sales foreshadows a tougher U.S.-Saudi relationship," CNBC, 2021년 1월, https://www.cnbc.com/2021/01/28/bidens-pause-on-gulf-weapons-sales-and-the-us-saudi-relationship.html(검색일: 2022.09.20.).

67 Joseph Stepansky, "Biden admin ends Trump-era Houthi 'terrorist' designation," Al Jazeera, 2021년 2월, https://www.aljazeera.com/news/2021/2/16/biden-admin-ends-trump-era-houthi-terrorist-designation(검색일: 2022.09.23.).

68 Edward Helmore, "Saudi Arabia and UAE leaders 'decline calls with Biden' amid fears of oil price spike," The Guardian, 2022년 3월, https://www.theguardian.com/us-news/2022/mar/09/saudi-arabia-and-uae-leaders-decline-calls-with-biden-amid-fears-of-oil-price-spike(검색일: 2022.09.25.).

69 Ahmad Ghaddar, Alex Lawler and Rowena Edwards, "OPEC+ agrees deep oil production cuts, Biden calls it shortsighted," Reuters, 2022년 10월, https://www.reuters.com/business/energy/opec-heads-deep-supply-cuts-clash-with-us-2022-10-04/(검색일: 2022.10.06.).

성에 대한 의문이 제기되고 있다.

Ⅴ. 결론

냉전 종식 이후 미국 주도의 일극체계가 지속되는 가운데, 미국은 그동안 공공재론적 패권안정론에서 주장한 바와 같이 패권국으로서 안정적인 국제공공재를 제공해왔다. 특히, 세계 최대 에너지 소비국이었던 미국은 전략자원인 에너지의 공급과 교역에 직접적으로 연관된 에너지 공급 시스템을 안정적으로 제공함으로써 자유주의적 세계질서 유지에 기여했다.

먼저 미국은 중동 산유국과 미국 달러로만 석유를 결제하는 '페트로 달러' 체제를 구축함으로써 달러의 거래통화량을 확보하고, 달러의 환류 구조를 만들면서 '트리핀의 딜레마'에 빠지지 않고 달러화 기축통화 제도를 안정적으로 유지해왔다. 또한 미국은 국방성 예산의 최소 16%를 세계 석유 공급망 보호에 지출하면서, 브레튼우즈 회의에서 약속한 바와 같이 세계의 해상 무역로 안정에 기여했다. 이와 더불어 미국은 중동발 오일쇼크와 같은 사건이 발생하지 않도록 중동 지역을 관리하고, 셰일 혁명을 통해 세계 에너지 공급량 증가에 일조하면서 안정적인 에너지 공급을 보장했다.

그러나 우크라이나 전쟁을 전후로 발생한 세계사적인 사건들로 인해 미국이 제공하던 국제공공재에 변화가 나타나고 있다. 그 증거들을 살펴보면, 첫째로 중국과 러시아의 주도로 국제통화질서에 변화가 나타나고 있다는 점이다. 중국이 '위안화 국제화' 정책을 추진하면서 위안화는 SDR과 블룸버그-바클레이스 글로벌 채권지수에 편입되었고, 금년 1월 국제 결제 통화 순위에서 일본 엔화를 제치고 4위를 차지하는 등 위안화의 위상이 높아지고 있다. 게다가 중국이 이란, 베네수엘라, 러시아와 같은 산유국들과 에너지 대금 결제에서 위안화 사용을 시작했으며, 우크라이나 전쟁으로 러시아가 루블화 천연가스 대금결제를 강제하면서 달러화 기축통화 체제가 위협받고 있다는 주장이 제기되고 있다.

둘째, 셰일 혁명으로 미국의 중동 거리두기가 계속되는 가운데, 주요 에너지 소비처로 아시아 지역이 부상하면서 에너지 교역로의 안정을 미국이 보장하지 못하고 있다. 셰일 혁명으로 에너지 순수입국에서 순수출입국으로 변모한 미국은 중동에 배치된 미군을 대폭 축소하고, 군부대를 철수하는 등 중동지역에서 발을 빼는 모양새를 보이고 있다. 반면, 이 공백을 러시아와 중국이 경제력과 군사력을 앞세워 빠르게 메우면서 이들 국가의 영향력이 중동에서 확대되고 있다. 또한, 중국은 '진주 목걸이 전략'을 통해 최대 에너지 소비처로 부상한 아시아 지역의 에너지 교역로를 보호함으로써 미국이 제공하던 역할을 수행하는 모습을 보이고 있다.

마지막으로 미국과 중동의 불협화음으로 인한 미국의 에너지 관리 능력 약화이다. 셰일 혁명으로 에너지 순수출국이 된 미국은 전통적인 산유국들이 감산을 통해 유가를 관리하는 동안 이에 동참하지 않고, 반대로 증산과 수출 확대를 통해 시장 점유율을 확보해가면서 감산의 이득을 누려왔다. 이에 불만을 느낀 산유국들은 코로나19로 유가가 크게 하락하자, 감산에 합의하지 않으면서 유가가 셰일 에너지의 손익분기점인 40달러 이하로 떨어지도록 부추겼다. 그 결과 유가는 사상초유의 마이너스 유가를 기록하면서 셰일 에너지를 생산하던 미국 에너지 기업이 다수 파산했으며, 살아남은 기업조차 재투자를 원활히 하지 못하는 상황이 벌어지면서 셰일 에너지 생산량이 크게 줄어들게 된다.

게다가 사우디를 국제적 '왕따'로 만들겠다고 공언했던 바이든 후보가 미국 대통령으로 취임하고, 사우디에 대한 일부 무기 판매 중단과 테러 명단에서 예멘 후티 반군을 제외하면서 사우디와 미국의 관계는 더욱 악화되었다. 그 결과 우크라이나 전쟁으로 폭등한 유가를 안정화시키기 위해 바이든 대통령이 사우디까지 방문했지만, 오히려 사우디와 OPEC+가 감산에 합의하면서 미국의 중동 에너지 관리능력이 한계에 도달했음이 여실 없이 드러났다.

이처럼 연이은 세계사적인 사건들로 축적된 변화가 우크라이나 전쟁을 계기로 다양하게 분출되면서 그동안 미국이 수행하던 안정적인 에너지 공급 시스템에 문제가 발생하고 있다. 반면, 러시아와 중국은 미국이 주춤하는 사이 국제통화제도와 에너지 교역로, 에너지 공급 등에서 자신들의 역할을 확대하고 있다. 이처럼 미국이 에너지 공급 시스템을 안정적으로 제공하지 못하고 있는 현실은 공공재론적 패권안정론에 비추어 볼 때, 미국 중심의 일극질서의 향방을 가늠할 수 있는 지표로서 국제질서의 전환 가능성을 나타낸다.

그러나 앞서 살펴본 것처럼 코로나19라는 예기치 않은 사건과 셰일혁명과 같은 기술의 진보가 세계 질서에 큰 변화를 가져온 것과 같이, 예상하지 못한 정치 · 경제 · 사회적 변화가 언제든 발생할 수 있다는 점에서 국제질서 변화를 정확하게 예측하기는 매우 어렵다. 그러나 분명한 것은 에너지를 둘러싼 세계질서의 변화가 발생할 경우, 세계 유일의 분단국가이자 에너지 소비량의 90% 이상을 수입에 의존하는 한국이 큰 충격을 받을 것이 자명하다는 점이다. 따라서 한국 정부는 이러한 상황인식 하에 에너지를 둘러싼 국제 정치경제적 환경 변화를 면밀하게 분석하고 판단하여 국가 안보와 함께 에너지 안보 역시 담보할 수 있는 전략을 수립해야 할 것이다.

참고
문헌

김상배.「코로나19와 신흥안보의 복합지정학 : 팬데믹의 창발과 세계정치의 변환」.『한국정치학회보』 제54권 제4호(2020), 53-81쪽.

김욱.「공공재이론의 관점에서 본 패권안정이론 : 한계와 대안을 중심으로」.『국제정치논총』 제40권 제4호(2000), 27-44쪽.

백창재.「패권과 국제정치경제 질서-패권안정론의 비판적 평가」.『국제지역연구』 제12권 제1호(2003), 1-20쪽.

이상만.「코로나19의 정치경제와 위기의 신자유주의」.『아시아연구』 제23권 제2호(2020), 1-46쪽.

성재용, " [국제유가] 산유국 감산 소식… WTI, 이틀 만에 16달러 복귀," 뉴데일리경제, 2022년 4월, http://biz.newdaily.co.kr/site/data/html/2020/04/24/2020042400024.html (검색일: 2022.09.20.).

하종대, "개혁개방 40년 中, '세계 最大 아닌 最高'로," 신동아, 2018년 8월, https://shindonga.donga.com/3/all/13/1433644/1(검색일: 2022.08.28.).

"Обращение Президента Российской Федерации," Kremlin, 2022년 2월, http://kremlin.ru/events/president/news/67828 (검색일: 2022.08.03.).

British Petroleum. *bp Statistical Review of World Energy.* London: British Petroleum Co., 2020.

________________. *bp Statistical Review of World Energy.* London: British Petroleum Co., 2021.

Cohen B. J. "The Yuan Tomorrow? Evaluating China's Currency Internationalisation Strategy." *New Political Economy.* №17/3(2012). pp. 361-371.

Emerson Steven. *The American House of Saud: The Secret Petrodollar Connection.* New York: Franklin Watts, Inc, 1985.

Gilpin, R. G. *The political economy of international relations.* Princeton University Press, 2016.

___________. *War and Change in the International System.* Cambridge, 1981.

Keohane Robert. *The Theory of Hegemonic Stability and Changes in International Economic Regimes, 1967-1977.* Boulder: West View Press, 1978.

Kindleberger, C. P. *The world in depression, 1929-1939.* Univ of California Press, 1986.

Samuelson, P. A. "The Pure Theory of Public Expenditure." *The Review of Economics and Statistics.* №36/4(1954). pp. 387–389.

Stokes, D., & Raphael, S. *Global energy security and American hegemony.* JHU Press, 2010.

SWIFT, *RMB Tracker Monthly reporting and statistics on renminbi,* 2022.

"Barack Obama declares Iraq war a success," The Guardian, 2011년 12월, https://www.theguardian.com/world/2011/dec/14/barack-obama-iraq-war-success

(검색일: 2022.09.20.).
"Bloomberg Confirms China Inclusion in the Bloomberg Barclays Global Aggregate Indices," Bloomberg, 2019년 1월, https://www.bloomberg.com/company/press/bloomberg-confirms-china-inclusion-bloomberg-barclays-global-aggregate-indices/(검색일: 2022.09.23.).
"Calculating the Costs of the Russia-Ukraine War After 6 Months," The New York Times, 2022년 8월, https://www.nytimes.com/2022/08/24/world/europe/russia-ukraine-war-toll.html(검색일: 2022.08.26.).
"Camp David Accords Egyptian-Israeli history." Britannica, 2022년 9월, https://www.britannica.com/event/Camp-David-Accords(검색일: 2022.09.29.).
"China launches crude oil futures trading," Xinhua, 2018년 3월, http://www.xinhuanet.com/english/2018-03/26/c_137065815.htm(검색일: 2022.09.27.).
"China, Russia and Iran hold joint naval drills in Gulf of Oman," CNN, 2019년 12월, https://edition.cnn.com/2019/12/27/asia/china-russia-iran-military-drills-intl-hnk/index.html(검색일: 2022.09.13.).
"Currency Composition of Official Foreign Exchange Reserves (COFER)," IMF, 2022, https://data.imf.org/?sk=E6A5F467-C14B-4AA8-9F6D-5A09EC4E62A4(검색일: 2022.08.18.).
"Desert Storm: A Look Back," U.S. Department of Defense, 2019년 1월, https://www.defense.gov/News/Feature-Stories/story/article/1728715/desert-storm-a-look-back/(검색일: 2022.09.27.).
"IMF Adds Chinese Renminbi to Special Drawing Rights Basket," IMF, 2016년 9월, https://www.imf.org/en/News/Articles/2016/09/29/AM16-NA093016IMF-Adds-Chinese-Renminbi-to-Special-Drawing-Rights-Basket(검색일: 2022.09.29.).
"Indonesia considering buying Russian oil as fuel prices soar, FT reports", Reuters, 2022년 9월, https://www.reuters.com/business/energy/indonesia-considering-buying-russian-oil-fuel-prices-soar-ft-2022-09-12/(검색일: 2022.09.20.).
"Japan's JERA signs new LNG deal with Russia's Sakhalin-2," Reuters, 2022년 8월, https://www.reuters.com/business/energy/jera-signs-deal-with-new-operator-russias-sakhalin-2-keep-lng-contract-2022-08-26/(검색일: 2022.09.21.).
"Jimmy Carter State of the Union Address 1980," Jimmy Carter Library, 1980년 1월, https://www.jimmycarterlibrary.gov/assets/documents/speeches/su80jec.phtml(검색일: 2022.09.25.).
"Kissinger sees trip as a historic event," The New York Times, 1977년 11월, https://www.nytimes.com/1977/11/20/archives/kissinger-sees-trip-as-a-historic-event-he-expects-israeli-and.html(검색일: 2022.09.28.).
"Oil Patch Bankruptcy Monitor," Haynes Boones, 2022, https://www.haynesboone.com/-/media/project/haynesboone/haynesboone/pdfs/energy_bankruptcy_reports/oil_patch_bankruptcy_monitor.pdf?rev=e57d3129b7504ea190df5d33dbacae44&hash=F461E4FE13446BE821B8AE9080C349E6(검색일: 2022.08.12.)
"Putin: 25% of Russian gas supplies to Turkey will be paid for in roubles", Reuters, 2022년 9월, https://www.reuters.com/world/putin-25-russian-gas-supplies-turkey-will-be-paid-roubles-2022-09-16/(검색일: 2022.09.20.).

"Ten More European Gas Buyers Open Ruble Accounts for Payments," Bloomberg, 2022년 3월, https://www.bloomberg.com/news/articles/2022-05-12/ten-more-european-gas-buyers-open-ruble-accounts-for-payments#xj4y7vzkg(검색일: 2022.09.17.).

"The Military Cost of Defending the Global Oil Supply," SAFE, 2018년 9월.

"US general says Afghanistan collapse rooted in Trump-Taliban deal," Al Jazeera, 2021년 9월, https://www.aljazeera.com/news/2021/9/30/us-generals-say-afghanistan-collapse-rooted-in-trump-taliban-deal(검색일: 2022.09.17.).

"Vietnam PM says respects Russia relations, hopes to boost cooperation," Reuters, 2022년 9월, https://www.reuters.com/world/asia-pacific/vietnam-pm-says-respects-russia-relations-hopes-boost-cooperation-2022-09-07/(검색일: 2022.09.12.).

"World oil transit chokepoints," eia, 2017년 7월, https://www.eia.gov/international/analysis/special-topics/World_Oil_Transit_Chokepoints(검색일: 2022.09.05.).

Al-Tamimi Naser, "Saudi Arabia's once marginal relationship with China has grown into a comprehensive strategic partnership," MERICS, 2022년 8월, https://merics.org/en/saudi-arabias-once-marginal-relationship-china-has-grown-comprehensive-strategic-partnership(검색일: 2022.08.27.).

Cahill Ben, "What to Expect from Shale This Year," CSIS, 2022년 1월,https://www.csis.org/analysis/what-expect-shale-year(검색일: 2022.09.17.).

Christopher Tom Di, "US spends $81 billion a year to protect global oil supplies, report estimates," CNBC, 2018년 9월, https://www.cnbc.com/2018/09/21/us-spends-81-billion-a-year-to-protect-oil-supplies-report-estimates.html(검색일: 2022.09.06.).

E. Barnes Julian, Schmitt Eric, "Trump Orders Withdrawal of U.S. Troops From Northern Syria," The New York Times, 2019년 10월, https://www.nytimes.com/2019/10/13/us/politics/mark-esper-syria-kurds-turkey.html(검색일: 2022.09.18.).

Ghaddar Ahmad, Lawler Alex and Edwards Rowena, "OPEC+ agrees deep oil production cuts, Biden calls it shortsighted," Reuters, 2022년 10월, https://www.reuters.com/business/energy/opec-heads-deep-supply-cuts-clash-with-us-2022-10-04/(검색일: 2022.10.06.).

Helmore Edward, "Saudi Arabia and UAE leaders 'decline calls with Biden' amid fears of oil price spike," The Guardian, 2022년 3월, https://www.theguardian.com/us-news/2022/mar/09/saudi-arabia-and-uae-leaders-decline-calls-with-biden-amid-fears-of-oil-price-spike(검색일: 2022.09.25.).

Hiller Jennifer, "OPEC oil has advantage over U.S. shale during pandemic recovery," Reuters, 2021년 3월, https://www.reuters.com/article/us-ceraweek-shale-opec-idUSKBN2AV0F5(검색일: 2022.09.20.).

http://secureenergy.org/wp-content/uploads/2020/03/Military-Cost-of-Defending-the-Global-Oil-Supply.-Sep.-18.-2018.pdf(검색일: 2022.09.20.).

Iddon Paul, "These Middle East States Are Ordering A Lot Of Advanced Fighter Jets," Forbes, 2022년 9월,

https://www.forbes.com/sites/pauliddon/2022/09/27/these-middle-east-states-are-ordering-a-lot-of-advanced-fighter-jets/?sh=3a891d1ff927(검색일: 2022.09.28.).
Johnson Alex, Smith Saphora, Pettypiece Shannon, "Trump says he may leave some U.S. forces in Syria to protect oil, but not Kurds," NBC news, 2019년 10월, https://www.nbcnews.com/news/world/pentagon-considering-leaving-some-u-s-forces-northeast-syria-esper-n1069291(검색일: 2022.09.06.).
K. Guo, B. Zhang, H. Wachtmeister, K. Aleklett & M. Höök.. "Characteristic production decline patterns for shale gas wells in Barnett." International Journal of Sustainable Future for Human Security. №5/1(2017). pp. 12-21.
Kalin Stephen, Sai ,Summer, "Saudi Arabia Considers Accepting Yuan Instead of Dollars for Chinese Oil Sales," The Wall Street Journal, 2022년3월, https://www.wsj.com/articles/saudi-arabia-considers-accepting-yuan-instead-of-dollars-for-chinese-oil-sales-11647351541(검색일: 2022.09.27.).
Kane Timothy, "The decline of American engagement: Patterns in US troop deployments," Hoover Institution, 2016년 1월, https://www.hoover.org/research/decline-american-engagement-patterns-us-troop-deployments(검색일: 2022.09.16.).
Kusnetz Nicholas, "Biden Cancels Keystone XL, Halts Drilling in Arctic Refuge on Day One, Signaling a Larger Shift Away From Fossil Fuels," Inside Climate News, 2021년 1월, https://insideclimatenews.org/news/21012021/biden-cancels-keystone-xl-and-halts-arctic-drilling-fossil-fuels/(검색일: 2022.09.12.).
Menon Shruti, "Ukraine crisis: Russian oil turns to Asia," BBC, 2022년 9월, https://www.bbc.com/news/world-asia-india-60783874(검색일: 2022.09.18.).
Nadimi Farzin, "The IRGC States Its Case for Escalation Against the United States, Britain, and Saudi Arabia," TWI, 2019년 11월, https://www.washingtoninstitute.org/policy-analysis/irgc-states-its-case-escalation-against-united-states-britain-and-saudi-arabia(검색일: 2022.09.12.).
Norrlöf C. "Is COVID-19 the end of US hegemony? Public bads, leadership failures and monetary hegemony." International Affairs. №96/5(2020). pp. 1281-1303.
Olson, M. Logic of Collective Action. Cambridge: Harvard University Press, 1965.
Patteson Callie, "Biden administration, energy industry point fingers over soaring US gas prices," New York Post, 2022년 3월, https://nypost.com/2022/03/09/white-house-energy-industry-point-fingers-over-high-gas-prices/(검색일: 2022.09.12.).
Paul Takahashi, "How Rebounding Oil Is Making U.S. Shale More Viable," The Washington Post, 2022년 2월, https://www.washingtonpost.com/business/energy/how-rebounding-oil-is-making-us-shale-more-viable/2022/02/19/541b22e2-9152-11ec-8ddd-52136988d263_story.html(검색일: 2022.09.10.)
Rajagopalan Rajeswari Pillai, "India Sending Troops to Russian Vostok 2022 Exercise," The Diplomat, 2022년 8월,https://thediplomat.com/2022/08/india-sending-troops-to-russian-vostok-2022-exercise/(검색일: 2022.09.05.).
Sazak Selim, "Why did Turkey buy Russian — not Western — missile defense systems?," The Washington Post,

2019년 7월,
https://www.washingtonpost.com/politics/2019/07/17/why-did-turkey-buy-russian-s-s/(검색일: 2022.09.26.).

Sorkhabi Rasoul, "The First Oil Shock," GEOExPro,
https://www.geoexpro.com/articles/2015/06/the-first-oil-shock(검색일: 2022.09.15.).

Spiro David E., The Hidden Hand of American Hegemony: Petrodollar Recycling and International Market. Ithaca: Cornell University Press, 1999.

Stepansky Joseph, "Biden admin ends Trump-era Houthi 'terrorist' designation," Al Jazeera, 2021년 2월,
https://www.aljazeera.com/news/2021/2/16/biden-admin-ends-trump-era-houthi-terrorist-designation(검색일: 2022.09.23.).

Takahashi Paul, "How Rebounding Oil Is Making U.S. Shale More Viable," The Washington Post, 2022년 2월,
https://www.washingtonpost.com/business/energy/how-rebounding-oil-is-making-us-shale-more-viable/2022/02/19/541b22e2-9152-11ec-8ddd-52136988d263_story.html(검색일: 2022.09.10.)

Teslova Elena, "Putin says Finland, Sweden's entry to NATO no threat to Russia, but will draw a response," Anadolu Agency, 2022년 5월,
https://www.aa.com.tr/en/world/putin-says-finland-swedens-entry-to-nato-no-threat-to-russia-but-will-draw-a-response/2589464(검색일: 2022.08.25.).

Turak Natasha, "Biden's pause on Gulf weapons sales foreshadows a tougher U.S.-Saudi relationship," CNBC, 2021년 1월,
https://www.cnbc.com/2021/01/28/bidens-pause-on-gulf-weapons-sales-and-the-us-saudi-relationship.html(검색일: 2022.09.20.).

제2장

우크라이나 사태 이후 러시아의 에너지 안보 상황과 중앙아시아의 보완적 요인*

박지원
(대한무역투자진흥공사 연구위원)

Ⅰ. 서론

우크라이나 사태 이후 계속된 서방의 에너지 제재는 글로벌 에너지시장에서 러시아의 입지를 약화시켰다. 러시아는 원유와 석유제품에 대한 가격 상한제를 적용받으면서 에너지 수출로 인한 경제적 이익에 일정 부분 타격을 받게 되었다. 러시아의 주요 에너지 기업들이 제재대상 리스트에 등재되어 금융제재를 받고 서구산 에너지 장비의 수입이 어려워지면서 신규 프로젝트 추진에 대한 추동력이 약화되기도 했다. 무엇보다도 미국과 유럽 국가들이 러시아산 에너지의 수입을 점차 축소해 나가면서 러시아의 에너지 수출에 있어 부정적인 영향을 받았다. 미국은 2021년에만 매일 약 70만 배럴의 원유와 석유제품을 수입했으나 2022년 3월부터 러시아산 원유와 천연가스 수입을 전면적으로 중단한 상태이다.[1] 유럽의 경우, 러시아에 대한 의존이 크기 때문에 단기간 내의

---

* 이 글은 저자의 "우크라이나 사태 이후 러시아의 에너지 안보 상황과 중앙아시아의 보완적 요인," 『동유럽발칸연구』 제48권 1호(2024), 255-281쪽의 논문을 수정 · 보완한 것임.

단절은 어려운 상황이나 이미 상당 부분을 감축했으며 점차 러시아 에너지 수입을 완전히 중단하는 방향으로 가고 있다.

러시아는 유럽 등 서방국가에 대한 에너지 수출을 중국이나 인도 등으로 전환하기 위해 노력하고 있으나 기존의 수출물량을 대체하기에는 이들 국가에 대한 수출이 충분하지 않다. 이와 같은 수출물량 감소는 결국 원유와 천연가스의 국제가격 하락과 함께 에너지 판매로 인한 수입을 크게 감소시켰다. 러시아 재무부의 발표에 따르면 2023년 상반기에 원유 및 천연가스 판매로 얻은 러시아 정부의 수익은 3조 3,820루블로 이는 전년 동기대비 47% 하락한 수치이다.[2] 에너지 수출에 의존하고 있는 정부의 재정수입이 적지 않게 훼손되고 있는 것이며 에너지 안보를 국가 경제안보의 가장 중요한 부분으로 생각하는 러시아 안보 체계의 근간을 약화시키는 것이다. 문제는 향후에도 서구에 대한 에너지 수출 증가는 현재로서는 거의 기대할 수 없다는 것이다.

이러한 가운데 러시아 정부는 최근 우즈베키스탄과 카자흐스탄 등 중앙아시아 국들과의 에너지 협력을 강화하는 기조를 보이고 있다. 푸틴 러시아 대통령은 2022년 우크라이나 사태 이후 중앙아시아 지역을 5차례 이상 순방하면서 각국 정상들과 에너지 부문에 대한 협의를 지속하였다. 특히 우즈베키스탄과 카자흐스탄에게는 3국간 천연가스 협력 공동체를 구성할 것을 제안하였으며 각각의 국가와는 천연가스 공급과 관련한 계약을 맺기도 했다. 하지만, 중앙아시아 국가들과의 에너지 협력이 당장 수출처를 다변화해야 하는 긴급한 과제를 안고 있는 러시아에게 어떤 실익을 줄 수 있는지에 대한 의문은 지울 수 없다. 이들이 러시아 에너지의 궁극적인 소비처가 되기에는 시장이 지

---

1 "Fact Sheet: United States Bans Imports of Russian Oil, Liquefied Natural Gas, and Coal," https://www.whitehouse.gov/bridfing-room/statemenys-releases/2022/03/08/fact-sheet-united-states- bans-imports-of-russian-oi-liquefied-natural-gas-and-coal, (검색일: 2023년 7월 18일)

2 "Предварительная оценка исполнения федерального бюджета за январь-июнь 2023 года," https://www.minfin.gov.ru/ru/press-center/?id_4=38583-predvaritelnaya_otsenka_ispolnenia_ped eralnogo_byudzheta_za_yanvar-iyun_2023_goda, (검색일: 2023년 7월 19일)

나치게 작으며 그 역할이 미미해 보이기 때문이다. 이들과의 협력이 러시아가 처한 에너지 안보의 위기상황을 타개할 어떤 돌파구를 제시할 수 있을 것인가? 구체적으로 서방과의 에너지 관계가 단절될 위기에 처한 러시아의 에너지 전략은 중앙아시아 국가들과의 관계에서 어떤 방식으로 해소될 수 있을 것인가? 등에 대한 질문의 해답을 찾는 것이 본 연구의 목적이다.

Ⅱ. 우크라이나 사태 이전의 러-중앙아 에너지 관계

소비에트 해체 이후 2000년대 이전까지 중앙아시아의 에너지 자원은 러시아에 있어서 전략적으로 중요한 자산으로 보기 어려웠다. 당시 글로벌 원자재 가격은 낮은 수준을 지속하고 있었으며 러시아 역시 에너지 수출로 큰 이익을 얻지 못하였다. 하지만 2000년대부터 원유를 중심으로 글로벌 에너지 가격이 폭등하면서 상황은 반전되었다. 러시아는 에너지 수출을 기반으로 경기가 호전되었으며 특히 소비에트 시기에 구축되어 중앙아시아로부터 러시아를 통해 연결되는 파이프라인은 당시 중앙아시아 국가들의 유일한 수출통로였으므로 이를 통해 얻는 러시아의 경제적 이익은 매우 컸다.[3] 러시아는 카자흐스탄, 우즈베키스탄, 투르크메니스탄으로부터 저가로 원유나 천연가스를 구매하여 서방국가에 높은 가격을 받고 판매하는 방식으로 중앙아시아의 에너지자원을 활용했다. 당시 러시아는 글로벌 차원에서 에너지 부문에서의 영향력을 확대하기 위한 정책을 추진하였으며 중앙아시아의 원유와 천연가스 수출을 통제함으로 이와 같은 영향력이 유지되기를 바랐다. 특히, 러시아는 자국의 국영에너지 기업들이 중앙아시아의 다양한 에너지 개발 프로젝트에 투자하도록 했는데, 대표적으로 카자흐스탄에서는 카라차가낙Karachaganak 가스전, 북北부자치North Buzachi 원유전, 북北꿈꼴North

3 Mariya Y. Omelicheva, "Central Asia," in Tsygankov Andrei. P. (eds.), *Routledge Handbook of Russian Foreign Policy* (New York: Routledge, 2018), p. 334.

Kumkol 원유전 등이 있다.[4] 뿐만 아니라, 자국과 연결되는 다양한 파이프라인의 용량을 증설하거나 새로 연결하는 데에도 많은 투자를 시행하였다. 이러한 러시아의 정책에 대해 중앙아시아 국가들은 2000년대 초 · 중반 중국을 연결하는 파이프라인이 완공되기 이전까지는 별다른 대체 수단이 없어 러시아의 정책에 끌려갈 수밖에 없었다.

하지만 2000년대 중반 이후로 중앙아시아와 중국을 연결하는 원유, 천연가스 파이프라인이 완공되면서 에너지 분야에서 러시아의 우월적인 지위는 서서히 잠식되기 시작했다. 2000년대 후반까지만 해도 러시아의 국영기업인 가스프롬Gazprom은 중앙아시아로부터 많은 양의 천연가스를 구입했으며 2008년 기준 카자흐스탄, 우즈베키스탄, 투르크메니스탄을 합친 총구매량은 66.2 bcm에 달했다.

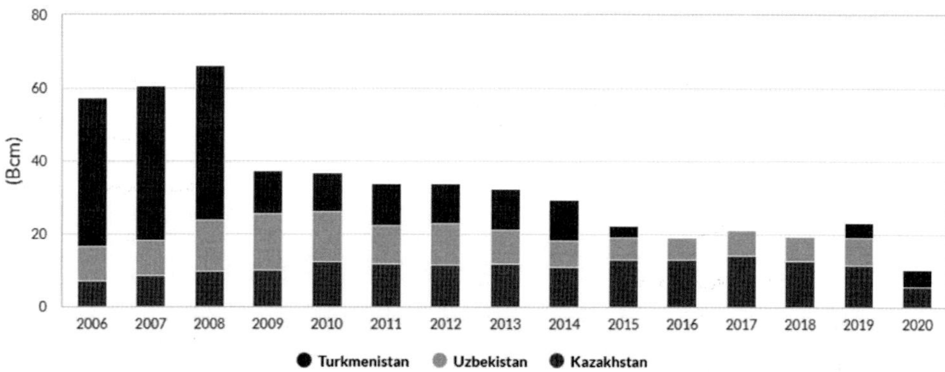

[그림 1] 러시아 Gazprom의 중앙아시아 천연가스 수입: 2006~2020년

※ 자료: "Russia Scours Central Asia for Opportunities," https://www.energyintel.com/00000182-cbbc-d667-a1ab-ebbf17b70000, (검색일: 2023년 6월 26일)

---

4 Marlene Laruelle, "Russia and Centra Asia,"in Kavalski Emilian. (eds.), *The New Central Asia: The Regional Impact of International Actors* (Singapore: World Scientific Publishing, 2010), pp. 162-163.

하지만 2009년 4월, 투르크메니스탄과 러시아를 연결하는 대표적인 파이프라인인 「중앙아시아-센터Central Asia-Center(CAC)」 파이프라인이 원인을 명확히 알 수 없는 이유로 폭발하였고, 러시아와 투르크메니스탄이 폭발 원인에 대해 서로에게 책임을 돌리면서 양국 간의 관계는 틀어지고 말았다.[5] 이후 투르크메니스탄은 러시아에 대한 천연가스 판매를 대폭 줄이면서 중국에 대한 수출을 확대하게 되었다. 투르크메니스탄의 베르디무하메도프Gurbanguly Berdymukhamedov 대통령은 2009년 11월 중국 순방기간에, 기존에 합의된 연간 수출량인 30 bcm의 두 배가 넘는 65 bcm의 천연가스를 수출하기로 합의하였다.[6] 이후 러시아에 대한 천연가스 수출을 완전히 중단했던 투르크메니스탄은 중국에 대한 지나친 수출 의존을 회피하기 위해, 2019년부터 다시 러시아에 대한 수출을 확대하고 있다. 2021년에 러시아는 투르크메니스탄으로부터 전년대비 약 두 배에 달하는 10 bcm의 천연가스를 구매한 것으로 알려지고 있다.[7]

투르크메니스탄의 천연가스 수출 경로 다변화 노력은 2010년대부터 추진하고 있는 「투르크메니스탄-아프가니스탄-파키스탄-이란Turkmenistan-Afghanistan-Pakistan-India(TAPI)」 파이프라인 건설 추진을 통해 잘 드러난다. 애초에 이 파이프라인의 추진목적은 1990년대 러시아로부터의 에너지 의존을 벗어나기 위해 투르크메니스탄으로부터 아프가니스탄-파키스탄-인도를 연결하는 남부 지역의 수출경로를 확보하는 것이었다. 사업의 주체는 미국기업인 유노칼Unocal로, 이 계획은 미국의 전폭적인 지지로 진행되었다. 당시 러시아는 이 프로젝트의 실현을 끈질기게 반대하였다. 하지만 아프가니스탄의 정세 불안 등이 이어지면서 이후 추진되지 못하다가, 2023년 6월 투르크메니스탄

---

5 Martha Brill Olcott, "The Geopolitics of Natural Gas: Turkmenistan - Real Energy Giant or Eternal Potential?" Center for Energy Studies, Dec. 2013, p. 16.

6 Fakhmiddin Fazilov and Xiangming Chen, "China and Central Asia: A Significant New Energy Nexus," Trinity College Digital Repository 3-2013, p. 41.

7 "Russia doubled purchases of gas from Turkmenistan in 2021," https://www.apnews.com/article/bu siness-russia-china-asia-central-asia-62986d8c29f32dd3f98f9af38775e2ac, (검색일: 2023년 6월 28일)

과 파키스탄 정부가 이 프로젝트를 본격적으로 재추진하기로 합의하면서 이 계획은 다시 탄력을 받게 되었다.[8] 이처럼 투르크메니스탄은 독립 초기에는 러시아로부터의 에너지 수출의존을 벗어나기 위해 노력했으며 이후 중국에 대한 의존이 지나치게 높아지자 최근에는 러시아를 포함한 수출루트 다변화에 힘써왔다고 볼 수 있다.

우즈베키스탄의 경우도 투르크메니스탄과 마찬가지로 러시아의 협력과제는 주로 자국의 천연가스 운송루트를 통제하는 것이었다. 우즈베키스탄과 러시아를 연결하는 천연가스 파이프라인은 「CAC 파이프라인」과 「부하라-우랄Bukhara-Ural 파이프라인」의 두 가지 라인이 존재하였는데, 이는 모두 소비에트 시대에 건설된 것이었다. 우즈베키스탄은 대부분의 천연가스를 「CAC 파이프라인」을 통해 러시아에 수출하는 구조를 갖고 있었다. 그러나 중앙아시아에 대한 중국의 진출이 활발해지면서 우즈베키스탄 역시 러시아뿐만 아니라 중국에 대한 에너지 수출을 확장하게 되었다. 중국의 중국석유천연가스공사CNPC와 우즈베키스탄의 우즈벡네프테가스Uzbekneftegaz는 2010년 6월 「중앙아시아-중국Central Asia-China 파이프라인」을 통해 우즈베키스탄 천연가스를 연간 10 bcm씩 중국에 수출하는 것으로 합의했다.[9] 다만, 투르크메니스탄과는 달리 우즈베키스탄은 2000년대에도 러시아 기업과의 에너지 협력을 꾸준히 추진해왔다. 2002년 3월 우즈벡네프테가스Uzbekneftegaz는 러시아의 이테라Itera 및 루코일Lukoil과 칸딤Kandym 가스전을 공동으로 개발하기 위한 생산물분배협정PSA을 맺었으며 4월에는 샤크파티Shakpaty 가스전 개발을 위해 가스프롬의 자회사와 PSA를 맺은 바 있다. 이후 우즈벡네프테가스Uzbekneftegaz와 가스프롬은 우즈베키스탄 내의 각종 에너지 개발사업을 공동으로 추진해왔다. 당시 러시아는 자원의 개발 및 탐사 등에서 우즈베키스탄에게 기술을 제공할 수 있는 주요 국가였기 때문에[10] 이러한 관계 설정이 가능했다.

---

8 "Pakistan signs TAPI pipeline plan with Turkmenistan," https://www.offshore-technology.com/news /pakistan-tapi-implementation-turkmenistan/#catfish, (검색일: 2023년 6월 30일)

9 "China to buy 10 bcm of Uzbek gas a year – Xinhua," https://www.reuters.com/article/china-uzbekistan-gas/idUSBJ100232520100610, (검색일: 2023년 7월 5일)

10 Timur Dadabaev and Nigora Djalilova, "Connectivity, energy, and transportation in Uzbekistan's

또한, 최근 우즈베키스탄과 러시아 양국 정상은 2018년 정상회담을 통해 다수의 에너지 연계 개발 및 협력 프로그램을 공동으로 추진하기로 합의한 바 있다.

[표 1] 2018년 합의된 우즈벡-러시아 간 에너지 관련 협력 프로젝트

프로젝트	내용	우즈베키스탄 참여 주체
핵 발전소 건설	2030년 완공을 목표로 러시아로부터 100억 달러의 차관을 도입하여 건설	Uzatom state agency
수르한다리아 가스전 개발	가스전 탐사 및 개발가능성 타진	Uzbekneftegaz
가즐리 가스전 생산용량 확대	가스전 생산 용량 확대가능성 및 원유 추가생산 가능성 검토	Uzbekneftegaz
디젤 가스전 개발	개발 및 탐사	Uzbekneftegaz
파카드 수력발전소 현대화	러시아로부터 차관을 도입하여 수력발전소의 설비 현대화	Uzbekgidroenergo
물라락 · 베르흐네프스켐 수력발전소 건설	수력발전소 2기 건설	Uzbekgidroenergo
시르다리아 열병합발전소 현대화	러시아로부터 기술 및 장비설치 지원	Uzbekenergo

※ 자료: Timur Dadabaev and Nigora Djalilova, "Connectivity, energy, and transportation in Uzbekistan's strategy vis-a-vis Russia, China, South Korea, and Japan," *Asia Europe Journal*, Vol. 11(2021), p. 117.

당시 양국 간 합의된 프로젝트의 내용을 보면 주로 천연가스전의 신규 개발을 위한 프로젝트들이 다수이며 발전소 건설과 관련된 프로젝트들도 존재한다. 수르한다리아 지역의 신규 가스전 탐사 및 개발가능성을 모색하고, 가즐리 가스전의 생산용량을 확

strategy vis-a-vis Russia, China, South Korea, and Japan," *Asia Europe Journal*, Vol. 11 (2021), p. 116.

대하는 방안도 공동으로 추진해왔다. 또한 신규 디젤 가스전의 공동개발도 추진 중이다. 우즈베키스탄 정부가 에너지의 개발에 있어서 러시아 정부에 크게 의존해왔음을 알 수 있다.

중앙아시아 국가들 가운데서도 카자흐스탄은 에너지자원이 가장 풍부한 국가로, 소비에트 붕괴 이후 카스피해 지역의 카샤간Kashagan, 텡기즈Tengiz, 카라차가낙Karachaganak 유전을 중심으로 서방국가들의 많은 관심을 받아왔다.[11] 카자흐스탄은 쉐브론Chevron 등 서구기업들의 투자를 받아들이면서 기존 소비에트 체제에서의 러시아 중심의 에너지 협력을 다변화하기 시작했으며 이후 이는 중국과의 협력 강화로 귀결되었다. 중국은 2000년대 들어 점증하는 국내 에너지 수요에 부응하고 기존의 중동 중심의 에너지 수급구조를 다변화할 필요가 있었으며 지리적으로 인접한 자원부국인 카자흐스탄은 그 대상으로 적합하였다.[12] 중국의 국영 에너지 기업인 중국석유천연가스공사CNPC는 카자흐스탄의 중소형 유전을 계속 구매하면서 에너지를 확보하였고 2005년에는 캐나다 원유개발기업인 페트로 카자흐스탄Petro Kazakhstan의 지분을 43억 달러에 매입하면서 카자흐스탄에서 두 번째로 큰 원유보유 및 생산기업이 되었다.[13] 또한, 중국은 원유 매장지를 확보하는 것과 별개로 생산된 원유를 파이프라인을 통해 자국으로 수입하려는 노력을 계속했다. 3단계로 구분된 대규모 공사를 통해 중국의 신장지역과 카자흐스탄의 원유지대인 아티라우Atyrau를 연결하는 「카자흐스탄-중국 원유파이프라인Kazakhstan-China oil pipeline」이 2009년 개통하면서 중국은 카스피해의 원유를 자국으로 직접 들여올 수 있게 되었다. 이로 인해 러시아는 파이프라인을 통한 카자흐스탄의 원유 수출에 대한 독점적 권리를 상실하게 되었다.

시진핑 중국 주석이 2013년 카자흐스탄의 알마티를 방문하면서 제시한 「일대일로

---

11 Frank Umbach and Slawomir Raszevski, *Strategic Perspectives for Bilateral Energy Cooperation between the EU and Kazakhstan* (Astana: KAS, 2016), p. 26.

12 Sebastian Peyrouse, "Chinese Economic Presence in Kazakhstan: China's Resolve and Central Asia's Apprehension," *China Perspectives*, No. 2008/3, p. 43.

13 *Ibid.*, p. 44.

Belt and Road Initiative」 계획은 중앙아시아 지역과 중국이 경제적으로 더욱 협력을 강화하는 계기가 되었다. 이 계획을 통해서 중국은 중앙아시아의 에너지원을 확보하고 자국으로 수송하는 루트를 공고화하기 위해 노력했다. 이러한 중국의 노력은 에너지 부문에 있어 러시아의 중앙아시아에 대한 영향력을 퇴색시키는 방향으로 작용하게 되었다.

Ⅲ. 서방의 제재와 러시아의 에너지 안보 위협

1. 서방의 對러 에너지 제재와 의존감축 노력

러시아의 우크라이나 침공으로 인해 서방의 경제제재가 도입되면서 러시아는 다양한 부면에서 경제적인 압박을 받아왔다. 첫째는 러시아의 에너지 생산 및 수출과 관련된 것으로, 서방은 러시아의 자금줄 역할을 하는 에너지 수출에 대해 제재를 가하여 러시아의 전쟁 수행능력을 약화시키고자 하였다. 사태 초기 서방의 에너지 제재는 국가별로 차이가 있다. 러시아로부터의 에너지 수입에 대한 의존도가 낮은 미국은 2022년 3월 8일, △러시아로부터의 원유, 석유제품, 천연가스의 전면 수입금지, △미국 기업의 러시아 에너지 부문에 대한 신규투자 금지, △러시아에서 에너지 생산을 위해 투자하는 외국계 기업에 대한 자금지원 금지 등을 포함하는 포괄적인 에너지 제재안을 전격적으로 도입하였다.[14] 반면, 러시아에 대한 에너지의존도가 높은 EU는 초기에 강도 높은 에너지 제재조치를 취하지 못하였으며 단계적인 제한을 가하였다. 2022년 6월 도입이 결정된 선박을 통해 수입되는 러시아산 원유 및 석유제품에 대한 수입금지 조치는 각각 2022년 12월과 2023년 2월에서야 적용되었다.[15] 이후 EU는 여기에 더해 러시아에 대한

---

14 "Fact Sheet: United States Banks Imports of Russian Oil, Liquefied Natural Gas, and Coal," https://www.whitehouse.gov/briefing-room/statements-releases/2022/03/08/fact-sheet-united-states-bans-imports-of-russian-oi-liquefied-natural-gas-and-coal/, (검색일: 2023년 6월 12일)

원유채굴 기술 및 장비 수출을 금지하고 EU 선박이 러시아산 원유 및 석유제품을 제3국으로 운송하는 것도 금지했다. 유럽 국가 중에서 러시아로부터 천연가스를 가장 많이 수입하는 국가인 독일은 러시아와 자국을 연결하는 「노드스트림Nord Stream-2」 천연가스 파이프라인의 가동을 무기한 연기시켰다. 동同 파이프라인은 이미 2021년 9월 완공되었으나 독일의 러시아산 천연가스 수입 확대로 유럽의 에너지 안보가 위협받을 것을 우려한 미국의 반대로 정부의 승인이 계속 연기된 바 있다. 독일 정부는 노드스트림-2 파이프라인의 가동을 중단하여 러시아로부터 수입하는 천연가스 물량을 확대하지 않을 것임을 표명했다. 이와 같은 서방의 에너지 제재는 러시아에 대한 다양한 경제제재 가운데 핵심적인 제재로 평가되었고 수입을 축소해 러시아 의존을 탈피하기 위한 노력도 에너지 중심의 경제구조가 고착화된 러시아에 치명적인 타격을 줄 것으로 기대되었다.

하지만, 이러한 서방의 제재에도 불구하고 에너지 수출을 기반으로 한 러시아의 경상수입은 2022년 중반까지 높은 수준으로 유지되었다. 2022년 1월부터 8월까지 러시아의 경상수지 흑자금액은 약 1,831억 달러에 달했는데, 이는 전년도 같은 기간의 609억 달러에 비해 약 3배 늘어난 수치이다.[16] 서방 국가들에게 러시아의 대규모 경상수입 흑자는 높은 에너지 가격의 지속으로 인한 일종의 불로소득이며 러시아가 전쟁을 지속할 수 있는 원천으로 판단되었고 곧 유가상한제oil price cap라는 제재정책의 도입으로 이어졌다. 유가상한제는 러시아산 원유 및 석유제품에 대해 상한가를 적용하여 그 이상으로 거래되는 경우 보험이나 운송 등의 서비스 제공을 금지하도록 하는 것이다. 해상운송이 빈번히 이루어지는 국제에너지 거래에서 상기의 서비스 제공금지는 사실상 해당상품의 거래를 원천적으로 봉쇄하는 것과 다름이 없었다. 가격상한선은 원유의 경

---

15 "EU sanctions against Russia explained," https://www.consilium.europa.eu/en/policies/sanctions/restrictive-measures-against-russia-over-ukraine/sanctions-against-russia-explained, (검색일: 2023년 6월 12일)

16 "Россия устройла профицит счёта текущих операций по итогам января - августа," https://www.banki.ru/news/lenta/?id=10971977, (검색일: 2023년 6월 12일)

우 배럴당 60달러, 저가 석유제품은 45달러, 고가 석유제품은 100달러로 규정되었다. 상한 가격은 고정적이지 않으며 추후 국제가격 변동에 따라 주기적으로 조정할 수 있도록 하여 유연한 대응이 가능하도록 하였다.

여기에 더해 EU는 러시아에 의존하던 원유와 천연가스 수입을 다른 국가로 다변화하기 위해 많은 노력을 기울였다. EU는 우크라이나 사태 이전까지 역내 천연가스 소비의 약 40%, 원유 소비의 약 25% 가량을 러시아로부터 수입하고 있었으며 동유럽 국가들의 경우 에너지 수입의 대부분을 의존하는 국가도 다수 있었다. 이번 사태로 인해 역내 에너지 공급의 안정성이 크게 훼손된 각 국가들은 러시아로부터의 에너지 의존에서 탈피해야 할 필요성을 절감하게 되었다. 러시아에 대한 가스 수입이 많은 독일은 매우 적극적으로 움직였는데, 오스트리아, 호주, 나이지리아, 노르웨이, 카타르, 미국 등의 다양한 국가로부터 수입을 확대하기 위해 노력했다.[17] 이탈리아는 러시아의 천연가스 수입을 대신하기 위해 2022년 7월 알제리와 40억 입방미터에 달하는 공급계약을 체결하였다.[18] 폴란드와 불가리아도 러시아산을 대신해 노르웨이와 아제르바이잔 등으로부터의 수입을 확대하였다.[19] 이러한 노력은 전체 EU 차원에서도 본격화되었는데, EU는 「REPowerEU」 전략을 채택하여 러시아에 대한 EU차원의 에너지 독립을 위한 구체적인 실천방안을 공유하였다. 이 계획에 따르면, EU는 공동의 천연가스 구매 및 분배 메커니즘을 구축하여 러시아 이외의 지역으로 공급선을 다변화하고 러시아에 대한 에너지 의존을 단절하는 데 있었다.[20]

---

17 Mario Damen, "Four challenges of the energy crisis for the EU's strategic autonomy," *European Parliament Research Service Briefing*, April 2023, p. 4.

18 "Algeria becomes Italy's biggest gas supplier in new €4 bn deal to reduce Russian dependency," https://www.euronews.com/2022/07/18/italys-draghi-visits-algeria-for-gas-talks-while-political-crisis-continuews-at-home, (검색일: 2023년 6월 14일)

19 "Poland and Bulgaria start life with no Russian gas," https://www.politico.eu/article/poland-bulgaria –life-no-russia-gas, (검색일: 2023년 6월 14일)

20 European Commission, "REPowerEU Plan,"18, May 2022, pp. 4-5.

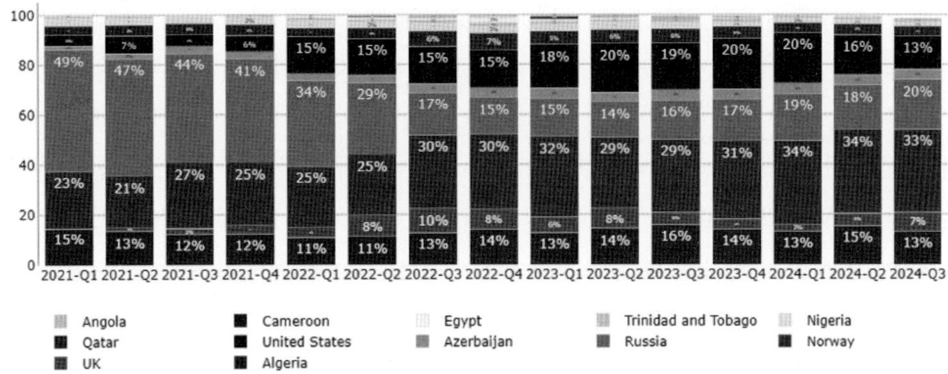

[그림 2] EU의 국별 천연가스 수입 비중 변화: 2019~2024년 3분기

※ 자료: European Commission, "Quarterly report on European gas market," volume 17, issue 3 (2024), p. 13.

EU의 지속적인 노력을 통해 전체 천연가스 수입에서 40%에 달했던 러시아의 비중은 2024년 3분기에는 20%까지 하락하게 되었다. 노르웨이와 아제르바이잔으로부터의 수입은 크게 증가했다고 보기 어려우며 러시아의 감소분은 대부분 북아프리카로부터의 LNG 수입으로 대체되었다.[21] 러시아 대對EU 파이프라인 수출의 반 이상을 차지하는 「노드스트림Nord Stream 파이프라인」이 2022년 9월부터 가동을 중지했으며 기타 벨라루스, 우크라이나, 터키를 경유하는 파이프라인의 공급량도 크게 감소했다. 원유의 경우, 사실상 2022년 말까지 러시아산의 수입이 전면 중단되어 다른 국가산으로 대체되었다.

2. 러시아의 대응과 한계

서방의 에너지 제재에 대한 러시아의 대응은 크게 수출대상국 다변화와 가격하락 방

21 European Commission, "Quarterly report on European gas market," volume 15 (2023), p. 10.

어의 두 가지 방향으로 이루어지고 있다. 유럽에 대한 에너지 수출 감소와 함께 러시아는 다른 국가로 수출을 전환하게 되었고 이는 주로 중국에 대한 수출확대를 의미하였다. [그림 3]에서 나타나고 있는 것처럼 중국에 대한 러시아의 에너지 수출은 2022년 초부터 급격하게 증가하기 시작했다. 2022년 러시아에서 중국으로 파이프라인을 통해 수출한 가스는 금액 기준 39억 8,000만 달러로 2021년 대비 2.6배 증가, LNG는 67억 5,000만 달러로 2.4배 급증했다.[22] 또한 원유 수입량도 44% 증가한 583억 8,000만 달러를 기록했다. 중국에 대한 에너지 수출은 2021년 연간 약 500억 달러 수준에서 2022년에는 800억 달러로 증가분은 300억 달러 정도로 추정된다.

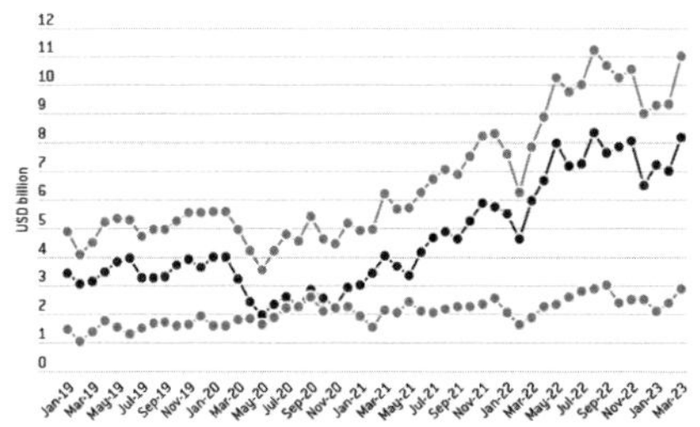

[그림 3] 러시아의 對중국 수출(십억 달러)

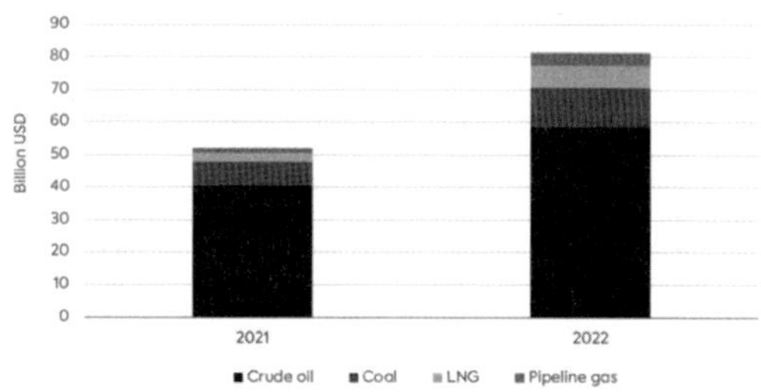

[그림 4] 對중국 에너지원별 수출금액(십억 달러)

※ 주: (좌) 가운데 붉은 선이 에너지 수출

※ 자료: (좌) Bruegel Institute Russian foreign trade tracker, (우) Erica Downs and Tatiana Mitrova, "Q&A China-Russia Energy Relations One Year after the Invasion of Ukraine,"

또한 중국뿐만 아니라, 인도에 대한 에너지 수출도 크게 증가하면서 에너지 수출에서 EU를 대체할 소비처 확보가 성공적으로 추진되는 것으로 보였다. 실제로 이전까지 러시아산 에너지 수입이 거의 없었던 인도는 2023년 5월 기준 러시아산 에너지 수입을 월

22 "China's gas import from Russia double in 2022 amid Ukraine crisis," https://www.english.kyodonews.net/news/2023/01/7c9c6997d76f-chinas-gas-imports-from-russia-double-in-2022-amid-ukraine-crisis, (검색일: 2023년 6월 16일)

간 최대 55억 달러 수준까지 확대하였다.[23] 이처럼 중국과 인도 등이 러시아산 에너지 수입을 늘린 중요한 이유 중의 하나는 러시아가 할인된 가격으로 에너지를 판매하고 있기 때문이며 이들은 비용을 절감하는 이익이 있기 때문이다.[24] 러시아는 EU의 에너지 수입 중단에 대처하기 위해 신흥국들을 중심으로 에너지 수출을 다변화하기 위해 노력하고 있다. 러시아는 우크라이나 사태 이전부터 천연가스 수출을 아시아 국가로 확대하기 위한 전략적 노력을 계속해왔는데, 2022년 하반기부터 러시아의 노바텍Novatek은 베트남에 LNG를 수출하기 위한 협의를 지속하고 있으며 인도네시아에 대한 수출도 확대한 바 있다.

두 번째로 러시아는 에너지 가격의 하락을 막아 적정이윤이 유지되기 위해 힘쓰고 있다. 원유수출국들을 중심으로 구성된 오펙플러스OPEC+에서 주요 산유국들과 러시아는 원유가격의 유지를 위해 감산을 지속하고 있다. 2022년 10월 오펙플러스OPEC+ 산유국들은 국제원유가격의 하락을 막기 위해 일일 평균 200만 배럴의 감산을 결정했으며 2023년 4월에는 추가로 116만 배럴의 감산을 합의하였다.[25] 러시아도 여기에 적극적으로 참여하면서 2023년 연말까지 일일 평균 50만 배럴의 원유를 감산해왔다. 이러한 상황은 사우디아라비아 등 기타 OPEC 국가들의 이해관계와도 합치하는 것으로 원유가격을 일정 수준 이상 유지하도록 하는 데 효과를 거두고 있다. 2022년 8월에 러시아는 유럽에 대한 천연가스 공급을 줄일 수 있음을 시사하면서 당시 유럽의 천연가스 가격은 단기적으로 폭등하였으나 EU가 러시아로부터 수입하는 천연가스 물량이 점차 축소되고 유럽의 겨울 기온이 예상보다 온화하게 나타나면서 가격은 다시 안정화되었다.

---

23 “Russia foreign trade tracker,” https://www.bruegel.org/dataset/russian-foreign-trade-tracker, (검색일: 2023년 9월 16일)

24 “China reaps energy windfall as West shuns Russian supplies,” https://www.reuters.com/business/energy/china-reaps-energy-windfal-west-shuns-russian-supplies-2022-09-14/, (검색일: 2023년 6월 16일)

25 “OPEC+ announces surprise oil output cuts,” https://www.reuters.com/businesss/energy/sarabia-ot her-opec-producers-announces-voluntary-oil-output-cuts-2023-04-02/, (검색일: 2023년 6월 18일)

하지만, 러시아의 이와 같은 대응에도 불구하고 최근 국제에너지 시장의 상황은 러시아에게 유리하게 흘러가지 않고 있다. EU 에너지시장에서 러시아는 이제 LNG시장을 제외하고는 영향력을 거의 발휘할 수 없는 지경에 이르렀고, 이제 남은 것은 중국을 중심으로 한 신흥국가들이지만 수요 측면에서 EU를 대체할 수 있을 것인지는 의문이다. 2019년 기준 러시아가 파이프라인을 통해 유럽 및 터키에 판매한 천연가스의 총량은 1,650억㎥인데, 현재 러시아가 중국과 새롭게 추진하고 있는 천연가스 파이프라인인 '시베리아의 힘2'의 용량은 500억㎥에 불과하다. 게다가 유럽의 대표적인 러시아 천연가스 수입국가인 독일에 대한 판매수익netback이 1,000㎥ 당 135~155달러인 반면, '시베리아의 힘2'를 통한 판매수익은 73달러 선에 그칠 수 있다는 예측이다.[26] 러시아는 파이프라인이 아닌 LNG 판매를 확대하고 있지만 유럽의 수요와 수익을 대체할 만한 곳은 현재로서는 찾기 어렵다. 이는 단순한 수출금액의 감소를 넘어서서, 유럽에 대한 러시아의 레버리지가 상실되는 결과가 예상된다. 러시아는 에너지를 매개로 하여 유럽 국가들에 대한 영향력을 유지해왔다. 천연가스는 유럽지역에 대한 러시아 외교정책의 핵심으로 러시아는 이를 통해 경제적 · 지정학적 영향력을 유지해야 할 필요가 있었으며 이를 회피하려는 시도는 공급중단이나 중단위협의 일방적인 제재로 이어지곤 했다.[27] 그러나 우크라이나 사태 이후 EU의 대對러 에너지 의존이 급격히 약화됨에 따라, 러시아가 EU에 활용할 수 있는 옵션이 제한되는 문제가 발생했다. 이는 단순히 경제적 손실에 그치는 것이 아니라, 우크라이나를 포함한 유럽지역에 대한 영향력 사실 및 자국 안보에도 큰 영향을 미칠 수 있는 요인이다.

러시아가 직면한 또 다른 위험요인은 유럽과의 에너지 단절에서 대안으로 부상하고 있는 중국에 대한 지나친 의존의 문제이다. 서방의 제재가 확대되고 중국에 대한 에너

---

26 Sergey Vakulenko, "Can China Compensate Russia's Losses on the European Gas Market?" https://www.carnegieendowment.org/politika/89862, (검색일: 2023년 6월 18일)

27 Alexander Ghaleb, "Natural Gas as an Instrument of Russian State Power," US Army War College Strategic Studies Institute, *The Letort Paper*, Oct 2011, pp.65-66.

지 수출이 증가할수록 러시아 경제의 중국 종속에 대한 문제는 이슈화되고 있다. 서방의 정치인들과 매체는 이미 러시아를 중국의 '하위 파트너junior partner'나[28] '동생little brother'[29]으로 폄훼하고 있다. 사실, 러시아의 에너지 수출이 중국으로 집중되는 것은 러시아로서도 바라는 것이 아니다. 중국은 다른 수입원을 활용할 수 있는 카드가 있지만, 러시아는 그것이 어렵기 때문이다. 요컨대 현재 국제에너지 시장에서 러시아가 처한 어려움은 유럽이라는 안정적인 수요처가 사라지고 있는 상황에서 대체 수요처인 중국에 대한 에너지 공급에 의존할 수밖에 없는 상황이며 이는 양쪽 모두에 대한 영향력 상실과 전략적 열위에 설 수밖에 없는 처지에 놓이게 된 것이다.

Ⅳ. 중앙아시아의 효용성과 러시아의 전략적 포석

러시아의 관점에서 중앙아시아의 에너지와 자국의 에너지 활용에서 중앙아시아 국가들을 이용하고자 하는 전략적 방향은 크게 두 가지로 나누어 볼 수 있다. 이러한 전략의 전개는 궁극적으로 에너지 측면에서 유라시아 지역과 나아가 서방에 대한 러시아의 영향력을 강화하고 이를 통해 자국의 에너지 안보를 실현하고자 하는 것이다.

1. 에너지 연계 확대의 매개 지역으로서의 중앙아시아

과거 러시아의 입장에서 우즈베키스탄, 카자흐스탄, 투르크메니스탄과 같은 중앙아시아 국가들은 자국에 에너지를 제공하는 국가로 여겨졌다. 이들의 원유와 천연가스는

---

28 "Can Russia Used to Being China's Little Brother?" https://www.foreignpolicy.com/2023/03/21 xi-putin-meeting-russia-china-relationship/, (검색일: 2023년 6월 20일)

29 "Xi-Jinping-Vladimir Putin talks highlights Russia's role as 'junior partner' to China," https://wwwft.com/content/73d50de6-53c8-4bf6-adf9-8cf108f82ca1, (검색일: 2023년 6월 20일)

소비에트시기에 건설된 파이프라인을 통해 해외로 수출될 수 있었다. 즉, 에너지의 공급원 역할을 했었지만, 에너지를 수출할 수 있는 대상으로 여겨지지는 않았다. 그런데 지난 2022년 11월 러시아는 우즈베키스탄과 카자흐스탄에 가스 공동체 구성을 제안한 데 이어, 2023년 6월 러시아의 가스프롬은 우즈베키스탄의 우즈가스트레이드Uzgastrade와의 가스 공급계약을 밝히면서 향후 2년간 연간 약 28억㎥의 천연가스를 수출할 것이라고 발표했다.[30] 천연가스 보유량이 많은 우즈베키스탄에 대해 러시아의 수출이 가능했던 것은 우즈베키스탄이 최근 수년간 지속적으로 에너지 부족 사태를 겪고 있기 때문이다. 늘어나는 인구와 산업용 수요 폭증에 따라 우즈베키스탄은 최근 중국에 대한 천연가스 수출을 크게 줄였으며 향후 2025년까지 천연가스 수출을 완전히 중단하기로 결정하였다. 그리고 국내에서 생산되는 천연가스는 온전히 내수용으로 공급하거나 국내 석유화학 산업에 활용하는 방안을 추진 중이다.[31] 에너지 수출국에서 수입국으로의 전환이 되는 동시에 필요한 에너지에 대해 러시아에 의존하는 상황에 놓이게 되는 것이다. 우즈베키스탄뿐만 아니라, 카자흐스탄 역시 유사한 상황에 놓여있다. 카자흐스탄은 고질적으로 북서부 지역의 에너지가 부족한 상황이 계속되고 있는데, 이러한 에너지 부족은 카자흐스탄 내부의 정치 안정을 저해하는 요인이 되어왔으므로 정부는 이에 민감하게 반응할 수밖에 없다. 2023년 1월 카자흐스탄과 러시아는 에너지 협력에 관한 로드맵에 서명하면서 양자 간의 협력을 강화하기로 합의하였으며 실제로 러시아의 천연가스가 2023년 7월부터 카자흐스탄으로 수출되기 시작하였다.

사실, 2022년 11월 러시아가 우즈베키스탄과 카자흐스탄을 포함하는 가스 공동체를 제안했을 때, 러시아의 중요한 제안 가운데 한 가지는 우즈베키스탄의 가스 수출 통제권을 가진 우즈가스트레이드UZgastrade 대신 러시아의 가스프롬이 중국에 대한 천연가스 수출 권한을 갖겠다는 것이었다.[32] 우즈가스트레이드UZgastrade는 우즈베키스탄의

---

30 "Узбекистан подписал с Россией договор на два года на покупку газа," https://www.tass.ru/ekonomika/18055491, (검색일: 2023년 7월 27일)

31 IEA, "Uzbekistan 2022: Energy Policy Review," June 2022, pp. 39-40.

국영기업으로 천연가스 생산자로부터 가스를 구매하고 수요자에게 공급하는 독점적인 권한을 가진 기업이다. 러시아의 이러한 요구를 우즈베키스탄이 수용하기는 어려웠으며 결과적으로 관철되지 않았다. 하지만 러시아의 우즈베키스탄에 대한 요구는 이 지역에 대한 러시아의 에너지 정책이 어떤 방향으로 전개되는지를 가늠해볼 수 있도록 한다. 유럽에 대한 에너지 공급 감소가 중앙아시아 지역에 대한 수출로 상쇄될 수는 없지만, 중앙아시아에 대한 수출을 중국과 연계하여 에너지 통제권을 유지하고 중국을 견제하겠다는 의도가 읽혀지는 것이다. 현재에도 유럽시장을 대신해 중국에 많은 에너지를 수출하고 있지만, 여기에 중앙아시아 국가들까지 연계한 가스 공급망을 갖춤으로 중국에 대한 레버리지를 더욱 강화하려는 기제로 활용하려는 것이다. 또한, 이미 2022년 11월, 3국간 가스공동체 구성 논의 시 중국과 파키스탄, 인도까지 러시아의 천연가스를 공급하는 방안이 논의된 바 있다.[33] 이렇게 확장된 에너지 연계는 단순히 중앙아시아 시장에 대한 에너지 판매를 넘어, 에너지 판매 시장의 확장을 의미한다.

파키스탄은 2023년 6월부터 할인된 가격의 러시아산 원유를 공급받기 시작했다. 대규모 인프라 투자로 인한 부채와 인플레이션으로 국가부도의 위기에 처한 파키스탄은 러시아로부터 저렴한 에너지를 공급받고, 러시아도 에너지 공급처를 확대하게 된 것이다. 천연가스의 경우, 파키스탄은 '투르크메니스탄-아프가니스탄-파키스탄-인도'를 연결하는 「TAPI 파이프라인」을 해당 국가들과 오랫동안 추진해 왔는데, 사실상 러시아는 자국의 에너지 영향력을 반감시키는 이 프로젝트에 오랫동안 반대하는 입장이었다. 하지만, 최근 투르크메니스탄과 천연가스 교역을 재개한 러시아로서는 카자흐스탄과 투르크메니스탄을 통해 자국의 천연가스를 궁극적으로 파키스탄 및 인도에 판매할 수 있는 다른 옵션으로 활용할 수 있는 선택지를 생각할 수 있게 되었다. 러시아 외무부는

---

32 "Казахстан и РФ подписали дорожную карту о гозовых поставках," https://www.gazeta.uz/ru/2023/01/19/gas, (검색일: 2023년 7월 27일)

33 "Uzbekistan-Russia Energy Relations: A Tale of 2 Problemes," https://www.thediplomat.com/2023 /05/uzbekistan-russia-energy-relations-a-tale-of-2-problems, (검색일: 2023년 7월 31일)

2023년 1월, TAPI 파이프라인의 건설 및 운영에 자국 기업의 참여가 가능하다는 입장을 표명한 바 있다.[34] 러시아는 지난 2015년 파키스탄의 남부 항구도시인 '카라치Karachi'에서 북부인 '카수르Kasur'까지 연결하는 「파키스탄 스트림Pakistan Stream 가스파이프라인」 건설을 파키스탄 정부와 합의한 바 있다. 카라치까지 LNG로 천연가스를 공급하고 이후 파이프라인을 통해 파키스탄 전역에 천연가스를 공급하는 방안이다. 하지만, 중앙아시아를 통한 천연가스 공급이 계획대로 이루어지면 이 계획은 우선순위에서 제외될 수 있다. 중앙아시아를 통해 파키스탄을 넘어 인도까지 계획된 파이프라인의 완공은 러시아의 에너지 공급전략에서 중요한 축이 될 것이다. 여기에서 중요한 것은 투르크메니스탄의 입장이다. 가스프롬의 밀러Alexey Miller 회장은 2022년과 2023년에 투르크메니스탄을 방문하여 양국 간 에너지 문제에 대해 논의했는데, 투르크메니스탄이 「카스피해 통과 파이프라인Trans-Caspian Pipeline」의 건설을 포기하는 대신 러시아가 원유와 천연가스의 신규 개발 및 현대화를 돕는 방식으로의 협력 안에 합의하였다.[35] 서구가 원하는 방식의 아제르바이잔을 통한 서방으로의 가스 공급 논의 중단은 러시아를 포함한 다른 국가에 대한 공급정책으로의 선회를 강하게 암시하고 있으며 에너지 정책에서 투르크메니스탄 정부가 러시아에 우호적인 방향으로 돌아서고 있음을 드러내고 있다.

러시아의 에너지 연계 확대는 중앙아시아 서쪽으로 이란에 에너지를 공급하려는 계획도 포함된다. 먼저 2022년 7월 러시아의 가스프롬과 이란석유공사NIOC는 이란 내의 가스전 및 유전 개발 및 에너지 거래 등과 관련하여 약 400억 달러 규모의 양해각서를 체결하였다. 이후 양국은 이란 북부에 러시아의 원유와 가스를 공급하고 이란은 같은 규모의 원유 · 가스를 타 국가로 대신 수출하는 스왑swap 거래를 추진해왔다. 먼저

---

34 "Russia hints headway in TAPI gas pipeline project after Putin key aide visits Kabul," https://www.energy.economictimes.indiatimes.com/news/oil-and-gas/russia-hints-headway-in-tapi-gas-pipeline-project-after-putin-key-aide-svisits-kabul, (검색일: 2023년 7월 31일)

35 "Turkmenistan: Bear Trap," https://www.eurasianet.org/turkmenista-bear-trap, (검색일: 2023년 7월 31일)

2023년 2~3월에 러시아는 카자흐스탄과 투르크메니스탄을 통해 약 30,000톤의 휘발유와 디젤을 이란에 제공했다.[36] 이란으로서는 대부분의 원유 · 가스 매장지와 정제소가 남부지역에 위치해 있으며 이를 북부로 옮기기에는 대규모 비용이 소요되므로 북부지역에서는 러시아로부터 에너지를 공급받는 것이 이익이며 러시아로서는 이란을 통한 에너지 수출 능력을 확보하는 이득이 있다. 양국 간의 거래에서 핵심은 카자흐스탄, 투르크메니스탄 등 중간에서 매개 역할을 하는 중앙아시아 국가들이다.[37] 이란 내부적으로는 이란이 러시아의 수출창구 역할을 함으로 궁극적으로 이란의 에너지 수출시장을 상실할 수 있다는 우려가 있음에도 불구하고 이란도 서방의 제재를 받는 입장에서 당장의 경제적 이익이 러시아와 부합하기 때문에 이란으로서는 이러한 에너지 딜을 추진할 유인이 충분하다. 그리고 이러한 양국 간의 관계가 지속적으로 유지되기 위해서는 양국의 중간에 위치한 중앙아시아 국가들의 협조가 필요하다.

2. EAEU 통합 에너지 · 전기 시장의 공고화

유라시아경제연합EAEU은 2015년 출범 직후 곧바로 공동의 전력시장 및 에너지 시장 구성에 대한 개념안을 제시하였다. 그리고 이 구성안의 핵심은 EAEU 내에 공동의 거래 플랫폼을 구성하고 이를 통해 회원국 모두가 제한없이 거래에 참여할 수 있도록 하는 것이다.[38] 현재는 EAEU 내에서의 에너지 가격이 주로 수출자와 수입자의 양자 간 협의와 계약에 의해서 이루어지고 있으며 이에 따라 시장의 거래가 대외적으로 투명하게 이

---

36 "Russia starts fuel supplies to Iran by rail," https://www.reuters.com/business/energy/russia-starts–fuel-supplies-to-iran-by-rail-sources-2023-04-11/, (검색일: 2023년 8월 8일)

37 Vali Kaleji, "Iran and Russia: from 'Oil for Goods swap' to 'Oil-Gas Swap,'" https://www.cacianalyst.org/publications/analytical-articles/item/13743-iran-and-russia-from-"oil-for-goods-swap"-to-"oil-gas-swap"-html, (검색일: 2023년 8월 8일)

38 Maria Pastukhova and Kirsten Westphal, "A Common Energy Market in the Eurasian Economic Union: Implications for the European Union and Energy Relations with Russia," *SWP Aktuell* 6 (2016), pp. 2-3.

루어진다고 보기 어렵다. 에너지를 판매하는 공급자 역시 대체로 러시아의 가스프롬이 될 수밖에 없었다. 하지만, 새로운 시스템 하에서는 원칙적으로 공개된 플랫폼에서 누구나 에너지와 전력의 판매자 및 구매자가 될 수 있으며 가격 역시 투명한 시스템을 기반으로 결정된다. EAEU는 구소련 시대의 에너지 및 전력 인프라를 공유하고 있어 기본적인 운송 시스템은 구축이 되어있다고 볼 수 있다. 특히 전력의 경우, 중앙아시아 국가간에는 현재에도 계절별 · 지역별 전력 거래가 이루어지고 있어 합의를 위한 조건의 조정이 비교적 어렵지 않은 것으로 알려져 있다. 문제는 에너지 시장에 대한 합의이다.

러시아는 공동의 에너지 시장 조성을 통해 현재 양자 간 협의구도인 에너지 공급시스템을 완전히 개방된 형태로 전환하고자 한다. 하지만 이는 대외적으로 러시아의 표면적인 주장에 불과하다. 천연가스의 경우, EAEU의 조약에서는 공급되는 가스 공급자를 사실상 가스프롬으로 한정하는 방식을 통해 참여를 제한하고 있다.[39] 첫째, EAEU 조약에서는 회원국 기업이 EAEU 내에서 다른 회원국의 파이프라인 시스템에 접근하려면 해당국의 국내법에서 가능한 기업을 규정하도록 되어있으며 러시아는 국내법상 해외로의 파이프라인을 통한 수출은 가스프롬으로 정하고 있어 공급자로서 다른 기업의 진입은 자동적으로 차단된다. 둘째, 현재로서는 EAEU 내에서 유일한 가스 공급자인 가스프롬은 회원국간 파이프라인을 통한 가스 공급에서 부족분이 발생할 경우라도 기술적으로 제3자의 공급을 차단할 수 있다. 사실상 러시아 중심의 에너지 시장이 공고화된 것으로 볼 수 있다. 러시아는 일부 지역의 천연가스 공급이 부족한 EAEU 회원국인 카자흐스탄에 대해 천연가스 공급을 시작함으로 자국이 주도하는 가스공급 시스템을 시험하고 기술적인 문제들을 사전에 점검하려는 방식으로 활용하고자 한다. 또한 EAEU의 조약에서는 EAEU 비회원국에게 천연가스를 판매할 경우, 공급자간의 조정을 통해 결정할 것을 규정하는데,[40] 이는 결국 중앙아시아를 통해 타 국가에 대한 천연가스

---

39 Anatole Boute, "Shaping the Eurasian Gas Market: The Geopolitics of Energy Market Regulation," *Geopolitics*, 2022, https://doi.org/10./1080/14650045.2022.2094778. (검색일: 2023년 8월 31일) p. 16.

판매를 확장하려는 러시아의 입장을 강화시킬 것이 분명하다. 더구나 우즈베키스탄은 현재 EAEU의 옵저버로 참여하고 있으며 향후 EAEU의 가입에 대해 긍정적인 시각을 갖고 있는 국가이다. 우즈베키스탄이 국내 수요 폭증으로 인해 2025년까지 천연가스의 대외 수출이 중단되는 상황에서 러시아의 우즈베키스탄 에너지 시장에 대한 진출은 단순한 에너지 수출시장 확대가 아니라 양국 간의 관계를 강화시킬 수 있는 요인으로 작용할 것이다.[41] EAEU 내에서 에너지 수입국가인 벨라루스, 아르메니아, 키르기스스탄의 경우, 사실상 에너지를 수입하는 대상이 러시아로 한정되어 있어 러시아로서는 독점적 에너지 공급자로서의 지위를 활용하여 EAEU 내에서의 에너지 협력 시스템을 자신의 입맛에 맞도록 조정하는 데 대응할 여력이 크지 않다. 지난 2023년 5월 모스크바에서 개최된 EAEU 경제위원회 관련 포럼에서 러시아는 EAEU 전체의 에너지 안보 강화의 필요성과 중요성은 서방 제재에 의해 입증되었으며, 이는 실제로 EAEU 국가들이 에너지 분야에서 상호 이익이 되는 공동의 해결책을 마련해야 할 필요성을 확대시켰음을 주지시켰다.[42]

현재 2025년까지 EAEU 공동의 천연가스 시장 출범이 예정되어 있는 상황에서 카자흐스탄 정부가 생각하는 공동시장의 잇점은 카자흐스탄도 이 공동 가스거래 시장에서 러시아 기업과 차별없이 참여할 수 있다는 것이다.[43] 그리고 그 중심에는 카자흐스탄의 국영에너지 개발기업인 카즈무나이가즈KazMunayGas가 있다. 이 기업은 2022년 우크라이나 사태로 EU가 러시아 에너지의 대체 공급처를 필요로 할 때, 독일에 원유를 공급

---

40 "О Концепции формирования общего рынка газа Евразийского экономического союза," Высший Евразийский экономический совет решение No. 7.

41 "The Future of Russia-Uzbekistan Energy Relations," https://www.jamestown.org/program/the-fut ure-of-russian-uzbekistani-energy-relations/, (검색일: 2023년 8월 14일)

42 "Common energy security system is one of priorities in establishing EAEU common electric power markets," https://eec.eaeunion.org/en/news/obshchaya-sistema-energeticheskoy-bezopaanosti-odna-iz-prioritetnykh-zadach-pri-formirovanii-obshchi/, (검색일: 2023 년 9월 9일)

43 "The common gas market of the EAEU will be created by 2025," https://www.gov.kz/memleket/entities/mti/press/news/details/578098?lang=en, (검색일: 2023년 9월 9일)

하는 데 앞장서왔다. 또한, 이 기업은 우크라이나 사태 하에서의 전략방향을 수출 확대로 삼고, 2022년 7월부터 카자흐스탄 고유브랜드의 원유를 최초로 수출하는 등 해외시장 확대에 적극적이다.[44] 따라서, EAEU의 공동 가스 시장이 열리면 시장 내에서 카즈무나이가즈KazMunayGas는 그 역할을 강화하기 위해 노력할 것이다. 러시아로서는 시장 출범 이전에 가스프롬을 통해 중앙아시아 국가들에 대한 수출을 강화함으로 경쟁이 될 수 있는 동사同社의 영향력을 약화시키고자 노력하고 있다고 볼 수 있다.

V. 결론

우크라이나 사태와 뒤이은 서방의 지속적인 경제제재로 인해 러시아는 자국의 핵심적인 이해관계인 에너지 안보가 훼손되는 상황에 처하게 되었다. 경제제재 가운데, 서방의 제재는 러시아 경제의 근간이 되는 에너지 부문에 타격을 주는데 집중되었다. 미국과 EU는 러시아로부터 수출되는 원유가격에 상한제를 적용하여 특정가격 이상으로의 수입을 사실상 금지하는 방식으로 가격에 대한 제한을 가했다. 또한, 물량 측면에서는 러시아로부터의 에너지 수입을 중단하기로 결정하였고 미국은 사실상 전량을, EU는 상당한 수준의 물량을 줄이는 데 성공하였다.

이처럼 어려운 국면에서 러시아는 중국과 인도 등으로 수출을 전환하는 동시에 중앙아시아 국가들과 긴밀한 에너지 협력을 선택한 러시아는 두 가지 전략적인 의도를 갖고 있는 것으로 보인다. 첫째는 중앙아시아를 매개로 하여 파키스탄과 이란 등 남아시아에 대한 에너지 공급을 확장하려는 의도이다. 이 국가들에 에너지를 공급하기 위해서는 중앙아시아 국가들을 관통하는 파이프라인을 활용하는 것이 가장 효율적인 방안이다. 더구나 최근 우즈베키스탄은 자국 내 전반에서, 카자흐스탄은 일부 지역에서 천연

44 KazMunayGas, "Annual Report 2022," 2022, p. 28.

가스의 공급이 부족한 상황이다. 러시아는 이러한 상황을 잘 활용하여 이들과 천연가스 공급에 대한 계약을 체결하였다. 에너지의 공급원이었던 중앙아시아 지역이 러시아로부터 에너지를 수입하는 상황으로 전환된 것이다. 이미 이를 위한 기술적인 조정단계를 거쳐 공급은 시작되었다. 향후 중요한 것은 중앙아시아를 통해 파키스탄과 이란을 연결하는 파이프라인의 건설이다. 이는 파키스탄과 이란 모두 경제적인 관점에서 이익이 되는 것이지만, 중앙아시아 국가들과 이들이 향후 어떤 방식으로 합의를 이끌어 나갈 것인지는 주목해보아야 할 필요가 있다.

러시아의 두 번째 의도는 중앙아시아에 대한 에너지 협력 강화를 통해 향후 EAEU 에너지 및 전기 시장의 통합화 과정에서 자국의 실익과 입장을 더욱 확고히 하고자 한다. 향후 통합될 EAEU 가스 시장에서 카자흐스탄 기업의 참여를 견제하고 EAEU 공동의 에너지 시장에서 독점적 에너지 공급자로서의 지위를 공고히 하고자 하는 것이다.

이탈리아 우르소Adolfo Urso 기업부 장관은 2023년 8월, "2021년 천연가스 수입에서 40%에 달했던 러시아 의존도를 2022년 16%로 줄였으며 2023년에는 완전히 독립할 수 있을 것"이라고 밝힌바 있다.[45] 실제로, 러시아로부터의 원유와 천연가스수입에 크게 의존하던 EU 국가들은 예상하지 못했던 빠른 속도로 러시아로부터의 에너지 독립을 이루어내고 있다. 영국의 글로벌 에너지싱크탱크인 앰버Ember는 러시아의 우크라이나 침공으로 인한 에너지 위기의 고조가 "EU의 '녹색전환green transition'을 가속화시켰으며 재생에너지 공급은 목표를 초과달성할 것"이라고 단언하였다.[46] 급한 것은 러시아이다. EU에 판매하던 에너지의 일정 부분은 중국과 인도 등이 매수하고 있으나 이를 모두 대체하는 것은 역부족이다. 그리고 러시아의 눈은 지금 중앙아시아를 통해 조금 더 먼 곳을 바라보고 있다. 중앙아시아 국가들의 향후 대응에 주목해야 할 때이다.

---

45 "Italy to achieve gas independency in 2023 ? Italian minister," https://tass.com/economy/1662747, (검색일: 2023년 8월 26일)

46 Elisabeth Cremona, Chris Rosslow, and Ali Cndlin, "Fit for the future, not for Fit-for-55," Feb. 2023, Ember, p. 6

참고
문헌

Cremona, E. Rosslow, C. and Cndlin, A. "Fit for the future, not for Fit-for-55." Ember. Feb, 2023.

Dadabaev, T. and Djalilova, N. "Connectivity, energy, and transportation in Uzbekistan's strategy vis-a-vis Russia, China, South Korea, and Japan." *Asia Europe Journal.* Vol. 11 (2021), pp. 116.

Damen, M. "Four challenges of the energy crisis for the EU's strategic autonomy." *European Parliament Research Service Briefing.* April, 2023.

European Commission. "REPowerEU Plan." 18, May 2022.

____________________. "Quarterly report on European gas market." volume 15, 2023.

Fazilov, F. and Chen, X. "China and Central Asia: A Significant New Energy Nexus." Trinity College Digital Repository 3-2013.

Ghaleb, A. "Natural Gas as an Instrument of Russian State Power." US Army War College Strategic Studies Institute, *The Letort Pape*r, Oct, 2011.

IEA "Uzbekistan 2022: Energy Policy Review." June, 2022.

KazMunayGas. "Annual Report 2022." 2022.

Laruelle, M. "Russia and Centra Asia." in Kavalski, E. (eds.). *The New Central Asia: The Regional Impact of International Actors*, Singapore: World Scientific Publishing, 2010. pp. 162-163.

Olcott, M. B. "The Geopolitics of Natural Gas: Turkmenistan - Real Energy Giant or Eternal Potential?" Center for Energy Studies. Dec, 2013.

Omelicheva, M. Y. "Central Asia." in Tsygankov. A. P. (eds.). *Routledge Handbook of Russian Foreign Policy*, New York: Routledge, 2018. pp. 334.

Pastukhova, M. and Westphal, K. "A Common Energy Market in the Eurasian Economic Union: Implications for the European Union and Energy Relations with Russia." *SWP Aktuell* 6, 2016.

Peyrouse, S. "Chinese Economic Presence in Kazakhstan: China's Resolve and Central Asia's Apprehension." *China Perspectives.* No. 2008/3.

Umbach, F. and Raszevski, S. *Strategic Perspectives for Bilateral Energy Cooperation between the EU and Kazakhstan.* Astana: KAS, 2016.

"О Концепции формирования общего рынка газа Евразийского экономического союза." Высший Евразийский экономический совет решение No. 7.

"Algeria becomes Italy's biggest gas supplier in new €4 bn deal to reduce Russian dependency." https://www.euronews.com/2022/07/18/italys-draghi-visits-algeria-for-gas-talks-while-political-crisis-continuews-at-home. (검색일: 2023.6.14).

Boute, A. "Shaping the Eurasian Gas Market: The Geopolitics of Energy Market Regulation." *Geopolitics,* 2022,

https://doi.org/10./1080/14650045.2022.2094778. (검색일: 2023.8.31).
"Can Russia Used to Being China's Little Brother?"
https://www.foreignpolicy.com/2023/03/21xi-putin-meeting-russia-china-relationship/. (검색일: 2023.6.20).
"China reaps energy windfall as West shuns Russian supplies."
https://www.reuters.com/business/energy/china-reaps-energy-windfal-west-shuns-russian-supplies-2022-09-14/. (검색일: 2023.6.16).
"China's gas import from Russia double in 2022 amid Ukraine crisis." https://www.english.kyodonews.net/news/2023/01/7c9c6997d76f-chinas-gas-imports-from-russia-double-in-2022-amid-ukraine-crisis. (검색일: 2023.6.16).
"China to buy 10 bcm of Uzbek gas a year – Xinhua."
https://www.reuters.com/article/china-uzbekistan-gas/idUSBJ100232520100610. (검색일: 2023.7.5),
"Common energy security system is one of priorities in establishing EAEU common electric power markets."
https://eec.eaeunion.org/en/news/obshchaya-sistema-energeticheskoy-bezopasnosti-odna-iz-prioritetnykh-zadach-pri-formirovanii-obshchi/. (검색일: 2023.9.9).
"EU sanctions against Russia explained."
https://www.consilium.europa.eu/en/policies/sanctions/restrictive-measures-against-russia-over-ukraine/sanctions-against-russia-explained, (검색일: 2023.6.12).
"Fact Sheet: United States Banks Imports of Russian Oil, Liquefied Natural Gas, and Coal."
https://www.whitehouse.gov/briefing-room/statements-releases/2022/03/08/fact-sheet-united-states-bans-imports-of-russian-oi-liquefied-natural-gas-and-coal/. (검색일: 2023.6. 12).
"Fact Sheet: United States Bans Imports of Russian Oil, Liquefied Natural Gas, and Coal."
https://www.whitehouse.gov/bridfing-room/statemenys-releases/2022/03/08/fact-sheet-united-states - bans-imports-of-russian-oi-liquefied-natural-gas-and-coal. (검색일: 2023.7.18).
"Italy to achieve gas independency in 2023? Italian minister." https://tass.com/economy/1662747. (검색일: 2023.8.26).
Kaleji, V. "Iran and Russia: from "Oil for Goods swap'to "Oil-Gas Swap."
https://www.cacianalyst.org/publications/analytical-articles/item/13743-iran-and-russia-from-"oil-for-goods-swap"-to-"oil-gas-swap"-html. (검색일: 2023.8.8).
"OPEC+ announces surprise oil output cuts."
https://www.reuters.com/businesss/energy/sarabia-other-opec-producers-announces-voluntary-oil-output-cuts-2023-04-02/. (검색일: 2023.6.18).
"Pakistan signs TAPI pipeline plan with Turkmenistan."
https://www.offshore-technology.com/news/pakistan-tapi-implementation-turkmenistan/#catfish. (검색일: 2023.6.30).
"Poland and Bulgaria start life with no Russian gas."
https://www.politico.eu/article/poland-bulgaria–life-no-russia-gas. (검색일: 2023.6.14).
"Russia doubled purchases of gas from Turkmenistan in 2021."
https://www.apnews.com/article/business-russia-china-asia-central-asia-62986d8c29f32dd3f98f9af38775e2ac. (검색일: 2023. 6.28).

“Russia foreign trade tracker.” https://www.bruegel.org/dataset/russian-foreign-trade-tracker. (검색일: 2023.6.16).
“Russia hints headway in TAPI gas pipeline project after Putin key aide visits Kabul.” https://www.energy.economictimes.indiatimes.com/news/oil-and-gas/russia-hints-headway-in-tapi-gas-pipeline-project-after-putin-key-aide-svisits-kabul. (검색일: 2023.7.31).
“Russia starts fuel supplies to Iran by rail.” https://www.reuters.com/business/energy/russia-starts–fuel-supplies-to-iran-by-rail-sources-2023-04-11/. (검색일: 2023.8.8).
“The common gas market of the EAEU will be created by 2025.” https://www.gov.kz/memleket/entities/mti/press/news/details/578098?lang=en. (검색일: 2023.9.9).
“The Future of Russia-Uzbekistan Energy Relations.” https://www.jamestown.org/program/the-future-of-russian-uzbekistani-energy-relations/. (검색일: 2023.8.14).
“Turkmenistan: Bear Trap.” https://www.eurasianet.org/turkmenista-bear-trap (검색일: 2023. 7.31).
“Uzbekistan-Russia Energy Relations: A Tale of 2 Problemes.” https://www.thediplomat.com/2023/05/uzbekistan-russia-energy-relations-a-tale-of-2-problems. (검색일: 2023.7.31).
Vakulenko, S. “Can China Compensate Russia's Losses on the European Gas Market?” https://www.carnegieendowment.org/politika/89862. (검색일: 2023.6.18).
“Xi-Jinping-Vladimir Putin talks highlights Russia's role as 'junior partner' to China.” https://wwwft.com/content/73d50de6-53c8-4bf6-adf9-8cf108f82ca1. (검색일: 2023.6.20).

“Казахстан и РФ подписали дорожную карту о гозовых поставках.” https://www.gazeta.u z/ru/2023/01/19/gas. (검색일: 2023.7.27).
“Предварительная оценка исполнения федерального бюджета за январь-июнь 2023 года.” https://www.minfin.gov.ru/ru/press-center/?id_4=38583-predvaritelnaya_otsenka_ispolnenia_pederalnogo_byudzheta_za_yanvar-iyun_2023_goda. (검색일: 2023.7.19).
“Россия устройла профицит счёта текущих операций по итогам января - августа.” https://www.banki.ru/news/lenta/?id=10971977 (검색일: 2023.6.12).
“Узбекистан подписал с Россией договор на два года на покупку газа.” https://www.tass.ru/ekonomika/18055491. (검색일: 2023.7.27).

제2장

러시아의 에너지 안보 측정과 국제 비교*

윤영민
(한양대학교 아태지역연구센터 HK연구교수)

Ⅰ. 서론

에너지 안보는 현대 산업 국가에서 가장 중요한 정책 과제 중 하나로 간주된다. 에너지 자원은 현대 사회와 산업 시스템의 운영에 필수적인 물리적 요소이자 개인의 삶의 질에 직결되는 필수재로서 중요한 역할을 한다. 그러나 화석에너지 자원의 지역적 편재성과 공급망의 불안정성은 각국이 안정적인 에너지 자원 공급을 대외 경제 및 안보 정책의 최우선 과제로 삼도록 만들었다.

특히, 두 차례의 오일쇼크 이후 에너지 안보에 관한 연구는 주로 에너지 수입국의 공급 안정성에 초점을 맞추어 활발히 진행되었다. 보다 정확히 말하면, 에너지 안보라는 개념은 에너지 수입국의 공급 안정성을 의미하는 것으로 협소하게 정의되어 왔다. 이러한 시각에서 보면, 러시아와 같은 주요 에너지 생산 및 수출국의 에너지 안보 문제는

* 이 장은 '윤영민, 「에너지 수출국의 에너지 안보: 러시아와 주요 에너지 수출국의 비교를 중심으로」, 『중소연구』 제47권 1호(2023), 235-280쪽'을 수정/보완한 것임을 밝힌다.

연구의 대상에서 배제되어 왔으며, 학문적 논의도 거의 이루어지지 않았다. 그렇다면 에너지 수출국의 에너지 안보 문제는 실제로 존재하지 않는 것인가? 또한, 러시아와 같은 거대 에너지 생산 및 수출국이 자국의 에너지 전략에서 '에너지 안보'를 언급하는 이유는 무엇인가?

국제 에너지 시장의 발전, 국제적 에너지 수요의 증가, 그리고 주기적으로 반복되는 장기 저유가 시기는 에너지 수출국에게도 안정적인 수출이 중요한 문제임을 상기시킨다. 다시 말해, 에너지 자원 공급국에게 에너지 수입국의 안정적인 에너지 자원 확보 문제는 곧 자신들의 안정적인 수출 문제와 직결된다. 특히 러시아와 같은 경우, 에너지 자원 수출의 안정적 확대는 국가 경제와 안보에 있어 중대한 사안으로 인식된다. 2021년 기준 러시아는 GDP의 약 17.4%, 자본투자의 약 11%, 수출의 약 48%를 에너지 부문에 의존하고 있다[1]. 또한 러시아는 천연가스 수출을 통해 얻은 수익을 바탕으로 국내 천연가스 공급가를 낮게 유지해오고 있어 사실상 천연가스 수출 산업은 러시아의 국내 에너지 가격 정책 및 공공 에너지 서비스 정책에까지 연결되어 있다고 할 수 있다[2]. 즉, 에너지 안보문제는 러시아와 같은 에너지 생산국에게도 에너지 수입국의 안보 문제의 반대면으로 실재하는 것이라 할 수 있다. 더욱이, 국제 에너지 시장에서 중요한 위치를 차지하는 러시아의 역할과 에너지 자원을 정치적 무기로 활용하는 접근 방식, 그리고 우크라이나 전쟁으로 촉발된 국제 에너지 시장의 구조적 변화를 고려할 때, 러시아의 에너지 안보 문제는 단지 러시아만의 문제가 아니라 국제 에너지 시장 전체에 영향을 미치는 핵심 요인이라 할 수 있다. 이렇게 국제 에너지 시장에서 러시아의 에너지 안보를 측정하고 이를 타국과 비교하여 그 특징을 파악하는 일은 한국과 같은 에너지 수입 의존도가 높은 국가에게 매우 중요한 과제이다. 그러나 이러한 중요성에도 불구하고 러시

---

1 П. В. Малков и др.(ред.), *Российский статистический ежегодник 2021* (Росстат, Москва, 2021). pp. 49-50, 291-303, 570-594.

2 윤영민, 「EU의 탈 러시아 천연가스 정책과 러시아의 에너지 안보: 러시아 천연가스 산업의 유럽 의존성과 취약성」, 『러시아연구』 제32권 2호(2022), 187-227쪽.

아의 에너지 안보는 관련 연구에서 거의 다뤄지지 않아 왔다. 최근의 Yoon[3]과 같은 연구들이 러시아의 에너지 안보를 다루고 있지만 국내 연구 중 러시아의 에너지 안보를 명확히 정의하고 측정해 비교한 연구는 찾기 어렵다.

위와 같은 중요성과 필요성에 따라 본 연구는 선행연구의 연장선에서 러시아의 에너지 안보 수준을 측정하는 것을 넘어 이를 다른 주요 에너지 수출 국가들과 비교해 러시아의 특징을 알아보고 한국의 대러 에너지 정책 수립에 고려할 필요가 있는 함의를 도출하고자 한다. 이를 위해 먼저 1장에서는 선행연구 분석을 통해 에너지 안보의 개념적 정의를 확인하고 에너지 안보 측정을 위해 고려해야할 주요 요인들을 식별한다. 2장에서는 본 연구의 대상인 러시아, 카자흐스탄, 카타르, 캐나다의 사회경제적 조건과 에너지 부문의 특징을 살펴보며 3장에서는 앞장에서의 논의를 바탕으로 연구대상국들의 에너지 안보 수준을 평가하고 그 특징을 비교 분석한다. 본 연구는 2000년부터 2020년까지의 시기를 분석한다[4]. 따라서 본 연구에는 러시아의 우크라이나 침공에 따른 국제 에너지 시장의 구조적 변화나 이에 따른 러시아의 에너지 안보의 변화요인 등에 대한 고려는 포함되지 않는다. 이는 본 연구의 주제와 데이터의 가용성 등을 고려한 것으로, 전쟁의 영향과 러시아의 에너지 안보의 변화에 대한 추정은 후속연구로 남겨두고자 한다. 본 연구에 사용된 통계 자료들은 주로 세계은행, 국제 에너지 기구, UN Comtrade 등과 같은 국제기구와 각국의 통계청, 그리고 BP(British Petroleum), Gazprom 등과 같은 에너지 기업들로부터 얻어진 것이다.

---

3 Yoon Youngmin, "Measuring Energy Security of Energy-exporting Countries: Focus on Russia," *Asia-Pacific Social Science Review*, Vol. 22, No. 4(2022), pp. 92-113.

4 2020년까지로 분석기간을 제한한 이유는 다음과 같다. 첫째, 에너지 관련 가장 최신의 정돈된 데이터는 2020년까지 가용하다. 에너지 관련 데이터, 특히 국제기구에서 취합해 단위 및 분류 등 정돈이 끝난 통계 데이터는 보통 2년 정도의 시차를 갖는다. 따라서 IEA와 같은 곳에서는 2021년의 데이터가 이제 막 완전한 형태로 제공되기 시작했다. 둘째, 우크라이나 침공으로 인한 영향을 배제하기 위해서이다. 전술한 바와 같이 러시아의 에너지 안보 연구는 거의 이루어지지 않은 상태이다. 여기에 전쟁이라는 외생변수의 영향까지 추가하는 것은 이제 막 연구가 시작된 러시아의 에너지 안보를 이해하는 데 오히려 방해가 될 것이라 생각한다.

Ⅱ. 선행연구 분석

에너지 안보의 개념은 다양한 연구에서 서로 다르게 정의되어 왔다. 이는 에너지 안보가 학술적으로 명확히 규정된 개념이라기보다는 정책적 성격을 강하게 띠는 개념이기 때문이다. 국내외의 많은 관련 연구들에서도 에너지 안보가 무엇을 다루어야 하는지에 대한 광범위한 합의는 존재하지만, 에너지 안보가 정확히 무엇이어야 하는지에 대한 합의는 없다[5]고 할 수 있다. 이러한 특징은 에너지 안보에 대한 광범위한 문헌연구에서도 잘 드러난다. Azzuni & Breyer[6]는 그의 연구에서 1970년대부터 2016년까지 수행된 101개의 주요 에너지 안보 연구들의 내용을 정의와 구성 차원으로 분류하였다. 그 결과 분석 대상연구들이 약 66개의 서로 다른 에너지 안보 정의를 사용함을 보였다.

가장 대표적이고 전통적인 에너지 안보 개념은 에너지 자원의 공급안정성에 기반을 둔 에너지 안보이다. 즉, 지금까지도 가장 광범위하게 사용되는 에너지 수입국가의 안정적인 에너지 자원의 공급구조에 대한 고민이 그것이다. Willrich,[7] Miller et. al.[8] 등이 사용한 "국가경제가 정치적으로 수용 가능한 방식으로 작동하는데 충분한 에너지 공급의 보장"이라는 개념과 Johansson,[9] Cherp A & Jewell[10] 등이 사용한 "중단되지 않는

---

5 B. W. Ang, W. L. Choong, and T. S. Ng, "Energy security: Definitions, dimensions and indexes," *Renewable and Sustainable Energy Reviews*, Vol. 42, No. Supplement C (2015), pp. 1077-1093.

6 A. Azzuni and C. Breyer, "Definitions and dimensions of energy security: a literature review," *Wiley Interdisciplinary Reviews: Energy and Environment*, Vol. 7, No. 1 (Jan. 2018.), pp. 1-34.

7 M. Willrich, "International Energy Issues and Options," *Annual Review of Energy*, vol. 1 (Nov. 1976), pp. 743-772,

8 L. B. Miller, R. J. Lieber, J. Maddox, R. Mancke, R. Vernon, and M. Willrich, "Energy, Security and Foreign Policy: A Review Essay," *International Security*, Vol. 1, No. 4 (1977), pp. 111-123.

9 T. B. Johansson, N. Nakicenovic, and A. Patwardan, "Global Energy Assessment: Toward a sustainable future," in A. Adenikinj, Cherp A., Goldthau A., Ed. Cambridge, *Energy and security* (New York: Cambridge Univ. Press, 2012), pp. 325-384.

10 A. Cherp and J. Jewell , "Energy security assessment framework and three case studies," in *International Handbook of Energy Security* (Cheltenham, UK and Massachusetts, USA: Edward Elgar Publishing, 2013), pp. 146-173.

핵심 에너지 서비스 제공"이 그 예라고 할 수 있다. 이와 같은 전통적인 공급안정성 기반의 에너지 안보 개념은 에너지 자원 공급의 물리적 안정성만을 고려한다. 하지만 실제 에너지 자원의 공급안정성은 에너지 자원의 물리적 존재량이나 수송 가능성 그 자체보다는 적절한 가격에 에너지 공급을 가능케 할 수 있는가의 문제에 더 가깝다. 이 같은 맥락에서 공급안정성 개념에 가격적 수월성 또는 접근성을 포함하는 개념 역시 널리 사용되어 왔다. 즉, 에너지 안보란 합리적인 가격으로 에너지 자원을 신뢰할만하고 적절하게 공급받는 것[11]을 의미한다 할 수 있다. Le Coq & Paltseva[12]는 에너지 안보를 "필요한 에너지 용량을 합리적인 가격에 제공받을 가용성"으로 인식하였고, IEA[13]는 에너지 안보를 "적절한 가격에서 에너지 자원의 방해 받지 않는 공급"으로 정의한다. Deese,[14] Snider,[15] Winrow[16] 등은 "국가가 적절한 가격으로 충분한 에너지 공급을 받을 가능성이 높다고 인식하는 상태"를 에너지 안보가 확보된 것으로 인식하였고, 김태형[17]은 "국력의 지속적인 발전에 필요한 에너지 자원에 접근할 수 있는 능력의 보장"으로 에너지 안보를 정의하였다.

---

11 J. Bielecki, "Energy security: Is the wolf at the door?," *Quarterly Review of Economics and Finance*, Vol. 42, No. 2 (Jun. 2002), pp. 235-250.

12 C. Le Coq and E. Paltseva, "Measuring the security of external energy supply in the European Union," *Energy Policy*, Vol. 37, No. 11 (Nov. 2009), pp. 4474-4481.

13 International Energy Agency, "Energy security: Ensuring the uninterrupted availability of energy sources at an affordable price," https://www.iea.org/areas-of-work/ensuring-energy-security (검색일: 2023.03.03).

14 D. A. Deese, "Energy: Economics, Politics, and Security," *International Security*, Vol. 4, No. 3 (1979), pp. 140-153.

15 L. W. Snider, "Arms Exports for Oil Imports?," *Journal of Conflict Resolution*, Vol. 28, No. 4 (July 1984), pp. 665-700.

16 G. M. Winrow, Turkey: Energy Security and Central Asia: The Politics and Economics of the So-called Great Game. In: , et al. *Facing Global Environmental Change*. Hexagon Series on Human and Environmental Security and Peace, vol 4. Springer, Berlin, Heidelberg, (2009), pp. 437-444.

17 Tae-Hyung Kim, "South Korea's Strategic Relationships withSub-Saharan Africa:Energy Security and Beyond," 『국제정치논총』 Vol. 50, No. 3 (2010), pp. 111-135.

또 다른 에너지 안보 정의는 에너지 공급의 다양성을 고려한 것이다. 즉, 에너지 자원의 공급의 안정성이나 가격적 수월성은 물론 사용하는 에너지 자원의 종류와 에너지 자원의 공급원이 얼마나 다양한지가 에너지 안보의 수준을 결정한다고 보는 것이다. 이러한 시각에도 조금씩 다른 시각들이 존재하는데, LIU[18]의 경우는 에너지 안보를 "다양한 공급원으로부터 합리적인 가격에 충분하고 안정적인 석유 공급을 획득"으로 정의해 이 문제를 석유의 공급 문제로 제한하였다. 한편 다양성을 에너지원의 다양성으로만 이해한 연구자들도 있다. Goldemberg[19]는 "다양한 형태, 충분한 양, 합리적인 가격으로 에너지를 사용할 수 있는 지속적인 가용성"으로 에너지 안보를 정의하였고, Asif[20]와 Annemarie Kunz[21]는 "합리적인 가격에 다양한 형태의 충분한 에너지를 이용할 수 있는 지속적인 가용성" 정의를 사용하였다. 이러한 정의는 에너지 안보에 적용하는 다양성을 주로 1차 에너지원의 다양성 또는 균형으로 정의한 것으로 수입국가 입장에서 다양한 에너지 자원이 얼마나 다양한 공급자로부터 공급되는가는 고려하지 않는다. 반면 Ён[22]은 개별국가의 에너지 안보를 "에너지 시스템의 다양성, 안정성, 경제성을 충족하는 상태로 규정"하였다. 그의 연구에서 에너지 시스템의 다양성은 에너지원, 즉 개별 국가의 1차 에너지 공급구조의 다양성뿐만 아니라 에너지 공급국가의 다양성도 함께 포함하는 개념이다. 즉, 에너지 안보란 '개별국가가 얼마나 다양한 에너지 자원을 얼마나 다양한 공급원으로부터 자신에게 충분한 양을 감당 가능한 수준의 가격으로 공급받을

---

18 X. LIU and L. WU, "The Energy New World Order, Mideast Oil and US Energy Security," *Journal of Middle East and Islamic Study (in Asia)*, Vol. 8, No. 3 (Sep. 2014), pp. 25-47.

19 J. Goldemberg, "World energy assessment : energy and the challenge of sustainability," *United Nations Development Programme* (New York, NY, 2000).

20 M. Asif and T. Muneer, "Energy supply, its demand and security issues for developed and emerging economies," *Renewable and Sustainable Energy Reviews*, Vol. 11, No. 7 (Sep. 2007), pp. 1388-1413.

21 A. Kunz, *Indian energy security. Nuclear energy policy Kindle Edition* (GRIN Verlag, 2014), pp. 1-22.

22 Ён Юнг Мин, "Оценка энергетической безопасности Кореи и Японии", *Инновации и Инвестици и* No. 3 (2020), pp. 68-73.

수 있는가'로 정의하고 있다.

한편 최근 에너지 안보 개념은 위와 같은 전통적 범위의 정의를 넘어서 지속가능한 발전의 관점에서 환경적, 사회적 차원을 고려한 정의로 확장되어가고 있는 것으로 보인다[23]. 에너지 안보 문제에서 환경적 요인 또는 차원에 대한 고려는 기후변화, 지구 온난화 문제의 대두 등으로 인해 가장 활발하게 진행되어 왔다고 할 수 있다. UNDP[24]의 "환경에 대한 수용할 수 없거나 돌이킬 수 없는 영향 없이 다양한 형태, 충분한 양 및 합리적인 가격으로 항상 에너지를 이용할 수 있는 것"이라는 정의는 이러한 흐름을 잘 보여준다고 할 수 있다. 즉, 이제 개별 국가의 에너지 안보란 다양한 에너지원을 다양한 공급자로부터 적절한 가격에 충분히 공급받음은 물론 그 환경적 영향까지 고려해야함을 나타내는 것이다. 물론 "합리적인 가격, 신뢰할 수 있고 환경 친화적인 에너지 제공"Muller-Kraenner[25], "안정적이고 경제적이며 환경적으로 지속 가능한 에너지 공급에 대한 접근성"Hernandez[26] 등과 같은 좀 더 느슨한 정의를 사용하기도 한다. Kirchner[27]는 한발 더 나아가 "충분한 양과 적절한 가격, 그리고 친환경 및 지속가능한 방식으로 공급된 다양한 형태의 에너지에 대한 가용성, 서비스의 심각한 중단 위험으로부터도

---

23 이것이 에너지 안보 개념의 확장인 것인지, 에너지 지속가능성이라는 새로운 개념에 에너지 안보차원이 포함되는 것인지는 논의가 필요할 것으로 보인다. 환경적 차원과 사회적 차원을 포함하는 연구들 중에는 에너지 안보라는 명칭을 사용하는 연구들도 존재한다. 이는 아직 정리가 되지 않은, 이제 논의가 시작된 문제로 보인다. 따라서 여기에서는 이들 연구를 일단 에너지 안보 연구 범주에 두고자 한다. 또한 에너지 안보에서의 안보 개념은 개별 국가의 에너지 부문에서의 경제적 성과, 이익, 또는 수출입 구조 등 경제적 문제와 분리되는 것이 아님을 밝힌다. 에너지 안보 문제는 에너지 자원의 생산과 공급 과정에서 발생하는 경제적 문제를 포함하는 것으로 보는 것이 타당하다.

24 United Nations Development Programme, *World Energy Assessment: Overview 2004 Update* (New York, NY: United Nations Development Programme, 2004).

25 S. Muller-Kraenner, *Energy Security: Re-Measuring the World*, 1st ed. (London, UK: Routledge, 2007).

26 C. Hernandez, "Philippine energy policy: Implications for human security and regional cooperation," in Marquina A, *Energy Security: Visions from Asia and Europe* (London, UK: Palgrave Macmillan UK, 2008), pp. 218-231.

27 E. Kirchner and C. Berk, "European Energy Security Co-operation: Between Amity and Enmity," *JCMS: Journal of Common Market Studies*, Vol. 48, No. 4 (Sep. 2010), pp. 859-880.

자유로운 상태"로 정의해 에너지원은 물론 에너지 서비스의 안정성까지 고려하였다. 한편 아직 소수이나 상기한 환경적 고려와 함께 사회적 차원의 요인을 고려한 에너지 안보 정의도 존재한다. Sovacool[28]은 에너지 안보의 확보를 "어떻게 최종 사용자에게 가용성, 경제성, 신뢰성, 효율성, 환경 친화적, 사전 예방적 관리 및 사회적으로 수용 가능한 에너지 서비스를 공평하게 제공할 것인가"의 문제로 정의했고 Knox-Hayes,[29] Brown et. al.,[30] Phdungsilp[31] 등은 에너지 안보란 "소비자에게 경제적이고, 신뢰할 수 있고, 효율적이고, 환경 친화적이며, 능동적으로 관리되고, 사회적으로 수용 가능한 에너지 서비스를 공평하게 제공"하는 것으로 정의했다. 즉, 이제 에너지 공급 및 소비의 환경적 영향의 문제뿐 아니라 에너지 소비의 사회적 평등, 에너지 정책 결정의 민주성 등과 같이 좀 더 지속가능한 발전의 개념들을 받아들인 것과 같은 정의들이 등장한 것이다. 이 같이 에너지 안보의 개념은 전통적인 공급안보에서 사회적, 환경적 요인을 포함하는 에너지 지속가능성의 개념으로 확장되고 있는 추세로 보인다.[32] 이러한 경향은 지속가능한 발전이라는 발전 패러다임의 변화와 그 안에서 에너지 부문의 중요성을 생각하면 당연한 것이라고도 볼 수 있다. 하지만 Yoon[33]이 지적한 바와 같이 문제는 에너지안보 개념에 환경 및 사회적 요인 및 주제를 포함시켜 에너지 지속가능성 개념으로

---

28 B. K. Sovacool, I. Mukherjee, I. M. Drupady, and A. L. D'Agostino, "Evaluating energy security performance from 1990 to 2010 for eighteen countries," *Energy*, Vol. 36, No. 10 (2011), pp. 5846-5853.

29 J. Knox-Hayes, M. A. Brown, B. K. Sovacool, and Y. Wang, "Understanding attitudes toward energy security: Results of a cross-national survey," *Global Environmental Change*, Vol. 23, No. 3 (2013), pp. 609-622.

30 M. A. Brown, Y. Wang, B. K. Sovacool, and A. L. D'Agostino, "Forty years of energy security trends: A comparative assessment of 22 industrialized countries," *Energy Research & Social Science*, Vol. 4 (2014), pp. 64-77.

31 A. Phdungsilp, "Assessing Energy Security Performance in Thailand under Different Scenarios and Policy Implications," *Energy Procedia*, Vol. 79 (2015), pp. 982-987.

32 이에 대해서 구체적인 내용은 B. W. Ang et. al.(2015), Azzuni & Breyer(2018), Yoon(2022)를 참고 바란다.

33 Yoon(2022), pp. 95-96.

확장하는 것은 에너지 안보라는 개념을 다소 모호하게 만들 우려가 있다는 점이다. 따라서 본 연구에서는 전통적인 에너지 안보 개념의 틀에 근거해 러시아의 에너지 안보 수준을 주요 에너지 수출국가들과 비교해 보고자 한다.

이와 같은 일반적인 에너지 수입국의 에너지 안보 개념 이외에 에너지 수출국의 에너지 안보에 관한 연구들이 극소수 존재한다. McFaul,[34] Goldthau,[35] Newnham[36] 등의 연구가 있으나 이들은 러시아의 에너지 안보 수준 자체에 대한 관심 보다는 러시아의 대외전략의 도구로써 에너지 자원과 그 결과로써 에너지 안보를 고려한 것이었다. 한편 Romanova[37]와 Sharples[38] 등의 연구는 위와는 다르지만 러시아의 에너지 부문 중 천연가스 수출 부문만을 다뤘다는 점에서 한계를 갖는다. Yoon[39]은 이러한 기존 연구들이 에너지 수입국의 에너지 안보 연구의 정의와 구성요소 등과 비교했을 때 에너지 수출국의 에너지 안보 개념을 지나치게 단순화한 것이라는 점을 지적하였다. 또한 에너지 수출국의 에너지 안보를 에너지 자원의 안정적이고 경제적인 생산과 수출을 통한 국가 경제에의 기여라고 할 수 있는 상태로 정의하며 '에너지 안정성', '에너지 다양성', '에너지 시스템의 경제성'의 차원으로 이루어진 지수를 제안하였다.

---

34 M. McFaul, "A Precarious Peace: Domestic Politics in the Making of Russian Foreign Policy," *International Security*, Vol. 22, No. 3 (1997), pp. 5-35.

35 A. Goldthau, "Rhetoric versus reality: Russian threats to European energy supply," *Energy Policy*, Vol. 36, No. 2 (2008), pp. 686-692.

36 R. Newnham, "Oil, carrots, and sticks: Russia's energy resources as a foreign policy tool," *Journal of Eurasian Studies*, Vol. 2, No. 2 (2011), pp. 134-143.

37 T. Romanova, "The Russian Perspective on the Energy Dialogue," *Journal of Contemporary European Studies*, Vol. 16, No. 2 (Aug. 2008), pp. 219-230.

38 J. D. Sharples, "Russian approaches to energy security and climate change : Russian gas exports to the EU," *Environmental Politics*, Vol. 22, No. 4 (2013), pp. 683-700.

39 Yoon(2022), pp. 94-95.

Ⅲ. 연구 대상 국가들의 사회경제적 조건과 에너지 부문의 특징

1. 주요 사회경제지표

여기에서는 본 연구가 분석 대상으로 삼은 러시아, 카자흐스탄, 카타르, 캐나다의 사회경제적 배경을 살펴보며 3장 분석의 기반을 마련한다. 본 연구에서 러시아의 에너지 안보 비교 대상으로 위의 3개 국가를 선정한 이유는 다음과 같다. 먼저 러시아를 포함한 위 국가들은 모두 세계 에너지 시장에서 나름의 위치를 갖고 있다. 러시아와 캐나다는 모두 원유와 천연가스 생산에서 세계 5위권에 드는 국가들이며 카타르는 천연가스 생산과 수출에서 세계 10위권에 항상 포함되며 카자흐스탄은 석탄, 석유, 천연가스 수출에서 모두 10위권에 있는 나름의 비중을 갖는 국가라 할 수 있다. 또한 이들 국가들이 개별적으로 갖는 특징들은 러시아와의 비교 가치를 제공한다. 카자흐스탄은 러시아와 유사한 역사적, 사회적 배경을 갖고 있는 에너지 수출국으로 구소련 국가 중 러시아를 제외하면 가장 큰 에너지 생산 및 수출국가이다. 따라서 카자흐스탄은 구소련 국가들 중 러시아가 에너지 안보에서 어떤 특징을 갖는지 보여줄 수 있는 비교국이다. 한편 카타르는 많은 면에서 러시아와 완전히 반대되는 에너지 수출국이다. 영토 및 인구 면에서 매우 작으며 기후 · 환경적으로도 러시아와 완전히 대비되는 카타르는 물리적으로 완전히 다른 두 에너지 대국이 에너지 안보에서 어떻게 다른 특징을 드러내는지 보여줄 것이다. 캐나다는 일종의 '고소득 자유주의 러시아'를 가정한 대상이다. 고위도에 위치한 광활한 영토, 큰 규모의 인구이나 영토에 비해서는 작은 인구규모, 풍부한 지하자원 등 캐나다는 우리가 생각할 수 있는 '고소득 자유주의 러시아'에 가장 가까운 국가라 할 수 있다. 즉, 캐나다는 물리적 자연환경 조건은 러시아와 유사하지만 정치 · 경제 구조가 다른 국가가 에너지 안보에서 러시아와 어떤 차이가 있는지를 보여주는 예가 될 것이다.

러시아의 국토 총면적은 1,630만 제곱킬로미터에 달하며 11개의 시간대를 가진 지구상에서 가장 거대한 국가이다. 총 인구는 약 1억 4천만 명으로 일본과 유사한 수준으로, 세계 9위의 인구 대국이라 할 수 있지만, 1990년 이후 감소하는 추세를 보이고 있다. 노동가능인구인 15세에서 64세 인구 비중은 약 66%로 세계 평균 64%보다는 약간 높게 나타나나 14세 이하 청소년의 비중이 17.7%로 세계 평균 25.4% 보다 크게 낮은 편으로 인구구조가 점점 더 고연령화 되어갈 것으로 보인다. 2020년 기준 러시아의 중위연령은 40.3세로 세계 평균인 31세보다 상당히 높은 편이다. 참고로 한국의 중위연령은 43.2세이다. 즉, 러시아의 인구구조는 이미 상당히 노령화되어 있다고 할 수 있다. 도시 거주 인구 비중은 74.9%로 세계 평균 56%보다 매우 높은 편으로 도시화율은 상당한 수준이라 할 수 있다. 즉, 러시아는 거대한 영토에 상대적으로 적은 인구가 상대적으로 도시지역에 밀집해 살아가고 있으나 인구의 활력이 낮은 국가라고 할 수 있다. 한편 개별 국가 국민의 전반적인 발전 상태를 나타내는 인간개발지수에서 러시아는 2021년 0.822를 기록해 전체 49위에 올라있으며, 이는 세계 평균인 0.732에 비해 상당히 높은 수준으로 “Very high human development” 국가 그룹에 속한다. 하지만 연구대상 4개국 평균인 0.896, OECD 평균인 0.899에는 못 미쳐 그룹에서는 하위권이며 경제발전 선진국에는 못 미치는 것으로 나타난다. 경제의 규모 측면에서 러시아는 세계 9위의 거대한 경제규모를 갖고 있다. 2021년 러시아의 실질 GDP은 4조 800억 달러로 일본, 독일에 이어 세계 9위의 경제규모를 갖고 있다. 이는 비교국가들인 카자흐스탄, 카타르, 캐나다를 압도하는 규모이다. 하지만 1인당 GDP는 27,970 달러로 세계 59번째 이고 OECD 평균인 44,827 달러의 약 60% 수준으로 나타난다. 연구대상 국가들 중에서는 카자흐스탄과 유사한 수준으로 카타르, 캐나다에 비해 상당히 낮은 소득 수준이라고 할 수 있다. 즉, 러시아는 거대한 경제 규모를 가진 국가이나 이는 상당부분 인구수의 영향이라 할 수 있다.

카자흐스탄의 국토면적은 270만㎢로 러시아의 1/5 정도 이지만 세계 9위 수준의 큰 영토를 가진 국가이다. 하지만 러시아와 달리 바다에 접하지 못한 내륙국가로 교역과 물류에서 러시아와 중국에 대한 의존도가 높다고 할 수 있다. 인구는 약 1,900만 명으로 세계 65위 수준이며 루마니아, 네덜란드 등과 유사하고 북한보다도 적어 국토면적을 고려했을 때 인구가 많은 국가라고 하기는 어렵다. 중위 연령은 31.6세로 중위연령 기

〈표 1〉 러시아, 카자흐스탄, 카타르, 캐나다의 사회경제적 특징

지표	국토 면적	인구	중위 연령	도시 인구 비중	노동 가능 인구	유소년 비중	HDI	국내 총생산*	1인당 GDP*
단위	천 ㎢	백만 명	year	%	%	%	지수	십억달러	달러
세계	129,979	7,888.4	31	56.5	64.9	25.5	0.732	134,080	16,997
OECD	-	1,372.7	-	81.2	64.9	17.4	0.899	61,536	44,827
RU	16,376	143.4	40.3	74.9	66.7	17.7	0.822	4,078	27,960
KZ	2,699	19.0	31.6	57.8	62.5	29.5	0.811	496	26,111
QR	11.490	2.7	33.7	99.3	82.8	15.8	0.855	250	92,862
CA	8,965	38.2	41.8	81.7	65.7	15.7	0.936	1,832	47,893

※ 출처 : 세계은행[40]

* 구매력 기준 값으로 세계은행의 'GDP, PPP(constant 2017 international $)'와 'GDP per capita, PPP(constant 2017 international $)'을 사용.

준으로는 세계 평균의 국가라 할 수 있으며 러시아나 캐나다에 비해서는 상당히 젊은 인구구조를 갖고 있다고 할 수 있다. 노동가능연령인구 비중이 약 63%로 세계 평균보다는 낮으나 14세 이하 인구 비중이 약 30%로 상대적으로 젊은 인구구성비를 유지할 가능성이 크다고 할 수 있다. 도시거주 인구비율은 약 58%로 세계 평균과 유사한 수준의 도시화율을 보이고 있다. 즉, 영토와 인구 면에서 카자흐스탄은 러시아와 유사하게 넓은 영토에 상대적으로 적은 인구가 살아가는 국가이지만, 활력 있는 인구구조를 유지하고 있다 할 수 있다. 인간개발지수는 0.811을 기록해 비교국가 중 가장 낮은 수준이나, 세계 59위로 "Very high human development"국가 그룹에 속하며, 러시아와 같이 선진국과 같은 수준의 인간개발 지수라고 보기는 어렵다. 카자흐스탄의 2021년 국내총생산은 약 4,095억 달러로 아일랜드 보다 조금 작고 칠레와 거의 유사한 수준이다.

---

40 *The World Bank*, "World Bank Open Data," https://data.worldbank.org/ (검색일: 2023.03.08).

비교 국가들 중에서는 카타르 보다 큰 편이나 인구 규모나 국토면적 등 국가의 물리적 크기를 고려했을 큰 규모의 국가경제를 가졌다고 하기는 어려워 보인다. 1인당 GDP는 약 26,000달러로 러시아보다 약간 낮은 수준이다. 즉, 카자흐스탄은 약간의 차이는 존재하나 여러 면에서 러시아와 유사성이 높은 사회경제적 특징을 갖고 있는 국가라 할 수 있다.

카타르의 국토 총면적은 약 11,000㎢로 절대적으로나 상대적으로도 매우 작은 국가라 할 수 있다. 이는 우리나라의 전라남도(약 1,200㎢) 보다도 작은 크기로 러시아 영토의 약 0.07% 밖에 되지 않는다. 인구도 약 270만 명밖에 되지 않아 우리의 인천광역시(약 300만)보다도 작은 도시국가 수준이라 할 수 있다. 카타르의 중위연령은 33.7세로 세계 평균보다 조금 높게 나타나며 이 중 도시거주 인구 비중은 99% 이상에 달한다. 노동가능연령인구 비중이 83%로 매우 높게 나타나나 14세 이하 인구 비중은 16%로 러시아와 유사하게 낮은 수준이다. 즉, 카타르는 조금 큰 도시국가로 대부분의 인구가 도시에 거주하고 상대적으로 활력 있는 인구구조이나 청소년 이하의 인구비중은 낮은 국가이다. 인간개발지수는 0.855로 러시아 보다 높은 수준이나 큰 차이는 아니며 OECD 평균 보다 낮아 러시아와 유사한 상황이라 평가할 수 있다. 카타르는 전형적인 작은 부국의 경제특징을 보인다. GDP규모는 2,490억 달러로 세계 65위 수준이며 카자흐스탄보다도 작으며, 케냐, 뉴질랜드, 우즈베키스탄 등과 유사한 수준이다. 하지만 1인당 GDP는 무려 92,862달러로 세계 4위 수준이며 연구대상 국가들 중에서는 압도적 수준이다. 즉, 카타르는 경제규모는 상대적으로 크지 않으나 인구 규모에 비하면 상당히 큰 경제를 갖고 있고 국민 소득수준은 대단히 높은 부자국가라 할 수 있다.

캐나다의 국토 총면적은 약 896만㎢로 러시아의 절반 정도에 해당하나 영토 기준으로는 미국 다음으로 큰 세계 4위의 국가이다. 위도상으로는 러시아와 거의 동일한 위치에 있어 국가의 물리적 조건에 있어서는 러시아와 비교할 부분이 많다고 할 수 있다. 총인구는 3,800만 명으로 한국보다도 적은 수준이며 러시아보다 인구밀도가 더 낮아 연구대상 국가들 중에서도 가장 낮은 인구밀도를 보인다. 중위연령은 41.8세로 연구대상국가들 중 가장 높게 나타나 상대적으로 고령화된 인구구조를 보인다. 도시 거주 인구비율은 82%로 상당히 높은 편이며 노동가능 인구 비중은 66%로 러시아와 같고 14세 이하 청소년의 비중도 16%로 러시아와 유사한 수준이다. 즉, 캐나다는 영토와 자연환경, 인구 구조 등 사회적 배경조건에서 여러모로 러시아와 유사한 특징을 보인다. HDI 지수는 0.936으로 매우 높으며 세계 15위 수준인데, 이는 "Very high human development" 그룹 평균 보다 높은 것은 물론 비교 국가들 중에서도 압도적으로 높은 수준이다. 2021년 캐나다의 GDP는 1조 8320억 달러로 한국보다는 작고 스페인 보다는 조금 많은 수준이다. 이는 연구대상국들 중에서는 러시아의 절반이 안 되는 규모이지만 세계 15위 수준으로 매우 큰 규모의 경제를 갖고 있다고 볼 수 있다. 1인당 GDP는 47,893 달러로 러시아보다 약 2만 달러 정도 높은 수준이며 OECD 평균 44,827 달러보다도 높다. 즉, 캐나다는 러시아와 유사한 자연환경인 상대적으로 큰 영토에 적은 수의 국민이 살아가고 있는 고소득 국가라고 할 수 있다.

2. 에너지 부문의 특징

연구대상 국가들의 에너지 부문에서의 특징을 에너지 생산과 수출, 에너지 소비와 환경으로 구분해 알아본다. 이 절에서 소개된 에너지 부문 지표들은 모두 3장의 에너지 안보 지수의 산출에 사용되는 데이터들이다.

1) 생산과 수출

러시아는 연구 대상 4개국 중 가장 큰 화석에너지 자원 생산 국가이다. 2020년 러시아는 약 548mtoe[41](백만 석유환산톤)의 천연가스를 생산했으며, 524mtoe의 원유, 280mtoe

---

41 석유환산톤(Ton of oil equivalent)은 여러 단위로 쓰이는 각종 에너지원들을 원유 1톤이 발열하는 열량 기준으로 표준화한 단위이다. 1톤의 원유는 약 7.33배럴이다. 1bcm의 천연가스는 약 0.860mtoe(백만 석유환산톤)으로, 1톤의 석탄은 약 0.7 toe로 환산된다. 구체적인 내용은 https://www.bp.com/content/dam/bp/business-sites/en/global/corporate/pdfs/ energy-economics/statistical-review/bp-stats-review-2022-approximate-conversion-factors.pdf를 참고 바란다.

의 석탄을 생산했다. 2000년 천연가스, 원유, 석탄의 생산량은 각각 462mtoe, 327mtoe, 184mtoe였으며 크지는 않지만 2000년 이후 전반적인 생산량은 증가 추세를 보여 왔다고 할 수 있지만 여전히 소련 시기 역사적 최고점을 회복하지는 못했다. 한편 생산량 증가만큼 매장량이 추가되지는 못해 원별 가채매장년수는 점차 줄어들고 있는 실정이다. 2000년 15,292mtoe였던 원유 확인매장량은 2020년 14,704mtoe로 감소하였고 원유 가채년수는 동기간 약 47년에서 28년으로 줄어들었다. 천연가스의 경우 2000년 28,514mtoe였던 확인매장량이 2020년 32,157mtoe로 증가하였으나 가채년수는 오히려 약 62년에서 59년으로 감소했다. 한편 러시아는 이렇게 생산한 에너지 자원의 상당량을 수출한다. 2020년 기준 러시아는 원유 약 356mtoe, 전체 생산량의 약 68%를 수출했고, 천연가스 218mtoe, 총 생산량의 약 40%를 수출했다. 석탄 수출량은 약 134mtoe로 생산량의 약 48% 분량이다. 원유의 경우 대부분의 물량이 아시아(46%)와 유럽(45%)으로 수출되었고 구소련지역(7%)과 아메리카 대륙(2%)이 뒤를 이었다[42]. 2020년 기준 러시아산 원유는 약 40개국으로 수출되었으며 최대 수출 파트너는 중국으로 전체 물량의 약 38%가 중국으로 향했다. 독일(12%), 네덜란드(8%), 폴란드(7%), 벨라루스(5%), 한국(3%)이 뒤를 이었다. 천연가스의 경우 절반 이상의 물량이 유럽(54%)로 수출되었고, 구소련지역(26%), 아시아(20%)가 뒤를 이었다. 최대 수출 파트너는 이탈리아로 전체 물량의 약 22%가 수출되었고, 벨라루스(14%), 중국(9%), 카자흐스탄(7%), 슬로바키아(6%) 등이 뒤를 이었다. 석탄의 경우 전체 수출량의 56%가 아시아로 향했고 유럽(30%), 구소련지역(7%), 아프리카(5%)가 뒤를 이었다. 최대 수출 파트너는 중국으로 전체 16%의 석탄이 수출되었으며, 한국(13%), 일본(10%), 터키(7%), 독일(7%) 등이 뒤를 이었다.

카자흐스탄의 원별 생산량은 비교 대상국가들 중에서 상당히 낮은 편에 속한다. 원유와 석탄의 경우 카자흐스탄의 생산량은 2020년 기준 러시아의 1/6 정도인 87mtoe와 44mtoe로 나타나며 천연가스의 생산량은 약 1/18 수준인 29mtoe로 나타난다. 원유 생

42 UN Comtrade Database, "Trade Data," https://comtradeplus.un.org/TradeFlow (검색일: 2022. 10.02). 이후 기술하는 국가별 수출 파트너 비중 관련 내용은 모두 이 통계 자료에 따른다.

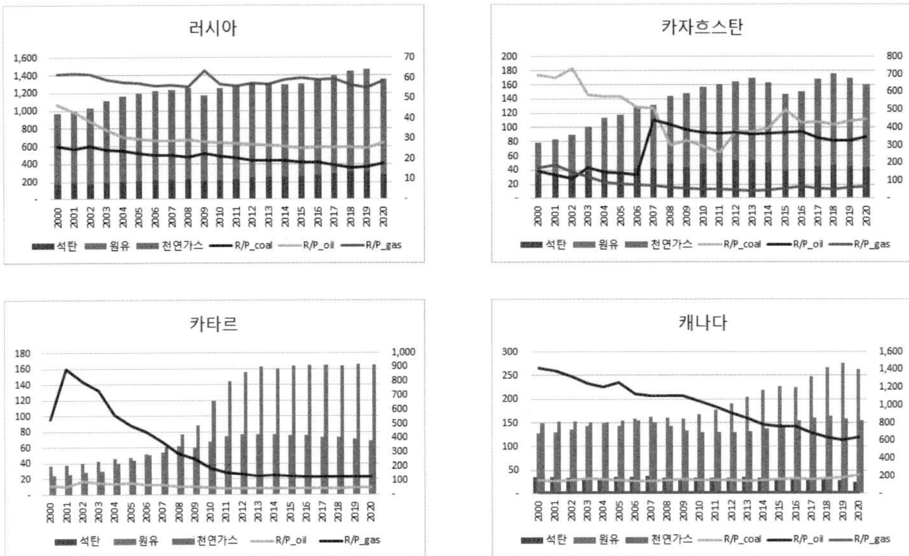

[그림 1] 러시아, 카자흐스탄, 카타르, 캐나다의 석탄, 석유, 천연가스 생산량과 가채년수, mtoe / 년

※ 출처: IEA[43], BP[44]

산량은 2000년 약 35mtoe에서 2020년 87mtoe로 2배 가까이 증가했으며, 천연가스의 생산량은 동기간 8mtoe에서 29mtoe로 3배 이상 증가하였다. 석탄의 경우 동기간 34mtoe에서 44mtoe로 증가했다. 카자흐스탄은 생산량에 비해 원유 확인매장량의 규모가 여유로운 편으로 2000년 21년이었던 원유의 가채년수는 2020년 확인매장량이 4,092 mtoe까지 증가하며 47년까지 증가해 러시아보다 높은 수준을 보인다. 한편 동기간 천연가스와 석탄의 가채년수는 각각 174년에서 66년, 697년에서 446년으로 감소했다. 에너지 자원 수출에 있어서 카자흐스탄은 2020년 기준 전체 원유 생산분의 86%, 천연가스의 생산분의

---

43 IEA Energy Statistics Data Browser, "World Energy Balances 2022," https://www.iea.org/data-and-statistics/data-tools/energy-statistics-data-browser?country=RUSSIA&fuel=Energy%20supply&indicator=TESbySource (검색일: 2023.03.03).

44 British Petroleum, "Statistical Review of World Energy 2022," https://www.bp.com/en/global/corporate/energy-economics/statistical-review-of-world-energy.html (검색일: 2023.03.03).

60%, 석탄 생산분의 29%를 수출했다. 원유 수출분의 75%는 유럽으로 향해 원유 수출에서 유럽의 비중은 절대적으로 나타난다. 아시아(20%), 구소련지역(2%), 아메리카대륙(1%)가 뒤를 잇는다. 원유 수출의 최대 수출 파트너는 이탈리아로 전체 원유수출의 28%가 이탈리아로 향한다. 네덜란드(11%), 인도(8%), 프랑스(7%) 순으로 수출 비중이 나타난다. 2020년 기준 천연가스 수출물량의 대부분은 아시아(60%)로 향한다. 구소련지역(23%), 유럽(13%), 아프리카(2.4%)가 뒤를 잇는다. 최대 천연가스 교역 파트너는 중국으로 전체 수출의 약 59%가 중국으로 향하고 우크라이나(9%), 스위스(9%), 러시아(6%) 등이 뒤를 잇는다. 석탄은 대부분 구소련지역으로 수출된다, 2020년 기준 전체 석탄 수출의 94%가 구소련지역으로 향했고 아시아(6%), 유럽(1%) 순으로 나타났다. 최대 교역 파트너는 러시아로 2020년 기준 약 56%의 수출비중을 갖는다. 우크라이나(26%), 키르기스스탄(6%), 중국(6%) 순으로 나타난다.

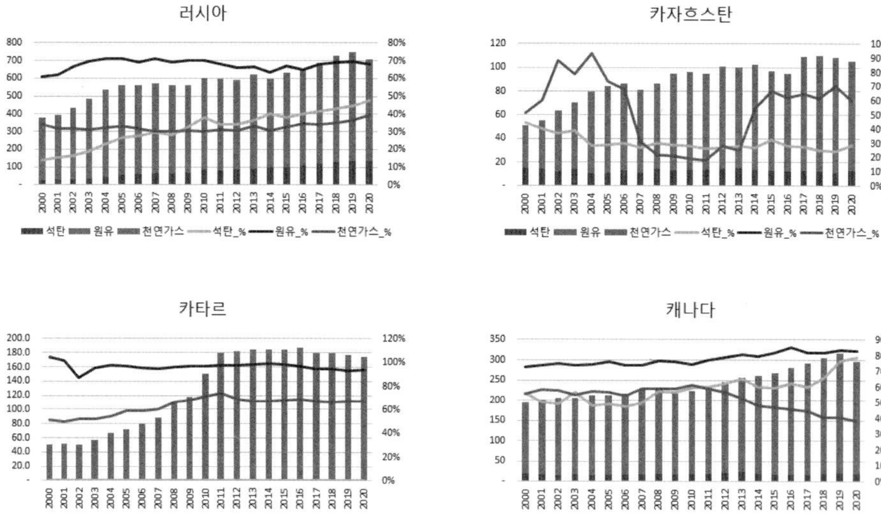

[그림 2] 러시아, 카자흐스탄, 카타르, 캐나다의 석탄, 석유, 천연가스 수출량과 생산량 대비 비율, mtoe / %
※ 출처: IEA

카타르의 에너지 자원 생산은 천연가스에 집중되어 있다. 2020년 기준 카타르는 약 165mtoe의 천연가스를 생산했으며 69mtoe의 원유를 생산했다. 석탄 자원은 존재하지 않는다. 원유 생산량은 2000년 37mtoe에서 2020년 69mtoe로 증가했으며 가채년수는 동기간 63년에서 50년으로 하락했다. 반면 천연가스의 생산량은 같은 기간 급격하게 증가하였다. 2000년 24mtoe였던 카타르의 천연가스 생산량은 2020년 165mtoe까지 증가했고 이에 따라 가채년수도 531년에서 129년으로 크게 감소했다. 에너지 자원 수출에 있어서 카타르는 2020년 기준 전체 원유 생산분의 93%, 천연가스의 생산분의 67%를 수출했다. 원유 수출은 거의 100% 아시아 국가들로 향하고 있다. 2020년 기준 일본이 카타르 원유 수출의 37%를 가져가 최대 파트너로 나타났고, 중국(18%), 싱가포르(18%), 인도(13%) 등의 순으로 나타났다. 2020년 기준 천연가스 수출물량의 대부분은 아시아(74%)로 향한다. 유럽(17%), 중동(7%)가 뒤를 잇는다. 최대 천연가스 교역 파트너는 한국으로 전체 수출의 약 18%가 한국으로 향하고 인도(16%), 중국(16%), 일본(15%) 등이 뒤를 잇는다.

캐나다는 전체 화석에너지 자원 생산량으로는 연구대상 국가 4개국 중 러시아 다음으로 많은 화석 에너지 자원을 생산한다. 2020년 캐나다는 263mtoe의 원유와 155 mtoe의 천연가스, 24mtoe의 석탄을 생산했다. 캐나다는 러시아보다 많은 22,972mtoe의 원유 확인매장량을 보유하고 있다. 원유 생산량은 2000년 128mtoe에서 2020년 263 mtoe로 증가하였고 가채년수는 193년에서 87년으로 크게 감소했으나 다른 국가들에 비해 긴 편이다. 천연가스 생산량은 동기간 148mtoe에서 155mtoe로 크게 변하지 않았지만 확인 매장량이 2,024mtoe로 크지 않아 가채년수는 동기간 10년에서 13년으로 증가했다. 에너지 자원 수출에 있어서 캐나다는 2020년 기준 전체 원유 생산분의 83%, 천연가스의 생산분의 38%, 석탄 생산분의 79%를 수출했다. 원유 수출은 대부분 아메리카 대륙 국가들로 향했는데 전체 98% 비중을 차지한다. 나머지 2%만이 유럽으로 향했다. 원유 수출의 96%는 미국으로 향해 캐나다의 원유 수출은 사실상 미국에 완전 의존하고 있다고 할 수 있다. 이는 천연가스 수출에서도 나타나는 특징으로 천연가스 수출의 93%가 미국으로 수출된다. 일본(5%), 멕시코(2%), 중국(1%), 한국(0.2%) 순으로 이어진다. 석탄 수출은 대부분 아시아 시장으로 향한다. 2020년 기준 아시아가 전체 석탄 수출에서 87%, 유럽이 8%, 아메리카대륙이 8%를 차지한다. 최대 교역국은 일본으로 27%를 가져가고, 한국(23%), 중국(16%), 인도(11%) 등 아시아 국가들이 이어진다.

2) 경제적 비중

화석 에너지 자원 수출 부문은 이들 4개 국가에서 조금은 다른 비중을 갖는다. 러시아의 경우 일반적인 기대보다는 에너지 수출 부문의 비중이 크게 나타나지는 않는다. GDP대비 에너지 수출액의 비율은 2020년 기준 약 7%로 나타나며, 2000년 약 16%에서 꾸준히 감소해오고 있는 추세이다. 전체 수출에서의 비중 역시 최근 느리지만 감소추세를 이어오고 있는데, 2000년 약 40%에 달하던 수출비중은 2012년 50%로 정점을 지나 2020년 약 32%까지 감소했다. 하지만 이 같은 GDP와 수출에서의 비중 변화는 러시아 에너지 부문이나 경제의 내생적인 변화 때문은 아닌 것으로 보인다. 우리가 비교 대상으로 선정한 카자흐스탄, 카타르, 캐나다에서도 정도는 다르지만 이와 유사한 패턴이 나타나는데, 이는 상당부분 국제 에너지 가격의 영향을 받은 것으로 보인다. 면밀한 실증연구가 수반되어야 하는 점이지만, 국제 원유가격의 변화와 위 4개국의 에너지 부문의 GDP 및 수출 비중의 변화 패턴은 매우 유사한 특징을 나타내는 것으로 보인다. 에너지 부문 자본투자 대비 생산량은 연구 대상 국가 전반에서 감소했다. 2000년 1달러의 자본 투자 당 141 원유 환산 kg을 생산했던 러시아는 2020년 41 석유환산 kg밖에 생산하지 못해 가장 큰 감소폭을 보였다.

〈표 2〉 각국 에너지 수출부문의 경제적 비중과 생산효율

년도	GDP 비중**				상품수출에서 비중***				투자 대비 생산량****				가격*
	RU	KZ	QR	CA	RU	KZ	QR	CA	RU	KZ	QR	CA	
00	16	-	43	4	40	-	87	11	141	47	71	17	28
01	14	21	55	4	42	54	91	11	112	31	73	15	24
02	13	22	34	3	42	57	80	10	119	32	76	17	25

03	14	25	48	4	43	59	85	13	113	34	77	13	29
04	13	29	47	4	44	62	80	14	84	36	58	11	38
05	15	32	48	5	47	67	84	17	76	32	48	8	55
06	15	31	48	5	48	65	85	16	53	28	27	6	65
07	13	28	45	5	46	62	86	17	38	23	16	6	72
08	14	35	51	7	48	65	88	23	29	21	14	5	97
09	12	25	34	4	47	66	69	18	37	23	14	8	62
10	12	26	49	5	48	68	83	19	33	18	20	5	79
11	12	32	58	5	49	69	85	21	27	21	13	4	111
12	12	29	58	5	50	66	82	20	24	23	21	4	112
13	11	26	57	5	49	72	82	21	23	22	21	5	109
14	11	26	52	6	46	72	82	23	25	20	22	4	99
15	11	16	38	4	43	64	79	15	37	18	28	7	52
16	7	16	29	3	30	58	77	13	36	27	30	10	44
17	7	18	32	4	31	60	77	17	30	23	27	10	54
18	9	23	36	5	34	68	77	18	33	15	24	11	71
19	9	21	33	5	35	65	79	19	32	13	22	11	64
20	7	15	29	4	32	56	82	15	41	20	25	15	42

※ 출처: 세계은행, UN Comtrade, 러시아 통계청, 카자흐스탄 통계청, 카타르 통계청, 캐나다 통계청 자료를 사용해 필자가 계산. 원유 가격은 BP.

* 원유가격, 명목

** 에너지 수출의 GDP 대비 비율, %

*** 총 상품 수출에서 에너지 자원 수출의 비중, %

**** 에너지 부문 자본투자 1달러당 생산량(kg of oil equivalent)

카자흐스탄의 경우 GDP에서 에너지 수출 부문의 비중은 크게 변하지 않았다, 2001년 21%에서 2011년 35%까지 증가했으나 2020년 15%까지 감소했다. 하지만 그 변화폭이 러시아에 비하면 크지 않고 감소 추세를 보인다기 보다는 15~30%대 사이에서 등락을 반복하는 것으로 보인다. 상품 수출에서 에너지 자원 수출의 비중은 러시아보다 높게 나타난다. 2001년 54%였던 에너지 자원 수출 비중은 2014년 72%까지 증가하였으나 2020년 현재 56%를 기록하고 있다. 즉, 카자흐스탄은 러시아 보다 더 에너지 수출 산업에 의존적인 경제 및 교역 구조를 가진 것으로 볼 수 있다. 생산 효율 역시 러시아보다 떨어진다고 할 수 있는데, 2000년 1달러 당 47 석유환산 kg의 에너지 자원을 생산한 카자흐스탄의 투자대비 생산량은 2020년 약 57% 감소한 20kg을 나타내고 있다.

한편 카타르는 연구대상 4개국 중 가장 에너지 산업 상대적 규모가 가장 큰 것으로 나타난다. 카타르의 GDP중 에너지 수출의 비중은 2000년 43%에서 등락을 반복하며 2012년 58%까지 증가했다가 감소세에 접어들며 2020년 현재 약 29%를 보이고 있다. 이는 연구 대상 국가들 중 압도적으로 높은 수준으로 2020년 기준 러시아의 약3배, 카자흐탄의 약 2배에 달한다. 전체 상품 수출에서 에너지 자원의 비중은 더 높은 수치를 보이는데, 2000년 약 87%였던 에너지 자원의 수출 비중은 작은 등락을 반복하다 2020년 약 82%를 기록했다. 한편 자본투자 대비 에너지 자원 생산량은 2000년 약 71kg에서 2013년 약 13kg까지 감소했다 2020년 약 25kg을 기록해 러시아 다음으로 큰 감소추세를 보였다고 할 수 있다.

캐나다는 연구대상국 중 에너지 자원 수출의 경제적 비중이 가장 낮게 나타난다. GDP에서 에너지 자원 수출의 비중은 2020년 3.5%로 카타르나 카자흐스탄 등에 비하면 매우 낮은 수준이다. GDP 비중은 2000년 3.9%에서 1~2% 포인트 정도의 작은 등락만을 보인다. 전체 상품 수출에서 에너지 자원의 비중 역시 10%대로 낮은 수준이다. 2000년 약 10%였던 수출비중은 2013년 약 23%까지 증가했으나 전반적으로 10% 후반대의 수준을 보인다고 할 수 있다. 즉, 캐나다는 다른 연구대상 국가들과는 다르게 에너지 수출 산업이 경제 및 교역 부문에서 갖는 비중이 상대적으로 크지 않은, 에너지 수출 산업이 여러 자국 산업 중 하나인 국가라고 할 수 있다. 반면 자본투자 대비 생산효율은 연구대상 국가들 중에 가장 낮게 나타난다. 2000년 1달러 당 약 16kg의 에너지 자원을 생산했던 캐나다의 생산효율은 2012년 3.5%까지 감소했다 반등해 2020년 현재 약 15kg을 기록하고 있다.

IV. 에너지 안보 지수의 측정과 비교

1. 방법론 및 데이터[45]

앞서 밝힌바와 같이 본 연구는 Yoon(2022)[46]의 에너지 안보지수를 활용해 러시아와 대표적인 에너지 수출국가들의 에너지 안보 수준을 측정하고 비교한다. 여기서는 Yoon의 에너지 안보지수의 구성을 간단히 살펴본다. 에너지안보지수에 관한 구체적인 내용은 Yoon(2022)를 참고 바란다. 에너지 안보지수는 에너지 다양성, 에너지 안정성, 에너지 경제성 등 3가지 차원으로 구성되며, 아래 [식 1]과 같이 이 세 차원을 나타내는 지수의 정규화 값의 평균으로 나타난다.

$$ESC_{export,\,i} = \frac{(SD' + SS' + EF')}{3} \quad \text{[식 1]}$$

에너지 다양성 지수는 에너지 공급의 다양성과 에너지 수출의 다양성으로 구성되며 에너지 공급 다양성지수와 에너지 수출 다양성지수는 Shannon-Wiener의 다양성지수를 변형해 만들어졌다. 에너지 공급 다양성지수는 해당 국가의 1차 에너지원 공급 구성의 다양성 정도를 나타낸다. 에너지 수출 다양성지수는 해당 국가의 1차 에너지 자원 수출의 다양성을 나타내며 수출대상국 다양성지수와 지역별 다양성 지수로 구성된다.

에너지 안정성지수는 화석에너지 자원 생산량과 화석에너지 자원의 총 가채년수, 그리고 화석에너지 자원 수출량으로 구성된다. 화석에너지 생산량은 현재 생산능력을 대변하는 지표로 석탄, 원유, 천연가스 생산량의 열량단위(백만 석유환산톤)합으로 나타낸

---

45 이 절은 Y. Yoon, “Measuring Energy Security of Energy-exporting Countries: Focus on Russia,” *Asia-Pacific Social Science Review*, vol. 22, no. 4 (2022)의 2장 “Defining Energy Security of Russia”를 요약하였다.

46 Yoon(2022), pp. 100-102.

다. 화석에너지원의 가채년수는 미래 생산능력 및 안정성을 나타내는 지표로 각 에너지원별 확인매장량을 연간 생산량으로 나눈 값이다. 즉, 현재 생산량만큼 생산한다면 앞으로 몇 년간 더 생산할 수 있을지를 나타낸다. 에너지 자원 수출량은 석탄, 원유, 천연가스 열량기준 수출량의 합으로 현재 에너지 부문의 수출능력을 대변하는 지표로 사용한다. 이들 세 지표의 정규화 평균값을 에너지 안정성 지수로 사용한다.

에너지 경제성 지수는 에너지 생산의 효율성, 에너지 수출의 경제적 비중, 상품 수출에서 에너지 자원의 비중으로 구성된다. 에너지 생산의 효율성은 에너지 생산 부문으로 투입된 자본 대비 생산량으로, 해당년도의 평균 환율로 환산된 에너지 부문으로의 자본투자 1달러당 생산량(원유 환산 kg)으로 나타냈다. 에너지 수출의 경제적 비중은 해당 국가에서 에너지 산업이 갖는 경제적 중요성과 위상을 나타낸다. 여기에서는 GDP 대비 에너지 수출금액의 비중으로 나타냈다. 상품 수출에서 에너지 자원의 비중은 해당국가의 수출 구조에서 에너지 자원이 차지하는 중요성을 나타낸다. 총 상품생산액 대비 에너지 자원 수출액의 비중으로 나타난다. 이상과 같은 에너지 안보지수의 하부차원 지수의 구체적인 구성과 계산식은 Yoon(2022)[47]을 참고 바란다.

〈표 3〉 에너지 안보 지수 구성 지표들

번호	변수명	단위	출처
1	석탄 생산량	TJ	IEA
2	원유 생산량	TJ	IEA
3	천연가스 생산량	TJ	IEA
4	석탄 확인매장량	십억 톤	BP
5	원유 확인매장량	십억 배럴	BP
6	천연가스 확인매장량	조 평방미터	BP
7	석탄 수출량	TJ	IEA

47 Yoon(2022), pp. 100-102.

8	원유 수출량	TJ	IEA
9	천연가스 수출량	TJ	IEA
10	국가별 석탄 수출량	kg / USD	UN Comtrade
11	국가별 원유 수출량	kg / USD	UN Comtrade
12	국가별 천연가스 수출량	kg / USD	UN Comtrade
13	원별 TPES 구성비	%	IEA
14	에너지 부문 자본 투자액	LCU	각국 통계청
15	공식 평균환율	LCU per US$	WB
16	총 상품 수출액	USD	UN Comtrade
17	국내 총생산	USD	WB
18	국제 원유가격	USD	BP

※ 출처: IEA, BP, 세계은행, UN Comtrade, 러시아 통계청, 카자흐스탄 통계청, 카타르 통계청, 캐나다 통계청

연구대상 국가들의 에너지 안보 지수의 계산을 위해 사용된 통계 자료의 목록은 위의 [표 3]과 같다. 에너지 생산량 및 수출량과 관련한 통계들은 IEA의 각국 에너지 발란스표를 참고해 TJ 단위로 추출하였고 석유환산톤Ton of oil equivalent로 환산한 값을 사용하였다. 화석에너지원 확인매장량은 「BP Statistical Review of world energy 2022」의 값을 사용했으며 고유단위를 역시 석유환산톤으로 조정해 사용했다. 국가별 화석에너지 원별 수출량은 UN Comtrade의 교역데이터를 사용하였다. 연구 대상국가들의 에너지 수출 다양성지수를 계산하는데 사용되었다. 1차 에너지원별 TPES 구성비는 IEA의 각국 에너지 발란스표를 참고하였다. 원별 구성비는 연구대상국가의 에너지 공급 다양성지수를 계산하는 데 사용되었다. 에너지 부문 자본투자액은 러시아 통계청, 카자흐스탄 통계청Agency for Strategic planning and reforms of the Republic of Kazakhstan Bureau of National statistics[48], 카타르 계획 통계국Planning and Statistic Authority Statistics Department[49],

---

48 БЮРО НАЦИОНАЛЬНОЙ СТАТИСТИКИ, “Инвестиции в основной капитал по отраслям промышленности,” https://new.stat.gov.kz/ru/search/index.php?q=%D0%9E%D0%B1+%D0%B8%D0%BD%D0%B2%D0%B5%D1%81%D1%82%D0%B8%D1%86%D0%B8%D1%8F%D1%85+%D

캐나다 통계청Statistics Canada[50]의 공식 통계를 사용하였으며 개별국가의 화폐단위 표기를 해당년도 평균 환율로 달러 표기 환산하였다. 공식 연평균 환율, 국내총생산 등의 통계는 세계은행의 것을 사용했으며, 국제원유가격은 BP통계의 명목가격을 사용하였다.

2. 에너지 안보지수의 측정 결과

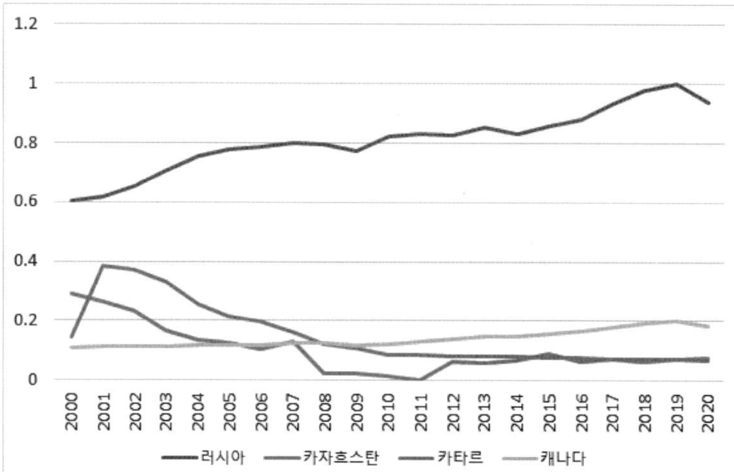

[그림 3] 러시아, 카자흐스탄, 카타르, 캐나다의 에너지 안정성 지수(정규화), 00-20
※ 출처 : Yoon(2022)의 에너지 안보지수와 [표 3]의 통계를 사용해 필자 작성

위와 같은 방법론과 실증 데이터를 이용해 러시아, 카자흐스탄, 카타르, 캐나다의 에너지 안보지수를 2000년부터 2020년까지 측정하였다. 먼저 3가지 하부지표의 측정결

0%B2+%D0%BE%D1%81%D0%BD%D0%BE%D0%B2%D0%BD%D0%BE%D0%B9+%D0%BA%D0%B0%D0%BF%D0%B8%D1%82%D0%B0%D0%BB&s= (검색일: 2023.03.08).

49 Planning and Statistics Authority of Qatar, "The Annual Bulletin of Industry & Energy Statistics", https://www.psa.gov.qa/en/statistics1/Pages/default.aspx (검색일: 2023.03.08).

50 Statistics Canada, "Table 34-10-0015-01 Capital and repair expenditures, by sector and province (x 1,000,000)," https://www150.statcan.gc.ca/t1/tbl1/en/tv.action?pid=3410001501.

과부터 살펴보자. 에너지 안정성 차원에서 러시아와 다른 연구 대상국들은 상당히 다른 수준을 보이고 있다. 아래 [그림 3]에서 보듯 러시아의 에너지 안정성 지수는 2000년 0.602에서 2020년 0.938까지 증가해 같은 기간 0.293에서 0.079까지 감소한 카자흐스탄, 0.146에서 0.070까지 감소한 카타르, 0.108에서 0.184로 소폭 증가한 캐나다 등에 비해서 압도적으로 높은 값을 나타낸다. 이러한 차이는 기본적으로 러시아의 매우 높은 에너지 자원 생산량과 수출량에 기인한다. 2장에서 본 것과 같이 러시아의 총 화석에너지 생산량은 2020년 기준 1,352mtoe로 카자흐스탄의 약 9배, 카타르의 약 6배, 캐나다의 약 3배에 달한다. 수출량 역시 2020년 708mtoe로 카자흐스탄의 7배, 카타르의 4배, 캐나다의 약 2.5배에 달한다. 한편 러시아의 경우 모든 화석에너지 자원에서 수출 증가율이 생산 증가율보다 더 크게 나타났다. 특히 석탄의 수출증가율은 생산 증가율에 비해 크게 나타났고, 원유와 천연가스에서도 크지는 않지만 수출 증가율이 더 크데 나타났다. 이는 상당부분 중국으로의 석탄 수출량이 급증한 것에 기인한다. 2001년 17만 9천 톤에 불과했던 러시아의 대중국 석탄 수출량은 2020년 약 3천 3백만 톤으로 급

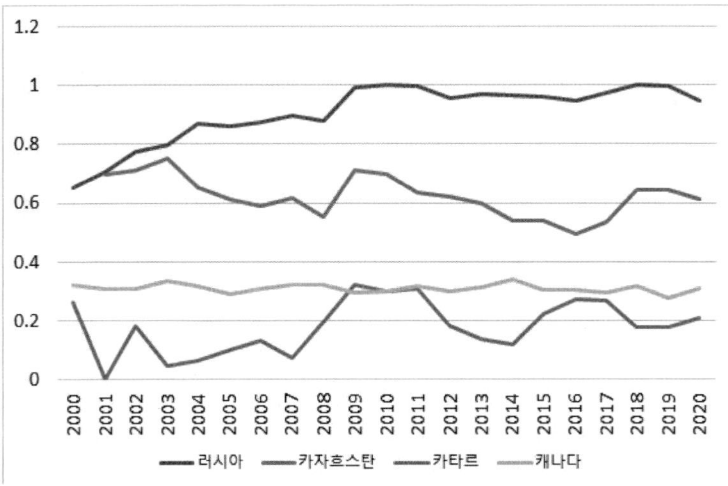

[그림 4] 러시아, 카자흐스탄, 카타르, 캐나다의 에너지 다양성 지수(정규화), 00-20

※ 출처 : Yoon (2022)의 에너지 안보지수와 [표 3]의 통계를 사용해 필자 작성

※ 카자흐스탄의 경우 데이터의 가용성 문제로 2001년부터 시작한다.

증하였다. 카자흐스탄의 경우는 이와는 다르게 원별 생산량과 수출량이 비슷한 수준으로 증가했다. 석탄과 원유에서는 생산량의 증가율이 수출보다 컸지만 큰 차이를 보이지 않았고, 천연가스는 수출량 증가율이 생산량을 근소하게 앞섰다. 카타르에서도 원유의 생산 증가율이 조금 높게 나타나고 천연가스의 수출 증가율이 높게 나타났지만 큰 차이라하기 어려운 수준이며 캐나다 역시 비슷한 수준을 보인다. 구체적인 수치는 [붙임 1]을 참고 바란다.

연구 대상국들의 에너지 다양성 지수는 안정성 지수와 같은 큰 폭의 변화를 보이지는 않는다. 러시아는 다양성 지수에서 다른 국가들과 큰 차이를 보이는데, 2020년 기준 카타르나 캐나다와 비교했을 때 3~4배 높은 수준의 값을 보이고 있다. 눈에 띄는 점은 러시아의 에너지 다양성 지수는 연구 국가 중 유일하게 증가추세를 보인다는 점인데, 2000년 0.654였던 에너지 다양서 지수는 2020년 0.946까지 증가했다. 같은 기간 카자흐스탄의 다양성 지수는 0.697에서 0.611로 소폭 감소했으며, 카타르의 다양성 지수도 0.262에서 0.210으로 감소했다. 캐나다의 다양성 지수 역시 0.303에서 0.308로 큰 변화가 없는 추세를 보였다. 먼저 에너지 공급 다양성에서는 캐나다가 연구 대상국가들 중에서는 가장 균형 잡힌 에너지 공급 구조를 갖고 있다고 할 수 있다. 캐나다의 에너지 공급 다양성지수, 즉 TPES의 다양성은 2000년 1.589에서 2020년 1.466까지 감소했지만, 다른 비교국가들에 비해서는 여전히 높은 수준이다. 2020년 기준 캐나다의 최대 1차 에너지원은 천연가스로 전체 1차에너지 공급양 중 약 39%를 차지하고 있으며, 원유가 32%, 수력에너지가 12%, 원자력이 9%, 재생에너지가 6%로 뒤를 잇고 있고, 석탄이 불과 3%로 나타난다. 러시아는 캐나다 다음으로 높은 공급다양성을 보인다. 공급다양성 지수는 2000년 1.280에서 2020년 1.283으로 큰 변화를 보이지 않는다. 2020년 기준 러시아의 최대 1차 에너지원은 천연가스로 전체 1차 에너지 공급의 약 54%를 차지한다. 그 뒤를 원유(20%), 석탄(15%), 원자력(7%), 수력(2%), 재생에너지(1%)가 잇고 있다. 카자흐스탄의 다양성 지수 역시 큰 변화를 보이지 않는다. 2000년 1.065였던 다양성 지수는 2020년 1.097로 나타난다. 최대 1차 에너지원은 석탄으로 2020년 기준 전체 1차 에너지 공급의 50%를 차지한다. 그 뒤를 천연가스(31%), 원유(18%), 수력(1%), 재생에너지(0.4%)가 잇는다. 카타르는 현저히 낮은 에너지 다양성지수를 보인다. 2000년 0.394였던 다양성지수는 2020년 0.324로 감소했고 이는 캐나다의 4분의 1 수준이다. 카타르의 1차 에너지 공급은 대부분 천연가스에 의존한다. 2020년 기준 1차 에너지 공급 중 천연가스 비중은 90%이며, 나머지는 원유가 채우고 있다. 국가별 구체적인 1차 에너지 공급구조는 [붙임 2]를 참고 바란다.

〈표 4〉 러시아, 카자흐스탄, 카타르, 캐나다의 원유, 천연가스, 석탄 수출 파트너 국가 숫자, 2000-2020

연도	러시아			카자흐스탄			카타르			캐나다		
	석유	가스	석탄	석유	가스	석탄	석유	가스	석탄	석유	가스	석탄
00	36	31	44	-	-	-	13	21	1	1	4	24
01	35	29	47	20	21	9	13	17	0	1	6	20
02	41	31	47	27	21	10	13	11	1	1	8	20
03	38	30	45	32	24	14	11	10	0	2	13	24
04	44	38	49	31	22	10	17	11	0	2	16	27
05	37	35	53	31	21	13	16	13	0	2	26	25
06	39	33	54	27	22	12	14	13	0	5	19	30
07	41	31	50	26	23	17	14	15	0	7	16	26
08	44	35	57	33	20	19	15	25	0	12	16	32
09	45	40	54	35	31	14	15	21	0	14	23	26
10	51	44	58	32	29	17	16	31	0	14	16	29
11	46	42	56	31	32	15	14	36	0	11	19	30
12	50	40	55	28	26	19	15	32	0	15	24	31
13	50	47	56	34	28	21	13	31	0	11	14	28
14	46	45	57	37	32	17	17	26	0	22	15	36
15	46	46	63	38	27	15	14	30	0	9	19	30
16	44	49	70	32	25	16	12	32	0	11	21	32
17	46	47	72	36	29	15	18	32	1	13	19	35
18	47	54	80	33	24	15	14	33	0	24	22	37
19	42	56	80	33	29	14	12	29	1	10	21	27
20	40	50	79	30	27	15	12	43	0	14	19	28

※ 출처: *UN Comtrade Database*

한편 에너지 수출다양성 지수는 공급다양성지수와는 다른 양상을 보인다. 러시아의 에너지 수출 다양성지수는 2000년 1.621에서 2020년 2.675로 크게 증가했다. 반면 카자흐스탄의 경우 2001년 2.062에서 2020년 1.650으로 감소하였고, 카타르의 경우 2000년 1.091에서 2020년 0.973으로 감소했으나 전체적으로 소폭 증가하는 추세를 보인다. 한편 캐나다의 수출 다양성 지수는 2000년 0.117에서 2020년 0.185로 매우 낮은 수준에서 거의 변화하지 않는 형태를 보인다. 같은 기간 러시아의 원유, 천연가스, 석탄의 국가별, 지역별 수출다양성지수는 꾸준히 개선되어왔다. 2000년 1.576이었던 원유 수출 다양성지수는 2020년 2.353까지 증가했으며, 같은 기간 천연가스와 석탄 수출다양성 지수는 각각 1.491과 2.779에서 2.813과 3.304로 증가했다. 구체적인 값은 [붙임 3]을 참고 바란다. 러시아 수출 다양성이 다른 국가들에 비해 높게 나타나고 개선되는 추세를 보이는 것은 러시아가 더 다양한 국가들에 자신들의 에너지 자원을 수출하고 있기 때문이다. 〈표 4〉에서 보는 것과 같이 러시아는 연구 대상국가들 중 가장 많은 국가에 에너지 자원을 수출해왔으며 그 수가 확대되는 추세를 보여 왔다. 특히 천연가스의 경우 2000년 31개국에서 2020년 50개국으로까지 확대되었으며, 아시아지역으로의 수출이 꾸준히 증가하면서 지역 적인 다양성도 개선되었다. 석탄 역시 2000년 44개국에서 2020년 79개국까지 증가했고 석유 수출국가도 소폭 증가했다. 카자흐스탄의 경우도 동기간 에너지 자원 수출 파트너 국가가 소폭 증가했으나 그 수에서 러시아보다 적다. 2001년 카자흐스탄은 각각 20개국에 석유를, 21개국에 천연가스를, 9개국에 석탄을 수출했고 2020년 각각 30개국, 29개국, 15개국으로 증가했다.

카타르의 경우 원유 수출 파트너 국가의 수가 제한적인 것과 원유 및 천연가스 수출 파트너 국가들의 지역적 편중이 수출다양성 지수를 제한되게 만들었다. 2000년 13개국이었던 카타르 원유 수입국은 2020년 12개국으로 큰 변화가 없었고, 카타르 에너지 산업의 주력 상품인 천연가스 수입국은 2000년 21개국에서 2020년 43개국까지 증가했다. 하지만 원유의 경우 거의 100%, 천연가스의 경우 평균 80% 가까이를 아시아 시장에만 의존하고 있어 지역별 다양성지수가 매우 낮게 나타난다. 수출대상국가 숫자의 증가율만을 고려한다면 캐나다가 4개 국가 중 가장 빠른 증가율을 보인다. 2000년 1개

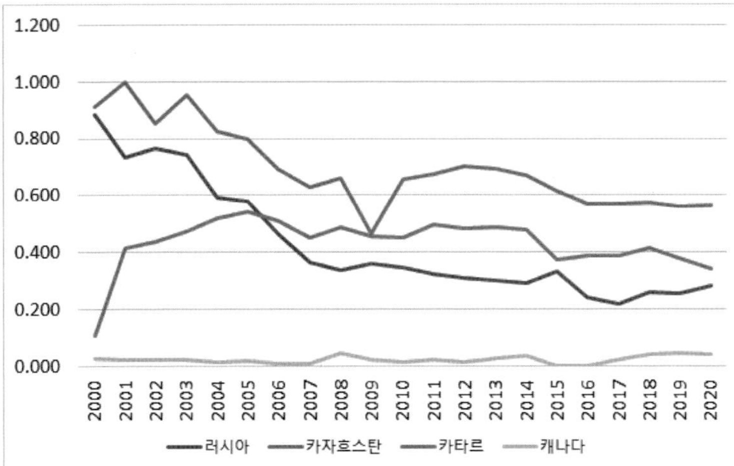

[그림 5] 러시아, 카자흐스탄, 카타르, 캐나다의 에너지 경제성 지수(정규화), 00-20

※ 출처 : Yoon(2022)의 에너지 안보지수와 [표 3]의 통계를 사용해 필자 작성

국이었던 캐나다산 원유 수입국은 2020년 14개국까지 증가했고, 천연가스 수입국은 4개국에서 19개국으로, 석탄은 24개국에서 28개국으로 증가했다. 하지만 그 내용을 이같은 숫자 증가는 착시일 뿐이다. 캐나다산 원유와 천연가스 수입국가의 숫자는 늘어났지만, 이들이 전체 수출에서 차지하는 비중은 미미해 실제 다양성 증대에는 큰 영향을 미치지 못하기 때문이다. 캐나다산 원유 수입국가 숫자가 24개국으로 최대값을 보였던 2018년에도 미국의 비중은 95%에 달했다. 천연가스 역시 크게 차이나지 않아 2020년 미국의 비중은 91%로 나타났다.

경제성지수는 러시아와 카타르는 상당한 감소추세를 보이는 반면 카자흐스탄과 캐나다는 크게 변하지 않는 형태를 나타낸다. 이 중 특히 러시아의 감소폭이 가장 크게 나타나는데, 2000년 0.883이었던 러시아의 경제성 지수는 2020년 0.284까지 감소했다. 이러한 큰 감소폭의 원인은 생산효율, GDP 대비 비중, 전체 수출에서의 비중 모두에서 러시아는 상대적으로 큰 감소를 보이기 때문이다[51]. 에너지 경제성 지수를 구성하는 하부 지표들의 국가별 변화에 대해서는 앞서 서술한 내용으로 대신한다. 이러한 양상은 카타르에서도 나타난다. 카타르 역시 빠른 생산효율 감소세를 보여 왔고, 에너지 수출

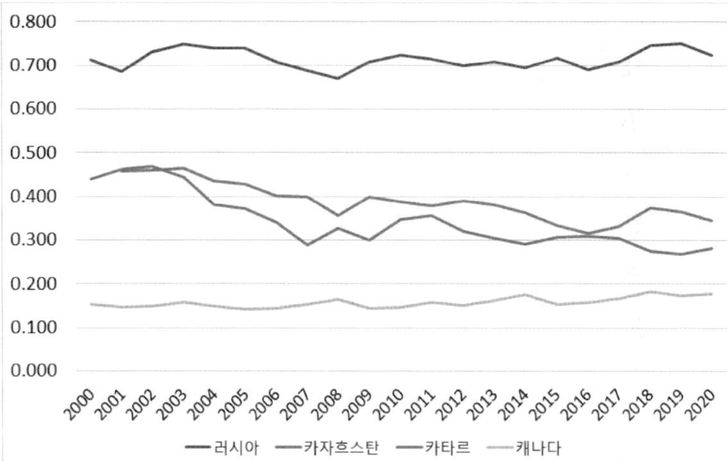

[그림 6] 러시아, 카자흐스탄, 카타르, 캐나다의 에너지 안보 지수, 00-20

※ 출처: Yoon(2022)의 에너지 안보지수와 [표 3]의 통계를 사용해 필자 작성

의 경제적 비중 역시 최근 감소하는 추세를 보이고 있다. 하지만 전체 수출에서의 비중은 지속적으로 높은 수준을 유지해 전체적인 에너지 경제성 지수의 절대적 수준이 다른 국가들에 비해 높게 나타난다. 캐나다의 경제성지수는 다른 국가들에 비해 매우 낮게 나타나고 크게 개선되지도 않는 형태를 보인다. 캐나다의 1달러당 에너지 자원 생산량은 2000년 약 17kg에서 2012년 3.6kg까지 감소했다 2020년 약 15kg까지 증가했다. 하지만 2020년 값만을 고려하더라도 이는 다른 국가들에 비해 상당히 낮은 수준이다. GDP대비 에너지 자원 수출의 비중은 4%로 대상국 중 가장 낮은 수준이며, 총 수출에서 에너지 자원의 비중 역시 15%로 러시아의 절반 수준으로 나타난다. 에너지 경제성 지

---

51 국가경제와 수출 부문에서 에너지 수출의 비중 감소는 한편으로는 러시아 경제가 에너지 자원 수출에 의존하는 정도가 약해진 것이라고 긍정적으로 평가할 수도 있는 지표이다. 하지만 이는 기본적으로 국가경제의 다른 산업 부문들의 양적 성장 속도에 비해 에너지 수출의 성장속도가 미치지 못했음을 나타낸다. 또한 일반적으로 에너지 수입국의 에너지 수입의존성을 논할 때 GDP나 수입에서 에너지 수입비중을 고려하기보다는, 총 에너지 소비 중 수입분의 비중을 에너지 의존도 지표로 사용한다는 점을 고려해 여기서는 에너지 수출 의존도로 해석하지는 않는다.

수의 구체적인 값은 앞에 <표 2>를 참고 바란다.

이상과 같은 하부지수들의 평균값으로 에너지 안보지수를 산출하였고 그 결과는 [그림 6]과 같다. 2020년 0.713이었던 러시아의 에너지 안보지수는 2020년 0.723로 증가해 4개국 중 압도적인 수준의 에너지 안보지수 값을 보였다. 카자흐스탄의 에너지 안보지수는 2001년 0.458에서 2020년 0.345로 감소했지만 러시아 다음으로 높게 나타났다. 카타르의 에너지 안보지수는 2000년 0.439에서 2020년 0.283까지 감소했고, 캐나다의 경우 2000년 0.152에서 2020년 0.177로 낮은 수준이지만 증가하는 모습을 보인다.

V. 러시아의 에너지 안보 특징

여기까지 우리는 러시아, 카자흐스탄, 카타르, 캐나다의 에너지 안보 수준을 기 개발된 에너지 안보지수를 사용해 측정하였다. 앞서 언급한 바와 같이 카자흐스탄은 상대적으로 작은 러시아를 가정한 비교 대상이었고, 카타르는 러시아와 환경적인 배경과 사회적 조건이 완전히 반대인 에너지 수출국을 대표하였다. 그리고 캐나다는 환경적, 물리적 조건은 유사하나 사회경제적 조건이 다른 자유주의 부자 러시아를 가정한 대상이었다. 이들과의 비교를 통해 우리는 다음과 같은 러시아 에너지 안보의 특징을 확인하였다.

첫째, 러시아의 에너지 안보 수준은 일반적인 인식에 비해 상대적으로 상당히 높은 수준을 보여 왔다. 앞서 언급한 바와 같이 러시아와 같은 에너지 수출국가의 에너지 안보 문제는 사실 학문적으로 거의 조명 받아오지 못한 주제이다. 하지만 소연방 붕괴 이후 혼란의 시기동안의 투자 부족으로 인해 발생했던 생산성과 인프라의 낙후 문제, 에너지 수출에 의존적인 경제구조, 유럽과 파이프라인에 의존적인 수출구조 등으로 인해 러시아의 에너지 안보는 다른 에너지 수출국가들, 특히 중동의 에너지 수출 부국들에 비해 낮은 수준일 것이라는 인식이 있어왔다고 할 수 있다. 물론 이는 러시아와 다른 에너지 수출국의 에너지 안보 수준 비교는 물론 러시아의 에너지 안보 수준 측정조차 이루어져

오지 않았기 때문에 어디까지나 추상적인 수준에 불과했다. 하지만 본 연구의 측정 결과는 이러한 인식에 약간의 수정이 필요함을 제시한다. [그림 6]에서 보듯 러시아의 에너지 안보지수 수준은 다른 비교국가들의 2배에서 4배 가까이 높은 수준이다. 이렇게 높은 에너지 안보 지수는 상당부분 에너지 안정성 지수의 격차에서 발생했다. 앞서 [그림 3]에서 본 것과 같이 러시아의 에너지 안정성 지수는 매우 높게 나타나는데, 이는 여기 비교국가들보다 압도적으로 많은 화석에너지 자원 생산량과 수출량 때문이다. 2020년 러시아의 화석에너지 자원 총 생산량은 약 1,352mtoe로 카자흐스탄의 161mote, 카타르의 234mtoe, 캐나다의 442mtoe를 모두 합친 것보다도 많다. 수출량 역시 2020년 708mtoe로 카자흐스탄의 105mtoe, 카타르의 175mtoe, 캐나다의 298mtoe에 매우 많은 양을 수출했다. 다른 에너지 생산 대국들과 비교해도 러시아의 화석에너지 생산량은 상당하다. 2020년 기준 러시아의 원유 생산량은 중동 최대 원유 생산국인 사우디아라비아의 528mtoe보다 많은 548mtoe였으며, 천연가스 생산량은 세계 3위이자 중동 최대 생산국인 이란의 197mtoe보다 압도적으로 많은 548mtoe에 달한다. 석탄 생산량도 2020년 기준 중국, 인도, 인도네시아, 미국, 호주에 이은 6위 수준으로 비교 국가들 중에서는 압도적인 양이다. 또한 이 세 주요 화석에너지 자원을 모두 생산하는 국가들 중 러시아보다 생산량이 많은 국가는 미국 정도밖에 없다. 수출량 역시 마찬가지로 러시아의 총 화석에너지 자원 수출량은 중동의 대표적인 화석에너지 수출국가들을 모두 앞지른다. 즉, 러시아의 높은 에너지 안보지수 값의 기반은 막대한 생산량과 수출량이라고 할 수 있다.

둘째, 러시아의 에너지 다양성, 특히 수출 다양성은 다른 비교 국가들에 비해 상당히 높은 수준을 유지해 오고 있으나, 이것이 앞으로 지속가능한 것인지에 대해서는 의문이 든다. 러시아 정부는 그동안 공식 에너지 전략에서 에너지 수출 시장의 다각화를 주요 전략 과제 중 하나로 꼽아왔다. 그리고 여기에는 러시아의 에너지 수출, 특히 천연가스 수출의 높은 유럽 의존도 문제의 해결이 주된 정책방향으로 인식되었다. 하지만 2020년 현재까지는 이러한 우려와는 다르게 러시아의 에너지 수출 다양성은 다른 국가들에 비해 높은 편이다. [그림 4]에서 보는 것과 같이 러시아의 에너지 다양성지수는 월

등히 높게 나타난다. 특히 원유와 석탄의 수출 다양성지수는 다른 국가들에 비해 월등하다. 또한 천연가스의 수출 다양성은 천연가스 수출 중심의 에너지 산업 구조를 갖고 있는 카타르보다도 높게 나타난다. 원별 다양성 지수의 구체적인 값은 [붙임 3]을 참고 바란다. 즉, 러시아의 에너지 수출의 다양성은 2020년 현재까지는 러시아 정부의 걱정이나 일반적인 인식과는 다르게 다른 에너지 수출국가들과 비교했을 때 상당히 양호한 수준이라는 것이다. 하지만 이같이 높은 수준의 다양성이 지속가능한 것인지에는 의문이 뒤따른다. 러시아 에너지 수출, 특히 국내 에너지 시장 및 국민들의 생활 여건에 직접적인 영향을 미치는 천연가스 수출의 다양성 확보를 위해 극복해야할 대상이 유럽의 존도였지만, 반대로 러시아는 장기 국가 에너지 전략에서 밝힌 바와 같이 유럽으로의 안정적이고 수익성 높은 천연가스 수출을 바탕으로 아시아-태평양 지역으로의 다각화를 계획해왔다[52]는 것이다. 즉, 유럽시장은 한편으로 러시아 에너지 수출 다양성의 기반이라고도 할 수 있다. 하지만 지난 2022년 러시아의 우크라이나 침공과 이로 인한 에너지 공급 불안정을 바탕으로 수립된 EU의 REPowerEU 계획은 멀지 않은 미래에 러시아의 에너지 수출 다양성이 심각하게 훼손될 수도 있음을 암시한다.[53] 그리고 지난 2022년 하반기부터 현재까지 러시아 에너지 수출 부문의 상황, 즉 유럽 시장으로의 수출 중단과 시장 가격보다도 30-40% 가까이 낮은 가격으로 인도 및 중국으로의 수출 급증 등은 이러한 수출 다양성 훼손이 이미 현실화된 현재의 문제라는 것을 보여준다고 할 수 있다.

셋째, 러시아의 에너지 수출 부문은 비교 국가들 중에서도 가장 큰 규모를 보이지만 그 효율성이나 경제적 비중은 가장 빠른 속도로 감소하고 있다. [그림 5]의 에너지 경제성 지수는 카자흐스탄, 카타르, 캐나다와 비교했을 때 매우 빠른 속도로 감소해왔다[54].

---

52 윤영민, 「EU의 탈 러시아 천연가스 정책과 러시아의 에너지 안보: 러시아 천연가스 산업의 유럽 의존성과취약성」, 『러시아연구』 제32권 2호 (2022), 219쪽.

53 이에 대한 구체적인 내용은 위의 논문, 210-216쪽을 참고.

54 하지만 단위 투자당 에너지 생산량의 절대 수준은 러시아가 비교 국가들 가운데 압도적으로 높다는 점을 잊지 말아야 한다. 즉, 러시아는 생산효율에 있어 그 절대값은 높지만 기울기가 가파른 형태를 갖고 있는

이 빠른 감소속도의 가장 큰 원인은 생산효율이 빠르게 감소해왔다는 점이다. 에너지 경제성 지수를 구성하는 하부 지표 3개, 즉 단위 투자당 생산량, GDP대비 수출액, 총 상품수출에서 에너지 수출의 비중 중 러시아의 단위 투자당 에너지자원 생산량이 가장 빠른 속도로 감소해왔다. 이는 러시아의 에너지 부문 자본투자액의 증가 속도보다 생산량 증가 속도가 다른 국가들 보다 상대적으로 더 낮았다는 것인데, 2000년에서 2020년까지 러시아의 총 화석에너지 자원 생산량의 연평균 증가율과 에너지 부문 투자액의 연평균 증가율 차는 약 6.5%로 카자흐스탄의 4.5%, 카타르의 5.8%, 캐나다의 0.5%에 비해 높게 나타났다. 이러한 차이가 왜 발생하는지에 대해서 본 연구에서 이야기 하기는 어렵다. 본 연구의 범위를 벗어나는 것이기도 하지만, 무엇보다 생산량과 투자액의 증감의 원인 또는 결정요인을 식별해내는 일은 한 연구의 일부로 간단히 언급하고 끝낼 수 있는 수준의 문제가 아니기 때문이다. 이는 개별 에너지 생산국의 에너지 정책, 에너지 산업 구조, 국제 에너지 시장 환경 등은 물론 기후 및 지리환경, 경제규모와 산업구조 등 다양한 요인들에 대한 깊이 있는 분석이 필요한 문제이다.

것이다. 구체적인 값은 [붙임 4]를 참고 바란다.

참고
문헌

윤영민. 「EU의 탈 러시아 천연가스 정책과 러시아의 에너지 안보: 러시아 천연가스 산업의 유럽 의존성과취약성」. 『러시아 연구』 제32권 2호(2022), 187-227쪽.

Ang B. W., Choong W. L., and Ng T. S. "Energy security: Definitions, dimensions and indexes." *Renewable and Sustainable Energy Reviews.* Vol. 42, No. Supplement C (2015). pp. 1077-1093.

Asif M. and Muneer T. "Energy supply, its demand and security issues for developed and emerging economies." *Renewable and Sustainable Energy Reviews.* Vol. 11, No. 7 (Sep. 2007). pp. 1388-1413.

Azzuni A. and Breyer C. "Definitions and dimensions of energy security: a literature review." *Wiley Interdisciplinary Reviews: Energy and Environment.* Vol. 7, No. 1 (Jan. 2018). pp. 1-34.

Bielecki J. "Energy security: Is the wolf at the door?" *Quarterly Review of Economics and Finance.* Vol. 42, No. 2 (Jun. 2002). pp. 235-250.

British Petroleum. "Statistical Review of World Energy 2022." https://www.bp.com/en/global/corporate/energy-economics/statistical-review-of-world-energy.html (검색일: 2023.03.03).

Brown M. A., Wang Y., Sovacool B. K., and D'Agostino A. L. "Forty years of energy security trends: A comparative assessment of 22 industrialized countries." *Energy Research & Social Science.* Vol. 4 (2014). pp. 64-77.

Deese D. A. "Energy: Economics, Politics, and Security." *International Security.* Vol. 4, No. 3 (1979). pp. 140-153.

Goldthau A. "Rhetoric versus reality: Russian threats to European energy supply." *Energy Policy.* Vol. 36, No. 2 (2008). pp. 686–692.

Goldemberg J. "World energy assessment: energy and the challenge of sustainability," *United Nations Development Programm.* New York, NY, 2000.

Hernandez C. "Philippine energy policy: Implications for human security and regional cooperation." in Marquina A, editor. *Energy Security: Visions from Asia and Europe.* London, UK: Palgrave Macmillan UK, 2008. pp. 218-231.

IEA Energy Statistics Data Browser. "World Energy Balances 2022." https://www.iea.org/data-and-statistics/data-tools/energy-statistics-data-browser?country=RUSSIA&fuel=Energy%20supply&indicator=TESbySource (검색일: 2023.03.03).

International Energy Agency. "Energy security: Ensuring the uninterrupted availability of energy sources at an affordable price." https://www.iea.org/areas-of- work/ensuring-energy-security (검색일: 2023.03.03).

Kirchner E. and Berk C. "European Energy Security Co-operation: Between Amity and Enmity." *Journal of Common Market Studies.* Vol. 48, No. 4 (Sep. 2010). pp. 859-880.

Knox-Hayes J., Brown M. A., Sovacool B. K., and Wang Y. "Understanding attitudes toward energy security: Results of a cross-national survey." *Global Environmental Change.* Vol. 23, No. 3 (2013). pp. 609-622.

Kunz A. *Indian energy security. Nuclear energy policy.* Kindle Edition. GRIN Verlag. 2014.

Le Coq C. and Paltseva E. "Measuring the security of external energy supply in the European Union." *Energy Policy.* Vol. 37, No. 11 (Nov. 2009). pp. 4474-4481.

LIU X. and WU L. "The Energy New World Order, Mideast Oil and US Energy Security." *Journal of Middle East and Islamic Study (in Asia).* Vol. 8, No. 3 (Sep. 2014). pp. 25-47.

McFaul M. "A Precarious Peace: Domestic Politics in the Making of Russian Foreign Policy." International Security. Vol. 22, No. 3 (1997). pp. 5-35.

Miller L. B., Lieber R. J., Maddox J., Mancke R., Vernon R., and Willrich M. "Energy, Security and Foreign Policy: A Review Essay." *International Security.* Vol. 1, No. 4 (1977). pp. 111-123.

Muller-Kraenner S. *Energy Security: Re-Measuring the World, 1st ed.* London, UK: Routledge, 2007.

Newnham R. "Oil, carrots, and sticks: Russia's energy resources as a foreign policy tool," *Journal of Eurasian Studies.* Vol. 2, No. 2 (2011). pp. 134-143.

Phdungsilp A. "Assessing Energy Security Performance in Thailand under Different Scenarios and Policy Implications." *Energy Procedia.* Vol. 79 (2015). pp. 982-987.

Planning and Statistics Authority of Qatar. "The Annual Bulletin of Industry & Energy Statistics." https://www.psa.gov.qa/en/ statistics1/Pages/default.aspx (검색일: 2023.03.08).

Romanova T. "The Russian Perspective on the Energy Dialogue." *Journal of Contemporary European Studies.* Vol. 16, No. 2 (Aug. 2008). pp. 219–230.

Sharples J. D. "Russian approaches to energy security and climate change: Russian gas exports to the EU." *Environmental Politics.* Vol. 22, No. 4 (2013). pp. 683-700.

Snider L. W., "Arms Exports for Oil Imports?" *Journal of Conflict Resolution.* Vol. 28, No. 4 (Jul. 1984). pp. 665-700.

SovacoolB. K., Mukherjee I., Drupady I. M., and D'Agostino A. L. "Evaluating energy security performance from 1990 to 2010 for eighteen countries." *Energy.* Vol. 36, No. 10 (2011). pp. 5846-5853.

Statistics Canada. "Table 34-10-0015-01 Capital and repair expenditures, by sector and province (x 1,000,000)." https://www150. statcan.gc.ca/t1/tbl1/en/tv.action?pid=3410001501 (검색일: 2023.03.08).

Tae-Hyung Kim, "South Korea's Strategic Relationships with Sub-Saharan Africa: Energy Security and Beyond," 『국제정치논총』 Vol. 50, No. 3 (2010). pp. 111-135.

The World Bank. "World Bank Open Data". https://data.worldbank.org/ (검색일: 2023.03.08).

UN Comtrade Database. "Trade Data." https://comtradeplus.un.org/ TradeFlow (검색일: 2022.10.02).

United Nations Development Programme, *World Energy Assessment: Overview 2004 Update.* New York, NY: United Nations Development Programme, 2004.

Willrich M. "International Energy Issues and Options." *Annual Review of Energy.* Vol. 1 (Nov. 1976). pp. 743–772.

Winrow, G. M. "Turkey: Energy Security and Central Asia: The Politics and Economics of the So-called Great Game." In: et al. *Facing Global Environmental Change.* Hexagon Series on Human and Environmental Security and Peace, vol 4. Springer, Berlin, Heidelberg, 2009.

Youngmin Yoon. "Measuring Energy Security of Energy-exporting Countries: Focus on Russia." *Asia-Pacific Social Science Review.* Vol. 22, No. 4 (2022). pp. 92-113.

Бюро Национальной Статистики. "Инвестиции в основной капитал по отраслям промышленности." https://new.stat.gov.kz/ru/search/index.php?q=%D0%9E%D0%B1+%D0%B8%D0%BD%D0%B2%D0%B5%D1%81%D1%82%D0%B8%D1%86%D0%B8%D1%8F%D1%85+%D0%B2+%D0%BE%D1%81%D0%BD%D0%BE%D0%B2%D0%BD%D0%BE%D0%B9+%D0%BA%D0%B0%D0%BF%D0%B8%D1%82%D0%B0%D0%BB&s=

(검색일: 2023.03.08).
Ён Юнг Мин. “Оценка энергетической безопасности Кореи и Японии.” *Инновации и Инвестиции.* No. 3 (2020). pp. 68-73.
Малков П. В. и др.(ред.), Российский статистический ежегодник 2021 (Росстат, Москва, 2021).

붙임

[붙임 1] 각국의 원별 생산량과 수출량의 연간 증가율

		러시아	카자흐스탄	카타르	캐나다
석탄	생산	2.1%	1.3%	-	-1.8%
	수출	8.7%	-0.9%	-	-0.1%
원유	생산	2.4%	4.6%	3.2%	3.7%
	수출	3.0%	4.5%	2.7%	4.4%
천연가스	생산	0.9%	6.4%	10.1%	0.2%
	수출	1.7%	7.2%	11.6%	-1.6%
합계	생산	1.7%	3.7%	7.0%	1.8%
	수출	3.2%	3.7%	6.4%	2.1%

출처: IEA, Un Comtrade 통계를 바탕으로 필자 작성

[붙임 2] 러시아, 카자흐스탄, 카타르, 캐나다의 1차 에너지 원별 공급 비중, %

	석탄				석유				천연가스				원자력				수력				재생에너지			
국가	RU	KZ	QR	CA	RU	KZ	QR	CA	RU	KZ	QR	CA	RU	KZ	QR	CA	RU	KZ	QR	CA	RU	KZ	QR	CA
00	19	56	-	12	20	24	13	34	51	19	87	29	6	-	-	7	2	2	-	12	1	0	0	5
01	18	62	-	12	21	22	12	35	52	15	88	29	6	-	-	8	2	2	-	11	1	0	0	5
02	19	55	-	12	20	26	13	34	52	18	87	29	6	-	-	8	2	2	-	12	1	0	0	6
03	18	55	-	11	20	24	19	35	53	20	81	30	6	-	-	7	2	2	-	11	1	0	0	5
04	18	55	-	11	20	25	15	36	53	19	85	29	6	-	-	9	2	1	-	11	1	0	0	6
05	17	56	-	11	20	18	17	35	54	24	83	30	6	-	-	9	2	1	-	11	1	0	0	5
06	17	50	-	11	20	25	19	36	53	23	80	29	6	-	-	9	2	1	-	11	1	0	0	5
07	16	49	-	11	20	24	18	36	54	26	82	28	6	-	-	9	2	1	-	11	1	0	0	5
08	17	50	-	10	21	19	20	36	53	31	80	28	6	-	-	9	2	1	-	12	1	0	0	5
09	15	50	-	8	21	17	19	37	54	32	81	29	7	-	-	9	2	1	-	12	1	0	0	5
10	15	50	-	9	20	17	17	37	56	32	82	29	6	-	-	9	2	1	-	12	1	0	0	5
11	14	49	-	8	22	19	15	36	55	32	85	31	6	-	-	9	2	1	-	12	1	0	0	5
12	16	51	-	7	23	17	11	36	52	30	89	31	6	-	-	9	2	1	-	12	1	0	0	5
13	15	46	-	7	22	22	6	34	54	31	94	32	6	-	-	10	2	1	-	12	1	0	0	5
14	14	57	-	7	23	19	6	35	53	23	94	31	7	-	-	10	2	1	-	12	1	0	0	5
15	16	50	-	7	22	29	5	37	51	19	95	30	7	-	-	9	2	1	-	12	1	0	0	5
16	16	50	-	6	22	26	6	34	52	22	94	35	7	-	-	9	2	2	-	11	1	0	0	5
17	16	53	-	6	21	23	11	33	53	21	89	36	7	-	-	9	2	1	-	11	1	0	0	5
18	16	49	-	5	20	25	8	33	54	25	92	38	7	-	-	8	2	1	-	11	1	0	0	5
19	16	47	-	4	19	24	9	34	54	28	91	38	7	-	-	8	2	1	-	11	1	0	0	5
20	15	50	-	3	20	18	10	32	54	31	90	39	7	-	-	9	2	1	-	12	1	0	0	6

출처: IEA

[붙임 3] 러시아, 카자흐스탄, 카타르, 캐나다의 원별 수출 다양성지수와 종합 수출다양성지수

년도	러시아				카자흐스탄				카타르				캐나다			
	원유	가스	석탄	종합	원유	가스	석탄	종합	원유	가스	석탄	종합	원유	가스	석탄	종합
00	1.576	1.491	2.779	1.621	-	-	-	-	1.177	0.828	0.000	1.091	0.000	0.000	1.190	0.117
01	1.783	1.610	2.915	1.803	2.964	0.966	0.080	2.062	0.070	0.498	0.000	0.177	0.000	0.000	0.788	0.069
02	2.212	1.687	2.667	2.063	2.742	1.050	0.271	2.047	0.803	0.827	0.000	0.810	0.000	0.000	0.851	0.066
03	2.338	1.668	2.691	2.153	2.917	1.623	0.221	2.195	0.000	0.787	0.000	0.220	0.000	0.000	2.245	0.187
04	2.681	1.735	2.879	2.413	2.241	1.620	0.169	1.847	0.050	0.956	0.000	0.346	0.000	0.000	1.550	0.113
05	2.728	1.681	2.432	2.386	1.890	1.996	0.406	1.714	0.051	1.120	0.000	0.437	0.000	0.000	0.204	0.016
06	2.745	1.788	2.451	2.434	1.843	1.728	0.235	1.588	0.034	1.327	0.000	0.525	0.002	0.000	1.119	0.086
07	2.941	1.616	2.417	2.524	1.965	1.682	0.107	1.677	0.040	0.734	0.000	0.330	0.015	0.000	1.577	0.136
08	2.815	1.557	2.658	2.445	1.742	1.543	0.176	1.464	0.095	1.470	0.000	0.732	0.001	0.000	1.612	0.138
09	3.157	2.240	2.630	2.862	2.396	1.836	0.086	2.053	0.935	1.474	0.000	1.209	0.004	0.000	0.564	0.047
10	3.073	2.522	2.951	2.914	2.318	2.182	0.156	2.003	0.201	1.883	0.000	1.150	0.018	0.000	0.604	0.065
11	3.112	2.387	2.968	2.892	2.054	1.524	0.199	1.762	0.141	1.954	0.000	1.220	0.020	0.000	1.528	0.145
12	2.923	2.290	2.767	2.731	1.973	1.572	0.442	1.720	0.079	1.379	0.000	0.843	0.025	0.001	0.710	0.077
13	2.972	2.443	2.667	2.779	1.729	1.685	0.830	1.592	0.088	1.285	0.000	0.794	0.032	0.000	1.025	0.114
14	2.866	2.481	2.840	2.761	1.546	1.829	0.546	1.462	0.048	1.243	0.000	0.747	0.169	0.000	1.139	0.203
15	2.790	2.434	2.872	2.710	1.427	1.746	0.699	1.388	0.130	1.833	0.000	1.143	0.021	0.000	1.154	0.093
16	2.537	2.680	3.037	2.660	1.116	1.892	0.676	1.213	0.214	2.002	0.000	1.298	0.004	0.000	1.833	0.121
17	2.750	2.553	3.227	2.780	1.237	2.218	0.796	1.388	0.009	1.899	0.000	1.169	0.018	0.000	1.269	0.093
18	2.938	2.493	3.316	2.884	1.680	2.401	0.896	1.747	0.004	1.480	0.000	0.904	0.164	0.000	1.249	0.196
19	2.880	2.568	3.269	2.863	1.840	1.956	0.676	1.746	0.000	1.408	0.000	0.881	0.045	0.072	0.460	0.079
20	2.353	2.813	3.304	2.675	1.878	1.631	0.324	1.650	0.000	1.544	0.000	0.973	0.109	0.100	1.332	0.185

출처: 필자 작성

제3장

공급망과 지역협력의 재편

제3장

중앙아시아 주요 국가의 핵심광물 개발 정책과 한-중앙아 협력*

변현섭
(계명대학교 러시아중앙아시아학과 조교수)

Ⅰ. 서론

전 세계적으로 녹색 산업과 디지털 산업으로의 전환이 가속화됨에 따라 리튬, 코발트, 니켈, 희토류와 같은 핵심광물의 전략적 가치가 급격히 부각되고 있다. 특히, 우크라이나 전쟁 발발과 미·중 전략경쟁의 심화 이후 세계 각국은 공급망의 특정 국가 의존도를 줄이고, 안정적이고 다양화된 공급망을 구축하려는 움직임을 본격화하고 있다. 핵심광물은 다양한 산업에서 사용되는 필수 원료로 국가의 경제 안보 측면에서 공급 리스크가 큰 광물을 의미한다. 이러한 광물은 전기차 배터리, 신재생에너지 시스템, 첨단 반도체 등 미래 산업의 필수 요소로 자리 잡고 있으며, 그 안정적인 확보는 국가 안보의 핵심 과제로 인식되고 있다. 현재 중국이 이러한 핵심광물의 생산 및 수출 등 공급을 독점하고 있으며, 중국은 미국과의 경제 · 안보 경쟁에서 공급망을 무기화할 가능성이 있

* 이 글은 『슬라브연구』 제40권 3호(2024)의 글을 일부 수정 및 보완한 것임을 밝힌다.

다. 이에 대한 대응으로 미국과 EU 등은 공급망의 다각화와 자립화를 위해 국내 생산과 우방국 협력을 강화하고, 산업정책과 통상정책을 통해 핵심광물의 확보와 보호를 추진하고 있다. 우리 정부와 업계도 글로벌 주요국과의 자원 확보 경쟁 및 무기화 추세에 대응하고 자원 안보를 확립하기 위한 국가적 노력이 필요하다.

한국은 광물 수입 의존도가 95%에 달할 정도로 경제협력개발기구OECD 회원국 중 가장 높다. 광물 수요의 대부분을 해외 수입에 의존하는 우리나라는 핵심광물 수급의 변동성이 산업과 경제에 미치는 영향이 매우 크다. 따라서 핵심광물의 안정적인 확보는 지속가능한 산업경쟁력 확보에 필수적이다. 이에 따라 핵심광물의 안정적인 확보와 수급 관리를 위한 체계적인 시스템 구축의 중요성은 그 어느 때보다 높아지고 있다. 윤석열 정부는 「110대 국정과제」('22.5)를 통해 자원안보의 범위를 수소 · 핵심광물 등으로 확대한 바 있으며 2023년 2월 27일 발표한 '핵심광물 확보 전략'에서 33종의 핵심광물을 선정하고 특히 리튬 · 니켈 · 코발트 · 망간 · 흑연 · 희토류(5종) 등 10대 핵심광물 확보 전략을 밝혔다.[1] 우리 정부는 핵심광물 전략협력국으로 33종의 핵심광물의 매장량, 생산량 및 우리 기업의 진출 현황 등을 고려하여 30개 국가를 선정할 예정이다. 중앙아시아 국가 중에는 핵심광물 자원을 가장 많이 보유한 카자흐스탄이 포함될 가능성이 높으며 우리 정부의 ODA 중점협력 대상국인 우즈베키스탄, 키르기스스탄, 타지키스탄 등 다른 중앙아시아 국가의 포함 가능성도 있다. 특히, 우즈베키스탄에는 우리 정부의 ODA 지원 사업으로 '희소금속센터'가 운영 중이며 '화학 R&D센터'가 조성되고 있는 등 핵심광물 분야에서 협력 가능성이 높은 국가이다.

중앙아시아는 구소련시절부터 희소금속 등 핵심광물을 생산해 왔으며, 여전히 주요한 공급처이다. 중앙아시아 지역에는 크롬, 티타늄, 보크사이트, 마그네슘, 망간, 구리, 아연, 몰리브덴, 레늄 등 주요 산업생산에 필요한 다양한 광물들이 생산되고 있다. 카자

---

1 자세한 내용은 산업통상자원부의 보도자료를 참고하기 바람: "국가 핵심광물 수급위기 대응 및 공급망 안정화 대책 발표," 산업통산자원부, 2023년 2월, https://www.motie.go.kr/kor/article/ATCL3f49a5a8c/166862/view# (검색일: 2024.4.20.)

흐스탄은 세계 2위의 크롬 생산국이며, 티타늄, 카드뮴, 구리, 아연 등의 세계 10대 생산국이다. 우즈베키스탄은 금, 레늄, 흑연, 카드뮴, 텔루륨, 몰리브덴 등의 주요 생산국이며, 키르기스스탄에서는 금, 타지키스탄에서는 안티몬과 수은, 투르크메니스탄에서는 아이오딘 등의 주요 광물이 생산되고 있다. 중앙아시아 각국의 국영 광산기업들이 광물 개발과 생산을 주도하고, 유럽 · 미국 · 캐나다 · 러시아 · 중국 등의 기업들이 투자하고 있다. 한국은 2022년 기준 카자흐스탄으로부터 티타늄(수입 상대국 순위 3위), 크롬(10위), 바나듐(17위), 니켈(21위) 등을 수입하고 있다.

윤석열 대통령은 2024년 6월 10일부터 15일까지 투르크메니스탄, 카자흐스탄, 우즈베키스탄 등 중앙아시아 3개국을 국빈 방문하면서 리튬, 우라늄, 텅스텐 등 핵심광물에 대한 공급망 확보를 중점 목표로 삼았고, 이 분야의 협력에 주력해 가시적인 성과를 도출하였다.

이러한 상황에서 중앙아시아 국가들의 핵심광물 매장 현황과 이들 국가의 핵심광물 개발 정책을 살펴보고, 미국, EU 등 주요국들이 중앙아시아에서 핵심광물 확보를 위해 추진하고 있는 협력 사례들을 통해 시사점을 도출함으로써 우리 정부에 협력 전략을 제안하는 것은 의미 있는 작업이며 본 글의 목적이다. 또한, 본 글은 기존의 논문 및 보고서들이[2] 수요국인 주요 국가의 공급망 정책, 핵심광물 확보 전략 등 거시적 관점의 분석과 달리 공급국인 중앙아시아 각국의 핵심광물 정책과 미국, EU 등 주요국의 중앙아시아 국가와 협력 동향 등 구체적인 사례를 분석하고 시사점을 도출한다는 점에서 차별화된다.

---

2 김종덕 외, 「경제안보시대의 공급망 재편 동향과 시사점」, 『KIEP 오늘의 세계경제』 Vol. 23 No. 16(2023); 박가현 외, 「주요국의 핵심광물 확보전략과 시사점」, 『Trade Focus』 2022년 32호(2022); 김태헌, 박지민, 「주요국 핵심광물 확보전략 분석」, 『KEEI-수시 연구 보고서』 21-8(2021) 등

Ⅱ. 핵심광물의 공급망 분석[3]

한국희소금속산업기술센터에 따르면 희소금속은 아래와 같이 정의된다: ① 지각 내에 존재량 자체가 적거나 경제성 있는 추출이 어려운 금속자원 중 현재 산업적 수요가 있고 향후 수요 신장이 예상되는 금속원소, ② 극소수의 국가에 매장과 생산이 편재돼 있거나 특정국에서 전량을 수입해 공급에 위험성이 있는 금속원소. 희소금속은 국가와 시대별로 분류 기준이 상이한데 한국은 현재 수요가 있는 것과 향후 기술혁신의 수반에 새로운 공업용 수요가 예측되는 것으로 35종, 56개의 금속원소로 정의하며 그 종류는 다음과 같다: 리튬, 마그네슘, 세슘, 베릴륨, 스트론튬, 바륨, 희토류, 티타늄, 지르코늄, 하프늄, 바나듐, 니오븀, 탄탈륨, 크롬, 몰리브덴, 텅스텐, 망간, 레늄, 코발트, 니켈, 백금족, 카드뮴, 갈륨, 인듐, 탈륨, 붕소, 게르마늄, 인, 비소, 안티몬, 비스무스, 실리콘, 셀레늄, 텔루륨, 주석(단, 희토류는 Rare Earth Element 17종, 백금족(PGM)은 백금족 원소 6종을 의미)[4]

[표 1] 국가별 핵심광물 명칭 및 종류

국가	명칭	종류
한국	희유(희소)금속 (Rare metal)	35종
미국	핵심광물 (Critical mineral)	50종
유럽	핵심원자재 (Critical materials)	30종
일본	희소금속 (Rare metal)	34종

※ 자료: 박가현 외, 「주요국의 핵심광물 확보전략과 시사점」, 『Trade Focus』, 2022년 32호 (2022), p. 5. 재인용.

---

3 리튬, 니켈 등 구체적인 광물과 반도체, 이차전지 등 구체적인 제품과 관련된 핵심광물의 공급망 분석은 다음의 자료들을 참고하기 바라며 여기서는 개괄적인 현황 분석에 그친다: 임지훈, 「배터리 핵심 원자재 공급망 분석 : 리튬」, 『Trade Focus』 2022년 21호(2022); 김경훈, 「핵심원자재의 글로벌 공급망 분석 : 니켈」, 『Trade Focus』 2022년 15호(2022); 김지선, 「미(美) 바이든 행정부 '4대 핵심품목' 공급망 검토 결과 및 시사점 – 반도체 · 배터리 · 핵심광물 · 의약품을 중심으로」, 『POSRI 이슈리포트』 2021.6.; 조은교, 「중국의 수출통제를 통해 본 첨단산업의 공급망 전략과 우리의 대응: 반도체, 배터리산업을 중심으로」, 『월간 KIET 산업경제』 Vol. 298(2023).

4 "텅스텐과 몰리브덴, 우리가 우즈베키스탄에서 꼭 데려와야 할 희소금속!," KOTRA, 2024년 3월, https://dream.kotra.or.kr/dream/cms/news/actionKotraBoardDetail.do?SITE_NO=2&MENU_ID=3550&CONTENTS_NO=1&bbsGbn=243&bbsSn=243&pNttSn=213229 (검색일: 2024.4.16.)

희소금속 및 희토류 등 핵심광물은 세계 경제의 주요 부문에서 수요가 있는 중요한 유형의 원자재이다. 이는 녹색 에너지로의 전환, 전기자동차, 인공지능 및 컴퓨팅 같은 신기술, 국방, 항공우주, 의료 및 기타 첨단 기술 분야에 필수적이다.

2023년 11월 30일 아랍에미리트(UAE) 두바이에서 열린 유엔기후변화협약 당사국총회(COP28)에서 2015년 파리 협정에 따라 지구 온난화를 1.5°C로 제한하기 위해 2030년까지 재생 가능한 자원의 사용을 3배로 늘리고, 에너지 효율성을 2배로 늘리고, 청정 경제로의 전환을 가속화하기로 합의했다. 이 협정의 이행을 위한 주요 도구가 희소금속 및 희토류와 같은 핵심광물의 확보인 것이다.

미국 지질조사국(U.S. Geological Survey)의 자료(Mineral Commodity Summaries 2024)에 따르면, 중국은 신뢰할 수 있는 추정치를 산출하기 위해 정보가 확보된 43개의 핵심광물(희토류로 분류된 14개 란타노이드 포함) 중 29개의 최대 생산국이다. 다른 주요 핵심광물 생산국은 호주와 남아프리카로 각각 3개의 핵심광물을 보유하고 있으며, 그 다음으로 콩고민주공화국이 2개의 핵심광물을 보유하고 있다(표 2). 29개의 핵심광물(희토류로 분류된 14개 란타노이드 포함)의 생산은 한 나라에 매우 집중(50% 이상)되어 있다. 그 중에서 5개의 핵심광물은 전 세계 생산량의 80% 이상이 한 국가에 의해 지배되고 있고, 2개의 핵심광물은 전 세계 생산량의 70%~80%가 한 국가에 의해 지배되고 있으며, 20개의 핵심광물(희토류로 분류된 14개 란타노이드 포함)은 전 세계 생산량의 60%~70%가 한 국가에 의해 지배되고 있으며, 2개의 핵심광물은 전 세계 생산량의 50%~60%가 한 국가에 의해 지배되고 있다(표 2).[5]

IEA(2021)에 따르면, 배터리 생산의 필수 광물인 코발트의 69%는 콩고, 흑연의 64%는 중국, 리튬의 52%는 호주에서 생산되며 리튬, 코발트, 니켈, 희토류 등 주요 원료 광물 생산의 75% 이상을 3개국에서 담당하는 등 생산 편중도가 매우 높다.[6] 그뿐만 아니

5 U.S. Geological Survey, "Mineral Commodity Summaries 2024", Jan. 2024, https://pubs.usgs.gov/publication/mcs2024 (검색일: 2024.7.13.)

6 박가현 외(2022), 12쪽.

라 에너지전환 광물의 가공 지역 편중도는 더욱 심각한데, 특히 중국은 주요 핵심광물의 분리, 정제련 등 가공 단계에서 독점적인 지위를 보유하고 있다. 이는 핵심광물 자원의 공급 안정성이 석유보다 더 취약함을 나타낸다.[7]

[표 2] 주요 핵심광물의 생산국 및 생산량(2023년)

(단위: 톤)

Critical mineral	Leading producing country	Production in leading country	Percentage of world total	World production total
Aluminum (bauxite)	Australia	98,000,000	25	[3]400,000,000
Antimony	China	40,000	48	83,000
Arsenic	Peru	[6]27,000	45	[6]60,000
Barite	India	2,700,000	32	[3]8,500,000
Beryllium	United States	190	58	330
Bismuth[7]	China	16,000	80	20,000
Chromium	South Africa	18,000,000	44	41,000,000
Cobalt	Congo (Kinshasa)	170,000	74	230,000
Fluorspar	China	5,700,000	65	8,800,000
Gallium	China	600	98	610
Germanium[7]	China	NA	NA	NA
Graphite (natural)	China	1,230,000	77	1,600,000
Indium[7]	China	650	66	990
Lithium	Australia	86,000	48	[3]180,000
Magnesium[7]	China	830,000	88	[3]940,000
Manganese	South Africa	7,200,000	36	20,000,000
Nickel	Indonesia	1,800,000	50	3,600,000
Niobium	Brazil	75,000	90	83,000
Palladium	Russia	92	44	210
Platinum	South Africa	120	67	180
Rare earths (compounds and metals)[9]	China	240,000	69	350,000
Scandium	China	NA	NA	NA
Tantalum	Congo (Kinshasa)	980	41	2,400
Tellurium[7]	China	430	67	[3]640
Tin	China	68,000	23	290,000
Titanium (metal)[7]	China	220,000	67	[3]330,000
Tungsten	China	63,000	81	78,000
Vanadium	China	68,000	68	100,000
Yttrium	China	NA	NA	NA
Zinc[7]	NA	NA	NA	NA
Zirconium (ores and concentrates)	Australia	500,000	31	1,600,000

※ 자료: U.S. Geological Survey, "Mineral Commodity Summaries 2024".

---

7 김태헌, 박지민(2021), 5-6쪽.

| 주요 광물의 3대 생산국

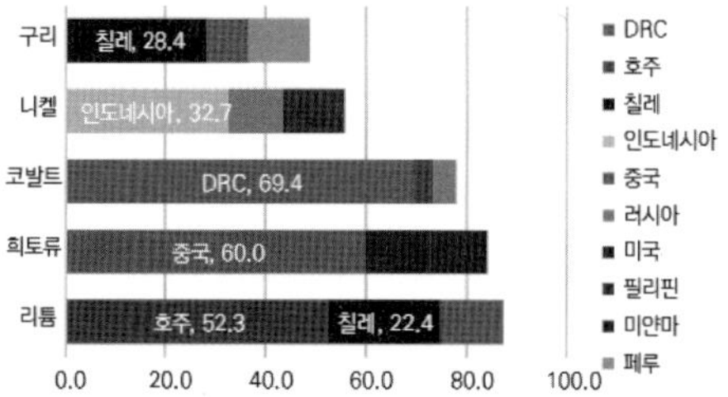

자료 : IEA(2021)

| 주요 광물의 3대 가공국

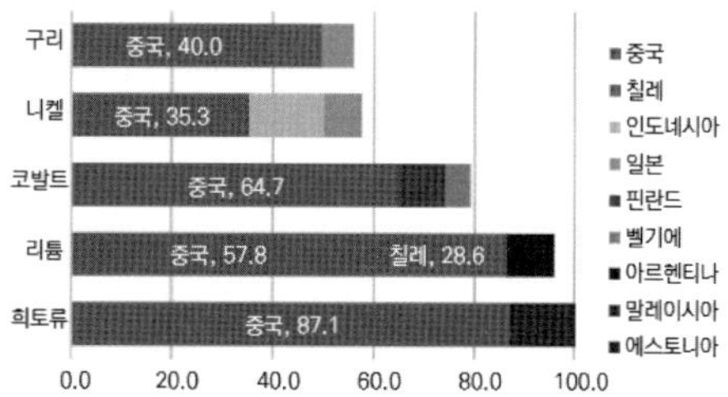

자료 : IEA(2021)

그림 1. 주요 광물의 생산국 및 가공국

※ 자료: 박가현 외, 「주요국의 핵심광물 확보전략과 시사점」, 『Trade Focus』, 2022년 32호 (2022), p. 12. 재인용.

컨설팅 회사인 Research Nester의 예측에 따르면 2023~2035년 전 세계 희토류 시장 규모는 연평균 8% 성장하여 2022년 100억 달러에서 2035년에 200억 달러에 이를 것으로 평가하였다.[8] 또한 희토류는 기술 부문의 성장과 함께 수요가 증가함에 따라 공급 가용성의 문제가 발생할 위험이 높으며 다양한 산업에서 전략적 중요성이 증가함에 따라 지정학적 영향을 받을 수 있다. 즉 각국은 수출제한이나 관세를 정치적 수단으로 사용할 수 있으며, 이는 글로벌 공급망과 가격에 영향을 미칠 수 있다. 희토류 시장은 역사적으로 중국이 지배해 왔으며, 중국은 전 세계 생산량 및 매장량에서 상당한 비중을 차지하고 있다. 이러한 집중은 중요한 원소의 단일 국가에 대한 의존도와 공급망 취약성에 대한 우려를 불러일으켰다.

또한, 세계 산업의 희소금속 수요는 매년 평균 6~7%씩 증가하고 있다. 분석된 19개 금속 중 17개 금속의 시장 규모는 2022년 145억 달러에 달했고, 2028년에는 269억 달러에 이를 것으로 예상된다. 향후 10년 동안 에너지 기술 시장이 거의 10배 성장할 것으로 예상됨에 따라 희소금속에 대한 수요도 급격히 증가할 것이다.[9]

---

8 "Rare Earth Metals Market Report," Research Nester, Oct. 2024, https://www.researchnester.com/reports/rare-earth-metals-market/5142 (검색일: 2024.7.14.)

산업 발전을 제약하는 요인은 희소금속 및 희토류 가격의 변동성과 공급망 중단에 대한 업계의 민감도이다. 현재 희소금속 및 희토류의 글로벌 생산은 글로벌 수요를 대부분 충족한다. 그러나 향후 세계 소비 증가가 예상되고, 국가 간 무역 및 경제 관계가 악화되면서 공급 부족이 발생할 위험이 매우 크다. 따라서 많은 국가가 핵심광물에 대한 안정적 확보를 위해 공급망 다변화를 정책의 우선순위로 추진하고 있다.

Ⅲ. 중앙아시아 국가의 핵심광물 현황과 개발 정책

한때 구소련의 일부였던 중앙아시아는 비철금속과 귀금속, 니오븀, 탄탈륨, 베릴륨을 포함한 희소금속의 중요한 생산지였으며, 희토류도 생산했다. 카자흐스탄, 우즈베키스탄, 키르기스스탄, 타지키스탄, 투르크메니스탄의 일부를 포함하는 톈산 산맥과 파미르 산맥 지역은 상당한 미개발 및 미발견 희소금속 및 희토류 자원이 있는 것으로 여겨지기 때문에 광물 탐사에 상당한 관심을 받고 있다. 이러한 유산을 바탕으로, 그리고 떠오르는 희소금속 및 희토류 지역으로서, 중앙아시아 국가들은 국내 및 해외 광산업체에 더욱 매력적인 투자 환경을 조성하기 위해 광산 부문 개혁을 시행하고 있다. 중앙아시아에서 희토류에 대한 광물 잠재력을 평가하기 위해 미국 지질조사국U.S. Geological Survey은 2012년에 해당 지역의 희소금속 및 희토류 매장지에 대한 목록을 편찬하기 시작했다. 이러한 매장지는 광물 노두 단계부터 과거에 개발된 광상까지 개발 상태가 다양하다. 2016년에 완료된 이 목록에는 카자흐스탄 160개, 우즈베키스탄 87개, 키르기스스탄 75개, 타지키스탄 60개, 투르크메니스탄 2개를 포함하여 총 384개의 희소금속 및 희토류 매장지로 구성되어 있다. 목록의 데이터에는 위치, 광물 매장지 유형[10], 지질, 생산, 자원

9 "Комплексный план развития отрасли редких и редкоземельных металлов на 2024 – 2028 годы," https://www.gov.kz/memleket/entities/geology-ekn/documents/details/608740?lang=ru&ysclid=lyyf3g3knb95165304 (검색일: 2024.3.16.)

및 개발 상태에 대한 자세한 정보가 포함되어 있다.[11] 이러한 광물 매장지 수, 한국과의 관계, 정보 공개 및 접근성[12] 등을 고려하여 여기서는 카자흐스탄, 우즈베키스탄, 키르기스스탄 등 3개국을 중심으로 핵심광물의 현황과 개발 정책을 살펴본다.

1. 카자흐스탄의 핵심광물 현황과 개발 정책

카자흐스탄은 희소금속 및 희토류 등 핵심광물 산업의 경쟁력 강화를 위해 투자 유치, 기술 개발, 생산 시설 현대화 등 다양한 노력을 기울이고 있다. 이를 통해 글로벌 가치사슬에 참여하여 국가 경제에 기여하고자 한다. 이러한 차원에서 카자흐스탄 정부는 2023년 12월 28일 "2024-2028년 희소금속 및 희토류 산업 발전을 위한 종합계획"을 승인했다.[13] 이 종합계획은 국내외 투자, 특히 전문 투자 펀드를 유치하여 양호한 산업 발전 시나리오를 구축하기 탐사, 채굴, 가공 기술 이전을 추진하고, 최종 제품 생산을 통한 글로벌 가치사슬에 참여하는 것을 목표로 제시하였다. 이러한 목표 달성을 위한 주요 과제로 다음의 5가지를 제시하였다. 첫째, 투자유치 환경 조성이다. 카자흐스탄

---

10 광물 매장지 유형은 4가지로 다음과 같다: (1) 탄산염암 및 알칼리 화성암 관련 매장지; (2) 페그마타이트 및 스카른/그레이젠 매장지; (3) 다른 희소금속 및 희토류 광물 매장지의 풍화에서 파생된 풍화된 지각 매장지(라테라이트 포함); (4) 퇴적물에 포함된 우라늄 매장지. "Rare Earth Element Occurrence Database of the Tien Shan Region, Central Asia," U.S. Geological Surcey, Jul. 2024, https://catalog.data.gov/dataset/rare-earth-element-occurrence-database-of-the-tien-shan-region-central-asia (검색일: 2024.6.8.)

11 "Rare Earth Element Occurrence Database of the Tien Shan Region, Central Asia," https://catalog.data.gov/dataset/rare-earth-element-occurrence-database-of-the-tien-shan-region-central-asia (검색일: 2024.6.8.)

12 투르크메니스탄은 다른 통계 자료와 마찬가지로 희소금속에 대한 정보가 공개되어 있지 않고 희소금속 탐사 · 개발 수준은 대학 또는 연구실 수준에 불과하다. 타지키스탄은 국내 산업 보호를 위해 원료에서 최종제품까지 생산하도록 하는 국내 제련 의무화, 폐금속 수출 금지 등 희소금속 채굴 및 외국인 투자에 대한 우호적이지 않은 국내 법제도를 시행하고 있다.

13 이 문서의 전문은 다음을 참조하기 바람: "Комплексный план развития отрасли редких и редкоземельных металлов на 2024 – 2028 годы," https://www.gov.kz/memleket/entities/geology-ekn/documents/details/608740?lang=ru&ysclid=lyyf3g3knb95165304 (검색일: 2024.3.16.)

의 희소금속 산업 현대화에 필요한 자금과 기술을 보유한 투자자에게 유리한 환경을 조성한다. 둘째, 자원 확대 및 기술 도입이다. 희소금속 및 희토류 자원을 확대하고, 효율적인 추출 기술을 도입한다. 셋째, 생산 시설 현대화이다. 기존 생산 시설을 최신 설비로 교체하고 생산 효율성을 높인다. 넷째, 신제품 개발이다. 새로운 희소금속 및 희토류 제품 개발과 생산을 통해 사업 포트폴리오를 확장한다. 다섯째, 규제 환경 정비이다. 희소금속 및 희토류 산업 관련 법규를 정비하여 산업 발전을 위한 제도적 기반을 마련한다.

이러한 종합계획의 성공적인 추진을 통해 카자흐스탄은 글로벌 생산 가치사슬에서 중요한 위치를 차지하고, 희소금속 산업을 통해 지속적인 성장을 이룰 수 있을 것으로 기대하고 있다. 특히, 이 종합계획 문서에는 광물자원 기반 분야에서 탐사 및 생산에 대한 국내외 투자 규모가 40% 증가하고 카자흐스탄 기업의 희소금속 및 희토류 제품 생산량은 40% 이상 증가할 것으로 예상하였다. 또한, 일부 희소금속 및 모든 희토류의 매장량에 대한 정보를 국가 기밀로 분류하는 것은 업계의 투자유치 과정에 부정적인 영향을 미쳤다고 평가하고 희소금속 및 희토류에 대한 최신 데이터를 잠재적 투자자에게 제공되어야 한다는 점을 강조하고 있다. 실제로 2021년 리튬을 포함한 다수의 희소금속의 매장량에 대한 기밀이 해제됨에 따라 이 산업에 대한 투자유치가 가능해졌다. 그 결과, 두 명의 카자흐스탄 하층토 사용자가 리튬 매장지에서 지질탐사 작업을 수행하고 이후 리튬 제품을 생산하기로 유럽 회사와 계약을 체결했다.[14]

14 “Как будет развиваться отрасль редких и редкоземельных металлов в ближайшие пять лет,” PRICOM KZ, января. 2024, https://pricom.kz/novosti-kazahstana/kak-budet-razvivatsya-otrasl-redkih-i-redkozemelnyh-metallov-v-blizhajshie-pyat-let.html (검색일: 2024.3.16.)

[표 3] 2024-2028년 카자흐스탄의 희소금속 및 희토류 산업 발전을 위한 종합계획 조치 사항

주요 방향	세부 내용
광물자원 기반 발전	국가 광물자원 목록에 포함된 가장 유망한 희소금속 및 희토류를 개발하고 정제 사업을 추진하기 위해 국내 및 해외 투자 유치
	11개 지역에서 희토류 금속 탐사 작업 수행
	희소금속 및 희토류 금속 관련 지질학적 연구 지원
	산업 활동 등으로 인해 생성된 인공 광물 생성물을 재평가하여 자원 활용 가능성을 검토
	바얀콜(Bayankol), 칼바나림(Kalba-Narym) 지역에서는 육상의 리튬 광맥, 아랄해와 카스피해 지역에서는 염수 및 염호에서 리튬 탐사
희소금속 및 희토류 생산 발전	해외에서 수입한 텅스텐 황화물과 니켈 합금 폐기물을 재활용하여 텅스텐 등 희귀 금속을 추출하고, 관련 국영 기업(RSE Zhezkazganredmet)의 자본을 확충
	쥐즈카즈간레드메트(RSE Zhezkazganredmet)를 기반으로 한 텅스텐 금속 생산
	암모늄 퍼레네이트를 원료로 텅스텐 바, 막대, 와이어, 파이프 등의 금속 제품을 생산하는 기술을 개발하고 시험 생산을 진행
	카자흐스탄 내 광물 자원 관련 과학기술 정보를 체계적으로 관리하는 시스템을 구축
산업 규제	희소금속 및 희토류의 매장량과 생산량에 대한 비밀 해제를 통해 정보의 투명성 제고
	희소금속 및 희토류 금속 관련 국가 및 산업 표준 개발 및 승인
	희소금속 및 희토류 금속의 가격 책정 기준 마련 및 승인
	전문적인 국제 행사 및 비즈니스 미팅 개최 등 국제 협력

※ 자료: Комплексный план развития отрасли редких и редкоземельных металлов на 2024 - 2028 годы을 활용하여 저자 정리

종합계획에 따르면, 현재까지 카자흐스탄에서는 약 124개의 희소금속 및 희토류 매장지가 확인되었다. 카자흐스탄에서 추가 시추 및 채굴에 가장 매력적인 곳은 다음과 같은 희소금속 및 희토류 매장지이다.

[표 4] 카자흐스탄의 주요 핵심광물 및 광상

광물명	주요 광상
바나듐	Kurumsak, Bala-Sauskandyk
티타늄 및 지르코늄	Karaotkel, Obukhovskaya, Shokash, Shpakovka, Kumkol, Sabindykol, Prognoznoe, Gorkovskoe, Berezovskoe, Zayachya, Druzhba, Akespe
탄탈륨 및 니오븀	Verkhniy-Irgiz, Quartz, Kalay-Tapkan, Verkhne-Baimurzinskoe
리튬	Yubileinoye, Verkhne-Baymurzinskoye, Bakenny, Belogorskoye, Akhmetkino, Medvedka
몰리브덴 및 텅스텐	Koktenkol, Drozhilovskoye, Verkhneye Kairakty, Smirnovskoye, South Zhaur, Zhanet, Batystau, Akshatau, Karaoba, Bainazar
베릴륨	Nurataldy, Karajal, Darat
희토류	Akbulak, Kundybay, Verkhnee-Espe, Moynkum, Akdala, Talayryk, Melovoye, Tomak, Taibogar, Tasmurun

※ 자료: Комплексный план развития отрасли редких и редкоземельных металлов на 2024 - 2028 годы

2. 우즈베키스탄의 핵심광물 현황과 개발 정책

우즈베키스탄은 희소금속을 국가 경제 성장의 새로운 동력으로 삼고, 이를 위해 적극적인 정책을 추진하고 있다. 우즈베키스탄은 희소금속 매장량이 풍부하지만, 아직 이를 충분히 활용하지 못하고 있는 상황이다. 이에 따라 정부는 희소금속 탐사, 개발, 생산을 위한 투자를 확대하고, 관련 산업을 육성하여 국가 경제에 기여하고자 한다.

2024년 4월 29일 우즈베키스탄 샤브카트 미르지요예프Shavkat Mirziyoyev 대통령은 지질, 광업 및 야금 산업 분야의 과제를 논의하기 위해 회의를 주재했다. 2023년 광업 생산량은 약 110억 달러에 달했지만, 대부분은 귀금속과 비철금속에서 나오며, 산업적으로 중요한 광물에 대해서는 아직 개발되지 않고 있다고 지적했다. 우즈베키스탄은 핵심광물에서 엄청난 잠재력이 있으며, 특히 이러한 광물이 32종이나 발견됐다고 강조했다. 현재 우즈베키스탄에는 6종의 핵심광물이 채굴되고 있다. 또한 백금, 인듐, 바나듐 금속은 물론 텅스텐, 몰리브덴, 레늄, 아연, 망간을 함유한 광물로부터도 고부가가치 제품을 얻을 수 있다고 언급했다. 이러한 핵심광물의 기존 매장지 개발과 신규 매장지 탐사 확대를 지시하였다. 또한, 해외 전문가 및 투자자와 함께 세계 시장에서의 희토류 수요 고려를 고려하여 5억 달러 규모의 희토류 추출 및 가공 프로젝트를 개발하도록 지시하였다. 그리고 핵심광물 개발과 관련하여 과학적인 접근 방식과 선도적인 기관 및 연구소를 유치할 것을 강조하였다.[15]

한편, 2023년 7월 광업 및 지질부 차관 아잠 카디르호드자예프Azam Kadirkhodzhaev는 2017-2022년에 31,000㎢에 대한 지질탐사가 진행되었고 산악 지역의 35%가 탐사되었다고 밝혔다. 또한 2030년까지 광산 생산량을 늘리기 위해 58,000㎢에 대한 지질탐사 작업을 수행할 것이며 산간 지역의 전체 탐사 수준을 78.4%로 높일 것이라고 밝혔다.[16]

우즈베키스탄에서 생산되는 희소금속으로는 텅스텐, 몰리브덴, 리듐, 텔루륨, 셀레늄, 레늄 등을 들 수 있다. 이 중에서도 한국이 우즈베키스탄과의 공급망 협력에 있어서 가장 관심을 두는 희소금속은 매장량이 각각 세계 7위, 세계 12위를 기록하는 텅스텐[17]과 몰리브덴이다.[18] 우즈베키스탄의 광업 및 지질부에서 발표한 우즈베키스탄의 주요 희소금속 매장량은 표5와 같다.

---

15 "Рассмотрены планы в области геологии и горно-металлургической промышленности," Президент Республики Узбекистан, https://president.uz/ru/lists/view/7188 (검색일: 2024.5.19.)

16 "Узбекистан – в десятке лидеров по добыче золота, меди и урана," UZA, июля. 2023, https://uza.uz/ru/posts/uzbekistan-v-desyatke-liderov-po-dobyche-zolota-medi-i-urana_498395 (검색일: 2024.5.19.)

17 텅스텐의 전략적 매장량은 지자크(Jizzakh), 나보이(Navoi), 사마르칸트(Samarkand) 지역의 9개 광산에 분산돼 있다. 이 광산 중 일부는 이미 개발됐고 사우트베이(Southbay), 약스톤(Yaxton), 호드자딕(Khodjadik), 구스소이(Gussoy) 등의 다른 광산은 향후 개발될 잠재적 텅스텐 원료 기지이다. "Uzbekistan boasts total of 2,537 mineral mines, 41 of them possessing radioactive metals," DARYO, Dec. 2023, https://daryo.uz/en/2023/12/22/uzbekistan-boasts-total-of-2537-mineral-mines-41-of-them-possessing-radioactive-metals (검색일: 2024.7.20.)

18 "텅스텐과 몰리브덴, 우리가 우즈베키스탄에서 꼭 데려와야 할 희소금속!," KOTRA, 2024년 3월, https://dream.kotra.or.kr/dream/cms/news/actionKotraBoardDetail.do?SITE_NO=2&MENU_ID=3550&CONTENTS_NO=1&bbsGbn=243&bbsSn=243&pNttSn=213229 (검색일: 2024.4.16.)

[표 5] 우즈베키스탄의 주요 희소금속 매장량

(단위: 톤, 2023년 말 기준)

광물명	매장량(톤)	광물명	매장량(톤)
몰리브덴	373,400	텅스텐	2,600
바나듐	112.7	인듐	38.9
리튬	178,500	레늄	804.2
텔루륨	2,800	흑연	1,300,000
게르마늄	74.6	셀레늄	26,300

※ 자료: Uzbekistan's Critical Minerals: Unlocking Investment Opportunities for the Clean Energy Transition[19]

우즈베키스탄은 전술한 카자흐스탄과 후술할 키르기스스탄의 희소금속 및 희토류 산업 발전 종합계획이나 지질 및 광업 발전 개념 등과 같은 구체적인 중장기 발전 프로그램은 아직 없지만, 미르지요예프 대통령이 주기적으로 관련 보고를 받고 지시하고 있는 것을 언론보도로 알 수 있다. 우즈베키스탄은 석유, 가스 등 기존 주력 산업에 대한 의존도를 줄이고, 희소금속 산업과 같은 새로운 산업을 육성하여 경제 구조의 다변화를 추구하고 있다. 우즈베키스탄의 희소금속 산업 육성 정책은 단순히 자원개발을 넘어, 국가 경제의 지속 가능한 성장을 위한 중요한 전략이다. 이를 통해 우즈베키스탄은 미래 산업을 선도하고, 세계 경제에서 더욱 중요한 역할을 수행할 것으로 기대된다.

3. 키르기스스탄의 핵심광물 현황과 개발 정책

키르기스스탄에서도 지질 및 광업 분야의 발전은 사회경제 발전을 위한 최우선 과제 중 하나이다. 2018-2040년 키르기스스탄 국가 발전 전략(2018년 10월 31일 대통령령 221

---

19 Ministry of Mining Industry and Geology of the Republic of Uzbekistan, "Uzbekistan's Critical Minerals: Unlocking Investment Opportunities for the Clean Energy Transition," https://asiacleanenergyforum.adb.org/wp-content/uploads/2024/06/Kuhinur-Shukurjonov.pdf (검색일: 2024.8.18.)

호)에 따르면, 광물자원 개발은 국가 경제 발전을 위한 재원 마련에 기여해야 한다고 명시하였다. 또한, 2021년 1월 29일 대통령령 5호 "키르기스스탄 광업 분야 개혁에 관한 사항"에서도 광업 분야의 근본적인 개혁 필요성이 강조되었다.

2022년 말 키르기스스탄 천연자원부가 광물의 채굴 및 가공 기업의 발전을 도모하기 위해 마련한 "2023-2035년 키르기스 공화국의 지질 및 광산업 발전 개념"이 공개되었다.[20] 이 개념의 주요 목표는 지질 및 광업 분야에서 안정적인 투자 환경을 조성하고, 환경친화적인 첨단 기술, 장비 및 혁신을 도입하여, 광물 탐사, 평가, 시추, 채굴 및 가공의 질을 향상시켜 고부가가치 제품 생산을 하고, 국제 시장에서 키르기스스탄의 경쟁력을 강화하는 것이다. 이를 위해 광업 활동의 결과에 대한 전략적 규제, 통제, 분석 및 평가를 수행할 예정이다. 이 개념은 지질 및 광업 분야를 국가 경제 성장의 주요 동력으로 삼고, 지속 가능한 개발을 통해 국가의 경쟁력을 강화하려는 의지를 보여준다.

또한, 이 개념은 2018-2040년 키르기스스탄 국가 발전 전략을 바탕으로 키르기스스탄의 광물자원 개발에 대한 국가적 이익을 고려하여 다음과 같은 주요 원칙을 제시하였다. 첫째, 과학적이고 포괄적인 의사결정이다. 법률 및 세제 개편과 관련된 결정은 포괄적인 과학적 연구와 분석을 바탕으로 이루어져야 하며, 모든 이해관계자의 의견을 수렴해야 한다. 둘째, 혁신 기술 장려이다. 탐사, 채굴, 가공 분야에서 혁신적인 친환경 기술을 도입하는 기업에는 세제 혜택 등 다양한 지원을 제공한다. 셋째, 법규 준수이다. 모든 이해관계자는 키르기스스탄의 관련 법규를 준수해야 한다. 넷째, 투자 환경 조성이다. 정부는 투자자에게 동등한 기회를 제공하고, 소유 형태에 따른 차별을 금지한다. 다섯째, 정보 공개이다. 법으로 금지되지 않은 범위 내에서 지질 조사, 광물 채굴 및 가공에 관한 정보를 공개하여 투명성을 확보한다. 여섯째, 안전 및 노동 보호 강화이다. 광업 분야의 안전 및 노동 보호 관련 법규를 국제 기준에 맞춰 개선하고, 이를 철저히 준

---

20 이 개념의 전문은 다음의 웹사이트를 참고 바람:
"Концепцияразвитиягеологической и горнодобывающей отрасли Кыргызской Республикина 2023-2035 годы," https://www.gov.kg/ru/npa/s/4298 (검색일: 2024.3.30.)

수한다. 일곱째, 미래 세대를 위한 자원 확보이다. 미래 세대를 위해 광물자원을 비축하는 국가 기금을 조성한다. 이 원칙들은 키르기스스탄의 광업 정책 방향을 명확하게 제시하고 있으며, 지속 가능한 발전을 위한 중요한 기반이 될 것이다.

그리고 키르기스스탄 정부는 이 개념에서 광업 분야 발전을 위한 종합적인 계획을 실행하기 위한 구체적인 방안을 제시하고 있다. 광업 분야를 다른 산업과 연계하여 시너지를 창출하고, 지속적인 성장을 도모하는 전략적 접근, 정부가 적극적으로 개입하여 계획을 수립하고, 실행을 관리하는 정부 주도, 장기적인 관점에서 단계별로 목표를 설정하고, 이를 달성하기 위해 노력하는 단계별 추진, 정기적으로 성과를 평가하고, 필요한 경우 계획을 수정하여 효율성을 높이기 위한 지속적인 평가 및 개선 등의 내용이 포함되어 있다.

또한, 키르기스스탄 정부는 지질 및 광산업 발전 개념에 따라 지속적인 지질탐사를 수행함으로써 광물자원 매장량을 늘리고 장기적인 광물자원 개발의 기반을 마련할 수 있을 것을 기대한다. 광산 개발을 통해 도로, 발전소, 도시 등 지역 인프라를 구축하고 지역 경제를 활성화시켜 국가 발전에 기여할 것으로 예상한다. 광업 분야의 전문 인력을 양성하고, 고용을 창출하여 실업률을 감소시키고 국민의 소득 수준을 향상시킬 것으로 평가한다.

[표 6] 키르기스스탄 국가 광물 자원 목록 중 핵심광물 현황

(2022년 1월 1일 기준)

핵심광물명	단위	광상 수	매장량
수은	톤	5	42,783.4
안티몬	톤	10	273,484.5
주석	톤	2	209,764.3
텅스텐(WO3)	톤	2	123,160.2
구리	천 톤	15	796
납	천 톤	4	47.7
아연	천 톤	3	32.1

희토류	천 톤	1	63.3
베릴륨	톤	3	25,247.2
몰리브덴	톤	2	3,733.3
비소	톤	2	94,718
비스무트	톤	3	6,227.7
알루미늄(알루미나 Al2O3)	천 톤	2	199,470.8
지르코늄	천 톤	1	34.1
코발트	톤	1	273
티탄마그네타이트	천 톤	1	1,498.6
토륨	톤	1	8,496.3
우라늄	톤	2	4,925.9
인	톤	1	12,498.3
플루오르석(형석)	천 톤	5	4,105

※ 자료: Концепция развития геологической и горнодобывающей отрасли Кыргызской Республикина 2023-2035 годы[21] 중 핵심광물 분야 발췌

키르기스스탄 아킬벡 자파로프Акылбек Жапаров 총리는 2023년 11월 말 영국 방문시 MINEX-유라시아 컨퍼런스[22]에 참석하여 키르기스스탄의 투자 매력을 주제로 발표하면서 다양한 유형의 광물의 매장지가 15,000개 이상 발견되었으며 그중 500개는 상세한 지질탐사를 거쳤다고 언급했다. 국가 광물자원 목록에는 금, 은, 구리, 텅스텐, 몰리브덴, 희토류 금속, 안티몬, 주석, 철광석, 납 등 51가지 유형의 광물에 대한 1,020개의 광상이 있으며 키르기스스탄의 광산업은 전체 GDP의 6% 이상과 수출의 41% 이상을

21 https://www.gov.kg/ru/npa/s/4298 (검색일: 2024.3.30.)

22 2023년 11월 27일 개최된 제11차 MINEX-유라시아 컨퍼런스는 "아르메니아, 몽골, 카자흐스탄, 키르기스스탄 및 우즈베키스탄의 지속 가능한 광업"(Sustainable Mining in Armenia, Mongolia, Kazakhstan, Kyrgyzstan and Uzbekistan)이라는 주제로 개최되었으며 핵심광물 공급에 있어 유라시아 광산 산업의 역할과 광업에서 환경 파괴를 줄이는 기술 개발을 논의하였다. "MINEX Eurasia," https://2023.minexeurasia.com/ (검색일: 2024.6.16.)

차지한다고 밝혔다.[23]

키르기스스탄 의회Жогорку Кенеш는 2024년 6월 13일 키르기스스탄에서 우라늄 및 토륨 채굴을 허용하는 법안을 승인하였다.[24] 2019년 12월에 키르기스스탄에서 우라늄 및 토륨 광상을 탐사, 시추 및 개발하기 위한 하층토의 지질학적 연구와 관련된 활동이 이식쿨주의 키질옴폴Kyzyl-Ompol 광상을 둘러싼 환경오염 및 건강 위해危害 문제로 주민들이 반대하여 금지되었다. 하지만 자파로프 대통령은 코로나19, 러시아-우크라이나 전쟁에 따른 어려운 경제 상황을 극복하는 방안으로 광상 개발의 경제적 이익을 강조하며 주민들을 설득하여 이번 법안을 통과시킬 수 있었다.[25] 키르기스 공화국 광부 및 지질학자 협회에 따르면, 키질옴폴 광상에는 티타노마그네타이트, 토륨, 인, 지르코늄, 우라늄 등이 매장되어 있다. 5개의 구역으로 구성되어 있으며 그 중 타쉬불락Tash-Bulak이 가장 많이 연구되었고 160만 톤의 티타노마그네타이트, 3.500톤의 우라늄, 1,600톤의 토륨, 20~30만 톤 이상의 지르코늄 및 인이 매장된 것으로 추정된다.[26]

Ⅳ. 주요국의 중앙아시아 핵심광물 개발 협력 사례

미국, EU 등 주요 서방 국가들도 핵심광물의 가치사슬 내에서 천연자원이 풍부한 국

---

23 “Акылбек Жапаров нашел общий язык с Ротшильдом,” НЕЗАВИСИМАЯ, ноября. 2023, https://www.ng.ru/cis/2023-11-29/1_5_8889_kyrgyzstan.html?ysclid=lz0yz865wa933407422 (검색일: 2024.6.16.)

24 “Жогорку Кенеш одобрил законопроект о разработке месторождений урана и тория,” SPUTNIK Кыргызстан, июня. 2024, https://ru.sputnik.kg/20240613/zhogorku-kenesh-mestorozhdeniya-uran-razrabotka-1086047445.html?ysclid=lz0xarak57357897846 (검색일: 2024.6.15.)

25 “Добыча урана и тория станет важной составляющей экономики Кыргызстана,” RGRU, июня. 2024, https://rg.ru/2024/06/05/novyh-hvostov-ne-budet.html?ysclid=lz0twbc63o396049374 (검색일: 2024.6.15.)

26 “Разработка ториевых месторождений даст Кыргызстану новый источник дохода,” RGRU, март. 2024, https://rg.ru/2024/03/06/otkroiut-vtoroj-kumtor.html (검색일: 2024.6.15.)

가들과 상호 이익이 되는 파트너십을 구축하기 위해 노력하고 있으며 그중에 카자흐스탄, 우즈베키스탄, 키르기스스탄 등 중앙아시아 국가도 포함되어 있다.

2023년 9월 19일 조 바이든 미국 대통령은 유엔총회가 열리고 있는 뉴욕에서 카자흐스탄, 우즈베키스탄, 투르크메니스탄, 키르기스스탄, 타지키스탄 등 중앙아시아 5개국 정상과 'C(Central Asia) 5+1' 정상회의를 처음으로 개최하였다. 이 회의에서 미국은 중앙아시아와의 광물 협력을 강조하며 'C5+1 핵심광물 대화'(C5+1 Critical Minerals Dialogue) 출범을 제안했다. 'C5+1 핵심광물 대화'는 중앙아시아의 방대한 광물자원을 개발하고 핵심광물 안보를 증진하기 위한 것이다. 이번 제안은 바이든 대통령이 미래 에너지 환경을 뒷받침할 수 있는 탄력적이고 안전한 핵심광물 공급망을 갖추기 위해 이들 국가와 협력해야 할 필요성을 인식한 데 따른 것이라고 백악관은 설명했다. C5+1 정상회담 후 발표된 공동선언문에는 중앙아시아의 방대한 광물자원을 더욱 발전시키고 핵심광물 안보를 증진하기 위해 C5+1 핵심광물 대화를 출범시킬 것이라고 명시하였다.[27] 이 플랫폼에서 C5+1은 핵심광물의 도전과제와 기회에 대한 정보를 공유하고, 정부 관료와 민간 부문 산업 간의 연결을 촉진하며, 투자를 촉진하고, 핵심광물 공급망에 대해 협력을 논의할 것이다. 그리고 2024년 2월 8일 C5+1 핵심광물 대화의 첫 회의가 호세 페르난데즈Jose W. Fernandez 미국 경제성장 · 에너지 · 환경 담당 차관 주재로 개최되었다.[28] 회의의 구체적인 내용은 공개되지 않았지만, 회의 참석자들은 시장 다각화와 기술 개발을 포함한 공동의 핵심광물 목표를 모든 국민에게 이익이 되는 방식으로 발전시키기 위해 협력하는 것이 중요하다는 점을 강조했다.

유럽연합EU 집행위원장은 2022년 11월 7일 제27차 유엔기후변화협약 당사국총회

---

27 "C5+1 Leaders' Joint Statement," THE WHITE HOUSE, https://www.whitehouse.gov/briefing-room/statements-releases/2023/09/21/c51-leaders-joint-statement/ (검색일: 2024.5.18.)

28 "Inaugural C5+1 Critical Minerals Dialogue among the United States and Kazakhstan, the Kyrgyz Republic, Tajikistan, Turkmenistan, and Uzbekistan," U.S. Department of State, https://www.state.gov/inaugural-c51-critical-minerals-dialogue-among-the-united-states-and-kazakhstan-the-kyrgyz-republic-tajikistan-turkmenistan-and-uzbekistan/ (검색일: 2024.5.18.)

COP27가 열린 이집트에서 카자흐스탄 총리와 핵심광물, 배터리, 재생 수소 분야에서의 전략적 파트너십에 관한 EU와 카자흐스탄 간의 양해각서MOU에 서명했다. 이는 EU 집행위원회가 서명한 세 번째 전략적 파트너십으로, EU의 핵심광물 행동 계획EU's critical raw materials action plan[29]에 따른 것이다. 양해각서는 핵심광물과 정제 원료의 안전하고 지속 가능한 공급을 보장한다. 또한 재생 가능한 수소 및 배터리 가치사슬을 개발하여 양국 경제의 녹색 및 디지털 전환을 촉진하는 것을 목표로 한다.[30]

또한, EU는 2024년 4월 6일 우즈베키스탄과 유럽의 기후 중립 산업, 디지털, 항공우주, 방위 발전에 필요한 핵심광물 분야의 지속 가능한 가치사슬 개발에 관한 양해각서MOU를 체결했다. 유럽연합 집행위원회 부위원장 발디스 돔브로브스키스Valdis Dombrovskis는 우즈베키스탄 투자산업통상부 장관 라지즈 쿠드라토프Laziz Kudratov와 MOU 체결 후 자원이 풍부한 우즈베키스탄과의 이번 양해각서는 EU가 절실히 필요로 하는 핵심광물에 대한 접근성을 확보하는 데 도움이 될 것이고 우즈베키스탄에는 경제 다변화와 지속 가능한 광업 산업 발전이라는 야심찬 목표를 달성하는 데 중요한 인센티브가 될 것이라고 평가했다. 또한, EU는 우즈베키스탄이 구리, 몰리브덴, 금 등 중앙아시아에서 두 번째로 큰 핵심광물 보유국이라는 점에 주목한다고 밝혔다.[31] 이 MOU는 EU로서는 녹색 및 디지털 기술로의 전환을 위한 원자재 공급망의 안전성을 보장하고 우즈베키스탄은 핵심광물

---

29 관련된 상세 내용은 다음의 웹사이트를 참조 바람: "Commission announces actions on Critical Raw Materials," European Commission, Sep. 2020, https://ec.europa.eu/commission/presscorner/detail/en/ip_20_1542 (검색일: 2024.6.16.)

30 "Strategic Partnership between the European Union and Kazakhstan on sustainable raw materials, batteries and renewable hydrogen value chains," European Commission, Nov. 2022, https://single-market-economy.ec.europa.eu/news/strategic-partnership-between-european-union-and-kazakhstan-sustainable-raw-materials-batteries-and-2022-11-08_en (검색일: 2024.6.16.)

31 EU는 현재 캐나다(2021년), 우크라이나(2021년), 카자흐스탄(2022년), 나미비아(2022년), 칠레(2023년), 아르헨티나(2023년), 잠비아(2023년), 콩고민주공화국(2023년) 및 그린란드 자치구(2023년)와 핵심광물 분야 전략적 파트너십을 체결했다. "Узбекистан и Евросоюз установили стратегическое партнёрство в области критического сырья," Газета.uz, апреля. 2024, https://www.gazeta.uz/ru/2024/04/05/eu-crm/ (검색일: 2024.4.13.)

의 탐사, 생산, 가공에 필요한 기술 확보 및 프로젝트 파이낸싱 등에서 상호 이익이 될 것이다.

영국의 지질조사 기관인 British Geological Survey(BGS)는 2018년 2월 키르기스스탄 산업, 에너지 및 하층토 사용 국가위원회ГКПЭН КР와 지질탐사 기술 협력 분야의 양해각서를 체결하였다. 이 양해각서의 주요 목표는 지질학 분야의 연구 경험을 축적하고, 기술 정보를 교환하며, 당사자 간의 우호 관계를 증진하는 것이다.[32] 키르기스스탄은 이 양해각서를 통해 국가 지질 및 지구물리학 연구 개발, 직원 교육, 지질 매핑, 광물자원 및 지하수 평가 등 분야에서 키르기스스탄 지질 조사의 잠재력을 높이는 데 유용하고 유익할 것으로 평가했다. 또한, 2024년 4월 말 키르기스 공화국 주재 영국 대사는 영국 지질학회British Geological Society가 키르기스스탄의 광물자원에 대한 데이터를 디지털화하는 데 지원할 것이라고 언급하며 영국 기업들이 광물 개발과 생산에 참여하기를 희망하였다.[33] 영국은 이러한 활동을 통해 키르기스스탄의 핵심광물에 대한 정보를 파악하고 광물 채굴에도 우선권을 확보하려고 시도하는 것으로 판단된다.

이러한 서방 국가들과 중앙아시아 국가의 협력 사례는 양측의 상호 보완적인 관계를 보여주며, 글로벌 경제에서 자원 확보 경쟁이 심화하는 가운데 중요한 의미를 가진다. 이는 핵심광물의 공급망 안정화를 통해 산업경쟁력을 강화하고, 에너지전환을 위한 자원 확보에 유리한 고지를 점하려는 서방 국가의 목표와 풍부한 자원을 활용하여 경제

---

32 "Кыргызстанские геологи будут обмениваться информацией с британцами," VESTI.KG, февраля. 2018, https://vesti.kg/geologiya/item/50233-kyrgyzstanskie-geologi-budut-obmenivatsya-informatsiej-s-britantsami.html (검색일: 2024.6.15.)

33 키르기스스탄 정부는 "2023-2035년 키르기스 공화국의 지질 및 광산업 발전 개념"에서 1938년부터 축적된 방대한 양의 지질 정보가 다양한 기관의 지질 자료실에 종이 문서 형태로 분산되어 보관되어 있다고 하면서 이러한 초기 문서를 보존하기 위해 모든 지질 정보를 디지털화하여 전자 매체에 저장하고 투자자와 일반 대중이 쉽게 접근할 수 있도록 해야 한다고 명시한 바 있다. "Британское геологическое сообщество поможет КР с цифровизацией данных о минеральных источниках," ECONOMIST KG, апреля. 2024, https://economist.kg/biznes/2024/04/29/britanskoie-ghieologhichieskoie-soobshchiestvo-pomozhiet-kr-s-tsifrovizatsiiei-dannykh-o-minieralnykh-istochnikakh/?ysclid=lz16zgh5f891669462 (검색일: 2024.6.15.)

성장을 이끌고, 산업 구조를 고도화하며, 국제사회에서 위상을 높이려는 중앙아시아 국가의 목표, 즉 이해관계가 일치된 결과이다.

V. 한국-중앙아시아 핵심광물 개발 협력 및 확보 전략

윤석열 대통령은 2024년 6월 중순 중앙아시아 3개국 국빈 방문 기간 카자흐스탄과 우즈베키스탄에서는 핵심광물에 대해 사실상 최상급의 협력 단계를 이끌어냈다. 이번 정상회담을 계기로 카자흐스탄 및 우즈베키스탄과 핵심광물의 공급망 협력과 관련해 3~4건의 MOU를 체결했다. 양국과 공통으로 맺은 '핵심광물 공급망 협력 파트너십 MOU'는 지질 조사-탐사-개발-정련-제련-상용화 등 전 주기에 걸쳐 한국의 참여를 보장한다. 또한 두 나라의 핵심광물 개발 과정에서 경제성이 확인되는 광물에 대해 우리 기업이 우선적으로 참여할 기회를 얻게 된다.[34] 이에 따라 반도체와 이차전지 소재가 되는 핵심광물을 안정적으로 확보함은 물론 '경제안보'의 네트워크가 확대될 것으로 기대된다. 하지만 이러한 MOU가 전술한 EU와도 비슷한 내용으로 체결된 바 있어, 또 다른 노력과 차별화된 협력 전략이 필요하다.

다행히 우즈베키스탄과는 문재인 정부의 신북방정책 성과의 일환으로 핵심광물 관련 협력 플랫폼이 구축된 바 있다. 우즈베키스탄은 2016년 대통령 행정명령으로 희소금속 생산을 위한 체계적인 생산협회를 결성하고 한국 정부에 지원을 요청하였다. 이에 한국 정부는 우즈베키스탄의 고융점 희소금속 자원 · 원료산업의 현대화와 한국의 원활한 소재 수급을 위해 2019년 4월 한국생산기술연구원KITECH과 우즈베키스탄 국영 알말릭광업공사가 공동으로 양국 희소금속산업 발전을 위한 '희소금속센터'를 설립하였다. 우즈베키스탄의 풍부한 광물자원을 활용한 협력사업으로 광물가공기술 협력

34 "윤, 'K-실크로드'로 중앙아 공략…미래공동번영 기틀 닦기," 뉴시스, 2024년 6월, https://www.newsis.com/view/NISX20240615_0002773727 (검색일: 2024.6.16.)

등을 통해 제품의 고부가가치화를 추진하고 있다. 대표적 사례로는 우즈베키스탄에서 생산되는 산화몰리브덴을 활용해 고순도 소재부품을 개발하는 사업 등이 진행되고 있다. 이를 통해 한국은 희소금속 공급망을 다각화할 수 있고, 우즈베키스탄은 희소금속을 고부가가치 소재부품으로 산업화할 수 있는 상생 협력 모델이다.[35] 우즈베키스탄은 자국 보유 고융점 희소금속(텅스텐, 몰리브덴 등)의 고부가가치화를 통해 산업고도화를 도모하고, 한국은 희소금속 수급 체계의 안정화 및 공구 · 장비 기업의 중앙아시아 진출을 도모할 수 있게 되었다.

2023년 9월 19일 윤석열 대통령은 방미 일정 중 미르지요예프 대통령과 취임 이후 처음으로 가진 정상회담에서 반도체 소재와 같이 자원이 풍부한 우즈베키스탄과 첨단 기술을 보유한 한국이 핵심 공급망 구축을 위해 협력할 방안을 모색할 것을 제안하며 현재 추진 중인 희소금속 상용화 사업이 차질없이 진행되길 희망한다고 밝힌 바 있다. 또한, 2023년에 한국 정부는 한-우즈베키스탄 희소금속센터에 150억 원을 투자해 희소금속 상용화 사업을 더 강화하기로 하는 등 우즈베키스탄의 희소금속자원을 확보하기 위한 노력에 적극적으로 나서고 있다.[36] 한-우즈벡 희소금속센터는 한-우즈벡 협력에서 매우 성공적인 모델로 평가되고 있으며 이러한 협력 모델을 카자흐스탄, 키르기스스탄 등 중앙아시아의 다른 핵심광물 보유국들로 확대해 나가야 한다.

---

35 변현섭, 「문재인 정부의 한국-우즈베키스탄 경제협력 성과와 과제」, 『슬라브연구』 제38권 1호(2022), 32쪽.

36 "텅스텐과 몰리브덴, 우리가 우즈베키스탄에서 꼭 데려와야 할 희소금속!," KOTRA, 2024년 3월, https://dream.kotra.or.kr/dream/cms/news/actionKotraBoardDetail.do?SITE_NO=2&MENU_ID=3550&CONTENTS_NO=1&bbsGbn=243&bbsSn=243&pNttSn=213229 (검색일: 2024.4.16.)

[표 7] 한-우즈벡 희소금속협력센터(STC) 개요

ㅇ 공식 명칭 : Uzbekistan-Korea Scientific Technology Center on Rare Metals and Hard alloys

ㅇ 면적: JSC UzRHTM내 연구동(사무 · 분석) 및 공정동(시제품 제작)
  * 우즈벡 정부 지침에 따라 한국 희소금속센터와 동일 구조

ㅇ 위치 : 치르치크시 (타슈켄트시 북동쪽 40㎞)

ㅇ 역할 : 고순도 고융점 희소금속 기술협력, 희소금속 가공 및 분석장비 설치운영, 기술직 및 석·박사급 인력양성 등

ㅇ 특징 : 기존의 공장건물을 리모델링하여 현대식 건물로 정비하고 한국생산기술연구원 희소금속센터에서 신뢰성을 검증받은 한국산 장비를 우선 구축

외관	주요 구성	세부 시설
	▸ 연구동(3개층) - 연면적 2,500㎡ (757평 규모)	▸ 사무실 ▸ 시편 준비실, 시약 보관실 ▸ 공정실험실, 분석실 ▸ 국제회의실: 한국희소금속센터와 IT종합솔루션으로 연결
	▸ 공정동(1개층) - 연면적 720㎡ (218평 규모)	▸ 중량물 등 대형 장비

※ 자료: 북방경제협력위원회 내부 자료

중앙아시아 국가와 핵심광물 중 리듐, 텅스텐의 지질탐사, 생산과 관련된 협력사업이 추진되고 있다. 한국지질자원연구원KIGAM은 2024년 6월 12일 한국-카자흐스탄 비즈니스 포럼에서 카자흐스탄 동부 바케노 지역 리튬 광구의 본격 탐사를 주요 골자로 SK에코플랜트-카자흐스탄 산업건설부-타우켄삼룩(국영광물탐사회사)과 다자간 업무협약MOU을 체결했다. 2021년 10월 카자흐스탄 수석부총리의 방한과 요청으로 처음 시작된 카자흐 리튬 탐사 · 개발 공동연구 협의는 2022년 11월 양국 간 공동탐사를 위한 업무협약 체결과 2023년 6월 공동 현장 탐사를 거치며 계속적이고 실질적인 성과로 연결된 국가 간 업무협약 체결의 모범사례라고 할 수 있다. 이번 협약은 카자흐스탄 산업

건설부가 바케노 리튬 광구 4개의 하층토subsoil를 탐사할 수 있는 사용권license을 KIGAM에게 독점적으로 부여하고 향후 개발 과정에 있어서도 한국 기업의 참여를 확대한다는 것을 주요 내용으로 한다. KIGAM은 탐사 결과를 바탕으로 시추탐사, 선광 플랜트 구축 등을 단계별로 적용해, 탐사→개발→선광 · 제련→소재화에 이르는 협력을 추진해 리튬 현지 생산 실현을 위한 중요한 발판이 될 것으로 기대하고 있다. 이번 리튬 광구 독점 탐사권 부여가 한국의 개발 우선권을 보장한다고 볼 수는 없지만 KIGAM의 탐사 결과에 카자흐스탄 정부의 신뢰가 매우 높으며 이에 따른 후속 조치로 카자흐스탄 산업건설부장관이 카자흐스탄에 'KIGAM 연구분원' 설립을 요청함에 따라 개발 단계에서의 한국 기업의 참여 가능성이 매우 높아졌다. 카자흐스탄의 리튬 개발은 앞으로 10년간 한국의 전기차 생산을 위한 배터리 수급은 물론 핵심광물 공급망의 새로운 활로가 열리는 새로운 비즈니스 모델의 가치사슬 구축을 위한 중요한 기회이다.[37]

핵심광물 생산과 관련하여 우리 기업 중에 강원도 정선군 일대에서 석회석을 채굴하는 자원개발 중소기업인 '신동'은 현재 우즈베키스탄에 있는 1,687만 톤 규모(약 2조 원으로 추산)의 텅스텐 광산 개발 지분을 100% 확보한 상태이다. 신동은 2008년 9월부터 지질탐사 작업을 시작했고 2014년에는 ㈜신동의 자회사인 '신동리소시스'와 우즈베키스탄 정부의 국가지질광물자원위원회(현재 '광업 및 지질부')가 각각 51%, 49%의 지분을 보유한 조인트 벤처 'Uz-Kor 텅스텐'을 현지에 설립했다. 우즈베키스탄은 텅스텐을 국가 전략 광물로 관리하기 때문에 현지 정부가 해외 민간기업과 자원개발 합작사를 세우면서 지분 51%와 경영권을 내준 것은 해당 사례가 최초이다. 이에 따라 신동리소시스는 2019년 3월 15일 우즈베키스탄 정부로부터 텅스텐 광산 개발을 위한 1차 채광採鑛 면허

37 KIGAM의 잠재 자원량 추정 결과, 바케노 지역에 부존하는 리튬은 전기차 배터리 10년치 생산이 가능한(330만 대) 약 25,000톤 정도로 예측됐다. "지질자원연, 카자흐 리튬 광구 단독 탐사," KIGAM, 2024년 6월, https://www.kigam.re.kr/board.es?mid=a10703040000&bid=0025&list_no=60097&act=view (검색일: 2024.6.15.)

를 발급받았고 이는 일차적으로 사우트베이Sautabay와 부르굿Burgut에 대해 1,000만 톤을 개발하는 내용이었다. 이후 2021년 9월 14일에는 신동리소시스가 텅스텐 광산 개발의 국가 지분 49%를 마저 확보하는 계약을 체결해 100% 전량을 확보하게 됐고 이는 우즈베키스탄 정부의 민영화 추진에 따라 매물로 나온 지분을 협상 끝에 인수하게 되면서 가능했다.[38] 이로써 신동리소시스는 오늘날 우즈베키스탄에 있는 텅스텐 광산 개발 지분 100%를 확보하게 됐고 이는 현지 생산된 텅스텐의 국내 공급으로 텅스텐 관련 제품을 생산하는 25개의 국내 가공기업에 큰 도움이 될 것으로 보인다.[39]

상술한 중앙아시아에서 핵심광물과 관련된 구체적인 협력 사례는 정부 간 협력사업으로 시작되었고, 신동의 경우 회장이 2004년 중소기업중앙회 회장 자격으로 무역사절단과 함께 처음 우즈베키스탄을 방문하면서부터 정부 고위인사와 네트워크 및 신뢰를 구축해 왔던 경우이다. 이처럼 자원개발의 특성상 우리 정부 차원의 지원이 필수적이며 장기간의 시간이 소요되는 만큼 진출 국가의 정책 안정성과 연속성도 필요하다.

이와 같이 핵심광물 개발과 관련된 한국과 중앙아시아 국가 간의 성공적인 협력 사례에도 불구하고, 한국과 중앙아시아 간 협력에는 몇 가지 구조적 과제가 존재한다. 첫째, 중앙아시아 각국의 정책 일관성 부족 및 법·제도적 불확실성이 외국인 투자 유치의 장애 요소로 작용하고 있다. 둘째, 물류 인프라의 미비, 특히 해양으로의 직접적인 접근이 어려운 점은 핵심광물의 안정적 운송에 한계를 초래한다. 최근 활성화되고 있는 트랜스카스피해 운송망은 이러한 제약을 일부 보완할 수 있으나, 여전히 투자가 필요하다. 셋째, 한국 기업의 현지 네트워크 및 운영 경험 부족도 진출 확대에 걸림돌이 되고 있다. 반면, 중국 및 러시아는 이미 다수의 탐사권과 광산 운영 경험을 기반으로 우위를

---

38 "텅스텐과 몰리브덴, 우리가 우즈베키스탄에서 꼭 데려와야 할 희소금속!," KOTRA, 2024년 3월, https://dream.kotra.or.kr/dream/cms/news/actionKotraBoardDetail.do?SITE_NO=2&MENU_ID=3550&CONTENTS_NO=1&bbsGbn=243&bbsSn=243&pNttSn=213229 (검색일: 2024.4.16.)

39 "반도체 제조에 필수인 텅스텐... 우즈베크 광산 지분 전량 확보," 조선일보, 2021년 10월, https://www.chosun.com/special/special_section/2021/10/25/PIOZ7RJGOZBUHHDOHWAFKIDW6U/ (검색일: 2024.4.16.)

점하고 있어 한국의 전략적 접근이 요구된다.

한국이 핵심광물 공급망을 안정적으로 확보하고 중앙아시아와의 협력 수준을 전략적으로 제고하기 위해서는 다음과 같은 다층적인 정책 접근이 필요하다. 먼저, 정부 간 협력 채널을 활용하여 협력 기반을 구축하여야 한다. 중앙아시아 국가들은 여전히 경제 · 사회 전반에 대한 국가의 통제 수준이 높은 편으로, 민간기업의 개별 접촉에 한계가 존재한다. 따라서 정부 간 협력 채널을 통해 희소금속 탐사 · 개발 · 가공 등 전반에 대한 협력을 강화하여 개발 정보 공유 등 우호적인 협력 환경을 조성할 필요가 있다. 또한, FTA 협상 및 투자보장협정BIT 제정 및 개정을 통해 광물 분야에서 외국인 투자 제한 완화 및 외국인 투자자 보호 수준을 강화하여야 한다.

둘째, ODA(공적개발원조) 사업 및 정책금융 수단을 적극 활용하여야 한다. 중앙아시아 국가 중에 우즈베키스탄, 키르기스스탄, 타지키스탄은 한국 정부의 ODA 중점 협력 대상국이다. 상술한 한-우즈벡 희소금속센터 설립도 ODA 사업의 일환으로 추진된 것이다. ODA 사업을 통해 희소금속 개발 초기 단계에 있는 중앙아시아 국가에 희소금속 연구, 지질 조사 및 탐사 등 기본적인 사업을 지원하고 사업성이 확인될 경우 우리 민간기업 및 공기업이 컨소시엄을 구성하여 참여하는 방안을 고려할 수 있다. 또한, 중앙아시아는 광물 자원이 풍부하지만 인프라와 자금조달 역량이 취약하다. 한국은 ODA 이외도, K-SURE(한국무역보험공사), KEXIM(한국수출입은행) 등 정책금융 수단을 활용하여 전 · 후방 산업단지 개발, 운송망 개선, 친환경 광산 개발 등에 대한 지원을 확대해야 한다.

셋째, 중앙아시아 광업 분야 정부 관리 및 공기업 관계자 등과 정보 교류 및 인적 네트워킹 구축이 필요하다. 중앙아시아의 모든 국가가 광물 자원개발 관련 부처가 별도로 있을 뿐만 아니라 관련 공기업이 광물 자원개발을 독점하고 있는 구조이다. 예를 들어, MINEX Central Asia[40]와 같은 중앙아시아 국가의 광업 발전 및 투자 관련 포럼에 참석

---

40 "В Бишкеке завершился второй день геологического форума 《MINEX Central Asia》,"Кыргызская геологическая служба, https://www.geology.kg/news/В-Бишкеке-завершился-второй-день-геол/ (검색일: 2024.6.29.)

하여 인적 네트워킹을 구축하고 광산 개발 관련 기술 및 투자 동향 등 정보를 파악할 필요가 있다. 2024년 6월 19-20일 비슈켁에서 개최된 제10차 MINEX Central Asia 포럼에 중앙아시아 국가뿐만 아니라 러시아, 중국, 유럽, 북미, 중동 등 23개국 140개 기업 및 기관들이 참여한 바 있다.

넷째, 핵심광물 확보를 위한 프로젝트 참여에 국가별 차별화된 전략과 접근이 필요하다. 카자흐스탄과 우즈베키스탄의 경우 30년 가까운 초대 대통령의 장기 집권이 끝났지만, 여전히 대통령의 막강한 권한 하에 중앙집권적인 통치가 이루어지고 있어 탑다운 방식의 의사결정이 유효한 국가이다. 카자흐스탄, 우즈베키스탄과는 달리 키르기스스탄의 경우 국내 정치 상황이 불안정하고 남북 지역의 파벌에 따라 대통령이 교체되는 역사가 반복되고 있다. 또한 키르기스스탄은 중앙정부와 지방정부, 국가 기관 간의 상호 작용 시스템이 불완전하고 특히, 광물 개발과 관련된 지역 주민들의 항의에 지방정부의 수동적 자세와 국가 통제가 약하다는 리스크가 존재한다. 그리고 키르기스스탄 정부는 2021년 쿰토르 광산 개발에 참여한 캐나다 회사 센터라 골드Centerra Gold로부터 쿰토르 광산을 압류하여 국유화하면서[41] 잠재적 투자자들에게 키르기스스탄의 이미지가 손상된 바 있다. 또한, "2023-2035년 키르기스 공화국의 지질 및 광산업 발전 개념"에서 현지 전문가들이 국제적인 지질탐사 및 채굴 관련 법규에 대한 이해가 부족한 점을 이용하여, 다국적 기업들이 최대한의 이윤을 얻기 위해 광산을 '남획'하는 경우가 있다면서 이러한 부정적인 사례를 방지하기 위해, 탐사 평가 작업 중에 유망하고 대규모의 광상이 발견될 경우, 국가가 상세한 지질탐사와 채굴 작업에 대한 자금을 지원하여 광상에 대한 독점적인 권리를 확보해야 한다고 명시되어 있다. 이러한 점은 외국인 투자자에게 리스크 요인으로 작용할 수 있다.

---

41 **쿰토르 광산의 국유화와 관련된 상세한 내용은 다음의 자료를 참고 바람:**
"Власти Киргизии национализировали золоторудное месторождение《Кумтор》, принадлежавшее канадской компании Centerra Gold," THE INSIDER, ноября. 2021, https://theins.ru/news/246560 (검색일: 2024.7.20.)

따라서 중앙정부 간 탑다운 방식의 협력과 함께 지방정부와의 협력 체계 구축, 지역 주민을 위한 수익 환원 사업 추진, 정부 정책의 변화에 대응한 헤징 방안 등도 마련되어야 한다. 2024년 6월 윤석열 대통령의 중앙아시아 순방 성과 중의 하나로 2025년에 중앙아시아 5개국 정상을 한국으로 초청하여 C5+1 방식의 정상회담을 개최하기로 합의하였다. 이 기회를 활용하여 금번 순방 시 합의한 핵심광물 공급망 협력 파트너십 분야에서 가시적인 성과를 도출할 수 있도록 준비하여야 한다.

마지막으로, 우리 정부 차원에서도 핵심광물 확보 기업에 대한 지원이 필요하다. 핵심광물 및 소재를 경제 안보 품목으로 지정할 필요가 있다. 핵심광물에 대한 제련 · 가공 설비 운영 시 높은 임금 및 전력 요금으로 인해 가격 경쟁력에서 열위하다. 따라서 '공급망 안정화 법'을 통해 핵심광물 · 소재를 경제 안보 품목으로 지정하여 국내 생산 시 재정보조 및 공급망 안정화 기금 활용 등 지원의 근거를 마련할 필요가 있다.[42]

VI. 결론

지정학적 긴장과 탄소중립 전환 가속화 속에서 핵심광물을 둘러싼 경쟁이 심화되고 있는 지금, 한국은 중장기적이고 다층적인 전략을 수립해야 한다. 최근 미-중 무역 분쟁, 러시아-우크라이나 전쟁 등 지정학적 리스크 등에 따른 자원 민족주의의 증가와 경제 안보 강화 추세로 공급망의 단절과 블록화가 심화되고 있다. 특히, 중국이 주요 핵심광물의 생산과 수출에 독점적 지위를 유지하고 있어 경제 및 안보 측면에서 잠재적인 공급망의 무기화에 대한 우려가 제기되고 있다. 이러한 상황에서 세계 주요 국가들은 핵심광물의 안정적 공급을 위한 공급망 다변화를 추진하고 있으며 우리나라도 예외가

42 "무협 '핵심광물 수출통제에 정책 지원 필요'…규제 · 애로 건의," 무역뉴스, 2024년 6월, https://www.kita.net/board/totalTradeNews/totalTradeNewsDetail.do?no=84072&siteId=1&logGb=A9400_20240604 (검색일: 2024.6.6.)

아니다. 한국이 대부분의 핵심광물을 수입에 의존하고 있다는 사실은 공급원을 다양화하고 탄력적인 공급망을 구축하는 것이 시급함을 의미한다.

중앙아시아 국가들은 소련 시대부터 중요한 광물을 생산해 왔으며 여전히 주요 공급업체로 남아 있다. 풍부한 광물 매장량을 보유하고 있으며 한국과 정치 · 경제 · 역사적으로 우호적인 관계를 맺고 있는 중앙아시아 국가는 한국이 공급 위험을 완화하고 자원안보를 강화할 유망한 기회를 제공할 수 있다. 중앙아시아 국가의 광물 정책과 주요 글로벌 플레이어와의 협력 분석은 전략적 파트너십의 가능성을 보여주었다. 미국, EU 등 주요 국가는 공급망 위험에 대응하기 위해 중앙아시아 국가와 협력을 강화하며 현지 생산을 추진하고 있다. 한국도 이러한 추세에 적극적으로 참여하여 최근 중앙아시아 국가들과의 '핵심광물 공급망 협력 파트너십 MOU'를 체결하는 등 핵심광물을 확보하기 위해 노력하고 있다.

또한, 경제안보 차원에서 핵심광물 자원 획득을 촉진하는 데 있어 정부 지원과 법적, 전략적 틀을 강화하기 위한 지속적인 노력도 매우 중요하다. ODA 사업을 통한 중앙아시아 국가들에 인프라 및 개발 협력에 대한 지속적인 투자는 강력한 양자 및 다자 관계의 신뢰를 구축하고 우리 기업의 진출에 양호한 분위기를 조성하고 결국 핵심광물 확보 전략을 성공적으로 구현하는 데 필수적이다. 한국 민간기업이 중앙아시아에서 성공적으로 안착하기 위해서는 리스크 완화 및 정보 지원 플랫폼이 필요하다. 이를 위해 한국 정부는 핵심광물 개발 관련 법제, 환경 규제, 사업성 분석 등에 대한 정보를 통합적으로 제공하고, 우리 기업 진출을 지원하는 (가칭) 한-중앙아 광물협력센터 설립을 고려할 필요가 있다.

글로벌 자원 환경의 복잡성을 헤쳐나가기 위해 한국은 계속해서 전략을 혁신하고 조정하여 경제 및 기술 발전을 지원하는 핵심광물의 안전한 공급을 보장해야 하며 중앙아시아를 중요한 대안 시장으로 주목할 필요가 있다. 이제 한-중앙아 협력은 단순한 투자 및 자원 개발을 넘어, 공동 탐사, 인프라 건설, ESG 기반의 지속가능한 광산 운영, 기술표준 공유 등으로 진화해야 한다. 결론적으로, 한국은 중앙아시아와의 전략적 신뢰 구축과 함께 해당 지역의 개발 수요와 지속가능성 요구를 충족하는 가치창출형 협력 파트너로 자리매김해야 한다. 이를 통해 한국은 중앙아시아와 신뢰할 수 있는 안정적인 핵심광물 공급망을 구축할 수 있을 것이다.

참고문헌

김경훈.「핵심원자재의 글로벌 공급망 분석 : 니켈」.『Trade Focus』 2022년 15호(2022).

김종덕, 김영귀, 구경현, 연원호, 예상준.「경제안보시대의 공급망 재편 동향과 시사점」.『KIEP 오늘의 세계경제』 Vol. 23, No. 16(2023).

김지선.「미(美) 바이든 행정부 '4대 핵심품목' 공급망 검토결과 및 시사점 – 반도체 · 배터리 · 핵심광물 · 의약품을 중심으로」.『POSRI 이슈리포트』 2021.6.

김태헌, 박지민.「주요국 핵심광물 확보전략 분석」.『KEEI-수시 연구 보고서』 21-8(2021).

박가현, 김경훈, 김나율.「주요국의 핵심광물 확보전략과 시사점」.『Trade Focus』 2022년 32호(2022).

변현섭.「문재인 정부의 한국-우즈베키스탄 경제협력 성과와 과제」.『슬라브연구』 제38권 1호(2022), 22쪽.

임지훈.「핵심원자재의 글로벌 공급망 분석 : 리튬」.『Trade Focus』 2022년 21호(2022).

조은교.「중국의 수출통제를 통해 본 첨단산업의 공급망 전략과 우리의 대응: 반도체. 배터리산업을 중심으로」.『월간 KIET 산업경제』 Vol. 298(2023).

"국가 핵심광물 수급위기 대응 및 공급망 안정화 대책 발표." 산업통상자원부, 2023년 2월, https://www.motie.go.kr/kor/article/ATCL3f49a5a8c/166862/view# (검색일: 2024.4.20.)

"무협 '핵심광물 수출통제에 정책 지원 필요'…규제 · 애로 건의." 무역뉴스, 2024년 6월, https://www.kita.net/board/totalTradeNews/totalTradeNewsDetail.do?no=84072&siteId=1&logGb=A9400_20240604 (검색일: 2024.6.6.)

"반도체 제조에 필수인 텅스텐… 우즈베크 광산 지분 전량 확보." 조선일보, 2021년 10월, https://www.chosun.com/special/special_section/2021/10/25/PIOZ7RJGOZBUHHDOHWAFKIDW6U/ (검색일: 2024.4.16.)

"윤, 'K-실크로드'로 중앙아 공략…미래공동번영 기틀 닦기." 뉴시스, 2024년 6월, https://www.newsis.com/view/NISX20240615_0002773727 (검색일: 2024.6.16.)

"지질자원연, 카자흐 리튬 광구 단독 탐사." KIGAM, 2024년 6월, https://www.kigam.re.kr/board.es?mid=a10703040000&bid=0025&list_no=60097&act=view (검색일: 2024.6.15.)

"텅스텐과 몰리브덴, 우리가 우즈베키스탄에서 꼭 데려와야 할 희소금속!." KOTRA, 2024년 3월, https://dream.kotra.or.kr/dream/cms/news/actionKotraBoardDetail.do?SITE_NO=2&MENU_ID=3550&CONTENTS_NO=1&bbsGbn=243&bbsSn=243&pNttSn=213229 (검색일: 2024.4.16.)

"C5+1 Leaders' Joint Statement." THE WHITE HOUSE, https://www.whitehouse.gov/briefing-room/statements-releases/2023/09/21/c51-leaders-joint-statement/ (검색일: 2024.5.18.)

"Commission announces actions on Critical Raw Materials." European Commission, Sep. 2020,

https://ec.europa.eu/commission/presscorner/detail/en/ip_20_1542 (검색일: 2024.6.16.)
"Inaugural C5+1 Critical Minerals Dialogue among the United States and Kazakhstan, the Kyrgyz Republic, Tajikistan, Turkmenistan, and Uzbekistan." U.S. Department of State, https://www.state.gov/inaugural-c51-critical-minerals-dialogue-among-the-united-states-and-kazakhstan-the-kyrgyz-republic-tajikistan-turkmenistan-and-uzbekistan/ (검색일: 2024.5.18.)
"MINEX Eurasia." https://2023.minexeurasia.com/ (검색일: 2024.6.16.)
Ministry of Mining Industry and Geology of the Republic of Uzbekistan, "Uzbekistan's Critical Minerals: Unlocking Investment Opportunities for the Clean Energy Transition," https://asiacleanenergyforum.adb.org/wp-content/uploads/2024/06/Kuhinur-Shukurjonov.pdf (검색일: 2024.8.18.)
"Rare Earth Element Occurrence Database of the Tien Shan Region, Central Asia." https://catalog.data.gov/dataset/rare-earth-element-occurrence-database-of-the-tien-shan-region-central-asia (검색일: 2024.6.8.)
"Rare Earth Metals Market Report." Research Nester, Oct. 2024, https://www.researchnester.com/reports/rare-earth-metals-market/5142 (검색일: 2024.7.14.)
"Strategic Partnership between the European Union and Kazakhstan on sustainable raw materials, batteries and renewable hydrogen value chains." European Commission, Nov. 2022, https://single-market-economy.ec.europa.eu/news/strategic-partnership-between-european-union-and-kazakhstan-sustainable-raw-materials-batteries-and-2022-11-08_en (검색일: 2024.6.16.)
U.S. Geological Survey. "Mineral Commodity Summaries 2024." Jan. 2024, https://pubs.usgs.gov/publication/mcs2024 (검색일: 2024.7.13.)
"Uzbekistan boasts total of 2,537 mineral mines, 41 of them possessing radioactive metals." DARYO, Dec. 2023, https://daryo.uz/en/2023/12/22/uzbekistan-boasts-total-of-2537-mineral-mines-41-of-them-possessing-radioactive-metals (검색일: 2024.7.20.)

"Акылбек Жапаров нашел общий язык с Ротшильдом." НЕЗАВИСИМАЯ, ноября. 2023, https://www.ng.ru/cis/2023-11-29/1_5_8889_kyrgyzstan.html?ysclid=lz0yz865wa933407422 (검색일: 2024.6.16.)
"Британское геологическое сообщество поможет КР с цифровизацией данных о минеральных источниках." ECONOMIST KG, апреля. 2024, https://economist.kg/biznes/2024/04/29/britanskoie-ghieologhichieskoie-soobshchiestvo-pomozhiet-kr-s-tsifrovizatsiiei-dannykh-o-minieralnykh-istochnikakh/?ysclid=lz16zgh5f891669462 (검색일: 2024.6.15.)
"В Бишкеке завершился второй день геологического форума 《MINEX Central Asia》." Кыргызская геологическая служба, https://www.geology.kg/news/В-Бишкеке-завершился-второй-день-геол/ (검색일: 2024.6.29.)
"Власти Киргизии национализировали золоторудное месторождение 《Кумтор》. принадлежавшее канадской компании Centerra Gold." THE INSIDER, ноября. 2021, https://theins.ru/news/246560 (검색일: 2024.7.20.)
"Добыча урана и тория станет важной составляющей экономики Кыргызстана." RGRU, июня. 2024, https://rg.ru/2024/06/05/novyh-hvostov-ne-budet.html?ysclid=lz0twbc63o396049374 (검색일:

2024.6.15.)
“Жогорку Кенеш одобрил законопроект о разработке месторождений урана и тория.” SPUTNIK Кыргызстан, июня. 2024, https://ru.sputnik.kg/20240613/zhogorku-kenesh-mestorozhdeniya-uran-razrabotka-1086047445.html?ysclid=lz0xarak57357897846 (검색일: 2024.6.15.)
“Как будет развиваться отрасль редких и редкоземельных металлов в ближайшие пять лет.” PRICOM KZ, января. 2024, https://pricom.kz/novosti-kazahstana/kak-budet-razvivatsya-otrasl-redkih-i-redkozemelnyh-metallov-v-blizhajshie-pyat-let.html (검색일: 2024.3.16.)
“Комплексный план развития отрасли редких и редкоземельных металлов на 2024 – 2028 годы.” https://www.gov.kz/memleket/entities/geology-ekn/documents/details/608740?lang=ru&ysclid=lyyf3g3knb95165304 (검색일: 2024.3.16.)
“Концепция развития геологической и горнодобывающей отрасли Кыргызской Республикина 2023-2035 годы.” https://www.gov.kg/ru/npa/s/4298 (검색일: 2024.3.30.)
“Кыргызстанские геологи будут обмениваться информацией с британцами.” VESTI. KG, февраля. 2018, https://vesti.kg/geologiya/item/50233-kyrgyzstanskie-geologi-budut-obmenivatsya-informatsiej-s-britantsami.html (검색일: 2024.6.15.)
“Разработка ториевых месторождений даст Кыргызстану новый источник дохода.” RGRU, март. 2024, https://rg.ru/2024/03/06/otkroiut-vtoroj-kumtor.html (검색일: 2024.6.15.)
“Рассмотрены планы в области геологии и горно-металлургической промышленности.” Президент Республики Узбекистан, https://president.uz/ru/lists/view/7188 (검색일: 2024.5.19.)
“Узбекистан – в десятке лидеров по добыче золота, меди и урана.” UZA, июля. 2023, https://uza.uz/ru/posts/uzbekistan-v-desyatke-liderov-po-dobyche-zolota-medi-i-urana_498395 (검색일: 2024.5.19.)
“Узбекистан и Евросоюз установили стратегическое партнёрство в области критического сырья.” Газета.uz, апреля. 2024, https://www.gazeta.uz/ru/2024/04/05/eu-crm/ (검색일: 2024.4.13.)

제3장

푸틴 5기 러시아 극동개발정책 방향과 한·러 협력 가능성

박찬현

(한양대학교 아태지역연구센터 HK연구조교수)

Ⅰ. 서론

러시아·우크라이나 전쟁의 장기화는 세계경제질서의 변화를 촉진하고 있다. 미·중 전략경쟁에서부터 알 수 있듯, 경제환경과 안보지형의 분리가 어려워지며 세계경제는 점차 권역화blockification되어가고 있고 국제무역과 분업구조 역시 재조정되고 있다. 서방의 대러제재로 인해 급변하는 경제환경에 대응하기 위해 러시아는 대외협력의 방향을 소위 우호국들과의 관계 강화로 설정하고 이들과의 협력 확대와 심화에 주력하고 있다. 러시아는 정치적, 외교적으로뿐만 아니라 경제적으로도 기존 서방과의 관계를 사실상 단절하고 동쪽과 남쪽의 협력 파트너들로 그 시선을 전환하고 있다. 그 중 특히 아시아로 대표되는 동쪽을 국제사회에서 고립을 막아줄 수 있는 대안이자 경제적 측면에서도 서방을 대체해 줄 수 있는 중요한 대안으로 바라보고 있다.

---

* 이 글은 『한국 시베리아연구』 28권 4호(2024)의 글을 일부 수정 및 보완한 것임을 밝힌다.

최근 러시아는 극동지역[1]의 전략적 중요성과 지역개발 강화 의지를 강조하며 동쪽으로의 전환을 통한 새로운 발전의 길을 모색하고 있다. 푸틴 대통령은 2023년 9월에 열린 제8차 동방경제포럼 기조연설에서 "극동지역은 21세기 러시아의 전략적 우선순위 중 하나"라며 극동지역의 역할과 개발의 중요성에 대해 거듭 강조하였다.[2] 동시에 극동지역의 잠재력을 활용해 아태지역 경제권과 경제부문에서의 연계성 강화와 통합의지를 밝혔다. 그동안 러시아는 자국 경제 · 사회의 균형성장과 발전 차원에서 극동지역의 경제발전과 개발을 강조해왔다. 극동지역은 러시아 영토의 40%를 차지하는 동시에 석유 · 천연가스를 비롯한 천연자원이 풍부하나 러시아 여타 지역에 대한 상대적 낙후성과 불균형으로 인구유출, 지역의 소외감 등 해결해야 할 사회 · 경제적인 과제들이 존재했기 때문이다. 그러나 최근에는 이들 요인들과 함께 러시아가 직면한 대외환경변화와 그에 따른 과제들을 해결하기 위해서 극동지역과 그 개발에 많은 관심을 기울이고 있다. 대표적으로 2014년 우크라이나 사태로 인한 서방의 경제제재가 이어지자 러시아의 대외경제 전략은 변화를 강요받았다. 이에 러시아는 돌파구 마련 차원에서 '동방으로의 전환Поворот на Восток' 정책을 추진하여 동아시아 국가들과의 경제 관계를 강화하는 동시에 이를 활용해 극동 및 시베리아지역을 개발하고자 하였다.

이처럼 러시아의 극동지역에 대한 관심은 새로운 현상은 아니다. 그러나 러시아의 '특별군사작전CBO(Специальная Военная Операция)'의 시작으로 대외무역의 핵심이었던 서방과의 경제적 관계가 지속 불가능해지면서 큰 공백이 생겼고, 전방위적 제재의 여파로 외교적으로도 고립의 우려가 커지는 상황에서 러시아에게 '아시아로의 선회'는 매우 중요해졌으며 그 매개체로서의 극동지역에 대한 관심과 위상도 더욱 커질 것으로

---

1 본 연구의 '극동지역'은 지리 및 지역적 범위로서 러시아의 '극동연방관구'를 지칭한다. 따라서 본 연구의 극동지역 개발은 극동연방관구의 11개 연방주체(연해주, 하바롭스크주, 유대인 자치주, 아무르주, 사할린주, 자바이칼주, 부랴트 공화국, 사하 공화국, 마가단주, 캄차트카주, 추코트카 자치구)를 그 대상으로 하며 지역적으로 북극의 일부를 포함하게 된다.

2 "Пленарное заседание восьмого Восточного экономического форума," Президент России, http://kremlin.ru/events/president/news/72259 (검색일: 2024.9.10).

보인다. 한편 이와 같은 상황에서 2024년 5월 7일 푸틴 대통령은 집권 5기를 시작하였다. 집권 3기 들어서 본격적으로 극동개발정책을 추진해왔으나 집권 4기 최악의 대외 여건을 맞으며 극동개발이라는 기대를 실현시키지 못한 푸틴 대통령은 변화된 상황에서 집권 5기의 시작과 함께 적극적인 극동개발을 추진해갈 것으로 예상된다. 실제로 극동지역을 중심으로 동아시아 및 ASEAN 국가들과 러시아와의 관계 강화 노력이 이루어지며 여러 부문에서 경제적 긴밀성을 높여가고 있다.

러시아 극동지역은 그동안 한국과 러시아의 대외경제 협력 정책이 상호 전략적 접점이 되는 곳으로 양국 간 경제협력에서 핵심적인 공간으로 인식되어왔으며 이를 바탕으로 활발한 협력이 진행되어왔던 곳이다. 그러나 러시아 · 우크라이나 전쟁과 대러제재가 본격화되면서 양국 간 협력이 난항을 겪고 있고, 합의된 여러 사업들의 추진도 불투명해지고 있다. 동시에 극동개발 지속을 위한 러시아의 협력 국가 다변화 움직임에 사실상 협력이 어려워진 한국은 역내 입지와 역할이 축소되고 있다. 즉 대외환경변화 속에서 한국과 러시아 극동 간 협력의 환경이 매우 복잡해졌고, 그 동력마저 점차 약해지고 있는 것이다. 그럼에도 극동지역은 한국의 대러관계 형성과 경제협력에 있어 매우 중요한 공간으로 장기적 차원에서 협력을 안정화 및 발전시켜나가는 것이 필수적이다. 이를 위해서는 현재 러시아의 대내외환경 변화 속에서 극동개발정책과 이를 둘러싼 협력이 어떠한 방향으로 나아가고 있는가에 대한 정확한 분석과 함께 이를 바탕으로 향후 협력방안을 모색해보려는 노력이 필요하다.

러시아의 극동지역 개발과 한국과의 협력은 중요한 주제로서 그동안 관련 연구들이 활발하게 이루어진 부문이다.[3] 그럼에도 이들 연구 대부분이 러시아 · 우크라이나 전쟁

---

3 러시아의 극동지역 개발, 극동지역에서의 한 · 러 협력방안에 관한 대표적 연구들로는 김영진 · 윤인하, 「러시아의 현대화, 지역정책, 그리고 극동지역 개발: "극동 · 바이칼지역 사회경제개발 국가프로그램"을 중심으로」, 『동북아경제연구』 제26권 2호(2014), 89-126쪽; 박정호 · 강부균 · 민지영 · 세르게이 루코닌 · 올가 쿠즈네초바, 『푸틴 집권 4기 극동개발정책과 한 · 러 신경제협력 방향』(대외경제정책연구원(KIEP), 2018); 박정호 · 김석환 · 강부균 · 파벨 미나키르 · 아르쫌 이사예프 · 안나 바르달 · 데니스 수슬로프, 『푸틴과 러시아 극동개발 20년: 한 · 러 극동 협력 심화를 위한 新방향 모색』(대외경제정책

이전에 이루어진 연구들로 최근 러시아의 대외환경변화를 반영하지 못하고 있고 다른 연구의 경우, 대외환경변화를 다루지만 푸틴 대통령의 집권 5기의 극동개발정책 및 방향을 다루는 연구가 없었다는 점에서 기존 연구들과 차별성을 가짐과 동시에 연구의 의미를 부여할 수 있다. 이에 본 연구는 지금까지 러시아의 극동개발정책을 바탕으로 러시아 · 우크라이나 전쟁, 푸틴 집권 5기라는 대내외환경 변화에 따른 러시아의 극동개발 전략의 변화를 파악하고, 이를 토대로 한국과의 협력 가능성을 모색해보는 것을 목적으로 한다. 논문은 Ⅰ장 서론에 이어 Ⅱ장에서는 러시아 극동개발정책의 변화에 대해 살펴본다. 이어 Ⅲ장에서는 러시아 · 우크라이나 전쟁 이후, 푸틴 대통령의 5기 집권을 맞아서 러시아의 극동개발 전략이 어떤 방향으로 변화해가고 있는지를 파악해본다. 마지막 Ⅳ장에서는 결론을 대신해 한국과의 협력 가능성과 방향성, 그 방안을 고찰해보며 마무리하고자 한다.

Ⅱ. 러시아의 극동개발정책

1. 푸틴 1기와 2기의 극동개발정책

러시아의 극동개발정책 기조는 큰 틀에서 '지역의 불균형 해소'에서 '통합 개발 추진'으로 바뀌어 왔다. 러시아는 대내적으로 지역별 사회 · 경제 발전 수준의 격차가 크게 나타나는 구조를 보이는데 모스크바를 중심으로 하는 서부지역과는 달리 극동 및 시베리아지역은 상대적으로 경제발전이 더디고, 사회 · 경제적 인프라가 부족하거나 낙후된 상황이다. 국가 내부적으로 지역 간 격차의 존재와 확대는 사회적으로 불평등의 확

연구원(KIEP), 2019); 변현섭, 「러시아 극동지역 개발 신정책과 한 · 러 협력 방향」, 『중소연구』 제44권 4호(2021), 371-398쪽; 염동호 · 이현태, 「러시아의 극동개발전략과 동북아시아: 한 · 중 · 일의 대러 협력 특징과 방향성을 중심으로」, 『러시아연구』 제34권 1호(2024), 167-202쪽 등이 있다.

대, 지역 간 갈등, 인구유출 등 여러 사회문제를 초래하는 한편 국가 경제의 균형발전과 지속성장의 걸림돌로 작용하게 된다. 이 같은 이유에서 러시아 정부는 '지역의 불균형 해소'에 초점을 두고 극동지역의 개발을 추진하였다.

2000년대 초중반, 푸틴 대통령은 취임과 동시에 중앙 권력을 강화하며 '지역 간 균등화' 정책을 추진하였다.[4] 이 시기 러시아 정부는 극동연방관구를 창설하여 권력의 중앙집중화를 이루는 한편 극동지역의 격차를 극복하고 경제를 안정화하기 위해 지역의 경제 상황을 개선하고자 하였다. 지역의 사회(주택, 교육, 의료) · 경제(에너지, 교통) 인프라를 확충해 생활환경을 개선하고, 지역개발을 위한 프로젝트 지원에 연방 예산을 투입하는 경제적 지원을 집중하고자 하였다.[5] 그러나 이처럼 연방정부의 지배력 하에서 극동이라는 통합된 공간에 대해 보다 적극적인 지역개발 정책이 추진될 수 있는 계기가 마련되었음에도 결과적으로 지역 간 이해관계와 정책적 고려로 푸틴 1기의 극동개발 정책은 눈에 띄는 성과를 도출하지는 못하였다. 극동지역 발전의 중요성에 대한 관심에도 당시 극동개발은 러시아 연방 전체의 발전을 위한 대형 프로젝트들에 집중되며 지역의 실질적인 사회 · 경제적 발전이나 향상으로까지는 이어지지 못하였기 때문이다.

푸틴 2기인 2000년대 중후반, 러시아 정부는 지역 간 격차 해소와 효율적 지역 발전을 위해 '러시아 연방 각 지역의 사회 · 경제발전 전략 개념'을 채택하고 개발을 위한 지역별 후속 프로그램들을 마련하였다.[6] 러시아 정부는 해당 전략을 성공적으로 추진하기 위해 기존의 지역 발전 노선에서 변화를 꾀하였다. 지역개발의 효율적인 수행과 가속화된 사회 · 경제적 성장을 보장하기 위해서 그동안의 '균등화 정책'을 대체하는 '불균형 발전 정

---

4 김상원, 「러시아의 지역간 경제 격차 문제」, 『Russia & Russian Federation』 제1권 1호(2010), 20-24쪽.

5 "О федеральной целовой программе《Сокращение различий в социально-экономическом развитии регионов Российской Федерации (2002-2010 годы и до 2015 года)》," Правительство Российской Федераци, http://ips.pravo.gov.ru/?docbody=&prevDoc=102104164&backlink=1&&nd=102073004 (검색일: 2024.9.12).

6 "Концепция Стратегии социально-экономического развития регионов Российской Федерации," Министрество регионального развития Российской Федерации(2005).

책'을 시도했다. 모든 지역을 동등한 수준으로 발전시키기보다는 지역별 잠재력을 기반으로 핵심지역을 선정해 성장과 발전을 이루고 그 효과를 주변 지역으로 확산시키겠다는 것이었다. 극동지역의 개발 역시 위와 같은 맥락에서 진행되었다. 2007년, '2013년까지의 극동·자바이칼지역 사회·경제발전 연방 특별 프로그램'이 채택되면서 종합적인 지역개발 계획이 마련되었고, 상당한 연방 예산이 극동지역에 투입되었다.[7] 대부분의 예산이 극동 전반에 전체적으로 투입되기보다는 블라디보스토크의 사회·경제 인프라 구축에 집중적으로 투입되면서 극동지역의 성장 거점이 형성되었다. 이후 메드베데프 정권은 앞서의 극동개발 기조를 이어가며 지역의 사회·경제 인프라 개발과 성장 동력의 확보를 위해 국내외로부터 기업투자 유치를 위해 노력하였다. 이 같은 노력으로 에너지, 인프라 등의 부문에서 대형 프로젝트들을 중심으로 지역의 경제성장을 견인하는 일부 투자유치가 이루어졌다는 성과에도 개발 프로그램들의 지나친 연방정부 예산 의존, 장기적 전략 부재 및 개발 프로그램의 구체성 미약, 지역개발 정책의 혼선 등의 요인으로 지역 격차 해소와 극동개발에서 별다른 성과를 거두지는 못하였다.

2. 푸틴 3기의 극동개발정책

푸틴 대통령의 집권 3기 시작과 동시에 극동지역 개발에 대한 의지가 본격화되면서 극동개발은 새로운 국면을 맞이하였다. 극동개발의 정책적 중심역할을 하게 되는 극동개발부가 신설되었고 극동개발펀드(2011), 극동개발공사(2015), 극동투자수출지원청(2015) 등 개발정책을 지원할 기관들이 설립되었다. 또 극동연방관구 대통령 전권대표를 부총리로 승격시켜 보다 체계적인 극동개발이 추진될 수 있게 하였다. 한편 러시아

---

7 하위 프로그램인 '아시아-태평양지역 국제 협력 중심지로서의 블라디보스토크 발전'을 포함 극동지역과 자바이칼 지역의 여러 프로젝트들로 구성된 동 프로그램의 총예산 규모는 5,670억 루블에이며 이 중 4,260억 루블 상당의 연방 예산이 투입되었다. "Федеральная Целевая Программа《Экономическое и социальное развитие Дальнего Востока и Забайкалья на период до 2013 года》," Правительство Российской Федерации(2007).

정부는 2012년 APEC 정상회담 개최, 2015년 동방경제포럼 개최를 통해 극동의 미래 성장잠재력을 아태지역과 연계해 국제협력을 강화하고 외국인투자를 활성화해 지역개발의 원동력으로 삼고자 하였다.

이 시기 러시아 정부는 극동지역 개발과 관련 극동 자체의 필요성과 경제발전에 초점을 둔 개발 프로그램들을 마련하여 추진해 나갔다. 2013년 3월, 러시아 정부는 극동개발의 최상위 계획인 '2025년까지 극동 · 바이칼 사회 · 경제발전 전략'의 하위 프로그램으로 '2025년까지 극동 · 바이칼지역 사회 · 경제발전 국가 프로그램'을 발표하였다.[8] 동 프로그램은 극동 · 바이칼 지역의 가속적인 경제발전을 위한 환경조성, 사회 · 인구적 상황 개선이라는 목표 하에 12개의 하위 프로그램과 2개의 연방 특별 프로그램으로 구성되어 있는데 이들 14개 프로그램의 경우, 에너지 · 자원 · 농수산업 · 삼림 · 물류 · 관광 등의 잠재력 실현을 위한 지역별 · 세부적 실행계획을 포함하고 있다.[9] 특히 해당 프로그램의 지역별 프로그램과 구체적 예산 및 실행계획은 그동안의 지역개발 정책과 달리 러시아 정부의 극동개발이 중장기적인 방향성 하에서 이루어졌음을 확인할 수 있다.

푸틴 3기, 러시아 정부의 극동개발 전략의 핵심은 주변국과의 협력을 통한 지역 발전과 아태 경제권으로의 편입 추진이라 할 수 있다. 그동안 러시아 정부는 내부의 역량과 자원을 활용해 극동개발을 추진해왔다. 그러나 극동개발에 대한 중요성과 정부의 개발 의지가 점차 강해지는 데 반해 이를 둘러싼 대내외적 여건은 개선되지 않았다. 지금까지의 정부 정책이 사실상 실효성 있는 결과를 거두지 못하고 있는 상황에서 늘어나는 극동개발의 추진 과제와 국가 프로그램으로 투입비용이 증가했고, 글로벌 경제위기와 러시아를 둘러싼 대외환경의 변화로 외국인투자에도 제약을 받으면서 개발을 위한 충분한 예산과 자금을 확보하지 못하였다.[10] 이에 러시아 정부는 극동개발을 위한 충분한

---

8 "Государственной программы Российской Федерации《Социально-экономическое развитие Дальнего Востока и Байкальского региона》," Правительство Российской Федерации, http://archive.government.ru/gov/results/23721/ (검색일: 2024.9.14).

9 한종만, 「러시아 극동 · 바이칼지역 사회경제 발전 프로그램과 한러 경제협력의 시사점」, 『러시아연구』 제24권 2호(2014), 415쪽.

투자와 함께 단기간 내 가시적인 극동지역의 경제적 성장이 필요했고 그 방안으로 주변국과의 국제협력을 선택하였다. 특히, 중국을 비롯한 한국, 일본 등 동아시아 국가들과의 협력을 통해서 극동지역의 동아시아 경제권으로의 편입을 적극 추진했다.

동아시아의 주요 국가인 한국, 중국, 일본 등은 제조업을 중심으로 상호 긴밀한 분업체계를 바탕으로 산업 가치사슬을 형성해 역내 경제협력을 지속해왔다. 러시아는 이러한 점에 주목해 동아시아 국가들과의 경제협력에 의욕적으로 나섰다. 오랜 기간 사회 · 경제적으로 낙후된 극동지역을 동아시아 경제권의 일부로 편입시킴으로 이들 국가로부터 제조업 투자를 유치하고 생산 기지화가 이루어진다면 이를 바탕으로 단기간 내 극동지역의 경제 수준을 향상시킴과 동시에 극동 전반의 개발을 달성할 수 있을 것으로 판단했다. 그러나 극동지역의 산업들은 동아시아 산업 가치사슬에서 벗어나 있었으며 관련 산업기반도 너무 미약한 수준이었다. 또 지역의 인프라 체계나 인센티브 제공 등 해외투자를 유인하기 위한 수단도 부족했다. 이를 위해 러시아 정부는 극동지역이 동아시아 경제권으로 편입되기 위한 필수조건으로 지역의 투자환경 개선을 위한 방안을 우선적으로 마련코자 했다. 그 결과 러시아 정부는 선도개발구역TOP(Территория Операжающего Развития)과 블라디보스토크 자유항 프로그램을 통해서 투자유입에 유리한 환경을 만들고자 노력했다.[11]

이처럼 푸틴 3기의 극동개발은 러시아가 본격적인 의지를 갖고 극동개발의 가속화에 나선 시기임과 동시에 이를 뒷받침하기 위한 관련 정책과 제도의 일관성 확보, 투자환경의 제도적 개선이라는 부분적 성과를 거둔 시기라고 할 수 있다. 한편 이때부터 러

---

10 2014년 러시아의 크림반도 합병과 서방의 경제제재로 러시아로의 실질적 투자의 장벽과 어려움이 커졌고 러시아 경제의 성장잠재력을 손상시키며 러시아로의 외국인 투자유입에 부정적 영향을 미쳤다. 이와 동시에 유가의 하락이 본격화되면서 러시아 경제는 침체를 지속하였다. 이러한 영향은 에너지 부문을 넘어 러시아 전반의 외국인 투자유입의 감소, 나아가 유출을 불러왔다. M. Dominjuez-Jimenez, N. F. Poitiers, "An analysis of EU FDI inflow into Russia," *Russian Journal of Economics* Vol. 6, No. 2(2020), p. 159.

11 변현섭, 「러시아 극동지역개발 전략으로서 선도경제구역 설립의 의미와 전망」, 『슬라브연구』 제30권 4호(2014), 59-79쪽 참고.

시아 극동개발의 전체적인 기조가 장기적인 관점에서 극동지역에 중심을 둔 개발정책 추진, 동아시아 경제권 편입을 통한 지역경제 전체의 경제성장 등 복합적인 성격을 지닌 '통합 개발'로 그 방향을 전환했다고 할 수 있다.[12] 이에 그동안 지역개발의 과정에서 정책적 혼란을 키웠던 발전 노선 역시 다시 극동 전체의 불균형을 해소하는 방향으로 이동했다고 볼 수 있다.

3. 푸틴 4기의 극동개발정책

러시아 극동개발정책은 푸틴 4기에 들어 또 다른 새로운 전기를 맞이했다. 러시아 정부는 2014년 이후 소위 '신동방정책'에서의 가시적 성과를 내기 위해서 극동개발정책에 대한 새로운 접근법을 추구하였다. 제도적 기반의 마련, 극동개발의 가속화와 대대적 정책 홍보에도 불구하고 사회·경제적 여건에 획기적인 변화가 나타나지 않자 지역에서의 불만이 커졌다.[13] 이에 러시아 정부는 또 한 번 극동개발정책의 방향 전환과 변화를 시도했다. 그 대표적 일환으로 극동지역의 행정 시스템에 큰 변화가 있었는데 2018년 11월 시베리아연방관구 소속이었던 2개의 연방주체(부랴트 공화국과 자바이칼 변강)를 극동연방관구로 편입시켰고, 극동지역의 행정수도를 하바롭스크에서 블라디보스토크로 이전하였다. 이와 함께 정부는 극동개발부의 업무를 확대하고, 조직을 개편

---

12 2017년 블라디보스토크에서 개최된 극동지역 통합발전문제에 관한 국무원 상임위원회 회의를 보면 실제로도 극동지역 개발과 관련 극동지역에만 집중된 개발정책 프로그램, 극동 9개 지역의 통합적·포괄적 개발과 영토의 균형 잡힌 발전이라는 방향이 언급되고 있다. "Заседание президиума Госсовета по вопросам комплексного развития регионов Дальнего Востока," Президент России, http://kremlin.ru/catalog/regions/PRI/events/55544 (검색일: 2024.9.20).

13 러시아 정부의 대대적인 '동쪽으로의 전환(Pivot to the East)'과 그에 따른 극동개발정책 추진에도 지역개발이나 사회·경제적 발전(인프라, 생활수준 등)에서 큰 성과가 나타나지 않았다는 지역민들의 실망은 2018년 연해주 주지사 선거의 여당 후보 패배의 한 요인으로 설명되기도 한다. Natalya Zubarevich, "Far East Defeat: How the Kremlin Lost an Election," Carnegie Endowment for International Peace-Carnegie Russia Eurasia Center, Oct. 2018, https://carnegieendowment.org/posts/2018/09/far-east-defeat-how-the-kremlin-lost-an-election?lang=en (검색일: 2024.10.5).

해 극동 · 북극개발부를 출범시켰다.

푸틴 4기의 러시아 극동개발은 블라디보스토크로의 행정수도 이전과 함께 프리모리예(연해주) 남부지역에 집중되었다. 이는 극동개발을 통해 지역 내 균형적 발전을 모색하는 이전의 발전 정책에서 벗어나 다시 모든 요소를 집중적이고 체계적으로 투입하여 블라디보스토크를 극동지역의 중심지로 육성함으로 아태지역에 대한 러시아의 확고한 거점을 구축하겠다는 전략이다. 한편 러시아 정부는 풍부한 천연자원과 북극항로의 부상 등 높아지는 북극의 가치에 주목하고 기존 극동개발부의 관할을 확대해 북극개발의 업무까지 관장토록 하였다. 극동 · 북극개발부의 출범은 북극지역 개발의 효율성을 높이려는 의도와 함께 북극개발과 극동개발과의 상호 연계성을 강화하여 대지역Macro region의 경제성장과 개발을 동시에 촉진하고자 하는 목적을 가지고 있다. 특히, 북극의 동부지역과 극동의 최북단지역 개발을 연계함으로 북극항로를 포함한 교통 · 물류의 발전을 활용해 지역 전반의 경제 활성화를 도모한다는 것이었다.

행정 및 조직 개편에 이어 러시아 정부는 2020년 9월, '2024년, 향후 2035년까지의 극동지역 사회 · 경제발전 국가 프로그램'을 발표하였다.[14] 동 프로그램은 극동지역의 경제성장과 기술발전, 인적자본 개발과 생활환경의 개선을 통한 삶의 질 향상을 극동개발의 주요 방향으로 설정하고, 하위 과제로서 비즈니스 환경 개선, 인프라 확충과 개선, 첨단기술 및 주요 산업의 지원과 투자유치, 주택건설 등 사회기반시설 확충, 보건시스템 발전과 교통 접근성 보장 등을 제시하고 있다. 해당 국가 프로그램은 앞서 2013년 발표된 '2025년까지 극동 · 바이칼 사회 · 경제발전 국가 프로그램'과 같이 극동지역 자체의 과제와 전략적 목표를 반영한 중장기적인 발전 방향을 제시하면서도 지역개발에 대한 정책적 연속성을 확보했다는 점에서 그 의미를 평가할 수 있다. 하지만 이 시기 역시, 지역개발과 관련해 여러 사회 · 경제적인 성과지표들의 달성에 한계를 보이면서 실질적인

---

14 "Национальная программа《социально-экономического развития Дальнего Востока на период до 2024 года и на перспективу до 2035 года》," Правительство Российской Федерации, http://static.government.ru/media/acts/files/1202009280027.pdf (검색일: 2024.9.20).

지역의 지속가능 발전 및 성장에서는 유의미한 개선이나 큰 성과를 보지는 못하였다.[15]

극동지역의 발전 잠재력을 활용한 아태지역 국가들과의 경제협력과 경제권 편입을 통한 극동개발의 도모라는 러시아 정부의 개발전략은 이 시기에도 지속되었다. 극동지역의 경제를 주변의 동아시아, 나아가 아태지역 경제권으로 편입시킴으로 지역개발을 달성코자 했던 이 전략은 극동지역의 거시경제지표 개선, 수출 증가와 투자 확대 등 나름의 성과를 거두었다. 특히 2014년 서방의 대러시아 경제제재로 러시아의 대외협력 방향이 대서양에서 태평양으로 극적으로 전환되면서 중국을 필두로 한국, 일본과의 경제협력이 확대되었다. 그 연장선상에서 푸틴 4기의 극동개발은 동아시아 국가들을 넘어 인도, 베트남과 말레이시아 등 ASEAN 국가들과의 무역과 투자 관계를 발전시키며 협력의 범위를 확대 및 다변화하였다. 이는 2022년 러시아 · 우크라이나 전쟁 이후의 대외환경변화 속에서 주춤했던 러시아의 극동개발이 맞이한 새로운 변화로서 러시아 정부 역시 이를 통해 극동개발의 원동력을 지속함과 동시에 아태지역에서의 입지를 강화하려는 모습을 보이고 있다.

Ⅲ. 러 · 우 전쟁 이후 푸틴 집권 5기의 극동개발 방향

2022년 2월 24일 발발한 러시아 · 우크라이나 전쟁과 이후의 경제제재에 따른 대외환경변화로 러시아 경제는 물론이고, 극동지역 개발도 많은 영향을 받고 있다. 전쟁 개시와 동시에 서방의 전방위적인 경제제재가 강도를 더해가는 상황에서 러시아 정부의 정책적인 우선순위는 제재에 대응해 국내경제 상황을 안정화하는 것이었고, 극동개발은 당연히 주요한 문제가 아니었다. 실제 2022년 9월, 제7차 동방경제포럼에서 세계정세 변화에 따른 극동지역의 중요성과 역할, 지역의 물동량 증가와 북극항로개발 등 극동지역 물류

---

15 윤영민, 「러시아 극동지역에서 사회경제적 발전 정책의 성과와 지속가능한 발전」, 『한국 시베리아연구』 제27권 4호(2023), 124-126쪽.

의 중요성이 강조되기는 했으나 '다극 세계를 향하여 -《На пути к многополярному миру》'라는 포럼의 주제와 같이 전반적으로 러시아 · 우크라이나 전쟁 이후 서방 제재에 대한 러시아의 입장과 대응, 다극적 세계 구축이라는 방향성 강조가 주를 이뤘다.[16] 중앙정부의 극동지역에 대한 관심 역시 제재 대상 경제부문 지원, 생활필수품의 가격 안정화 등이 주축이었고, 신규 사업추진보다는 선도개발구역의 확대, 투자환경 개선 등 기존 사회 · 경제발전 계획의 이행이 이루어졌다.

러시아 정부의 극동지역 개발에 대한 중요성과 의지는 이듬해 제8차 동방경제포럼에서 재확인되었다. 푸틴 대통령은 기조연설에서 다극화 세계에서 러시아의 발전과 위상 강화를 위해서 극동지역이 가지는 지경학적 잠재력을 높이 평가하며 21세기 최우선 과제로서 극동개발의 중요성을 다시 강조했다.[17] 특히 다극 질서 형성, 서방 제재 속 성장 동력 창출을 위해 아태지역이라는 새로운 경제협력 공간의 확보라는 차원에서 극동지역의 전략적 역할에 주목하였다. 또 지난 10년간의 극동개발에서 여러 프로젝트들을 통해 3조 4천억 루블의 투자와 673개의 기업이 설립되었고, 고정자본 투자 증가율과 산업성장률 등에서 평균 이상의 수치를 달성했다면서 지역개발을 위한 러시아 정부의 성과를 정리하기도 했다.[18]

포럼에서는 향후 러시아 정부가 추진해 나갈 극동지역 개발에 대한 방향도 제시되었다. 러시아 정부는 극동개발의 활성화를 위해 극동지역의 산업기반 강화를 중요한 발전과제로 인식하였는데 △극동지역 내 풍부한 자원의 고부가가치화 △산업클러스터 형성 및 클러스터 투자플랫폼 활성화 △에너지 네트워크 구축 △교통 · 물류 인프라 확충 △신경제(기술주권, 관광, 문화) 및 창조산업(프로그래밍, 건축, 산업 디자인) 플랫폼 육성

---

16 "Пленарное заседание Восточного экономического форума," Президент России, http://www.kremlin.ru/catalog/regions/PRI/events/69299 (검색일: 2024.9.20).

17 2013년 12월 푸틴 대통령은 연방의회 연설에서 "시베리아와 극동의 개발이 21세기 전체의 국가적 우선순위"라 선언한 바 있다.

18 "Подведены итоги Восточного экономического форума-2023," Ведомости, 15 сентября 2023. https://www.vedomosti.ru/press_releases/2023/09/15/podvedeni-itogi-vostochnogo-ekonomicheskogo-foruma—2023 (검색일: 2024.9.21).

이 그것이다. 이중 러시아 정부는 극동지역에서 앞으로 집중적으로 발전시켜야 할 분야로 물류와 관광 분야를 꼽았다. 물류 분야의 경우, 대외환경변화에 맞추어 극동지역의 아태지역 접근성과 연결성을 강화하고 동시에 물류 체인의 변화에 따른 안정적 공급망 확보, 인프라 구축을 통한 운송역량 강화로 극동을 물류의 거점으로 구축하고자 하는 것으로 이해할 수 있으며 관광의 경우, 지역의 천연자연이라는 잠재력을 적극 활용해 국내외의 관광 중심지로 활성화하고자 하는 목적으로 볼 수 있다. 한편 극동지역의 산업기반 강화와 함께 러시아 정부는 지역의 포괄적 개발을 위한 핵심과제로 △도시개발 및 현대화를 지정하였다. 도시개발 및 현대화의 경우, 극동지역 시민의 삶의 질 향상과 현대적 주거조건 조성을 통해 인구증가를 달성하고자 하는 목표 하에서 주택을 비롯해 학교 · 병원 · 스포츠 및 문화센터 등의 사회기반시설 건설과 극동지역 주요 도시들의 현대화를 추진하는 것으로 러시아 정부가 추진하는 '극동 지구Far Eastern Quarter 프로그램'과 '극동 마스터플랜Master Plans for Far Eastern Cities'의 일환이다.

'극동 지구地區 프로그램'과 '극동 마스터플랜(극동 도시 종합 사회 · 경제발전 계획)'은 극동 · 북극개발부의 우선순위 과제 중 하나로 극동 주요 도시들을 대규모로 현대화하는 도시 종합개발계획 사업이다. '극동지구 프로그램'은 향후 10년간 7개 부지에 6.5만 명의 거주용 주택과 학교, 의료 기관 등 사회 인프라를 건설하는 사업으로 '극동 모기지Far Eastern Mortgage 프로그램'[19]과 연계시켜 추진되며 개발자의 경우, 선도개발구역의 여러 특혜들을 제공받게 된다. '극동 마스터플랜'의 경우 푸틴 대통령의 지시에 따라 2021년부터 극동지역의 도시들이 '2030년까지 극동 도시 종합 사회경제발전 계획'을 수립해 추진하게 되는 대규모 사업으로 정부 예산 2.2조 루블 포함 총 4.4조 루블이 투입될 계획이다. '극동 마스터플랜'은 기존의 도시개발과 달리 주민 의견, 사회 · 경제 · 공간

19 '극동 모기지 프로그램'은 2019년부터 극동연방관구 내 주택 구매 시 2%의 이자율로 대출을 제공해주는 프로그램으로 극동지역의 주택 조건을 개선하고 건설시장을 개발하는 것을 목표로 시행되었다. '극동 모기지 프로그램'의 최대 대출 금액은 600만 루블, 상환 최대 기간은 20년이며 대출조건으로는 부부 모두 35세 미만인 젊은 가족, 19세 미만의 어린이를 가진 35세 미만의 시민, '극동 헥타르 프로그램' 참가자, 지역 프로그램의 일환으로 극동연방관구로 이동한 시민 등으로 제한되어 있다.

적 맥락이 종합적으로 고려되어 개발의 우선순위와 자금 조달원이 결정되게 되며 추진 기간은 2030년까지로 극동지역 내 25개 도시에서 개발을 위한 마스터플랜이 개발 및 승인되어 추진 중이다.[20]

〈표 1〉 제8차 동방경제포럼, 러시아의 주요 발전과제

발전 부문	주요 내용
자원의 고부가가치화	-풍부한 원자재 활용 고부가가치 소재 · 부품 생산 -전략적 원자재 통한 신소재, 반도체 및 전자부문 발전 모색
산업클러스터	-소재, 부품 및 완제품 생산 위한 시스템 구축 -투자플랫폼 활성화 통한 자금 지원
에너지 네트워크	-극동지역 에너지 역량 확대 및 자금조달 메커니즘 개발 -서부-동부 통합 가스 네트워크 구축 -시베리아의 힘-2 가스관 건설 -러시아 독자 기술 기반 북극 LNG 프로젝트 확대
교통 · 물류 인프라	-BAM 및 시베리아 횡단 철도 현대화 -북극항로 인프라 및 항만 현대화, 쇄빙선 함대 건조 -상트페테르부르크-블라디보스토크 연결 교통 회랑 '러시아' 구축 -극동 항공 노선 확대 및 인프라 개선
신경제 및 창조산업	-기술주권 위한 기술개발(AI, 양자기술, 의약품 등) -생태관광 개발과 인프라 마련 -창조산업(프로그래밍, 건축, 산업 디자인) 발전 플랫폼 육성
도시개발 및 현대화	-'극동 지구 프로그램' 추진과 '극동 모기지 프로그램' 확대 -블라디보스토크 위성도시 '스푸트니크(Спутник)' 건설 -'극동 마스터플랜' 개발 및 추진

※ 자료: http://kremlin.ru/ 참고 필자 작성.

---

20 현재 '극동 마스터플랜'이 개발되어 승인된 극동지역의 25개 도시는 다음과 같다. 연해주(블라디보스토크, 나홋카, 우수리스크, 아르툠, 아르세니예프, 볼쇼이 카멘), 하바롭스크주(하바롭스크, 콤소몰스크나 아무레), 유대인 자치주(비로비잔), 아무르주(블라고베셴스크, 벨로고르스크, 스보보드니, 틴다), 사할린주(유즈노 사할린스크, 코르사코프), 자바이칼주(치타, 크라스노카멘스크), 부랴트 공화국(울란우데, 세베로바이칼스크), 사하 공화국(야쿠츠크, 네륜그리), 마가단주(마가단), 캄차트카주(페트로파블롭스크-캄차트키, 엘리조보), 추코트카 자치구(아나디르).

러시아가 제시한 극동지역 개발 방향과 관련해 또 하나 중요한 점은 협력대상국의 범위가 변화 및 확대되었다는 점이다. 그동안 러시아는 중국을 중심으로 한국, 일본 등 동아시아 국가들과 극동개발을 추진해왔으나 러시아 · 우크라이나 이후 대외환경의 급변 속에서 인도와 아세안 등 기타 아태지역 국가들과 극동개발 협력을 매개로 하여 협력 범위를 확대해나가고 있다. 이전에도 러시아는 중국 중심의 극동개발을 다변화하기 위해 한국, 일본과의 협력을 활용하였고, 이들과의 협력이 애초에 기대에 미치지 못하자 다른 아태지역 국가들로의 협력 범위 확대를 시도한 바 있다. 그러나 이번 러시아의 협력대상국 확대는 대외협력 정책의 변화에 따른 불가피한 상황 속에서 극동개발의 원동력을 지속하고, 이를 바탕으로 전략적인 협력을 강화해 다양한 부문에서의 국제적 고립에 대응하고자 함이라 할 수 있다. 특히, 2023년 3월에 채택된 '러시아 연방 대외정책개념Концепция внешней политики Российской Федерации'에 따라 러시아는 대외협력 측면에서 서방과의 손상된 관계를 보완하기 위해 중국과 인도, 동남아시아, 중동, 아프리카, 중남미 국가들과의 관계를 강화하고, 브릭스BRICS, 상하이협력기구SCO, 유라시아경제연합EAEU, 독립국가연합CIS 등 러시아가 주도하는 다자협력기구의 확대와 기구 내 위상 강화를 외교정책의 주요 방향으로 명시하였다.[21] 동일한 맥락에서 극동지역이 가지는 전략적 중요성을 바탕으로 핵심 우호국인 중국, 인도와의 긴밀한 경제협력 및 연계를 강화하고 그동안 극동에서의 주요 협력국이 아니었던 아세안 국가들과도 협력 확대가 진행 중인데 반해 극동개발에서의 기존 핵심 협력국이었던 한국과 일본의 경우, 대러 경제제재 참여로 인해 비非우호국으로 지정됨에 따라 그 역할이 급격히 축소되고 있는 형국이다.

이러한 상황에서 2024년 5월 7일 푸틴 대통령은 자신의 다섯 번째 임기를 시작했다. 푸틴 대통령은 87.28%라는 압도적 득표율을 기록하며 향후 국정 운영을 위한 확고한 기반과 정당성을 확보하였으며 이를 기반으로 대외적 · 대내적 국정과제와 목표달성

---

21 현승수, "2023년 '러시아연방 대외정책개념'의 특징과 시사점," 통일연구원 Online Series 2023.04.18., https://www.kinu.or.kr/main/module/report/view.do?idx=114272&nav_code=mai1674786581 (검색일: 2024.9.22).

에 집중할 것으로 예상된다. 대외적으로 러시아는 '대외정책개념'에 근거한 외교정책을 지속해갈 것으로 보인다. 앞서 언급한 바와 같이 반서방 기조를 바탕으로 글로벌 사우스Global South로 대표되는 국가들과의 관계 강화에 주력하는 한편 아시아 중시 정책을 확대해가면서 외교적 고립을 탈피하고, 새로운 발전의 길을 모색해 나갈 것이다. 대내적으로는 국가 내부 사회 · 경제 부문의 중점과제 추진과 당면한 문제 해결에 역점을 둘 것으로 보인다. 실제 푸틴 대통령은 2024년 2월, 대선을 2주 앞두고 연두교서를 발표했는데 이는 푸틴 집권 5기의 주요 정책 방향을 가늠해볼 수 있는 중요한 지침이라 할 수 있다.[22] 연두교서의 주요 내용을 보면 언급한 바와 같이 대외적으로는 급변하는 환경에 대응하기 위해서 우호국들과의 협력강화와 전략적 연대 강화에 방점을 두는 외교정책을 추진해 나갈 것임을 밝혔다. 이어서 대내적으로는 러시아의 인구통계학적 상황 개선을 위한 지원, 생활환경 개선과 삶의 질 향상, 영토의 통합 개발, 경제성장과 기술주권 통한 경제안보 강화를 사회 · 경제 부문의 장기적인 전략 과제로 설명하였다. 그 연장선상에서 푸틴 대통령은 취임 당일 '2030년, 향후 2036년까지의 러시아 연방 국가 발전 목표'를 발표하며 앞으로의 국정 운영 방향과 목표를 제시했다. 그 내용을 보면 러시아의 지속 가능한 사회 · 경제발전을 보장하기 위해 △인구, 보건 · 복지 지원 △국민의 자아실현과 개발 △편안하고 안전한 생활환경 조성 △환경보전 △지속가능하고 역동적인 경제 △기술우위 △사회 · 경제 분야의 디지털 전환이라는 7가지 국정 목표와 개별 목표별 세부 과제를 제시하고 있으며[23] △보건 · 의료 디지털 플랫폼 개발 △거점 지역 생활여건 개선 △재활용 및 분리배출 활성화 △외국 정부와의 지속 가능한 협력 네트워크 구축 △바이오, 보건의료, 식량안보 분야의 기술주권 확보 △사회서비스의 디지털 제공 등을 주요 내용으로 담고 있다.

---

22 "Послание Президента Федеральному Собранию," Президент России, http://kremlin.ru/events/president/news/73585 (검색일: 2024.9.23).

23 "Указ о национальных целях развития Российской Федерации на период до 2030 года и на перспективу до 2036 года," Президент России, http://www.kremlin.ru/acts/news/73986 (검색일: 2024.9.24).

한편 푸틴 대통령은 제9차 동방경제포럼을 통해 집권 5기의 극동지역 개발에 대한 의지와 방향을 구체화하였다. 푸틴 대통령은 기조연설을 통해 "러시아의 미래는 극동지역이 어떻게 발전하느냐에 따라 달려있다."라며 세계경제 현실에서 러시아의 핵심지역으로서 극동개발의 전략적 중요성을 재차 강조하였다.[24] 동시에 전년도에 이어 서방 제재의 극복과 새로운 산업 발전, 아태지역이라는 거대한 유망시장으로의 직접적인 접근을 제공하는 공간으로서 극동지역의 역할을 재확인했다. 또 세계무역의 중심축이 동쪽과 남반구를 향해 전환 중이라며 아태지역에서의 파트너 국가들(중국, 인도, 동남아시아)과 무역, 투자, 생산 및 기술 협력을 강화하는 것이 러시아의 우선순위라고 밝히기도 했다. 푸틴 5기, 러시아 정부는 극동개발의 주요 발전과제로서 △극동지역의 에너지 역량 강화 △물류 · 운송 역량 강화 △자원의 고부가가치화 △첨단 창조산업 육성과 과학기술개발 △관광 개발 및 활성화 △도시개발 및 현대화 등을 제시했는데 이중 특히 도시개발과 현대화에 많은 관심과 의지를 표명하며 앞으로의 극동개발에서 중요한 부문으로 강조하였다. 러시아 정부는 극동지역의 미래를 인간 중심의 경제로 보고 도시환경 개선, 주택건설, 사회기반시설 현대화를 통한 삶의 질 개선과 인구증가를 지역의 핵심 과제로 인식하고 있다. 이를 위해 러시아 정부는 지역개발의 장기계획 하에서 '극동 지구 프로그램'과 '극동 마스터플랜'을 적극 추진해 나가고자 하는데 이 과정에서 민간투자를 유치하는 것이 매우 중요하다고 판단해 민관 파트너십Public Private Partnership메커니즘과 '극동 마스터플랜'에 대한 투자를 효율적으로 활용해갈 계획임을 밝혔다.[25] 특히 2023년 체쿤코프 극동 · 북극개발부 장관이 러시아-24와의 방송 인터뷰에서 "2024년

---

24 "Пленарное заседание девятого Восточного экономического Форума," Президент России, http://www.kremlin.ru/events/president/news/75029 (검색일: 2024.9.24).

25 '극동 마스터플랜(Дальневосточный мастер-план)'의 총 예산 4.4조 루블 중 절반가량은 예산 외 재원에서 할당되는데 이 경우, 충분한 투자 자금의 마련과 조달이 매우 중요하다. 이에 러시아 정부는 극동 마스터플랜에 참여하는 전략적 파트너 기업들에게 세제 혜택 등을 통해 사업참여를 독려하는 한편 관련 공공부문 프로젝트 활성화를 위해 민관 파트너십(PPP)의 법률정비 및 운영 메커니즘 개선을 도모할 계획이다.

은 극동연방관구의 주요 건설의 해가 될 것이며 극동 도시개발의 실행으로 향후 10년간의 사업 기반이 마련되었다."라고 밝힌 바처럼 극동지역의 도시개발 및 현대화는 9차 동방경제포럼을 계기로 보다 체계적이고 속도감 있게 이행될 것으로 예상된다.[26]

극동지역의 경제와 산업 발전 측면에서는 에너지 역량 강화와 물류 · 운송 역량의 강화에 주목하였다. 에너지 역량 강화의 경우, 극동지역의 전력 소비가 꾸준하게 증가하는 상황에서 앞으로의 산업생산 및 사회 · 경제적 인프라 건설 증대가 예상됨에 따라서 발전량의 증대가 필수적이라는 점에서 주요 발전과제로 설정됐다. 물류 · 운송 부문은 극동지역의 해외시장 및 국제 물류 경로에 대한 높은 접근성이라는 경쟁우위를 강화하기 위해서 교통로 개발, 교통 접근성 향상, 지역 간 연결성 확대를 강조하며 우선 과제로 지정되었다. 대외환경의 변화로 물류 · 운송의 역량 강화가 지역의 경제발전에 핵심적 역할로 인식되면서 도로와 철도의 건설, 북극항로를 비롯한 새로운 교통로의 개발과 관련 인프라 확대를 통한 수송능력 강화의 필요성이 높아진 것이 그 배경이라 할 수 있다. 또한 극동지역의 삶의 질 향상이라는 맥락에서 교통 접근성 향상과 연결성 확대를 위한 항공 노선의 확대도 최우선적 과제로 언급되었다.

〈표 2〉 제9차 동방경제포럼, 러시아의 주요 발전과제

발전 부문	주요 내용
극동지역 에너지	-극동지역 에너지 역량 개발 프로그램 지원 및 자금 조달 메커니즘 개발 -전력산업 발전 계획(수력발전소 시운전, 원자력발전소 추진)
물류 · 운송 역량	-BAM 및 시베리아 횡단 철도 복선화 및 전기화 -상트페테르부르크-블라디보스토크 고속도로 건설 -북극항로 인프라, 항만 경쟁력 강화, 무르만스크 교통 허브 개발 -극동 및 북극 물류 · 운송의 디지털 및 친환경 솔루션 적용 -극동 항공 노선 확대 및 인프라 개선

26 "Чекунков: 2024 год станет годом большой стройки в ДФО," EastRussia, 28 декабря 2023. https://www.eastrussia.ru/news/chekunkov-2024-god-stanet-godom-bolshoy-stroyki-v-dfo/ (검색일: 2024.10.5).

자원의 고부가가치화	-풍부한 원자재 활용 소재 · 에너지 산업 생산기반 조성 -전략적 원자재 통한 산업연계 발전 모색
첨단 창조산업 및 과학기술	-첨단 창조산업 지원(AI, 빅데이터, 무인항공기 등) -루스키섬 혁신 과학기술 센터 건립(해양 · 생명 공학 등)
관광산업	-국내 관광 발전 프로그램 채택 -관광 개발과 인프라 마련, 자연보호
도시개발 및 현대화	-'극동 마스터플랜' 추진 가속화와 모니터링 확대 -공공 프로젝트 대한 '민관 파트너십(PPP)' 메커니즘 개선 -'극동지구 프로그램' 시행과 '극동 모기지 프로그램' 연장 -북극지역 운송 지원, 극동지역 이동 상담 · 진단센터 운영

※ 자료: http://kremlin.ru/ 참고 필자 작성.

푸틴 집권 5기를 맞아서 앞으로 극동개발을 포함한 러시아의 체계적인 지역개발 전략과 프로그램들이 순차적으로 작성될 것으로 보인다. 이에 앞서 푸틴 5기의 '2030년, 향후 2036년까지의 러시아 연방 국가 발전 목표'의 국정과제들이 제8차, 9차 동방경제포럼을 통해 극동개발의 방향과 주요 발전과제들로 나타나고 있음을 알 수 있는데 주로 △인구, 보건 · 복지 △편안하고 안전한 생활환경 조성 △지속가능하고 역동적인 경제 △기술우위 과제들을 구현하기 위한 세부적인 내용이라 할 수 있다. 대표적으로 동방경제포럼들에서 강조된 '극동 지구 프로그램'과 '극동 마스터플랜' 등을 통해 추진되는 도시개발과 현대화는 푸틴 5기의 국정 목표 중 △편안하고 안전한 생활환경 조성(거점지역 생활환경 개선), △인구, 보건 · 복지(삶의 질 향상 통한 인구증가)뿐만 아니라 △지속가능하고 역동적인 경제(인프라의 구축)의 내용들을 포괄하고 있고, 신산업 및 기술개발은 △지속가능하고 역동적인 경제 △기술우위(기술주권과 R&D) 부문의 과제들과 연결된다. 이를 바탕으로 향후 푸틴 5기 러시아의 극동지역 개발정책의 방향성을 파악해본다면 거점도시 중심의 도시개발 및 현대화를 통한 삶의 질 개선과 인구증가, 물류와 관광, 신산업 개발을 통한 산업기반 강화와 과학기술 협력을 통한 경제성장이 중점적으로 추진될 것으로 전망된다.

Ⅳ. 한 · 러 협력의 가능성과 방향

그동안 한국과 러시아 극동지역 간 경제협력에 대한 관심과 논의는 지속적으로 이루어져 왔다. 극동지역은 한국의 대러시아 경제협력에서 중요한 위치를 차지했는데 이는 한반도 및 중국과 접경을 이루는 지역으로서 북방공간으로의 진출을 위한 교두보 역할을 한다는 점 때문이다. 이에 따라 한국과 러시아 극동지역 간 여러 부문에서의 협력이 확대되어 왔다. 이러한 경제협력 기조는 역대 모든 정부에서 비슷하게 나타났다. 교역측면에서 한국은 중국에 이어서 러시아 극동지역의 핵심 교역국으로 자리를 공고히 해왔고 물류증가와 관광을 비롯한 인적교류의 확대에 힘입어 관광 · 서비스교역도 증가해왔다.[27] 반면 투자부문에서는 러시아 서부에 비해 매력적인 투자처로 인식되지 못하며 다양한 부문에서의 기업 진출에도 불구하고 미미한 성과를 보여주었다. 러시아의 '신동방정책'과 한국의 '신북방정책'의 접점으로서 극동개발이 주목받을 시기에도 극동지역에서의 양국 협력은 기대와 달리 주목할 만한 성과를 내지는 못하였다. 특히, 이 시기 한국은 대러시아 경제협력의 전략으로 소위 '9-Bridge'를 설정해 9개 분야(△가스 △전력 △조선 △북극항로 △철도 △항만 △산업단지 △농업 △수산)에서 러시아 극동지역과의 협력을 강화하고자 했으나 북극 에너지와 연계된 LNG 쇄빙선 수주를 제외하면 다른 분야에서는 사실상의 의미있는 협력으로 이어지지 못하면서 실질적인 성과는 이루지 못한 것으로 평가되고 있다. 이는 러시아가 직면한 당시 경제제재 상황과 북한의 핵 개발이라는 걸림돌 속에서 극동지역의 경쟁력 부족과 양국 기업 간 추가적인 경제협력을 진전시킬만한 동인이 부재했기 때문으로 볼 수 있다.[28]

이러한 상황에서 2022년 러시아 · 우크라이나 전쟁의 발발은 수교 이후 한국과 러시

---

27 한국의 대러시아 교역은 극동 러시아와의 교역에 힘입어 성장해왔는데 2021년 기준, 한국은 러시아 극동지역 총 교역의 26.4%(103.2억 달러)를 차지해 35.5%(138.9억 달러)의 비중을 보인 중국과 함께 핵심 교역 파트너로서의 자리를 지속해옴.

28 박정호 외(2019), 191쪽.

아 관계의 최대 위기를 가져왔다. 한 · 러 관계의 악화 속에서 한국과 러시아 간 경제협력도 그 여파를 받았다. 양국 간 교역은 2021년 273억 달러에서 2023년 150억 달러 수준으로 쪼그라들었고, 제재에 따른 공급망, 대금 환수, 물류 문제 등으로 오랜 기간 러시아 시장에 공들여온 기업들은 철수 내지는 운영중단으로 막대한 손해를 입고 있다. 극동지역 역시 동일한 상황이다. 한 · 러 극동 간 교역 규모의 감소는 물론이고, 조선 협력은 계약취소 및 협력중단 상황이며 연해주의 LH 산업단지는 좌초될 위기이다. 무역 · 유통, 관광, 수산 등 다수의 기업들은 이미 철수했거나 현지인 운영체제로 전환하며 버티기에 들어갔다.[29] 사실상 양국 간 교역을 제외하면 거의 모든 경제협력의 결과물이 중단되거나 사라진 상황이라 할 수 있다.

현재 극동을 비롯한 러시아 시장은 러시아 국내기업과 중국을 선두로 튀르키예, 벨라루스 등의 기업들이 시장 점유율 확대 속에서 한국을 비롯한 서방의 자리를 대체해가고 있다. 극동개발에서도 중국이 압도적 우위 속에서 한국과 일본이 빠져나간 자리까지 그 협력 범위를 확대해가고 있다. 중국과의 전략적 협력 강화 속에서 에너지 부문을 시작으로 극동지역과 동북 3성 간의 물류 · 운송 협력 강화 및 다양한 부문에서의 산업협력도 추진 중이다. 여기에 최근 러시아는 극동 협력의 대상국으로 인도, 아세안 등과 관계를 강화하고 있으며 이를 통해 원자재, 물류 및 제조부문에서의 투자증대와 협력 확대를 기대하고 있다.

위와 같은 상황에서 한국과 러시아 간 극동개발을 포함한 경제협력을 재개하는 논의를 시작할 동력이 현재는 존재하지 않아 보인다. 또 러시아 · 우크라이나 전쟁 및 대러 제재가 지속되는 상황에서의 양국 간 극동개발 협력 역시 쉽지 않다. 그러나 러시아의 입장에서 중국에 대한 경제의존이 점차 과도해지는 상황은 향후 추가적인 협력에 대한 부담으로 작용하여 그 범위가 제한적일 것으로 예상된다.[30] 동시에 현재의 어려운 상황

---

29 "러 극동서 쪼그라드는 한국…中 확장세에 '씁쓸'," 연합뉴스, 2023년 6월 17일. https://www.yna.co.kr/view/AKR20230616090900096 (검색일: 2023.9.28).

30 2024년, 제8회 러시아-중국 엑스포 개막식 참석차 하얼빈을 방문한 푸틴 대통령은 러시아와 중국 간

에도 불구하고 한국은 극동지역 개발을 포함 다양한 부문에서의 협력을 모색할 수 있는 전략적 가치가 여전히 높은 국가이다. 이러한 맥락에서 현재의 한국과 러시아 극동 간 경제협력을 안정화하는 것과 함께 장기적으로 러시아의 극동개발 전략을 고려한 새로운 협력의 기반을 마련할 수 있는 방안을 모색해보고자 한다.

1. 한국과 러시아 극동지역 간 경제협력 안정화

위에서 언급한 대로 당장은 한국과 러시아 극동지역 간 지역개발을 포함한 경제협력을 다시 활성화하기는 어려운 상황이다. 러시아에 대한 전방위적 경제제재가 강화되고 있는 시점에서 대러시아 경제제재에 참여하고 있는 한국의 입장에서 외교적으로 대러제재의 큰 틀을 지속해나가는 것은 필요해 보인다. 그러나 그동안 양국의 전략적 협력 공간으로서 극동지역에서 지속해온 경제협력의 성과를 스스로 포기해서는 안 될 것이다. 이에 단기적인 차원에서 한국과 러시아 극동지역 간 경제협력의 동력을 유지 및 관리해나가는 노력이 매우 중요하다.

우선, 한국과 러시아 극동지역 간 경제협력의 핵심인 교역과 투자를 유지 · 지속하여 양국 경제관계를 안정화해 나가야 한다. 그동안 극동지역은 한국과 협력이 가장 활발하게 이루어졌던 중점협력 지역이었다. 그러나 현재는 경제제재와 이에 따른 문제(공급망 · 물류 · 대금 등)로 인한 교역의 축소, 기업의 투자중단과 철수가 이루어지고 있다. 그럼에도 양국 간 간 극동지역에서의 교역과 투자를 유지해나가는 것은 양국 전체의 경제협력을 유지하고 안정화 해 나가는 데 매우 중요하다. 이를 위해 제재의 큰 틀을 준수하면서도 제재에 해당하지 않는 상품과 서비스 부문에서의 교역과 투자를 유지하는 것이 필

경제협력에 한계가 없다면서 러시아 극동지역과 중국 동북지역의 협력 잠재력을 높이 평가하였다. 이처럼 러시아와 중국 간 긴밀한 관계를 토대로 추가적인 협력과 질적인 도약을 강조하는 시선이 있는 반면 러시아 경제의 대중국 의존도가 높은 상황에서 극동지역에서 중국의 영향력 확대 즉, '중국위협론'을 우려하는 러시아 내부의 시각이 여전히 존재한다. "푸틴 "中과 경제협력에 한계없어"…하얼빈 방문," 연합뉴스, 2024년 5월 17일. https://www.yna.co.kr/view/AKR20240517126451009 (검색일: 2024.10.7).

요하다. 예를 들어, 한국의 대對극동 러시아 주요 수출품이지만 제재에 해당하지 않는 품목인 식품, 화장품과 생활용품, 의류, 의약품 등의 소비재의 경우, 기존의 교역과 투자를 지속해나가거나 확대해갈 수 있을 것이다. 특히 이들 품목과 산업들의 경우, 제재 이후 많은 외국 기업들이 이탈한 시장의 공백을 효율적으로 공략하여 점유율을 확보할 수도 있다는 점에서 한편으로는 기회 요인으로 작용할 수도 있다. 동시에 제재품목이거나 이중용도 가능성이 높은 품목들의 경우, 우회적 경로를 통한 극동으로의 수출을 고려하는 한편 향후 무역에서의 추가적 제재조치가 취해질 경우를 대비해 인접한 중국의 법인·지사, 협력사 등을 활용해 공급망을 관리하는 방안도 고려해볼 필요가 있다. 이런 방안들은 재진입이 쉽지 않은 러시아 시장의 특성을 고려할 때, 극동지역 교역 유통망을 지속적으로 관리함과 함께 추가적인 공급망도 구축해나갈 수 있다는 점에서 제한된 협력의 환경 속에서 향후 경제협력의 활성화 기반을 마련하는데 도움이 될 것이다.

또한 한국과 러시아 극동지역 간 최소한의 대화 채널을 유지해나가야 한다. 지금과 같은 제재 환경에서의 한국과 러시아 극동지역 간 최소한의 대화 채널을 유지함으로 양국 간 경제협력의 목표와 활성화 방안 등에 대한 논의를 지속할 필요가 있다. 예컨대, 그동안 양국 지방정부 간 경제적인 교류의 활성화를 넘어 여러 부분에서 호혜적 협력의 장을 마련해 주었던 한-러 지방협력포럼 등의 정부 채널을 활용해 극동지역과의 경제협력에 대한 동력을 지속해가면서도 당장의 경제교류에 대한 문제 해결을 위한 논의, 향후 경제협력의 활성화 방안 등에 대해 논의를 통해 양국관계의 불확실성을 조금이라도 줄이는 안전장치를 마련해가야 할 것이다.

2. 한국과 러시아 극동지역 간 경제협력 방향성

다음으로 중장기적 관점에서 대러제재가 장기화(상시화)되거나 일부 완화되어 협력의 여유 공간이 마련된 경우를 고려해 한국과 러시아 극동지역 간 경제협력을 점진적으로 확대 및 활성화해갈 수 있는 새로운 접근법과 방향성을 설정해나가야 한다. 현재 양국 협력의 난관인 경제제재는 앞으로도 일정 기간 지속될 가능성이 크다고 할 수 있다.

이 같은 상황에서 한국과 러시아 극동지역 간 대규모 투자를 비롯한 적극적인 경제협력은 현실적 어려움이 분명 존재한다. 그렇다면 현실적 제약 속에서 한국과 러시아 양국은 향후 협력의 여유 공간을 효율적으로 활용할 수 있는 경제협력의 방향성과 방안을 고민해나가야 한다. 이때 양국 간 극동지역에서의 경제협력은 러시아의 대외적인 환경변화와 함께 새로 시작되는 푸틴 5기 정부의 극동개발정책에 조응할 수 있는 방향성을 가져야 할 것이다. 이 경우, 한국과 러시아 간 경제협력은 극동개발의 주요 발전과제들과 푸틴 5기의 극동개발 방향을 충분히 고려하면서도 상대적으로 정치적 위험성이 적은 부문을 중심으로 추진될 수 있을 것이다.

첫째, 극동지역의 물류 · 운송 부문이다. 러시아는 극동지역이 가진 지리적 경쟁우위를 활용해 아태지역과의 연결성 강화를 도모하면서 자국 교통 · 물류 인프라의 역량을 강화하고자 한다. 특히 대외환경변화로 물류 체인이 재구축되면서 물류 · 운송 부문이 극동지역 경제발전에 중요한 견인차 역할을 하고 있는 만큼 이 부문에서의 협력을 통한 역량 구축과 강화에 주력하고 있다. 이러한 러시아의 의지를 활용해 물류 인프라 구축, 물류 디지털 및 최적화, 북극항로 개발과 활성화 사업 등에 참여하여 극동지역의 물류 활성화와 향후 한국과의 연계에 대한 기반을 마련할 수 있을 것이다. 특히 북극항로 개발과 활성화는 북극개발의 본격화와 러시아 · 우크라이나 전쟁 이후 물동량이 확대되며 주요 운송로로서 그 중요성이 높아지고 있는 만큼 주목할 필요가 있다. 또 그동안 한국은 쇄빙선 · 선박 건조 분야에서 러시아의 주요 협력국으로서 자리를 지속해온 만큼 앞으로도 핵심 파트너 국가로 필요성이 높아 장기적인 호흡으로 협력의 기회를 찾아가야 할 것이다. 한편 물류 · 운송 부문은 러시아와 중국 간의 무역 급증에 따른 하바롭스크 대규모 물류단지 건설, 도로망 확장과 국경 검문소 설치 등 양국의 협력이 중점적으로 추진되는 분야로 이들 국가들과의 다자 협력도 검토해볼 수 있을 것이다.[31]

둘째, 도시개발 및 현대화와 연계된 건설과 보건 · 의료 부문이다. 언급한 바처럼 도

---

31 "Large joint logistics project with China should be launched by 2025-Putin," Tass, Sep. 5, 2023. https://tass.com/economy/1839217 (검색일: 2024.10.15).

시개발과 현대화는 극동의 생활환경과 삶의 질 개선이라는 핵심 과제와 직접적인 관계를 가진다는 점에서 앞으로의 극동개발에서 핵심 분야이다. 즉 러시아 정부는 극동지역의 도시개발과 현대화가 이루어져 지역의 생활환경이 개선되면 고질적인 문제였던 인구와 사회적 격차도 상당 부분 해소되어 지역의 장기적 발전이 이루어질 수 있다는 기대를 하고 있는 것이다. 이 같은 러시아의 핵심 과제를 적극적으로 활용한다면 한국과 러시아 극동지역 간 지속가능한 협력의 발판을 구축해나갈 수 있다. 도시환경의 개선, 주택건설, 병원 · 학교 등 사회기반시설의 구축과 현대화 사업에 자재 공급을 비롯해 작게나마 직간접적으로 참여하여 역할을 할 수 있다면 향후 극동 및 북극지역 전반에서 추진되는 연계 프로젝트에서 협력의 기회를 추가적으로 창출할 수 있을 것이다. 비슷한 맥락에서 보건 · 의료 부문 역시 협력의 기회가 충분한 분야로 병원 건설, 의료기기 및 의약품 공급, 극동지역 중심의 원격의료 협력이 그 대상으로서 지역의 사회적 환경 개선에 직접적으로 기여할 수 있다.

셋째, 과학 · 기술 부문이다. 제재라는 틀 속에서 한국과 러시아 간 직접적 협력의 확대가 여전히 제약된 상황에서 과학 · 기술 부문은 상대적으로 협력의 여유 공간이 있는 분야이다. 과학 · 기술 부문에서의 협력은 추후 여러 산업으로의 연계와 파급효과의 기회를 활용할 수 있다는 점에서 중요하기도 하다. 이에 한국과 러시아 극동지역 간 대학이나 연구소 등을 중심으로 신산업, 기초응용과학에서의 공동연구와 협력을 추진해볼 필요가 있다. 동시에 변화하는 협력의 환경을 고려해 러시아와 전략적 협력을 모색하고 있는 인도, 아세안 등의 국가들과 다자간 과학 · 기술 협력도 충분히 고려해볼 수 있다.

이처럼 푸틴 5기의 한국과 러시아 극동지역의 경제협력 방향은 대내외적 변화를 고려해 기존의 제조업 부문을 넘어 물류 · 운송, 도시개발 및 현대화, 과학 · 기술 협력을 포함한 신산업과 첨단산업 분야 등으로 다변화해나가야 할 것으로 보인다. 구체적인 협력 부문으로는 언급되지 않았으나 앞에서 언급된 푸틴 5기 극동지역 개발의 주요 과제들 속에서 양국 간 새로운 협력의 길을 구축해나갈 필요가 있다. 또 기존에 논의된 바 있던 협력 분야에 대해서도 정치 · 경제적 부담이 적은 분야부터 작은 단위의 사업이라도 그 실행 방안에 대한 고민을 이어갈 필요가 있다.

한편 중장기적 관점에서의 한국과 러시아 극동지역 간 새로운 협력의 방안 마련과 함께 극동지역에서 양국 간 경제협력에 있어 실질적 성과를 거둘 수 있는 새로운 접근법에 대해서도 고민해볼 필요가 있다. 지금까지 한국과 러시아 극동지역 간 다양한 차원의 경제협력이 추진되었음에도 그 성과는 기대에 미치지 못하고 있다는 평가가 많다. 이는 기본적으로 한국의 대극동 러시아와의 경제협력에 대한 접근법이 정책적인 목적과 수요에 초점을 두고 있었을 뿐만 아니라 정책적 일관성도 부족했기 때문이다. 물론 정부의 정책적 목적과 수요가 러시아의 극동지역 정책 방향에 맞는 포괄적이고 거시적인 경제협력의 방향을 제시해준다는 점에서 의미가 있지만 그 방향성이 실질적인 협력을 진행하는 기업과 시장의 수요와 상응하지 못한다면 대외환경 변화에 따라 변동성이 커져서 경제협력의 성과는 물론 추진력도 약해질 수밖에 없다. 즉 정책 수요 중심의 경제협력을 추진함에 앞서 기업과 시장 차원의 실질적 · 실용적 수요에 대한 충분한 분석과 고려도 필요하다는 점이다. 또 지금까지의 단기적인 관점, 정책적 목표에 따른 대규모 프로젝트Mega Project 중심의 협력방안에서 벗어나 보다 중장기적인 관점에서 지속성을 가지고, 현지 수요를 고려한 미시적 · 실용적 협력의 접근법도 요구된다. 이런 점에서 앞으로의 극동지역 경제협력의 방향은 현지의 경제와 산업구조, 실질적 협력의 수요 변화 등에 대한 면밀한 분석 위에서 정책과 시장의 수요를 모두 고려한 방향으로 이루어질 때 가장 큰 효과를 발휘할 수 있을 것으로 보인다.

참고
문헌

김상원. 「러시아의 지역간 경제 격차 문제」. 『Russia & Russian Federation』 제1권 1호(2010), 20-24쪽.

김영진 · 윤인하. 「러시아의 현대화, 지역정책, 그리고 극동지역 개발: "극동 · 바이칼지역 사회경제개발 국가프로그램"을 중심으로」. 『동북아경제연구』 제26권 2호(2014).

박정호 · 강부균 · 민지영 · 세르게이 루코닌 · 올가 쿠즈네초바. 『푸틴 집권 4기 극동개발정책과 한 · 러 신경제협력 방향』. 대외경제정책연구원(KIEP), 2018.

박정호 · 김석환 · 강부균 · 파벨 미나키르 · 아르쫌 이사예프 · 안나 바르달 · 데니스 수슬로프. 『푸틴과 러시아 극동개발 20년: 한-러 극동 협력 심화를 위한 新방향 모색』. 대외경제정책연구원(KIEP), 2019.

변현섭. 「러시아 극동지역 개발 신정책과 한 · 러 협력 방향」. 『중소연구』 제44권 4호(2021).

______. 「러시아 극동지역개발 전략으로서 선도경제구역 설립의 의미와 전망」. 『슬라브연구』 제 30권 4호(2014), 59-79쪽.

염동호 · 이현태. 「러시아의 극동개발전략과 동북아시아: 한 · 중 · 일의 대러 협력 특징과 방향성을 중심으로」. 『러시아연구』 제34권 1호(2024).

윤영민. 「러시아 극동지역에서 사회경제적 발전 정책의 성과와 지속가능한 발전」. 『한국 시베리아연구』 제27권 4호(2023), 124-126쪽.

한종만. 「러시아 극동 · 바이칼지역 사회경제 발전 프로그램과 한러 경제협력의 시사점」. 『러시아연구』 제24 2호(2014), 415쪽.

현승수, "2023년 '러시아연방 대외정책개념'의 특징과 시사점," 통일연구원 Online Series 2023.04.18. https://www.kinu.or.kr/main/module/report/view.do?idx=114272&nav_code=mai1674786581 (검색일: 2024.9.22).

"러 극동서 쪼그라드는 한국…中 확장세에 '씁쓸'," 연합뉴스, 2023년 6월 17일. https://www.yna.co.kr/view/AKR20230616090900096 (검색일: 2023.9.28).

"푸틴 "中과 경제협력에 한계없어"…하얼빈 방문," 연합뉴스, 2024년 5월 17일. https://www.yna.co.kr/view/AKR20240517126451009 (검색일: 2024.10.7).

Dominjuez-Jimenez. M, Poitiers. N. F. "An analysis of EU FDI inflow into Russia." *Russian Journal of Economics* Vol. 6, No. 2 (2020).

Zubarevich, Natalya. "Far East Defeat: How the Kremlin Lost an Election," Carnegie Endowment for International Peace-Carnegie Russia Eurasia Center, Oct. 2018, https://carnegieendowment.org/posts/2018/09/far-east-defeat-how-the-kremlin-lost-an-election?lang=en (검색일: 2024.10.5).

"Large joint logistics project with China should be launched by 2025-Putin," Tass, Sep. 5, 2023. https://tass.com/economy/1839217 (검색일: 2024.10.15).

“Концепция Стратегии социально-экономического развития регионов Российской Федерации,” Министерство регионального развития Российской Федерации, (2005).

“Государственной программы Российской Федерации 《Социально-экономическое развитие Дальнего Востока и Байкальского региона》,” Правительство Российской Федераци, http://archive.government.ru/gov/results/23721/ (검색일: 2024.9.14).

“О федеральной целовой программе 《Сокращение различий в социально-экономическом развитии регионов Российской Федерации (2002-2010 годы и до 2015 года)》,” Правительство Российской Федераци, http://ips.pravo.gov.ru/?docbody=&prevDoc=102104164&backlink=1&&nd=102073004 (검색일: 2024.9.12).

“Федеральная Целевая Программа 《Экономическое и социальное развитие Дальнего Востока и Забайкалья на период до 2013 года》,” Правительство Российской Федераци, (2007).

“Национальная программа 《социально-экономического развития Дальнего Востока на период до 2024 года и на перспективу до 2035 года》,” Правительство Российской Федераци, http://static.government.ru/media/acts/files/1202009280027.pdf (검색일: 2024.9.20).

“Заседание президиума Госсовета по вопросам комплексного развития регионов Дальнего Востока,” Президент России, http://kremlin.ru/catalog/regions/PRI/events/55544 (검색일: 2024.9.20).

“Пленарное заседание Восточного экономического форума,” Президент России, http://www.kremlin.ru/catalog/regions/PRI/events/69299 (검색일: 2024.9.20).

“Пленарное заседание восьмого Восточного экономического форума,” Президент России, http://kremlin.ru/events/president/news/72259 (검색일: 2024.9.10).

“Пленарное заседание девятого Восточного экономического Форума,” Президент России, http://www.kremlin.ru/events/president/news/75029 (검색일: 2024.9.24).

“Послание Президента Федеральному Собранию,” Президент России, http://kremlin.ru/events/president/news/73585 (검색일: 2024.9.23).

“Указ о национальных целях развития Российской Федерации на период до 2030 года и на перспективу до 2036 года,” Президент России, http://www.kremlin.ru/acts/news/73986 (검색일: 2024.9.24).

“Подведены итоги Восточного экономического форума-2023,” Ведомости, 15 сентября 2023. https://www.vedomosti.ru/press_releases/2023/09/15/podvedeni-itogi-vostochnogo-ekonomicheskogo-foruma—2023 (검색일: 2024.9.21).

“Чекунков: 2024 год станет годом большой стройки в ДФО,” EastRussia, 28 декабря 2023. https://www.eastrussia.ru/news/chekunkov-2024-god-stanet-godom-bolshoy-stroyki-v-dfo/ (검색일: 2024.10.5.).

글쓴이 (게재순)

곽성웅(Kwak, Songwoong / 郭成雄)
한양대학교 국제학 박사
현 배재대학교 한국-시베리아센터 연구교수
주요 논저: 『지금 북극, 숨은 이야기들』(2024), 『지금 북극은 제7권 북극, 갈등과 협력이 공존하는 공간』(2024, 공저), 『유라시아의 동과 서: 경계와 해체, 수용과 통합』(2023, 공저), 「1991년 북한의 대미, 대일 관계개선 시도와 한국의 대응: 1990~1991년 외교문서를 중심으로」(2023, 공동), 「19세기 서투르키스탄의 반(反)러 이슬람 동맹 연구」(2020)

장하영(Jang, Hayoung / 張夏榮)
한양대학교 국제학 박사
현 경북대학교 노어노문학과 강사
주요 논저: 「우크라이나 전쟁 이후 러시아와 일본의 관계 변화: 기시다 정권에서 양국 간 갈등과 협력」(2023)

이주연(Lee, Juyeon / 李柱衍)
한양대학교 국제학 박사
현 동북아역사재단 연구위원
주요 논저: 「쐐기전략 관점으로 본 우크라이나 전쟁 요인 분석과 평가」(2023), 「전망이론 관점에서 본 러시아의 우크라이나 침공요인 분석」(2022), 「나고르노-카라바흐 분쟁에서 러시아의 외교적 입장: 아르메니아, 아제르바이잔, 터키에 대한 라브로프 운영코드 분석을 중심으로」(2021)

정선미(Jung, Sunmi / 鄭善媄)
한양대학교 국제학 박사
현 한국외국어대학교 국가전략사업단 HK연구교수
주요 논저: 「튀르크 집단 정체성의 형성과 OTS: 구성주의적 관점을 중심으로」(2023, 공동), 「카자흐스탄 권위주의 체제 성립과 권력 승계: 권력의 제도화와 정당성을 중심으로」(2022), 「Current situation and tasks for public health and medical cooperation between South Korea and Central Asia: Focusing on Kazakhstan and Uzbekistan」(2022), 『한러 경협 활성화를 위한 중소기업의 역할과 과제』(2021, 공저), 『한-중앙아 수교 30주년: 경제협력 평가와 4대 협력 과제』(2021, 공저)

박지원(Park, Jiwon / 朴智園)
한양대학교 국제학 박사
현 대한무역투자진흥공사(KOTRA) 연구위원
주요 논저: 「러시아와 베트남의 협력관계: 상호 전략적 인식과 발전양상의 분석」(2024), 「이주 러시아 난민의 경제적 영향: 중앙아시아의 사례 연구」(2024), 「우크라이나 사태 이후 중앙아시아의 對러 수출허브화: 현황과 필요조건」(2023), 「우크라이나 사태 이후 러시아의 탈달러화 국제통화시스템 구축배경과 방향」(2023)

윤영민(Yoon, Youngmin / 尹泳珉)
모스크바국립대학교 경제학 박사
현 한양대학교 아태지역연구센터 HK연구교수
주요 논저: 「Poverty in the midst of plenty: Identifying energy poverty, hardship and vulnerable households in Russia」(2024), 「러시아 극동 지역에서 사회경제적 발전 정책의 성과와 지속가능한 발전」(2023), 「러시아 북극 지역의 에너지 빈곤: 측정과 비교」(2023), 「Measuring Energy Security of Energy-exporting Countries: Focus on Russia」(2022)

변현섭(Byun, Hyunsub / 卞玄燮)
모스크바국립경영대학교 경제학 박사
현 계명대학교 러시아、중앙아시아학과 조교수
주요 논저: 「키르키스스탄 자파로프 정부의 주요 경제문제와 정책과제」(2024), 「우즈베키스탄 미르지요예프 정부의 경제개혁 성과와 과제」(2023), 「문재인 정부의 한국-우즈베키스탄 경제협력 성과와 과제」(2022), 「문재인 정부의 한국-카자흐스탄 경제협력 성과와 과제」(2021), 「러시아의 북극 개발 정책과 한-러 북극 협력의 시사점」(2021)

박찬현(Park, Chanhyun / 朴燦賢)
한양대학교 국제학 박사
현 한양대학교 아태지역연구센터 HK연구조교수
주요 논저: 『지금 북극은 제7권, 갈등과 협력이 공존하는 공간』(2024, 공저), 「러、우 전쟁과 러시아의 글로벌 가치사슬(GVC) 구조 변화: 무역구조분석을 중심으로」(2024)

러시아와 세계

외교전략, 에너지 안보 그리고 협력의 재편

초판1쇄 발행 2025년 2월 28일

엮은이 한양대학교 아태지역연구센터 러시아 · 유라시아 연구사업단
글쓴이 곽성웅 · 장하영 · 이주연 · 정선미 · 박지원 · 윤영민 · 변현섭 · 박찬현

주간 조승연
편집 · 디자인 오경희 · 조정화 · 오성현 · 신나래 · 박선주 · 정성희
관리 박정대

펴낸이 홍종화
펴낸곳 민속원
창업 홍기원
출판등록 제1990-000045호
주소 서울 마포구 토정로25길 41(대흥동 337-25)
전화 02) 804-3320, 805-3320, 806-3320(代)
팩스 02) 802-3346
이메일 minsokwon@naver.com
홈페이지 www.minsokwon.com

ISBN 978-89-285-2098-5 94900
S E T 978-89-285-0359-9 94080